María del Valle Vásquez Mancera

El Cautivo de Borbón

El codiciado secreto de un secuestro

BARKER &JULES

BARKER ✪ JULES

EL CAUTIVO DE BORBÓN | *El codiciado secreto de un secuestro*

Edición: Barker and Jules™
Diseño de Portada: Barker & Jules Books™
Diseño de Interiores: María Elisa Almanza | Barker & Jules Books™

Primera edición - 2021

D. R. © 2021, María del Valle Vásquez Mancera

I.S.B.N. | 978-1-64789-379-8
I.S.B.N. eBook | 978-1-64789-380-4

BARKER & JULES, LLC
2248 Meridian Blvd. Ste. H, Minden, NV 89423
barkerandjules.com

Dedicado a mis hermanos fallecidos en plena juventud...

Antonio José Vásquez Mancera
¡Déjame solo!
Estoy buscando a Dios
entre borrones y tinta.

Pedro Celestino Vásquez Mancera
Un frágil barco de papel navega en la corriente de la lluvia caída
esa tarde sobre la calle Las Acacias en los Rosales.
A bordo lleva nuestros sueños infantiles.

María del Valle Vásquez Mancera

Novela

EL CAUTIVO DE BORBÓN

El codiciado secreto de un secuestro

En la noche del 27 de febrero de 1976 es secuestrado un ciudadano estadounidense en su residencia en Caracas, Venezuela.

Transcurridas más de cuatro décadas aún la gente se pregunta:

"¿Por qué lo plagiaron?"

El lector irá tras la pista del cautivo hasta su desenlace final.

Novela inspirada en un hecho real.

Toda clase de parecido es pura coincidencia.

I

OPERACIÓN "CAMELLO"

(El secuestro)

quellas personas se hallaban pertrechadas de potentes catalejos, cronómetros, y cámaras fotográficas. Con precisión enfocaban cualquier blanco u objeto. De algún modo, experimentaban los métodos avanzados para perseguir, oliscar, vigilar y espiar a la próxima víctima que tenían en la mira. Con empeño, esos individuos se habían puesto tras las huellas de un ciudadano extranjero. En la misión a cumplirse existía un objetivo puntual. Consecuentes con las instrucciones recibidas, esos hombres y esas mujeres no cejaban en su empeño de observar a la persona elegida. Todos ellos portaban armas automáticas con el fin de protegerse y defenderse de cualquier ataque sorpresivo.

Sorteaban toda clase de abismo presentado. Día tras día, hora tras hora, minuto tras minuto, segundo tras segundo, con mucho tino y cuidado, esas personas observaban hasta los más mínimos detalles de los movimientos de aquel hombre vigilado. En modo alguno conocieron a esa próxima víctima. Detrás de todo ese espionaje ellos sabían que se trataba de un alto ejecutivo de una transnacional de vidrio, llamada *"La Inois. Company"*.

Los que cumplían con la tarea sistemática de seguir los pasos del empresario habían logrado con esmerada diligencia descubrir las horas en que éste se acostaba y se levantaba. Las horas de la mañana en que él frecuentaba tomar una tibia ducha y un frugal desayuno. Ese ordenamiento cronológico del horario permitía a los husmeadores de oficio conocer de todas sus andanzas, dentro y fuera de su casa. Además de poder precisar el momento en que el empresario acostumbraba encender el motor del automóvil para entornarlo y luego rodarlo. Casi con una exactitud milimétrica, los espías habían logrado saber la hora en que el industrial salía de su residencia en Prados del Este y se dirigía a la ciudad de Valencia donde trabajaba. De esa forma, lograron diariamente sincronizar el recorrido que él realizaba desde la salida de su casa hasta el regreso a la misma. En conclusión, ellos determinaron que la mayoría de los movimientos del estadounidense los realizaba en horas fijas. Eso significaba una gran ventaja para la consecución de los objetivos programados.

En distintas libretas pequeñas, los perseguidores apuntaban lo concerniente a sus movimientos personales; con puntos y comas anotaron las veces en que el norteamericano pagaba el peaje de la autopista Caracas-Valencia-Caracas. Con suficiente empeño, conocieron el comportamiento general del perseguido. Lo más importante de las indagaciones fue haber podido sincronizar con exactitud la hora de salida para el trabajo y la hora de regreso a su hogar. Con un sorprendente y constante espionaje, lograron enterarse de los momentos en que, dentro de su casa, el vigilado se reunía con su esposa y sus tres hijos.

Tan eficiente maquinaria de espionaje puesta en marcha hizo que la residencia donde habitaba el empresario estadounidense quedara plagada de grabadoras y mini-micrófonos ocultos en ciertos puntos estratégicos. Daban prueba de eso los audífonos que usaban desde la calle para escuchar las voces de los miembros de esa familia, sin excepción.

A juzgar por los hechos que ocurrían, el gringo ejecutivo de la transnacional de vidrio, se hallaba vigilado como si se tratara de una persona de importancia mundial. Bajo secretas y veladas intenciones, el perseguido repentinamente se encontró convertido en un personaje de cualquier novela de Jhon Le Carré, famoso escritor inglés.

En el círculo familiar y amistoso lo apodaban "Willy". Su vida transcurría sin trascendencia notoria, porque era más bien él quien no dejaba de ser una persona de costumbres rutinarias, harto exagerado en el cumplimiento de sus obligaciones laborales y hogareñas. Por esa simple razón, los perseguidores conocían de antemano cada una de las cosas que diariamente ese extranjero realizaba, puesto que seguía siempre el mismo patrón de horario. El norteamericano sabía distribuir su tiempo mediante una invariable ecuación matemática.

El estadounidense poseía un físico poco atrayente. Dueño de una silueta delgada y de unos ojos azules con estrabismo. Una de sus características personales era que cuando algo le caía bien o lo complacía esbozaba una forzada y leve sonrisa, porque de resto, jamás se reía con desmesura abriendo la boca. Habitualmente desplegaba una mirada punzante capaz de taladrarle los huesos a quien lo confrontara. Era un individuo reservado, poco abierto a la tertulia y de un carácter parco, y aunque a veces se mostraba habilidoso en los negocios, no dejaba de ser un hombre bastante descuidado en su seguridad personal.

Tanto era su distraimiento que el empresario norteamericano no se percató, y ni siquiera sospechó que pudiera estar siendo observado por individuos ajenos a su entorno laboral. Por su sensata cabeza nunca pasó la idea de encontrarse a la puerta de una devastadora tormenta humana; mucho menos podía imaginarse que sería el perfecto blanco de una intrincada jugarreta puesta en acción por un grupo de individuos desconocidos y extraños al medio en que normalmente se desenvolvía.

El estadounidense jamás sospechó que sobre su persona se cernían los tentáculos de una terrible venganza, la que garabatearía su existencia, transformándola en un verdadero e inesperado drama *kafkiano.* Obvio eso estaba por suceder en poco tiempo.

Frente al volante de su automóvil, se encontraba camino al trabajo. El empresario creía ciegamente que Venezuela era un país de Dioses; suspiró profundo en el momento en que el sol encendía con sus rayos amarillos los techos rojos de las casas en la ciudad de Valencia. Al llegar a esa ciudad y después de haberse instalado en la oficina, el ejecutivo de la empresa de vidrio se sintió intranquilo desde el instante en que recibió por teléfono una llamada de larga distancia proveniente de los Estados Unidos, mediante la cual, se le ordenaba sacar ciertos documentos confidenciales guardados en el departamento de archivos de esa compañía y, con el firme propósito de resguardarlos en una caja de seguridad en su residencia. Esa orden buscaba evitar que tales documentos los sustrajeran manos ajenas. El asunto demandado se convirtió en un trámite peligroso para la transnacional de vidrio, un alerta o una advertencia, algo que giraba en una atmósfera de incertidumbre.

Después de recibir tan imprevista orden, el ejecutivo de "*La Inois. Company*" colgó con desgano el teléfono. Permaneció pensativo y asombrado como nunca. Sus agudos ojos azules adquirieron un intenso brillo reflejado en los gruesos cristales de sus anteojos de carey; incómodo y sin saber cómo actuar prefirió obedecer el mandato. Con respiración entrecortada se quedó sentado tras el escritorio un tiempo más, y una media hora antes de abandonar la oficina introdujo con cuidado aquellos documentos dentro de un maletín de cuero marrón que había comprado en uno de sus tantos viajes al cono sur y lo colocó en el asiento delantero de su vehículo con la intención de no olvidarlo cuando emprendiera el viaje de regreso a Caracas.

Caía la tarde del 27 de febrero de 1976. El crepuscular cielo se desgranaba sobre las colinas adyacentes a la autopista regional del centro. El norteamericano se hallaba de nuevo de regreso a su hogar después de haber cumplido una larga jornada de trabajo en *"La Inois. Company"*. Mientras el gringo se desplazaba por la autopista, regional del centro se fue olvidando de la conversación que esa mañana había sostenido con el director general de la casa matriz, con sede en *Nueva York*. En cierta forma le molestaba aquella "orden", tanto era el enfado sentido que por fracciones de segundos una espesa nube negra enturbió su mente. Tenía el ánimo decaído, aunque de inmediato comprendió que, por más que él no hubiera querido cumplir con ese compromiso, se hallaba obligado a poner bajo estrictas medidas de seguridad aquel manojo de documentos confidenciales. Era una cuestión de ética y deber profesional. Para zafarse del sentido enojo, repentinamente dio unas palmaditas suaves sobre el volante del automóvil, en señal de conformidad. Luego siguió contemplando el horizonte que se abría como una gigantesca palmera de un color verde brilloso.

Durante el recorrido del trayecto vial, el empresario extranjero buscó despejarse del cerebro emocional cualquier tipo de angustia o de mortificación. Con una gráfica imaginación y frenético entusiasmo se dedicó a disfrutar del viaje. Vio a lo lejos un cerrillo cónico coronado por la imponente abadía de los benedictinos. En esas apaciguadas horas del atardecer el empresario comenzó añorar los momentos agradables que pasaría con su amada mujer; puesto que esa noche que se avecinaba prometía ser una de gran algarabía. El estadounidense tendía su mirada larga de un lado a otro lado mientras manejaba; aquel hortelano paisaje que sucumbía bajo el influjo del naciente satélite plateado lo llevó a soñar con su esposa, que danzaba al compás de una estupenda música y al abrigo de la tibia brisa tropical. Se notaba que el norteamericano enloquecía de gozo con el clima templado del país; se alegraba de vivir en tan calóricas y templadas tierras, sin añorar las fuertes nevadas de su pueblo natal en los Estados Unidos.

El automóvil se desplazaba por el canal a ochenta kilómetros por hora. Distraído e inmerso en las dulces mieles de un pronto reencuentro con su mujer. El estadounidense iba profundamente concentrado en el deseo del placer mundano, y con una inusual y particular alegría, se perdió en el mundo de los ensueños.

En pleno apogeo de su vida, el empresario orientó aquel pensamiento positivo relacionado con el disfrute que esa noche de carnaval tendría con Dola, su mujer. El circundante paisaje hermoso y majestuoso le aceleró el pulso. Absorto, contempló el tranquilo atardecer, admiró el verdoso tapiz extendido en las cercanas colinas. Ese santuario de paz ambiental había causado en su persona el milagro de hacerlo vibrar y emocionar. El estadounidense no era un ser expresivo ni extrovertido ni estulto, sino un hombre reservado, más bien, tímido.

Cada año, en el mes de febrero, el pueblo venezolano celebra una centenaria tradición: **el carnaval.** Eran días colmados de alegría donde se oían los gritos entusiasmados de niños y de adultos; las calles de las céntricas ciudades y de los pueblos remotos se cubrían con lluvias de multicolores papelillos. Proliferaban los espectáculos callejeros y privados; los desfiles de disfraces; se rendían honores al Rey Momo. Esas festividades paganas y populares hechizaron al rubio forastero.

Al frente del volante del automóvil que conducía, el empresario de *"La Inois. Company"* aprovechó el tiempo solitario para pasarlo consigo mismo. Suspiró. Pensaba invitar a su esposa Dola para asistir juntos al *Theater Club,* donde esa noche se celebraría una fiesta de disfraces. Su delgado y blanco rostro asomó una ligera expresión de ilusión; después de todo, le apetecía tener una maravillosa distracción, que tomaría como la mejor medicina para descansar del diario ajetreo del trabajo. En un abrir y cerrar de ojos el alto ejecutivo de la transnacional de vidrio manifestó tantas ganas de parrandear que hasta soñó con el encanto mágico del carnaval tropical.

Exento del ayer, el estadounidense tuvo la sensación de querer rejuvenecerse. Buscaba mentalmente librarse del agotamiento provocado por la jornada laboral cumplida ese día. Ensimismado y con el corazón latiendo sereno, continuó con precaución conduciendo el vehículo. La tarde se disipaba. De las adyacentes colinas verde-azulosas se desprendían ráfagas de viento. Una lluvia de invisibles hilos acarició su rostro, y lo animó para continuar estructurando sueños.

Prosiguió manejando y contemplando la belleza natural del paisaje. Un diluvio de palmeras simétricas, de árboles frutales y floreados, de hierbas verdes, embellecían los entornos de la transitada ruta. Las cuencas de colinas cohabitaban con lineales hileras de palmeras tropicales sembradas a la altura de La Victoria y El Consejo, y daban un fino toque de armonía ambiental. En cierto modo la belleza de aquel panorama incrementó un torrente de deseos en la mente del empresario extranjero. Siguió con las antenas cerebrales de su imaginación construyendo un mundo fantástico. Con una sonrisa suave entre los labios no veía la hora de llegar a su casa para departir con su mujer y sus tres hijos.

Con mucha presencia de ánimo, el gringo pensaba que una vez atravesado el umbral de la puerta de su casa, hallaría a su esposa esperándolo con los brazos abiertos y dispuesta a compartir un exquisito vino. De ese vino blanco y espumante, californiano, orgullo de los Estados Unidos.

A rajatabla, el estadounidense había decidido participar en el carnaval de Caracas. Añoraba cantar, bailar, y armar un jolgorio de película durante esa noche de disfraces. En su comportamiento le salía ese **"niño"** que lleva dentro un adulto; el norteamericano no cabía en la piel de lo contento que se encontraba esa tarde del 27 de febrero de 1976.

Trascurridas casi dos horas frente al volante de su automóvil, imbuido en su propio pensamiento, deseaba perpetuar lo feliz que se sentía a pocos minutos de entrar la noche.

Con el rostro iluminado por la sentida alegría, el rubio de ojos bisojos se distrajo de tal manera que no se dio cuenta de lo que acontecía en su alrededor. Con desenfado, el rubio industrial, a través del espejo retrovisor del auto, miró una y otra vez, sin despertarle curiosidad, aquel vehículo marca Nova, color blanco, año 69, que en la autopista continuó desplazándose detrás del suyo, sin imaginar que ese coche lo seguía desde Valencia, hasta la ciudad de Caracas. Posiblemente, pensó, que la persona que conducía ese otro automóvil blanco no se atrevía a pasarlo por miedo a desarrollar más la velocidad. Apenas pudo notar que ese auto se acercaba o se alejaba del suyo. El empresario conducía por el canal a ochenta kilómetros por hora, sin sospechar algo raro.

En el disfrute de aquella exótica atmósfera ambiental, el empresario continuó con el romanticismo encajado en el corazón. Nadaba en un mar de ilusiones sin preocuparse por el otro automóvil. De pronto, el automotor blanco se esfumó de su mente, pero no así de la autopista ni de la realidad.

Manejaba con cuidado cuando pasó por la bajada de "Tazón". La tarde languidecía. De inmediato, al llegar a la ciudad capital, se dirigió a la calle Isla Larga, ubicada en la urbanización Prados del Este. Cuando llegó a la citada calle, con la misma destreza de un experimentado chofer, maniobró el volante del vehículo y lo introdujo en el amplio estacionamiento de la Quinta "Berrinche". Se apeó del auto, abrió la puerta delantera y extrajo el maletín de cuero marrón colocado sobre el asiento. Acto seguido, se dispuso a ingresar en su casa por la puerta de hierro que comunicaba el garaje con la cocina. Una vez que penetró en la residencia, un aire fuerte batió el sólido portón y lo cerró con un enorme estruendo. Eran cerca de las seis y media de la tarde.

Mientras tanto, en la calle Isla Larga, en una acera opuesta a la vereda de la casa del norteamericano y bajo un sauce llorón de colgadas ramas, se estacionó el extraño y misterioso Nova blanco. El vehículo tenía una carrocería gastada en pintura por el continuo uso de los años; en tanto sus ocupantes, que usaban unos potentes prismáticos, observaban la fachada frontal de la Quinta "Berrinche", con intenciones no claras en ese momento, pero nada ocurrió fuera de lo cotidiano.

Transcurrieron unos quince minutos para que el auto emprendiera la marcha con los mirones repantigados en los asientos; giró hacia la calle Maracaibo rumbo a la redoma de Prados del Este. En esa redoma, el conductor dobló a la izquierda para luego aparcar el automóvil en el destechado estacionamiento del centro comercial. Los puntillosos sujetos se bajaron del coche y dirigieron sus pasos hasta la fuente de sodas en la planta baja del *mall.* Allí, los esperaban otros tres hombres y dos mujeres que portaban *walkie-talkies,* con la intención de mantenerse en contacto directo durante la operación que llevarían a cabo esa misma noche. Sus rostros mostraban gestos de dureza, mal encarados, hablaban entre sí con un insolente lenguaje.

En la fuente de sodas, uno de los individuos que esperaba la llegada de los ocupantes del carro blanco, y al verlos llegar, con un gesto de incontenible preocupación en el rostro, les preguntó: "¿Y el **camello**?" A la pregunta del sujeto, siguió una respuesta martillada, de quien a la sombra se resguardaba: "Jefe, todo se encuentra bajo control. Lo único que falta es montarlo y echarlo andar". "**camello**" era la palabra clave para identificar el objetivo de la operación.

Los dos grupos reunidos intercambiaron opiniones. Entre ellos surgió un debate estéril, sobre por qué esa operación se llamaba "**camello**". Los miembros de ambos bandos presumieron que tan común nombre de animal podía haber sido escogido por los jefes superiores para mostrar fidelidad a un trascendental secreto guardado. Otros pensaron que no había necesidad de poner en blanco o en negro ese asunto, porque se trataba de un mandato superior. Prometieron en adelante no discutir sobre la causa y el efecto de ese nombre, se comprometieron a no estigmatizar la clave. Todos ellos estaban inclinados a vencer y a triunfar. Con una actitud más apacible y después de algunos minutos de intentar devanarse los sesos con tan inoportuna discusión, hombres y mujeres llegaron a la conclusión de que "**camello**" seguramente era un tradicional lema de las luchas revolucionarias en el mundo árabe; aunque, pensándolo mejor, ese nombre podía atender a la reminiscencia de un suceso interesante ocurrido en el Medio Oriente, ahora evaporado en la historia del pasado. Por fortuna, una refrescante brisa devolvió la calma a todos ellos. Esa noche, tanto hombres como mujeres estuvieron de acuerdo en que dicha clave pronto tendría un rostro.

En el cielo oscuro, numerosas nubes corrían en sentido contrario entre sí. El hombre de rostro alargado que portaba una fosca barba negra mezclada con unos pelos canosos medio recortados, no dejaba de mirar con sus ojos almendrados los alrededores del establecimiento donde los dos grupos se hallaban reunidos. Su actitud y don de mando daban a entender que era el varón que ostentaba la más alta jerarquía entre los presentes. Y, bajo la responsabilidad del liderazgo suyo, los demás se encargarían de activar la operación "**camello**" en los siguientes minutos.

¿Cuándo? en plena noche carnavalesca y en aquella ciudad que le rendía tributo al rey "Momo".

Consustanciado con su propio rol de mando, ese individuo barbudo y de malas pulgas, que debajo de su ancho chaleco negro con disimulo portaba una pistola automática Makarov de 7.62 mm y, además pegada a uno de sus tobillos escondía otra arma de cañón corto y de alta potencia, se puso al frente de la operación como el comandante del grupo. El plan magistral lo dirigiría él, porque le sobraba audacia y una ganada fama como buen cazador de libélulas, podía atrapar en el aire y en la superficie de la tierra cualquier bicho. De ese sujeto nadie podía ignorar sus vehementes reacciones emocionales ni tampoco el gusto que tenía por la cacería humana y de animales. Actuaba con la sangre encendida y un furor quemante en sus entrañas.

Durante un mediano tiempo se planeó la operación **"camello"**. Algo extraño que ocurrió en torno a esa operación fue que, en un principio, se tenía planeado secuestrar a otra persona que no era la misma de ahora; sin embargo, la víctima había sido cambiada, y nunca se llegó a conocer la verdadera razón o el motivo de dicha suplantación.

En la ciudad de Caracas, el humo de los petardos y de los cohetes volaba con el viento tibio de la noche. En las calles se escuchaba la algarabía de los fiesteros; se entreabría la noche con los fuegos colorines y, en medio del cúmulo de emociones, los dos grupos de hombres y de mujeres reunidos continuaban con la operación planeada. Interpretaron que no valía la pena quemar combustible de más si lograban accionar el plan con ventajoso éxito. No importaba quién fuera la víctima en esa oportunidad, puesto que un cambio de víctima se había efectuado en secreto un tiempo atrás; lo que había sido una verdadera caja de sorpresa para los ejecutores de la primera etapa de la operación en proceso.

La operación **"camello"** era una acción arriesgada. Se necesitaba arrojo y valentía. Un visible esfuerzo. Cada uno de los comprometidos en la ejecución tenía claro que su pellejo colgaría de la alambrada eléctrica en alguna carretera si algo fracasaba por culpa de un error cometido. Bajo ese entendimiento, cada paso a darse debía ser estudiado, calculado, y acompasado con cuidado. Debían considerar cada posible obstáculo que pudiera presentarse durante el desarrollo de su plan. La operación **"camello"** iba a efectuarse con serenidad, aplomo y una férrea audacia, proyectada con tal capacidad combativa que hubiera podido derribar hasta la muralla China, si hubiera sido el caso.

La operación **"camello"** era una acción guerrillera sin cuartel, una terrible venganza con un incógnito resultado.

Una redonda luna arrojaba perpendiculares reflejos plateados sobre el hermoso valle de Caracas en esa noche de carnaval. Se contemplaba un nocturno y maravilloso espectáculo en el cielo: un florón de estrellas centellaban en el lejano y en el cercano horizonte. Los habitantes de la metrópolis presenciaban aquella encantadora noche de oscuro manto con estrellas titilantes y, con un exquisito *saveur nuit,* se entregaban a la inmensa alegría carnavalesca. Los fuegos artificiales y petardos lanzados rompían el lozano cielo y abrían grietas de humos que parecían elevarse hasta la tropósfera. Esa noche prometía ser divertida y pletórica de placer; sin embargo, en esa noche liberada del yugo opresor de las leyes, un acontecimiento estremecedor y fuera de lo común heriría el corazón de la ciudad. En esta fecha de grandes festejos, un infortunado hecho cambiaría el destino de un hombre y de toda una familia extranjera. Episodio fatídico que se suscitaría bajo las alas de las nocturnas aves.

La operación **"camello"** comenzó sin pérdida de tiempo.

Un sorpresivo suceso se avecinaba en la ciudad capital que estallaría en múltiples fragmentos para pulverizar el sentimiento de paz reinante. Archiconocido era que los habitantes de esa moderna urbe aborrecían la violencia en cualquiera de sus manifestaciones. Pero, así como suceden las cosas, solo Dios con su infinita sabiduría y misericordia hubiera podido anticipar la crucifixión que el destino depararía a una familia norteamericana residenciada en el país.

Con singularidad, las manijas del reloj se desplazaban. A eso de la siete y treinta minutos *post merídiem,* los dos grupos reunidos en aquella fuente de sodas se separaron. Los ocupantes del Nova blanco tomaron la ruta hacia Prados del Este, orientados a la calle El Paseo. Las personas que abordaron ese vehículo estaban equipadas con armas automáticas y granadas de manos.

El segundo vehículo era una camioneta azul tipo Sedán, año 1975. En el interior de la misma se encontraban tres hombres y dos mujeres entrenados para intervenir en la operación como un grupo de asalto. Esa camioneta tomó la misma dirección que el auto blanco, desviándose luego hacia la calle Isla Larga. Los ocupantes de la camioneta harían sonar los silbatos en caso de presentarse cualquier inesperado inconveniente. Iban armados hasta los dientes; pues participarían directamente en la operación. El grupo de asalto llevaba varios pares de medias de nylon oscuro sobre los rostros, para evitar ser reconocidos por la víctima o por algún familiar o por cualquier vecino que desde su casa se asomara por una ventana de cristal policromado para curiosear lo que podía estar sucediendo en esa conocida avenida.

Sin traqueteo, la camioneta azul se deslizó por varias calles de la urbanización Prados del Este, a fin de asegurarse, el grupo, de que no había moros en la costa. Y mientras ese plan marchaba sobre ruedas, más allá en la quinta "Berrinche", completamente ajeno a lo que en la calle se tramaba en contra de su integridad física, se hallaba Nick. Tenía una mirada atrayente y llena de amor lanzada sobre la silueta de su mujer; la contemplaba de la cabeza a los pies. Dola le causaba una impresión tremenda de carácter amoroso. La amaba.

En el comedor principal de esa residencia, Nick terminó de cenar junto a su familia. Enseguida los hijos solicitaron el permiso para retirarse del comedor y visitar la casa de varios amigos. Los chicos manifestaron su contento cuando los invitaron los *Fredstairs* a un *bonchecito* criollo de tinte carnavalesco con el propósito de pasar juntos un rato *"In"* en su residencia de La Lagunita *Country Club*. Nick y Dola no titubearon en darles el permiso de salida a sus tres hijos, que decidieron marcharse a la fiesta tan pronto terminaran de ponerse los disfraces que habían elegido para esa ocasión.

Unos minutos después de cenar, Dola se encontraba en la parte baja de la casa dando las últimas instrucciones a la empleada; luego subió a sus aposentos en la planta alta para acicalarse, dispuesta, junto con su marido, a salir de farra al club social donde los aguardaban otros amigos para celebrar una velada de carnaval como se usaba en Nueva Orleans en tiempos de brujas. En esa ocasión, la gringa había descartado divertirse al estilo de Ohio, contradiciendo de esa manera el gusto del esposo; sin embargo, después de asegurarse de que Dola no cambiaría de opinión, Nick, con un mondadientes en la boca y exhibiendo una pícara sonrisa, aceptó la decisión de su tan amada mujer. Temblaba de emoción con solo pensar en que esa noche ambos se divertirían de lo lindo.

La luz brillosa de la lámpara central iluminaba el amplio salón. Circunspecto, Nick se sentó frente al televisor mientras esperaba a Dola para salir de juerga. El estadounidense lanzó un suspiro largo y estiró las piernas. Se disponía a sentarse cómodamente en la butaca y disfrutar de uno de sus programas favoritos en la TV, cuando oyó sonar el timbre de la puerta de rejas que daba a la calle Isla Larga. La criada, una trinitaria de edad mediana, de nombre *Mary,* extrañada y algo confusa se dirigió a la puerta que servía de entrada al jardín de la casa, con la creencia de que a esa hora solo podía timbrar el *gardener* o quizás uno de los amigos de los chicos.

Serían aproximadamente las ocho de la noche con quince minutos cuando la mujer abrió el portón. En segundos, *Mary* sintió un fuerte empujón por la espalda. A la criada trinitaria no le dio tiempo ni de preguntar quiénes eran esos intrusos porque alguien ya se había abalanzado sobre su cuerpo grueso y la había inmovilizado con una llave que entrelazó sus brazos hacia atrás. La aterrada doméstica no pudo proferir un grito de auxilio ni tocar la alarma, puesto que uno de los cinco intrusos, con rapidez le taponeó la boca con una ancha cinta adhesiva. De ese modo se evitaría que ella chillara o a gritos solicitara auxilio.

Unos minutos antes de entrar en el interior de esa casa, los asaltantes se cubrieron los rostros con las medias *panties* gruesas y oscuras. Una vez adentro del jardín, con pistolas y ametralladoras en manos, el quinteto de intrusos corrió hacia el salón principal de la residencia buscando el lugar donde se hallaba Nick. Lo encontraron sentado en un sillón mirando el informativo del día.

En la sala privada donde se encontraba viendo la televisión, Nick fue sorprendido por aquellos sujetos metiches. Con los ojos desorbitados e impresionado por la presencia de esos encapuchados, se levantó de un trancazo del sillón. Fue entonces cuando dos hombres, sin pérdida de tiempo, lo agarraron de ambos brazos, sometiéndolo por las fuerzas con una llave de lucha libre conocida como "La doble Nelson". Todo esto sucedía ante las miradas de estupor de sus tres hijos y la criada, empujados contra la pared de aquel salón, desconcertados por lo que allí ocurría. La criada se encontraba con la boca amordazada y las manos atadas, entumecida y con un ataque de pánico subido a la cabeza que aceleraba los latidos de su corazón, paralizada de las dos piernas. Ante tamaña desventura, la doméstica era una auténtica convidada de piedra en un festín violento y peligroso.

Todos los presentes, menos Dola, fueron recluidos en el salón central de la vivienda, a punta de pistola. Al escuchar un extraño ruido en la planta baja de su casa, Dola se asomó a la baranda de la escalera y descendió con rapidez los peldaños. Una vez en la planta baja y con la cara a medio maquillar, se encontró abruptamente con una escena de terror. La esposa de Nick, atolondrada y desconcertada por lo que miraba en derredor suyo, y sin entender lo que pasaba en ese momento, en un español agringado inquirió a los encapuchados que explicaran a qué se debía la presencia de ellos dentro de su hogar. La horrorizada mujer empezó a sentir un escozor correr por su blanco cuerpo; con el rostro pálido, compungido, y descompuesto por un sufrimiento oculto, se puso a gritar, presa de histerismo. Uno de los hombres del grupo, con buenos modales se acercó a ella y le recomendó mantenerse en calma y no preocuparse más de lo necesario porque a su esposo no le pasaría nada grave, al menos que él pusiera resistencia y no contribuyera con lo solicitado. Desconsolada y vuelta trizas debido a la situación horripilante acaecida dentro de su hogar y, más que todo, amedrentada, se llevó sus cuidadas manos a la cara e irrumpió en llanto para suplicar a los desconocidos sujetos (a quienes, ella, en su locura, llegó a considerar unos bandidos o ladrones) que, por favor, no maltrataran a su esposo. Temía que esos encapuchados tuvieran unos instintos bárbaros y arremetieran contra la vida de Nick.

Transcurrieron cerca de veinte minutos interminables. Con una impetuosa reacción de conciencia, ella comprendió el verdadero significado de aquella abrupta invasión a su hogar: no tuvo duda en que todo aquello era un vil secuestro, y aún peor, porque se trataba del secuestro de su marido. Se enteró que él sería sacado de la casa a empellones por aquellos inescrupulosos invasores y empezó a temblarle la quijada y luego la voz; rompió en un doloroso llanto que supo disimular para no despertar la ira de los maleantes. El corazón lo tenía partido en dos a causa de aquel mortal hachazo. En aquella atmósfera de excitación humana, la esposa de Nick dobló su cuerpo y más que compungida abrazó a sus tres hijos mientras pedía clemencia a los plagiarios para con su marido. Sentía el corazón deshecho y el alma rasgada; con el rostro sonrosado en extremo a causa de la violenta subida de tensión, no podía esconder la tristeza que la dominaba. Luego se puso nerviosa. Estaba preocupadísima.

Los intrusos encapuchados realizaron varios movimientos relámpagos. Procedieron a registrar la confortable vivienda; desacomodaron los cojines del sofá y de los demás muebles; desarreglaron todo lo que a sus pasos fueron encontrando en cada espacio de la vivienda. Hurgaron en los minúsculos rincones de la casa sin encontrar algo útil que fuera de interés. Uno de los encapuchados agarró el maletín de cuero marrón y miró los papeles que contenía el mismo, sin darle mayor importancia a esos documentos escritos en inglés. Por una negligencia de Nick, ese maletín se hallaba sobre una banqueta de caoba que se ubicaba en la habitación matrimonial. El ejecutivo de "La Inois. Company", sin duda alguna, había incumplido con las instrucciones recibidas ese día desde los Estados Unidos. Debía guardar esos papeles dentro de una caja fuerte; sin embargo, no haberlo hecho fue lo mejor que pudo ocurrir, porque aquella caja fuerte que atesoraba joyas y dólares había sido violentada por los intrusos; en tanto el maletín de cuero marrón, solo fue arrojado al piso sin que los delincuentes supieran de su contenido. Quizás no habían tenido curiosidad debido a que no sabían leer en inglés.

El norteamericano empresario de "La Inois. Company" no daba crédito a lo que estaba aconteciendo dentro de su residencia. Se encontraba perplejo.

Reducidas sus fuerzas ante las amenazas hechas por aquellas personas que se atrevían a violar su hogar, el desencajado rostro de Nick adquirió un color cerúleo y su mente se nubló. Temía estar en el final de su existencia; no obstante, a pesar de lo atribulado, el estadounidense se preocupó por lo que pudiera acontecerle a su esposa y a sus tres hijos, cosa que no pasó de ser un susto, pues pronto se dio cuenta que aquel asunto era exclusivamente contra su persona y no contra sus seres queridos. Cuando supo que el resto de su familia estaría a salvo, su angustia aminoró, por lo menos, así lo creyó.

Hasta entonces, la esposa, la criada y los tres hijos del empresario norteamericano se encontraban deprimidos; con sus caras contra las paredes matizadas de satinados colores del salón, ellos pensaron en cómo las desgracias podían ocurrir en los momentos menos esperados.

Contra cualquier pronóstico que pudiera hacerse del tiempo empleado por ellos para realizar esa operación, los encapuchados sabían que la operación **"camello"** ameritaba celeridad. En atención a esa orden de hacerlo todo lo más rápido posible, uno de los encapuchados se apresuró a sacar una jeringa del bolsillo de su pantalón, y un líquido viscoso de un frasquito que sostenía en la mano izquierda, que procedió a inyectarle al gringo, sin mediar palabra. El gringo sintió un pinchazo en el antebrazo derecho. Varias gotas de sangre brotaron de su piel una vez retirada la desechable aguja. De inmediato, el encapuchado que había asumido el rol de un improvisado enfermero, ahora ganado por un sentimiento de lástima para con la esposa de Nick, le explicó que solamente era un somnífero llamado *Lagarctil,* que no provocaría ningún daño a la salud de su marido. Luego, ese mismo hombre se dejó arrastrar por la más frenética de las ironías y ladeó su redonda cabeza, sonrió con sorna y tartajeó: "Eso lo pondrá a dormir por largas horas como un bebé". Después, como lo hubiera hecho una buena persona y transformándose en un ser amable otra vez, le recomendó a la esposa del norteamericano no mortificarse más de lo necesario. Bajo esas circunstancias y después de escuchar las palabras del encapuchado, Dola quedó alelada. Con deseos de no saber más sobre lo que ocurría allí, convencida de querer estar lejos y no enterarse de nada, huir de tan terrible realidad, acobardada. La desagradable experiencia por la cual ella y su familia pasaban casi la llevó al paroxismo. Pocos minutos después, la gringa se apenó de su estupidez y reflexionó sobre su errática actitud, dejó de pensar en escapar. Con vergüenza propia, ella consideró que esa actitud sería una fea traición para con su marido y sus tres hijos. Algo imperdonable, una estúpida locura.

En la quinta "Berrinche" se vivía una situación confusa que se tornaba dramática. Un corto tiempo después de requisar la casa, uno de los encapuchados recomendó a la esposa del estadounidense estarse tranquila, callada y confiada, pues todo lo ocurrido saldría bien. Otro sujeto un tanto malévolo al que solo se le veían los dientes blancos dentro del nylon negro que llevaba puesto sobre el rostro, con la rabia y el odio anclados en su cerebro, amenazó a la esposa de Nick cuando le apuntaló que procurara no hablar de lo sucedido. Las palabras pronunciadas por ese tarugo de estatura mediana y cara tapada, en los oídos de la norteamericana, sonaron terribles. Advertencia que ella escuchó sin perder palabra alguna, salida de aquella boca insolente.

Cabizbaja, llorosa y consumida por el dolor, la gringa permaneció callada el resto del tiempo. Afuera brillaban las luces de las calles de la ciudad y se escuchaban los tumbos de los petardos lanzados. Desamparada, Dola clavó sus ojos sobre el cuerpo desmadejado de Nick y tuvo una mala corazonada. Llegó a temer que a su marido lo habían envenenado con la sustancia inyectada y que pronto se lo llevarían muerto a otro lugar para borrar las huellas del crimen. Al final, resultó no ser cierto lo que ella temía, solo eran miedos infundados. Nick se hallaba solamente aturdido a causa del efecto del somnífero que le había inyectado en las venas, amodorrado, soñoliento, y sin fuerza suficiente para andar. Con dificultad se sostenía en pie.

Faltos de conciencia y de misericordia, impacientes los intrusos tuvieron que imprimirle velocidad a la operación. Era momento de sacar al empresario de *"La Inois. Company"* de su hogar para llevarlo a la camioneta Sedán azul, mal estacionada a la entrada del garaje de la quinta "Berrinche". En una acción tipo relámpago, el norteamericano fue arrojado sobre el asiento posterior de la camioneta, y a su lado quedó una mujer regordeta de cuello corto y cara tapada.

El olor a pólvora quemada de los petardos se propagó en el cielo y en el ambiente nocturno. Metieron con rudeza al estadounidense en la camioneta, con la cabeza de cabellos rubios, desordenados, colocada sobre las gruesas piernas de aquella mujer petulante. La camioneta esperó varios minutos antes de dar marcha veloz. La demora la causó un encapuchado malhumorado y fanfarrón que se había detenido más tiempo en la vereda que servía de entrada a la quinta "Berrinche". Ese tipo, como un mero macho mexicano, había zarandeado por los dos brazos a Dola y había usado un tono gritón para advertirle a la mujer de Nick que no tratara de buscarlo en el edificio Las Brisas, donde se ubicaba la sede de la DISIP, puesto que ellos nada tenían que ver con ese maldito cuerpo de inteligencia del Estado. Crispado de los nervios, el sujeto volvió a recalcar a la infeliz esposa del empresario que debía quedarse tranquila, sin abrir la boca, en espera del primer mensaje que pronto le llegaría.

Después de haber actuado de esa manera áspera y brusca, ese hombre disgustado, casi comiéndose el nylon de su capucha, por fin desprendió sus manazas de los magullados y delgados brazos de la norteamericana, no sin antes, con unas palabras golpeadas, señalarle su obediencia al pie de la letra en lo que se le exigiera de ahora en adelante; contragolpeó el suelo con las botas sucias que llevaba puestas y, portándose como el guapetón de una banda de delincuentes, apresuró los pasos. De un solo brinco se montó en el vehículo que ya tenía el motor encendido. Rauda como el viento cuando sopla en invierno, desapareció la camioneta de la calle Isla Larga.

En el húmedo césped del jardín de la quinta "Berrinche" quedaron marcadas las pisadas de esos intrusos.

Desde una de las ventanas de su casa que daba a la calle, con estupor y angustia, la esposa de Nick vio desaparecer la camioneta azul. A partir de ese momento, en aquella estrepitosa noche de carnaval, comenzó la huida de los secuestradores. Pronto la noche estrellada se tragó aquel vehículo que rechinó las llantas y dejó una humareda salida por el tubo de escape.

A Nick se lo llevaron el 27 de febrero de 1976 a un lugar desconocido.

En la historia criminal del país, ese secuestro sería un episodio sin precedentes. Encadenada a un plagio, quedóse conmocionada la ciudad de la eterna primavera. La luna discreta siguió con sus plateados ojos el drama familiar que acababa de acontecer; pero como suele suceder con esos cometidos actos de violencia, ningún vecino escuchó ni vio algo. Nadie observó algún movimiento extraño en aquella cuadra, y mucho menos adentro de la residencia de los estadounidenses. Existía un perfecto desconocimiento vecinal sobre los hechos, a pesar de haberse tratado de una acción escabrosa realizada por un grupo de personas desconocidas, que además llevaban los rostros cubiertos con oscuras medias de nylon; fue una acción preñada de ruidos secos que hubieran podido ser detectados y escuchados por los residentes de esa urbanización.

Ironías del destino. Volvió a manifestarse la complicidad del diablo: nadie vio nada; nadie escuchó nada.

Ese escalofriante hecho ocurrido en la calle Isla Larga en una noche de carnaval no tuvo un impacto inmediato. A unas cuantas horas de sucederse el rapto, todavía no se conocía en la ciudad de Caracas. El ambiente festivo siguió con una calma aparente bajo el dominio de un cielo nocturno, iluminado por los fuegos artificiales lanzados al aire. La mundana algarabía de los centros de diversiones prosiguió hasta las primeras horas de la mañana del siguiente día.

Poco después de efectuarse el plagio del industrial norteamericano, en los medios policiales cundió la terrible noticia. Sucedió cuando una persona con desesperada voz llamó a la policía para denunciar un secuestro. De inmediato y con la urgencia que ameritaba el caso, los agentes policiales, con revólveres en manos, se pusieron en camino hacia la casa de la familia del presunto plagiado.

Como pólvora maloliente rodó la noticia del secuestro de Nick.

Nada enaltecedora fue la noticia. Entrada la mañana del siguiente día, los programas radiales interrumpieron momentáneamente sus audiciones ordinarias para lanzar avances informativos sobre el plagio del norteamericano. Los canales de televisión se abocaron a preparar material fílmico, grabado para dar noticias extras. Fueron momentos de confusión en que nadie se explicaba lo ocurrido y mucho menos se contaba con información veraz sobre lo que había sucedido en torno al secuestro del importante hombre de aquella empresa trasnacional de los Estados Unidos.

En las primeras horas de la madrugada del día 28 de febrero, los cuerpos de seguridad y de inteligencia del Estado, una vez percatados del secuestro del estadounidense, emprendieron una intensa y rápida búsqueda con el propósito de dar con su paradero. Todo eso originó un tremendo embrollo de carácter alarmista; a partir de ese momento, y debido a la sampablera que se armó, los habitantes de la quinta "Berrinche" empezaron a ser asediados por personas curiosas del vecindario que deseaban saber más pormenores sobre el plagio. El acoso sufrido por la familia de Nick era despiadado, en vista de que era molestada constantemente con preguntas indelicadas y comprometedoras.

Después, en la mañana del siguiente día del plagio, en la prensa y en los medios audiovisuales surgió el interés de trasmitir las declaraciones de Dola en calidad de primicias noticiosas; pero, recelosa, la americana se negó hablar. Primero debía asesorarse con las autoridades sobre si ella podía abrir la boca y declarar a la prensa, radio o televisión.

Para intervenir en el caso del secuestro del empresario norteamericano, los policías harían uso de sus armas automáticas y reglamentarias. Sin pérdida de tiempo y después de interrogar en privado a Dola, a sus tres hijos y la criada de la familia, la policía, junto con los Servicios Secretos del

Estado, procedió de inmediato el rastreo intenso en los lugares aledaños a donde se había cometido el plagio. Esas prontas averiguaciones se harían también por otras zonas del país. El gobierno dio la orden de rastrear palmo a palmo cada una de las carreteras que circundaban la ciudad capital, de revisar rincón por rincón los distintos aeropuertos nacionales, y ordenó indagar en los muelles de los embarcaderos de las costas de occidente y de oriente. En fin, se intentó bloquear por tierra, aire y mar, a los hombres que habían tomado como rehén al extranjero y empresario de *"La Inois. Company"*.

En la misma noche del 27 de febrero, de haberse sabido lo del plagio de Nick, ni por lo apremiante de la situación hubiera sido posible realizar el rastreo, ni por aire, ni por mar, ni por la misma vía terrestre; ni siquiera en la madrugada del siguiente día, porque una extensa bruma grisácea invadió el espacio aéreo. Hubiera sido una temeridad poner a volar aviones o helicópteros con el mal tiempo imperante. Ese fue el reporte dado por las autoridades aeronáuticas competentes.

Después del suceso, un dolor inagotable invadió el hogar de Nick. El alboroto provocado por las personas curiosas y los mismos investigadores logró alterar la tranquilidad de la familia. Pero aún así, pese a su desaparición, Nick siguió materializándose en una esperanza para sus parientes; sin acoquinarse, ellos pensaban que: "La fe mueve montañas".

El indetenible tiempo prosiguió su andar. Aquella bulla originada durante el día y durante la noche seguía dañando la paz hogareña. Los ruidos producidos por el constante trajín de las personas que, por uno y otro motivo frecuentaron la vivienda del plagiado, empezaba aturdir los sensibles oídos de Dola. En un arranque de nervios, la mujer solicitó a los periodistas y a los vecinos retirarse de su casa tras agradecerles el interés puesto en la penosa tragedia que sufría junto a sus hijos. Buscó poner fin a tal molestia, demandó descanso, y de inmediato su petición fue aceptada; el reloj marcaba las once y media de la noche cuando todos los familiares y amigos se retiraron a dormir. Había sido un día agitado a causa del remolino de comentarios que circulaba en la quinta "Berrinche".

Habían transcurrido varios días después de sucederse el secuestro del empresario estadounidense cuando empezó a temerse por la vida del mismo. Se agotaba el tiempo prudencial para saber si Nick estaba vivo o yacía muerto.

Sucesivos días de angustia abrumaron los pensamientos de Dola. Nada se había aclarado en relación a los sujetos que lo habían plagiado, y tampoco se conocía el lugar donde los secuestradores pudieran tenerlo.

Particularmente sensible a lo que pudiera ocurrirle a su esposo, Dola guardaba un hermético silencio. Era necesario entender que esa actitud reservada se originaba en el temor a la represalia que esos individuos pudieran tomar en contra de su esposo, de ella misma, y de otros miembros de su familia.

Desamparada e indignada, la norteamericana se deshojaba en sufrimiento. Sentía un miedo horroroso. Dominada por un pánico extremo, ella no se atrevía a soltar la lengua. Esa actitud atendía a la amenaza de uno de los hombres con el rostro tapado, que le había advertido sin pelos en la lengua del posible asesinato de su marido, si ella hablaba más de lo necesario. Esta advertencia mortal se había clavado como una aguja en su cerebro. Tan fuerte había sido la naturaleza de la amenaza, que ella comprendió que la prudencia sería su mejor aliada para solventar los escollos que aparecerían en los días sucesivos. La gringa se aseguró de que nada entorpeciera las pesquisas ni la búsqueda de su esposo. No se resignaba a la posibilidad de perderlo de un sopetón; no podía exponerlo a que lo hicieran picadillo, y prefirió que por ahora el motivo por el cual habían plagiado a Nick permaneciera oculto, en secreto.

La conmoción familiar y pública se percibía por dondequiera. Siguieron días difíciles. Nada se veía claro. Aún se desconocía quiénes habían secuestrado al empresario. Los cohetes lanzados durante el carnaval ya no se oían silbar ni estallar en el límpido cielo. Las fiestas de "Momo" habían llegado a su fin.

Sin poner objeciones a las pesquisas para rescatar a Nick, con una cara tristona, la esposa del norteamericano buscaba salvarlo de alguna manera. Por consiguiente, continuó guardando aquel silencio obstinado. De ese modo, ella pensó que estaba cooperando para no obstruir ni entorpecer las averiguaciones realizadas por los investigadores nacionales y los agentes de inteligencia contratados por la compañía donde trabajaba su marido.

Bajo esas circunstancias, su alma se cubría de nostalgia.

Había pasado más tiempo de lo debido para encontrar a los plagiarios del ejecutivo de la transnacional de vidrio. Como consecuencia a la tragedia del secuestro de Nick, y después de tantas tribulaciones, sus tres hijos dejaron de hablar el español con las pausas que acostumbraban. Los tres muchachos rechazaron conversar en el idioma y se les enredó el vocabulario, compungidos, seguían esperando el retorno del padre amado. Diligente, la criada trinitaria, viendo el desconsuelo que sentían aquellos jovencitos, se propuso cuidarlos con esmero, mimo y respeto. Mary no dudó en asumir la misma actitud y comportamiento que en antaño la servidumbre tenía cuando se convertía, por una adopción espiritual, en confidente, también, en un miembro más de la familia donde servía.

Recapitulación de los acontecimientos de la noche del 27 de febrero y la madrugada del 28 de febrero de 1976

Pasada la medianoche del fatídico 27 de febrero, la camioneta Sedán color azul atravesó aquella carretera rodeada de verdes montañas y extensos herbazales, alejándose de la ciudad de Caracas. El camino se despejaba. La camioneta velozmente sorteaba los recovecos en las vías.

A medida que el vehículo azul remontaba aquella carretera prisionera de las sombras oscuras de los montes, tumbado en el asiento trasero de ese vehículo, Nick, involuntariamente se distanciaba de su familia y de su casa. Atrás quedaba la ciudad risueña y ebria de gozo, anillada por el majestuoso Ávila, dueño eterno de las extensas cadenas de colinas y picos verdes con abundantes aguas nacidas en manantiales y cristalinos arroyos. En el arcano tiempo, por ironías del destino, aquella ciudad de incipientes rascacielos modernos, ubicada en un angosto y fértil valle, antiguo asentamiento de los indios caribes, se halló de pronto martirizada por una tragedia ocurrida en plenas fiestas carnestolendas.

La madrugada del 28 de febrero nacía con un negro designio bajo el influjo de la luna que se reflejaba como un espejo en los copos de los árboles dormidos. La bóveda del cielo se presentaba cuajada de estrellas rutilantes. En el inicio de ese amanecer en la otrora **Sultana del Ávila** se continuaba aquel pujante torbellino festivo carnavalesco. Esa Caracas derrochadora de alegría que se movía entre ríos de *whisky,* champaña, ron, caña blanca y cerveza criolla; esa Caracas, la del cochero Isidoro y la de las flores de Galipán. Urbe proyectada al mundo de las ilusiones etílicas en tiempos de **Baco**.

En aquella excelsa ciudad sublimizada por las plumas de los poetas, pintada con el pincel de los dioses y cantada por los trasnochadores trovadores, el destino de un norteamericano secuestrado dio un giro de cien grados. Aquella larga noche de placeres infinitos en que afloraban los cuerpos medio desnudos de hombres y de mujeres, y entre sus sombras reflotaban las caretas aterciopeladas, máscaras multicolores y capuchas terroríficas; en esa exquisita noche diamantina que con ansias de amores inflamados incitaba a los cuerpos a arder bajo el divino fuego del amor y la lujuria. Aquella noche de música estridente, ambiente sicodélico y drogas, con gritos largos y profundos, en que los hombres embriagados de locura y de pasión apretaban los pezones y los vientres de las mujeres en goces impúdicos, se convirtió en una noche trágica, y comenzó la tragedia de Nick. A causa de la endemoniada influencia del diablo sobre la tierra, esa noche que prometía ser maravillosa se transformó en un infierno, y todo por un absurdo y repudiable plagio cometido contra un empresario extranjero en esas tierras de libertades.

A partir de entonces, nadie pudo olvidar que, mientras la noche del 27 de febrero avanzaba sobre aquella mundana metrópolis levantada en tiempos de las conquistas y de las colonizaciones en un antiguo valle atravesado por el río Guaire, asentamiento de los indios guerreros, donde en demasía se libaba el néctar divino de la vida y se derrochaba felicidad, a la par de un alborozo noctámbulo acontecía también un siniestro de inusitado alcance.

En esa hermosa ciudad de Caracas que causaba una impresión tremenda, pues, a simple vista era una ciudad apacible y armoniosa que albergaba modernas construcciones habitacionales y excelentes avenidas asfaltadas y limpias, los habitantes de la quinta "Berrinche" sintieron en carne propia un fatal y brutal golpe delictivo. Uno de sus miembros había sido secuestrado. A causa de la desgracia, los miembros de la familia extranjera se sumergieron en un mar de angustia y un cataclismo sin fin, en un mundo de horror de sufrimiento y desconsuelo. Tal sería la perturbación de dichos familiares que incluso llegarían a pensar en trepar la cima inédita de alguna montaña que se pareciera a El Ávila, en el intento por descubrir la verdad del plagio de Nick.

Siguiendo las rutas de los acontecimientos.

En tanto, la operación **"camello"** seguía su curso. Los plagiarios escapaban con el empresario norteamericano a cuestas. Huían raudos por entre los intersticios de la tierra. Esa madrugada, a una distancia todavía no muy lejana de Caracas, desde la camioneta azul podía observarse la policromía de las luces encendidas que adornaban las calles de la ciudad capital. En medio del profundo silencio, la fuga proseguía. La camioneta azul se desplazaba en la carretera Panamericana. Al comienzo, un incontable número de camiones trasportaba cargas pesadas y transitaba la ruta con lentitud. Hubo demora en el recorrido. Eso obligó al chofer de la camioneta Sedán azul a aminorar la velocidad. No obstante, el plan trazado se cumplía al pie de la letra, como lo habían diseñado.

La luna impávida guardaba el silencio de los siglos.

Mientras extinguíanse las luces de aquella ciudad voluptuosa y báquica, la cabeza del gringo descansaba sobre las macizas piernas de aquella mujer desdeñosa y de carácter insoportable, dormía con una profunda respiración. Durante ese viaje, Nick parecía un ave extraviada en tierras inhóspitas.

Transcurrieron varias horas en aquel camino de sombras antes de que comenzara a mostrarse el claroscuro. Con cara de fatiga y unas grandes ojeras alrededor de los ojos, dejó escuchar su voz atronada y fanfarronada el hombre que conducía la camioneta; mostraba entre los labios una mueca nerviosa, y por su mestiza piel emanaba una copiosa transpiración. Bruscamente, el chofer giró el volante cuando preguntó: "¿Cómo está el camellito?" La respuesta a su interrogante no se hizo esperar. La fémina sentada en el asiento posterior del vehículo le contestó de inmediato: "Duerme como un lindo camellito recién nacido, que no abrirá los ojos al mundo hasta la aparición del rocío de la mañana". Por supuesto, el secuestrado se encontraba bajo los efectos de un somnífero sin poder abrir un solo ojo y, mucho menos, entablar una conversación.

Amanecía. En la carretera panamericana empezó a divisarse con más claridad el ramal que conducía a la ciudad de los Teques. Ese canal se entreabría como una flor fresca y virginal. El cielo empezaba a despejarse. La luna se volvió invisible y el sol comenzó a desplegar los primeros rayitos de luz. El suave rumor de las hojas de los árboles trajo tranquilidad al medio. La camioneta Sedán azul avanzó medio kilómetro más y se internó en un escondido espacio terroso. Desde allí, el grupo secuestrador esperó el aterrizaje de un helicóptero que sobrevolaba la margen derecha del lugar. Durante la maniobra de la operación **"camello"** ninguno de los plagiarios notó algo extraño en aquel perímetro. La suerte los acompañó en ese momento de alto riesgo.

El helicóptero, guiado por una señal luminosa lanzada desde aquel sitio que momentáneamente servía de refugio a los secuestradores, aterrizó. El aparato se acopló en un área plana. Una vez que la pequeña aeronave puso las ruedas en tierra levantó una densa nube de polvo que, a más de uno de los que se encontraban allí, hizo estornudar.

Los minutos transcurridos coparon el tiempo programado. En el helicóptero, los plagiarios con rapidez introdujeron el bulto humano cubierto por una sábana. De inmediato, el helicóptero, con cuidado y sigilo, reanudó el vuelo. Sin hacer ruido, el aparato sobrevoló las bajas montañas que rodeaban la ciudad de Los Teques.

En un vuelo sin batiboleo, el helicóptero hurtó las restantes horas del nuevo amanecer.

El recorrido que realizó el helicóptero duró cerca de veinte minutos. El aparato se posó en un espacio estrecho que se hallaba escondido entre unos tupidos matorrales. Se trataba de un lugar cercano a la ciudad de Valencia. La pequeña nave aérea fue reabastecida de combustible. Ese sitio se encontraba custodiado por un grupo de hombres con pasamontañas y armados con ametralladoras de fabricación rusa. Después de unos seis minutos para reabastecerse, el helicóptero volvió a despegar, orientado en ruta hacía un cálido lugar bañado por las olas del mar, con playas de arena blanca y palmeras africanas batidas por una suave brisa que daba un placer climático a los turistas y habitantes de esa región.

El campo visual del lugar se continuó despejando. Los primeros hombres que violentaron el hogar del secuestrado permanecieron sentados dentro de la camioneta Sedán azul en espera de la señal convenida para marcharse por un rumbo distinto al que había tomado el helicóptero; el otro grupo se quedó pie en tierra con el propósito de despistar a los cuerpos policiales y de seguridad del Estado.

Una vez confiados en que todo marchaba en orden y que no se presentaba ningún obstáculo insuperable, los ocupantes de la camioneta Sedán azul se dirigieron a la ciudad de Maracay.

Allí, la camioneta fue abandonada en una de las calles laterales que conforman la gran manzana que rodea la plaza Bolívar. Ocurrió entonces que dicho vehículo fue visto en horas de la mañana por un hombre que, con una carreta repleta de verduras y de hortalizas, transitaba por las inmediaciones del sitio. Al humilde y zarrapastroso vendedor le pareció que aquella camioneta podía haber sido robada porque las placas no correspondían a las de la entidad estatal; además, la camioneta presentaba signos confusos, como de haber sido violentada, porque tenía abiertos los vidrios delanteros y los traseros, y el vehículo se encontraba mal estacionado. A causa de esas anormalidades del tránsito terrestre, el verdulero entró en sospecha y corrió a dar el pitazo a la policía para tratar de obtener una recompensa monetaria. Posteriormente, dicho hombre quedó libre de toda sospecha por haber mostrado una buena intención al advertir a las autoridades sobre la situación inusual presentada en relación a ese extraño y mal estacionado automotor.

Cuando transcurrió ese hecho, todavía a la ciudad de Maracay no había llegado la noticia del secuestro del industrial norteamericano. Aproximadamente tres horas después de haberse descubierto la camioneta en ese sitio, se supo que la misma había sido usada por los plagiarios para consumar el secuestro del gringo. Entonces fue cuando en aquel lugar se supo la noticia sobre el plagio de Nick.

La ciudad de Maracay estaba rodeada de calles y de veredas angostas. Poco tiempo después de mostrar interés por lo ocurrido, el comisario general de la comandancia de la policía del Estado de Aragua desplegó una rápida acción matutina y mandó a inspeccionar meticulosamente la camioneta Sedan color azul. En su interior y sobre el piso de atrás, los investigadores encontraron tirada la billetera del rehén. Al mismo tiempo, descubrieron una jeringa con rastro de un desconocido líquido viscoso. Un oficial de policía extrajo de la guantera del vehículo cinco pares de medias de nylon negras. Eran suficientes indicios para asegurar que se trataba de la misma camioneta en la que se había trasladado al secuestrado en la madrugada anterior. La policía de esa localidad, sin aspaviento, calificó a los secuestradores de temibles bandoleros que huían cobardemente con la presa sobre sus espaldas.

A pesar de estar ligados al mundo delincuencial para combatirlo, a los distintos cuerpos de seguridad y de inteligencia de la región se les presentó un dilema en cuanto a seguirles la pista a los desconocidos plagiarios. El panorama se presentaba bastante complicado porque la ciudad de Maracay servía de encrucijada y era la vertiente de numerosas rutas que conducían al occidente, al centro y al oriente del país. Esa encrucijada de vías hizo más engorrosa la misión de hallar indicios para dar con el paradero del norteamericano rehén y atrapar a los culpables. Sopesada esa situación dificultosa, los servicios investigativos tipificaron de cangrejo el caso del plagio del norteamericano, un asunto difícil de resolver en corto tiempo.

Bajo un cielo azul esmalte, sin darse por derrotados, los agentes de seguridad confiaban en poder solucionar el caso debido a las experiencias que habían adquirido gracias a otros hechos similares. Con seriedad, responsabilidad y preocupación, los organismos competentes entendieron que resolver este secuestro podía llevarles tal vez meses o años. Sin embargo, los diferentes cuerpos de inteligencia e investigación del país se propusieron con denuedo y perseverancia luchar para apresar a los culpables de tan repudiable secuestro, y juraron rescatar al norteamericano vivo costara lo que costara.

Allá en Caracas, el viento aullaba con una mayor intensidad. Luego de escuchar algunas contradicciones sobre el caso del plagio de su esposo, la mujer de él no dejó de alimentar sus esperanzas, pensando en que en un breve tiempo lo rescatarían salvo y sano. Aunque el tiempo seguía transcurriendo sin que nada se supiera de él.

Todo el mundo tenía conciencia de que la mujer del empresario era dueña de un temple de acero, aunque por el momento se hallaba inmersa en aguas de borrajas y con una tristeza infinita en los ojos, agobiada por la pena y el dolor lancinante que le causaba la abrupta desaparición de su esposo. La desesperación de no encontrarlo era lo que más la hacía sufrir.

Hubo una fría tarde en que, desencantada por no tener noticias de Nick, ella desoyó las advertencias que le habían hecho aquellos hombres en la misma noche en que se habían llevado a Nick de la casa. Su mente llena de ideas se transformó en un abanico abierto, empujada por una especie de resorte emotivo, tomó la firme decisión de no guardar más tanto silencio. Esa tarde, ella asumió una actitud valiente y desafiante; sin miedo ni temor había decidido enfrentarse a los maleantes responsables por el plagio de su esposo, y para ese propósito, iría a la prensa, a la radio, y a la televisión. En verdad lo quería hacer porque estaba cansada de la infructuosa investigación oficial y, en presencia de los medios de comunicación social se atrevió a solicitar la liberación de Nick. En cuanto pudo y sin ningún tipo de anuncio previo, ella se dirigió con voz quebrada y lágrimas en los ojos a los hombres y a las mujeres que tenían a Nick en su poder. Imploró piedad y que lo devolvieran con vida. Su dramática petición se propagó por todos los lugares del país. La repercusión de sus palabras alcanzó a sacudir el sentir humanitario de un pueblo democrático de buenas costumbres y tradiciones.

Aunque ella se encontraba en un mal estado de ánimo, su miedo aumentaba con los días. Dola volvió a reiterar a los plagiarios que su esposo no era culpable de cometer ningún error grave o una acción indecorosa ni inmoral que pudiera haber herido u ofendido el corazón de ese pueblo, y mucho menos, afectar su soberanía. La gringa vaciló un momento antes de añadir que, más bien, Nick era un hombre tranquilo, prudente, trabajador pero que, sobretodo, era un excelente padre. Sin rehuir ni escatimar palabras Dola, profundizó su súplica a los secuestradores cuando expresó que su esposo no era un político ni un espía, ni un agente del FBI ni de la Central de Inteligencia Americana CIA, y mucho menos, un funcionario espía del pentágono. Simplemente, su marido era un hombre con la moral limpia, a quien ninguna persona podía señalar con el dedo ni acusarlo de haber tenido una vida indecorosa o fuera de lo normal. Realmente turbada y sacando fuerzas internas, la norteamericana prosiguió la defensa de su cónyuge; se empeñó en aclarar a la colectividad nacional que *"Willy"* siempre se había desenvuelto en su trabajo con una honradez comprobada y una gran dedicación. Después de terminar de defenderlo ante la opinión pública, Dola se quedó desmadejada en medio del candente ambiente de ese canal de televisión.

Tranquila con su conciencia, porque no había pronunciado algunas palabras imprudentes, Dola dio por terminado ese primer llamado emotivo que había hecho a los captores de su marido para que lo liberaran. Entre tanto, en los alrededores de la planta de televisión donde ella, deshecha en sentimientos dolorosos, había demandado la libertad de Nick, empezaron a concentrarse numerosas personas que, con una esmerada atención y una compasión cristiana, la habían visto y escuchado por los canales visuales y auditivos del país. El propósito de esa gente era ofrecerle apoyo moral y solidaridad en aquellos penosos momentos que estaba atravesando junto a sus tres hijos adolescentes.

Transcurrieron varias semanas sin arrojar ninguna novedad. El empresario estadounidense continuaba desaparecido. Entretanto, el bonito jardín de su casa se encontraba cubierto de hierbajos y, por el frecuente abrir y cerrar la puerta del jardín, la misma chirriaba. Dentro de la vivienda, la norteamericana volvió a impacientarse y a enojarse; pero decidió presentarse por segunda vez ante los medios audiovisuales y radioeléctricos. En esa ocasión, su lívido rostro expresaba melancolía. Ese día en que había decidido actuar, sufría una irritación en la garganta que había puesto ronca su voz y, para peor de los males, motivado a ese quebranto de salud y desmoronada de espíritu, aquellas palabras suyas sonaron plañideras. A pesar de hallarse tan abatida por el mal que la aquejaba, sus palabras en español, pronunciadas con un fuerte acento en inglés, lograron trasmitir al público numerosas inquietudes. Las preguntas sobre los motivos del secuestro de Nick se rompieron como huevos sobre las cabezas de las personas. Prácticamente, ella dejó al desnudo las oscuras causas que pudieron rodear el secuestro de su esposo. Los habitantes del país se volvieron a mostrar solidarios con su tragedia y su dolor de esposa.

Sin duda, la esposa del rehén transitaba momentos críticos y difíciles. Su fuerte personalidad no era impedimento para que, con los ojos húmedos, se arrodillara frente a las cámaras de televisión. Sus mejillas tornábanse rojas por la emoción. Con prestancia se dirigió con un nuevo mensaje a los secuestradores, con el fin de moverles las fibras íntimas humanas. Presta a terminar aquella presentación televisiva, Dola expresó que esperaría con paciencia una respuesta positiva a sus súplicas. Luego, arguyó que los malos tiempos pueden solventarse con las buenas acciones. Antes de abandonar el estudio de televisión, elevó una oración a Dios para que esos hombres se apiadaran de Nick, de ella y de los tres hijos.

Un tanto molesta por la falta de respuesta a sus llamados televisivos y radiales, Dola enfatizó que **por carambola** habían secuestrado a Nick. En su opinión, no existían evidencias de que su esposo hubiese cometido ninguna acción abominable como para merecer tamaño castigo. Nada justificaba ese plagio; menos todavía si los motivos atendían a una razón política o de extorsión monetaria. Nick no era político ni rico ni mucho menos tracalero o bandido.

Pasados unos cuantos días desde que se presentó en la televisión, ululó un rumor sobre el plagio: se atribuía a una venganza personal. Tal murmullo no tenía un basamento legal ni apropiado; de inmediato esa dañina comidilla desaparecía de las lenguas de los malintencionados. Dola mostró su perfil en el rostro blanco, temblorosa; la rabia se le subía a la cabeza por el sucio y bajo comentario; expresó que todo lo dicho en ese sentido era una infamia, una marramuncia, una patraña para justificar una acción descabellada sin asidero de ninguna naturaleza.

La mala suerte radicalmente cambió las vidas de los miembros de esa familia norteamericana. Había comenzado un largo calvario para todos ellos, que posteriormente los obligaría a pensar en tener que abandonar el país, en un futuro no muy lejano. La misma embajada de los Estados Unidos de América le recomendó a la familia alejarse temporalmente. Originalmente, la sugerencia de salir de Venezuela emanó del Departamento del Estado. Con una visión más clara sobre el caso del secuestro de Nick, los expertos en tomas de rehenes y en otros delitos conexos, también les advirtieron del peligro que corrían si se quedaban en el territorio. En atención a eso, la embajada americana buscó proporcionar seguridad y garantía a la familia. Surgieron aquellos consejos y recomendaciones que Dola no podía desoír en forma caprichosa aunque, en tales circunstancias, le costara mucho abandonar la ciudad de Caracas. Por esa razón, ella sufrió un torbellino de emociones encontradas al pensar en tener que alejarse del país, sabiendo cautivo a su esposo, comprendía que todo mal no venía solo, puesto que alguien lo provocaba. Sin embargo, antes de que la familia saliera del país correrían muchas aguas.

Lo relacionado con la salida del país de la familia del plagiado se postergó durante un tiempo no corto. Se necesitaban muchos días y semanas para aclarar la situación. En la búsqueda de una apropiada respuesta la esposa recordó que cuando ellos vivían en los Estados Unidos, ella había tenido miedo de residenciarse en cualquier lugar del extranjero, y para colmo, esa negativa suya de viajar al exterior había coincidido con la orden recibida por su marido de trasladarse a un país suramericano donde sus servicios eran requeridos por la compañía donde trabajaba. *"Willy"* ocuparía el cargo de vicepresidente en esa empresa. Se trataba de un trabajo de gran importancia para su carrera empresarial, y por ninguna razón hubiera desaprovechado esa oportunidad.

Después de distintas conversaciones sostenidas entre los dos, Nick logró al fin convencerla para que lo acompañara a Sudamérica. Con resignación, Dola aceptó irse de los Estados Unidos, consciente de que debía cumplir sus responsabilidades conyugales.

Ese presentimiento negativo no fue atendido en esa ocasión ni por su esposo ni por otra persona, quizás la habían considerado una megalómana, y ahora eso le había traido un cambio profundo y doloroso, tanto a ella como a su familia. Concluyó en que lo sucedido era una consecuencia por haber desoído ese augurio. El plagio de Nick abrió profundas grietas en su espíritu. Dola sentía un gran resentimiento por Venezuela, un rechazo de carácter anímico que conservaría por el resto de sus días. Era una sensación de ahogo que se mezclaba con una vehemente fobia. Jamás permitiría que ese sentimiento rencoroso sucumbiera en el olvido, aunque no era fácil mantenerlo en su mente y en su corazón, pasados los años incluso podría carcomer su inteligencia y su razón.

Esa mala corazonada, en la proyección del tiempo se materializó el 27 de febrero de 1976.

Por sobre todas las cosas, Dola siguió pensando que en algún confín de la tierra se hallaba su amado esposo, evidentemente desdichado como un rehén y bajo el dominio de unos bárbaros o mentecatos delincuentes.

Atormentada, la norteamericana hablaba y actuaba con desprecio por no haber obtenido respuesta alguna de los secuestradores. Con el cuidado de no obstruir las investigaciones oficiales, aunque el mundo se le venía encima a causa de la apatía mostrada por dichas autoridades en cuanto al rescate de Nick, ella quiso hacer otro esfuerzo para que los plagiarios lo entregaran sano y vivo. En público, por tercera vez, Dola asumió una actitud implorante ante las cámaras de televisión, y demandó su liberación, suplicó su libertad.

Intemperante, ojerosa y mostrando en su cara un envejecimiento prematuro, Dola se preguntó: "¿Qué no haré ahora por mí esposo?" Por ese motivo, sorpresivamente se paró desafiante ante las cámaras de televisión, rodeada de un enjambre de periodistas para vociferar con un deficiente español que a su marido lo habían secuestrado unos malhechores, unos bandidos, unos sinvergüenzas, muertos de hambre, unos forajidos, despiadados, unos malévolos que sólo buscaban fabulosas recompensas en dólares. Corajuda, otra vez volvió ante los medios de la comunicación social, a dirigirse, y con mayor firmeza reiterar que su familia no era adinerada ni tenía bienes de fortuna. Entre un correcto inglés y un español mal hablado, con un parloteo que a veces era difícil de entender, ella trató de desanimar a los plagiarios aclarándoles por enésima vez la modesta situación económica de su familia. Aparentemente, su declaración no dio resultado alguno. El indiferente viento trasmontó el ambiente y se llevó sus palabras implorantes.

Pasaron las cuatro estaciones del año. La paciencia de la gringa se agotaba cada vez más. Ningún miembro de la familia tenía la más leve sospecha del lugar donde los plagiarios pudieran tener escondido al empresario norteamericano; las autoridades del gobierno y de los servicios de inteligencia nacional y extranjera seguían más perdidos que una aguja en un pajar. Pocas esperanzas había de encontrarlo con vida, y todavía no se sabía si el industrial norteamericano había caído en manos de unos delincuentes comunes o si se encontraba bajo el poder de las guerrillas urbanas del país.

Coro

Después de abastecerse, el helicóptero aterrizó en un terreno oculto en la ciudad de Coro.

La luz dorada del sol alumbraba aquella hermosa e histórica ciudad. A tempranas horas de la mañana, en aquel cálido y contemplativo lugar, la capital de Falcón exhibía sus antiguas y coloniales casas de una impresionante arquitectura *mozarabe*. Los balcones de aquellas residencias eran semejantes a los de las casonas de Sevilla, y sus labradas maderas atraían las curiosas miradas de los turistas y de los habitantes de ese bello lugar.

En una casona solariega de altos techos sostenidos por vigas de hierro y decorados con tablones de madera de cedro pulimentados, de pisos de adoquines desteñidos y altas puertas talladas en madera de nogal para preservar el arte moruno, con el gusto de un ebanista andaluz que la había diseñado en un mejor tiempo, con paredes de basalto y de cemento revestido con cerámicas importadas de la ciudad italiana de *Faenza*, luciendo una variedad de celosías españolas en las seis ventanas que poseía; allí, en esa casona colonial, se encontraba recluido el norteamericano, vigilado por un hombre.

En un mediodía cualquiera, el sol, con sus lenguas de fuego lanzadas a la tierra, produjo un intenso calor sobre aquella ciudad. Bajo el resplandor solar el secuestrado despertó de un largo letargo, después de haber estado dopado durante un tiempo no contado, ¿días o meses? El rehén estaba bañado por un sudor maloliente a causa del sofocante clima que reinaba en aquel sitio. Nick, laso, tumefacto y casi semiconsciente fue obligado a ponerse de pie; los plagiarios lo sometieron por la fuerza a posar para tomarle varias fotografías. El empresario fue colocado en medio de dos personas cuyo sexo no se distinguía. Del lado derecho, el encapuchado o encapuchada iba armado con un fusil de guerra, y del lado izquierdo, otro encapuchado o encapuchada de una baja estatura que entre sus manos enguantadas exhibía un potente fusil de combate. Detrás de ellos en la pared había una pancarta de cartulina pegada, en la que se podía leer con letras de molde: "Cárcel del pueblo".

Con una especie de mala suerte, empezó el secuestro del alto ejecutivo de *"La Inois. Company"*. Aquellas fotografías tomadas, una vez reveladas, se difundieron en todos los medios impresos y televisivos del país, ocuparon los principales titulares de la prensa nacional y de los circulados periódicos de los Estados Unidos. Las agencias internacionales de noticias dieron una amplia cobertura para difundirlas. Los gajes del oficio. Y pese a los mensajes fotográficos que mostraban vivo al plagiado, todavía no se tenía claro quiénes eran los secuestradores, y mucho menos, los fines perseguidos por aquellos anónimos captores. Antes de salir el sol y abrir una nueva mañana, en el territorio nacional, se seguía manteniendo la esperanza de su pronta aparición.

En esa oportunidad, las personas impregnadas de una gran curiosidad pudieron ver la imagen del rehén en la prensa y en la televisión. Mientras en el pueblo, más de un millón de pupilas se agitó para ayudar a descubrir quiénes eran los anónimos plagiarios del norteamericano. Cada hombre y cada mujer, sin importar el estrato social, mantuvo sus ojos bien abiertos para hacer de su vista una especie de centinela de día y de noche. Colaboraron de ese modo para descubrir el lugar donde podían tener al rehén norteamericano y así atrapar a los culpables del hecho. No obstante, las personas desconocían que el silencio y la cautela para el entorno de los plagiarios era una disciplina. Sin lugar a dudas esos sujetos tenían una conducta indubitable en cuanto a la prudencia para lograr sus trazados objetivos. La no identidad del grupo secuestrador causaba estragos en los cuerpos policiales y de seguridad del Estado, pues los investigadores no sabían a quiénes debían de atrapar. Esto motivaba a la gente interesada en el plagio del norteamericano a mostrar su enojo, desasosiego y frustración, durante el gobierno del presidente andino.

Los inconvenientes presentados en relación a la identificación de los plagiarios originaron un mar de querellas. Se supuso que las publicitadas fotos que registraban al rehén estadounidense fuertemente custodiado por personas armadas y de rostros cubiertos, que traducían una abierta disposición de querer negociar sobre el plagiado bajo las posibilidades de celebrarse transacciones monetarias y políticas. En el fondo, todas esas fotografías habían sido mensajes subjetivos cargados de una buena dosis de persuasión, con el propósito de continuar despertando la atención sobre el caso. Por supuesto, sin dar las caras a conocer, los plagiarios trataron de convertir en un emblema de poder el secuestro del estadounidense, y dejarían entrever sus malsanas intenciones, en caso de que las autoridades no pusieran atención esmerada a sus exigencias. Esa incertidumbre originó un clima de enredo político y de confusión en las esferas del gobierno y en los organismos de seguridad e inteligencia del Estado. Por supuesto, en aquellos días no había pasado nada; todos esos organismos permanecían en la ignorancia e inoperancia.

En ese momento, el pueblo, edificado en juez, se alborotó tras las aparecidas fotografías del secuestrado en la prensa. Y, por su parte, los autores del plagio pensaron que, cuando se supiera al empresario con vida mediante esas fotos publicadas en los medios impresos y trasmitidas en los medios televisivos del país, tanto sus familiares como el gobierno nacional, la embajada de los Estados Unidos y la empresa "La Inois. Company", en un arranque humanitario, se animarían a negociar, y de ese modo salvarían al rehén de las implacables garras de sus raptores. Los secuestradores estaban seguros de tener agarrado el sartén por el mango, puesto que tarde o temprano los dolientes del rehén accederían a las exigencias de ellos. La actitud tomada por ese grupo de hombres y de mujeres atendía a una antigua táctica de engaño y de sumisión, puesta en práctica por las guerrillas en Latinoamérica; sin duda alguna, una táctica imitada por los consabidos extorsionadores, que aspiraban a usar esa estrategia delictiva con gran habilidad, pero sin tomar en cuenta que era la misma manera de actuar de los mercenarios, asesinos y delincuentes comunes, para llevar adelante sus aviesos propósitos.

A partir de entonces, las fotografías publicadas pusieron en alerta a los entes competentes del Estado, al punto en que el gobierno nacional ordenó realizar un perfil pesquisado de las fotos originales entregadas por personas sin identificaciones a varios medios comunicacionales. Del mismo modo, los agentes del Servicio de inteligencia del Estado instruyeron realizar un estudio acucioso de las mismas. Después de un arduo trabajo de laboratorio, que tomó unas cuatro horas, los expertos en la materia confirmaron la autenticidad de las fotos: no encontraron ningún tipo de yuxtaposición, ni truco, ni retoque, ni montaje, en esas imágenes. Aunque, curiosamente, nunca se supo por qué aquellos expertos y técnicos del laboratorio habían guardado (debajo de la manga de la camisa) una carta oculta, tal como suelen hacerlo los hábiles y tramposos jugadores de *póker* en las últimas jugadas: Extraña conducta que levantó sospechas; ¿cuál era el interés? ¿Cuál pudo ser el motivo? Era una cosa más para indagar sobre ese asunto. Bajo esas circunstancias no había nada más que buscar ni que decir. En ese sentido, para no seguir alborotando el avispero, los técnicos fotográficos de la dirección de inteligencia nacional decidieron declarar no haber sacado algo en concreto ni de interés en aquellas imágenes. Por demás, esa evasiva declaración no fue creída ni siquiera por el menos pintado de los investigadores del país. La desconfianza obligó al gobierno del presidente andino a asumir las reservas necesarias sobre el espinoso secuestro del industrial estadounidense. En tanto, el secuestro continuaba con su carrera a contrarreloj.

Coro

El tañido de la antigua campana colonial colgada en la torre más alta de la catedral de aquella capital falconiana contribuyó de alguna manera a que el cautivo empezara a recobrar la conciencia y el aliento de vida. Un malestar entró en su cuerpo, haciéndolo sentir que se moría. Por supuesto, seguían dándole el bebedizo de belladona para mantenerlo tranquilo y que no protestara ni de día ni de noche; pero los fuertes campanazos de la iglesia de la catedral hicieron que Nick abriera los ojos tras un enorme esfuerzo. Aunque el cautivo seguía dominado por un presentimiento de muerte, sentía una pesadez en el cuerpo y un calofrío correr su piel blanca. Con las manos, Nick se restregó sus azules ojos que padecían de estrabismo. Finalmente, pudo aclararse la vista y mirar al hombre que tenía cerca y que lo miraba de un modo penetrante, malicioso y amenazante. El individuo presentaba un aspecto obeso (se alimentaba como Heliogábalo). Su pecho y su espalda los cubría una montaña de vellos negros. Daba la impresión de poseer una mente cerrada y una actitud mordaz. Ese individuo sería su primer cancerbero. El norteamericano no pudo ocultar el desagrado que sintió cuando el mofletudo centinela con desprecio lo volvía a mirar, mientras esbozaba una sonrisa cínica y burlona. Todavía el gringo se encontraba aturdido y desorientado. Eso lo impedía de poder interpretar a cabalidad y de un modo consciente con qué fin esos malhechores lo tenían recluido en aquel lugar. El espectro del secuestro lo asechaba por ser un hombre habituado a la libertad, en el amplio sentido de la palabra. En mayor o menor proporción, ahora, su condición de rehén parecía tener una endemoniada intención desconocida.

Por supuesto, en la operación **"camello"** no se respiraba un aire victorioso para los secuestradores. Se notaba que el estadounidense estaba encerrado en una casona de antaño, en la ciudad de Coro. Por desgracia, el norteamericano se hallaba arrojado en un cuarto con ventanas trancadas con trozos de madera donde ni siquiera podía oír el repliegue de los pájaros en el atardecer, al acribillar los espacios abiertos que rodeaban aquella antigua vivienda. En el patio principal, había un estanque que servía de recipiente para el agua recogida de las caídas lluvias. En el cuarto ocupado por el confinado gringo había una tinaja de barro cocido que filtraba el agua, y cuando el secuestrado sentía sed, se acercaba arrastras a la tinaja y, con sus manos ennegrecidas por la suciedad, recogía a cuenta gota el agua.

En los primeros días del encierro de Nick, el cielo constantemente se puso de un color gris, como amenaza de lluvia. Soplaban vientos de agua. El empresario secuestrado se sentía golpeado en sus más íntimas fibras. En esos momentos, Nick se encontraba en el contrafilo de una agresión física o psíquica de parte del troglodita y fantoche hombre que lo vigilaba. En ese reclutamiento doméstico, el gringo desesperado no podía más que sacar fuerza para manifestar su valentía y maldecir a los encapuchados que aquella noche de febrero se habían atrevido a privarlo de su libertad. Aunque ahora ninguno de ellos se encontraba allí. Al parecer, ellos se habían marchado de ese lugar sin intención de volver.

Con una cara de satisfacción y sin pudor, mostrando el barrigón que poseía, el guardián del gringo, con un revólver en el cinto y una hosca mirada, siguió observándolo. En ese momento, el gringo temió que algo funesto pudiera sucederle a causa de las circunstancias que lo rodeaban. Cuando el cautivo escuchó y detectó el peculiar reír y las sonoras carcajadas de aquel repugnante sujeto, de inmediato pensó que nunca más volvería a ver a su amada familia. Se desplomó anímicamente y lagrimeó. Se sintió impotente ante la adversidad deparada por el destino. Sin quitar los ojos sobre el cuerpo del rehén, el vigilante se cercioró de que todo estuviera saliendo tal y como se había planeado. Ese era el primer sitio donde el raptado estadounidense estaría, ante la presunción de un posible y largo peregrinar por otros lugares. El secuestrado aún estaba en plena capacidad de entender que su vida corría todo el peligro del mundo, razón por la cual se dispuso a sacar energías vitales con el propósito de aguantar los malos momentos que seguramente pasaría en los próximos días, meses, o años. En medio de tanta amargura, Nick se daba cuenta de que lo habían convertido en la perfecta víctima de una tramoya maquinada por un grupo de bandoleros y de pistoleros de baja calaña, que actuaban al inconfundible estilo de los *gángsteres* de Chicago y Boston, y de los mafiosos de Nueva York y Sicilia. El gringo jamás perdonaría a los culpables del encierro que sufría. Empezó a experimentar un nuevo tormento. Trepidó de frío y se acurrucó en posición fetal sobre la paja seca donde sedado había dormido desde el día en que lo llevaron a ese lugar.

Con los recuerdos evaporados en el tiempo, aletargado, Nick cayó de bruces sobre la paja seca que le servía de colchón. A días de estar recluido en ese cuartucho sin ver la luz del sol ni lunar continuó pesimista en cuanto a su futuro. No tenía ni la más remota idea del sitio dónde se encontraba. Alterado por la sordidez del mayor ultraje recibido en su vida, lo dominaba una agitación nerviosa que lo trastornaba al punto de no poder mantener una normal respiración.

De pronto, se le oscureció el semblante, un tanto asqueado por las manadas de moscas verdes y de zumbonas que se posaban sobre la bacinilla donde diariamente defecaba y orinaba. Él esperaba otro trato humanitario. El sentimiento de libertad, aun así, vivía dentro de él.

No deseaba llevar una existencia ilusoria y alejada de la realidad, así que hizo un esfuerzo mental y pensó sobre lo que podía ser una temida sentencia de muerte o un castigo o una venganza la causa de su plagio. Se indignaba consigo mismo por no saber por qué lo habían secuestrado. Sufría más que nunca; solamente descansaba cuando podía dormir largas horas bajo los efectos de los somníferos y de los bebedizos de hierbas administrados en contra de su voluntad. Nick no tenía un sueño natural sino artificial.

Una farola que emanaba una luz tenue y amarillenta alumbraba el cuartucho donde el gringo cautivo se encontraba postrado. En tan dolorosa circunstancia se había transformado en una sombra humana y frágil como un barco de papel. Esa noche, bajo un calor terrible que casi lo calcinaba en el lugar donde permanecía recluido, Nick temió pasar del sueño a la muerte. En modo alguno, la popular y aborrecible "pelona" en varios de sus delirios pudo haber compartido noches enteras con él. Nick luchaba para no convertirse en el profeta de su propia desgracia. El desconcierto sentido sobre su futura libertad con frecuencia lo enloquecía. En medio de un devastador silencio se estremecía cada vez. Se hallaba solo y en franco contraste con su vida anterior. Cada noche sin ruido se desvanecía sobre el suelo. Sabía que tenía que resignarse de forma alguna para no morir de angustia o de soledad. El miedo le robaba toda clase de esperanza; pero él era consciente de que podía alcanzar su salvación si abandonaba el pesimismo.

En las templadas mañanas después de pasar el verano, Nick se despertaba ansioso; en las frescas noches se acostaba aterrado. No lograba consuelo al tener la impresión de que aún pasarían muchos meses y quizás años para lograr su libertad. Vivía una pesadilla por no saber el día y la fecha transcurridos en el calendario, y más por no conocer en qué lugar lo tenían encerrado. Sospechaba en el futuro otros rumbos no explorados, misteriosos e ignotos. Su destino sería imborrable, sin olvido, en el universo delictivo.

Nick no daba señales de vida para el mundo exterior. Había cambiado mucho de carácter. Pasaba las horas del día con los pies descalzos aplastando la silvestre hierba crecida en las hendiduras del rasposo piso del cuarto donde lo recluyeron. Cada vez que gritaba en demanda de su libertad el centinela le suministraba una nueva dosis de narcótico. Temía descerebrarse. El rehén no se preocupaba tanto por el hambre o por la sed sino por ese detestable encierro vivido entre cuatro paredes mohosas y sin una ventilación adecuada. Estaba convencido de que lo tenían metido en una cárcel casera. En testimonio de la verdad, el gringo se sentía un desahuciado aferrado a la vida. No quería morirse como un perro callejero ni como un gallo pataruco o un don nadie.

Intemperante, Nick sintió penetrar en su organismo el pinchazo de la depresión. Por esa razón, y con el corazón en la mano, el plagiado norteamericano buscó despertarse el optimismo, entonces, para no darse por vencido, se imaginó escuchar el himno de los Estados Unidos de América. Un apropiado ejercicio mental de carácter musical que lo hizo olvidar tanta desdicha albergada en su cerebro y alma. No deseaba anular su personalidad; y dio prueba del dominio sobre sí mismo al aplacar sus nervios, y se quedó tranquilo pensando en que más fácil era nacer desnudo y andar sin ropas por la tierra, que conseguir ser libre en cualquier sociedad del mundo. Con la garganta crispada por la angustia, se sintió un hombre encadenado a un destino inseguro.

Un nuevo día despuntó sin reportarse alguna novedad distinta a la cotidiana. El remusgo fresco de la mañana animó el espíritu del empresario norteamericano, aunque, confinado en un cuartucho deplorable, no pudiera apreciar las armoniosas expresiones de la naturaleza madre, plasmadas en los diversos plumajes de las aves en raudo vuelo. No obstante, su mente recobraba mayor nitidez. Ese día sintió que revivía en espíritu y en alma, y juró ante Dios no rendirse ante el infortunio y afianzó sus convicciones espirituales. Un modo de no morirse en primavera, ni en otoño, ni en invierno y, mucho menos, en verano. Rogó a Dios que le concediera una larga tregua para conservase con vida y poder ganar la libertad cercenada por el secuestro del cual era víctima.

En las siguientes semanas nada sucedió de interés. Montado a horcajadas sobre un taburete rústico, colocado por el vigilante, en aquel cuartucho, Nick estaba cansado de ese oprobioso encarcelamiento y no podía memorizar su pasado inmediato. Tampoco sabía cuántos días, ni cuántos meses, ni cuántos años llevaba encerrado allí sin poder ver brillar el sol o contemplar el nocturno cielo cuajado de estrellas. Primero, él puso especial énfasis en cómo salir de ese atolladero, después tomó un segundo aliento y fuertemente trilló sus dientes blancos. Se mordió el labio inferior hasta sangrárselo. Tenía ganas de golpear a alguien, y poniéndose fuera de sí, a todo pulmón, en un español mal pronunciado, gritó: "¡Canallas! ¡Pagarán con sus vidas tarde o temprano lo que me han hecho!". Prosiguió vociferando duras palabras mientras su semblante se enrojecía a causa de la rabieta. En medio de aquella exaltación, Nick no midió las consecuencias de sus desafiantes palabras. Al final, pareció darse cuenta de que había sufrido un corto circuito de carácter psicológico, pues, desconoció el lugar donde se encontraba hacinado y quería atacar a los plagiarios vociferando en contra de ellos. Se intimidó ante la posible presencia del guardián, quien afortunadamente no estaba tan cerca del sitio, aunque ese panzudo algo había escuchado en la distancia.

La mirada de águila del vigilante recorrió el patio central de la casona para detectar de dónde diablos habían salido aquellos gritos, y al descubrir de dónde provenían esos alaridos, el custodio, con unos zapatos claveteados con un metal brilloso, se dirigió lentamente hasta el cuartucho donde tirado en el suelo yacía el rehén tembloroso. Abrió de una patada la pesada puerta de madera y entró en ese penumbroso aposento. Hubo un encontronazo de miradas entre los dos. El rehén, arrepentido de todo lo dicho, en seguida se acuclilló ante su guardián, quien sin misericordia cristiana lo vigilaba cada día y cada noche. Nick, cabizbajo se dejó estar así por un tiempo sin cálculo. El celador lo miraba feo. Luego dio media vuelta y se marchó, para suerte del cautivo. Después de su alterada protesta, y cuando el canto del gallo anunciaba el amanecer de un nuevo día, un estremecimiento recorrió el flaco cuerpo del plagiado. Nick sabía que pasaba por unos momentos decisivos en su vida. Su autoestima descendió. No tenía suficiente claridad mental para descifrar lo que acontecía a su alrededor, porque llevaba una vida inexacta con numerosas interrogantes. En ese laberinto húmedo y gris donde se encontraba dentro de esa casona de ninguna manera él permitiría que doblegaran su cabeza o esterilizaran su cerebro o trituraran su dignidad. Sus derechos humanos no los violarían ni ese rudo guardián ni nadie en el mundo, porque él no lo permitiría y, si era preciso morir, moriría.

Muchos días se deshojaron sin conocerse la causa y el efecto del plagio del norteamericano. Por supuesto que tales sabandijas que habían secuestrado a Nick produjeron en su alma un íntimo dolor. El cautivo estaba sorprendido por no haber visto de nuevo las siluetas de los encapuchados que lo habían plagiado. Extrañaba no escuchar las diversas tonalidades de sus voces, lo que le parecía medio raro y fuera de toda lógica y de control. Confundido, sospechaba que algo andaba mal. No comprendía porqué lo tenían todavía con vida. Ansioso siempre, Nick se mantenía renuente a aceptar la muerte. Ese terrible dilema atomizaba su cerebro, sin permitir el fluir de nuevas ideas y nuevos pensamientos en su mente; sin embargo, el norteamericano quería seguir viviendo, esperanzado de que algún día respiraría las frescuras de las montañas, selvas y de toda la naturaleza creada por Dios. Sobre todo, él deseaba complacerse con el olor salobre de los mares porque eso haría exaltar su corazón. Los recuerdos suyos se habían convertido en oleajes espumosos arrastrados por las ignotas aguas en tierras desconocidas.

En medio del ígneo sol de los días transcurridos, el rehén se alimentaba deficientemente. Por las mañanas tomaba solamente sorbos de café y bebía agua de chorro, se comía las frutas picadas por los pájaros puestas en un pequeño plato de anime por el guardián. Por las noches, Nick no hacía sino dormir bajo los efectos de los somníferos. Hasta que una vez, por medio de un transitorio desvarío que sintió, se imaginó entrar en un pantanal y se vio arrojado al temible averno. Era un fantasmagórico territorio bíblico habitado por millones de almas en pena. Atrapado en esa tormentosa red mental, se preguntó: "¿Lograré sobrevivir en ese infierno?". Con un tono de voz casi imperceptible, porque se hallaba adormilado, exclamó: "¡Quién sabe!".

El verano se hizo presente en Coro. En el fulguroso cielo se notaban las máculas del sol. Y dentro de un bloque de concreto desierto y silencioso, sin que el agua de la acequia se agotase, perdida la mirada en el techo de vigas, Nick daba gracias a Dios por tenerlo vivo todavía, aunque siempre dominado por un presentimiento de muerte. Él seguía contemplando las indisolubles sombras del silencio que rondaban aquel cuartucho. Dentro de aquella pieza invadida por un clima húmedo desprendido de las calientes arenas de Los Médanos, Nick se hallaba tendido sobre un pajar, con la perenne sensación de padecer la misma agonía de un mendigo abandonado.

El tráfico vehicular ligero de la ciudad de Coro la convertía en un lugar agradable. Sus gentes eran simpáticas y abiertas al diálogo. Los moradores se levantaban y se acostaban relativamente temprano. Pero en la vida tranquila de esa ciudad, sucedía una terrible y conmovedora tragedia sin que ninguno de los lugareños lo supiera. Nadie estaba enterado del secuestro y confinamiento del norteamericano en esa ciudad. Precisamente, en aquella casona solariega de puertas de maderas pulidas con herrajes oxidados, construidas en los albores del siglo diecinueve, un hombre se desmejoraba de salud, en cámara lenta, por falta de ayuda. En ningún momento el sujeto que lo vigilaba dejaba entrar en esa vivienda a personas extrañas. Por supuesto, cuando el cancerbero de Nick se paraba en el zaguán de esa vieja casa para ver pasar las gentes que transitaban por las veredas las saludaba con frialdad. De resto, el hombre permanecía impertérrito. No confiaba ni siquiera en el revoloteo celestial de la paloma de la paz. En esa ciudad colonial de casas asoleadas y pintadas con colores vivos, nada fuera de lo común sucedía. La tranquilidad de esa ciudad desataba una rebeldía interior en el celador del estadounidense. Esa monotonía empezaba a alterar el fuerte carácter de *Al*. Fue entonces cuando al tosco guardián se le ocurrió la "brillante idea" de jugar al malo con el rehén. De pronto, el mal encarado individuo se halló de pie frente al deprimido plagiado. Mostraba una actitud hostil hacia el gringo. Y, sin mediar palabra alguna, con sus ásperas manos de arriero, estrujó una dúctil vara para asustarlo. En seguida, el cautivo sospechó que allí había gato encerrado. Con la vista borrosa por la falta de anteojos, a duras penas, Nick pudo observar la malévola intención del hombre. El terror clavó su cuerpo en la paja seca regada sobre el piso de su habitación. Sin titubeos y con ademanes bruscos, el centinela agarró por los brazos a Nick, lo levantó del lecho de paja donde él permanecía acostado la mayor parte de las horas del día. Quería crucificarlo de una vez por todas. Cimbró la vara sobre la huesuda espalda del indefenso rehén, quien gimió de dolor a tiempo de voltear sus ojos cargados de ira contra aquel sujeto que lo lastimaba. Desconcertado, con el rostro desencajado, el plagiado sintió repulsa y desprecio por el rudo y tosco individuo que lo maltrataba hasta dejarlo boquiabierto y tirado sobre el piso de adoquines. Ese día, el gringo recibió su primer maltrato físico en cautiverio.

El torturador no pudo evitar sentirse complacido después de haberle propinado varios varazos al cuerpo débil y tembloroso del gringo. Malhumorado, *Al* continuó bufándose sin remordimiento sobre su víctima. Igual que un cobarde, no se atrevió a mirar la sangre derramada sobre la espalda, los brazos y las piernas del norteamericano. El guardián, al terminar de flagelarlo, se volteó hacia la pared y prendió un tabaco cubano. Con una panza abultada y unas gordas nalgas, se sentó sobre el taburete de madera que en ocasiones servía de mesa. Frunció el ceño, luego respiró profundo atraído por los antiguos recuerdos de un pasado tenebroso suyo. Sin despistarse en modo alguno, ese hombre empezó a rememorar las escenas ocurridas con *Stanley Silvestre*, un alto empleado de la red de frigoríficos Anglo, empresa de capital inglés. El señor *Stanley* había sido secuestrado años atrás por un grupo de hombres armados. El centinela de Nick recordó que él había pertenecido a esa organización terrorista, y se regocijó por tan abominable plagio y crimen.

Tan goloso vigilante era ese hombre de mal talante. Trabajaba por dinero bajo contrato. Tironeado por los recuerdos de su pasada vida, *Al* no podía olvidar sus andanzas como miembro del ejército revolucionario del pueblo. Recuerdos de viejos tiempos que pudieron haber incidido en su agrio carácter. Sin desparpajo el argentino rememoraba sus aventuras delictivas, mientras gruesas gotas de sudor corrían por sus rollizas mejillas, consciente de que cargaba   sobre sus hombros un *mea culpa.*

El cerril centinela contaba con alrededor de cincuenta años de edad. Sus compinches lo llamaban *Al*, y había participado en la elaboración y en la estrategia del plan de secuestro del empresario estadounidense. En su afán de llegar más allá en el plan de la operación **"camello"** se había ofrecido a vigilar al norteamericano. Actuaba con el hígado revuelto. Se tornaba en un ejemplo de maldad. Muchas veces, con insospechados propósitos, tendió numerosas trampas, malas jugadas y traiciones, y ahora con el único objeto de excitarse, quería quebrarle el temple al gringo. Romperle hasta el alma, de ser posible.

El atardecer ese día se deshizo en medio de un cielo brumoso. *Al* empezó a lanzar improperios en el aire, armando tremendo follón. Con una cortedad idiomática, dio una cháchara de pronóstico reservada al cautivo. Obviamente, el gringo no pudo entenderla. Las palabras vulgares del carcelero el viento se las llevó. En el febril empeño por herir al cautivo, el guardián siguió atacándolo verbalmente. El oído sordo del cautivo soliviantó el ánimo del celador. Con los nervios crispados debido a que el gringo no se inmutaba y, en procura de querer reafirmarse como un hombre odioso, *Al* empezó a vomitar por la boca una lluvia de amenazas incongruentes contra el rehén. Esos insultos dieron la impresión de rodar desde la cima de una ladera hasta llegar a estrellarse en una hondonada. Al final, en un abrir y cerrar de ojos, se dio cuenta de que sus groserías no habían logrado herir en lo más mínimo los sentimientos del empresario estadounidense; sencillamente porque el cautivo no había podido interpretar tales sandeces. Problema de traducción literal del lenguaje. Nick no tenía capacidad para comprender los argentinazos de ese vil custodio.

"¡Vaya bruto!" exclamó *Al*. El centinela, errático y contrariado por lo sucedido, quiso aclarar costara lo que costara, por qué el gringo no se había inmutado ante la avalancha de groserías que le había lanzado en su contra. La manifiesta mansedumbre del prisionero exasperó al carcelero, quien de nuevo respiró profundo para no asfixiarse a causa de la sentida cólera. Se aquietó por breve tiempo aunque seguía desagradado por la indiferencia del secuestrado. De súbito el argentino alzó los brazos dando la impresión de ser uno de esos eslabones perdidos en medio de un ambiente inhóspito. Le costaba resignarse a la frialdad de Nick. No se daba por vencido. Aborrecía al estúpido yanqui, y furioso como un toro cuando embiste al torero, abrió sus pupilas negras y, en aquel instante con sus manazas de arriero, agarró por el delgado cuello a Nick. Con los puños cerrados logró conectarle un golpe fuerte al estómago del hombre rubio, sacándole el aire. Ese bestial puñetazo tumbó al rehén sobre el agrietado piso. Con esa actitud belicosa, el argentino daba señas de estar fuera de sí. Su regordeta cara se empapaba de sudor. El carcelero con sus dedos se reacomodó el largo y despeinado cabello y se precipitó sobre el cuerpo magullado del gringo. Lo agarró fuertemente por un brazo y de un sopetón lo levantó del piso. Posteriormente, con una voz trémula expresó: "No temás, che, que no voy a comerte; al contrario, vos, como el cerdo asqueroso que sos, nos darás de comer a todos nosotros". Finalmente enfatizó: "¡Más vale que así sea!".

Francamente, la situación de Nick era desesperante y sumamente peligrosa. Las amenazas de *Al* quedaron latentes en esa noche de luna menguante.

A la vuelta de la esquina, Nick tenía encima la pena de muerte. Por un milagro de nuestro Señor Jesús Cristo, ese impulsivo y patán guardián dominó su ira. Pocos minutos después y sin explicación alguna, ese hombre había caído en un mutismo insondable. Una vez recuperado y aquietado, *Al* se marchó lejos del cuartucho, donde el rehén extenuado se encontraba con unos hilos de sangre en las comisuras de sus delgados labios, tendido sobre el suelo frío y sucio.

Al mediodía del siguiente día, cuando el vigilante en un pocillo de peltre llevó agua al cautivo, buscó reanimarlo en forma alguna, y con los ojos abultados a punto de saltarles de las órbitas, el cancerbero volvió a mirarlo con desparpajo; sorprendentemente, entre dientes, lo maldijo. Al final, se marchó de allí con la promesa de volver más tarde. Ese día, Nick no pudo levantarse ni para hacer sus necesidades. Se mantuvo a su alrededor un inquietante silencio. Al amparo de esas cuatro paredes pintadas de un color blanquecino, Nick tenía una profunda sensación de vacío.

Pero algo más ocurrió cuando el guardián argentino decidió no entrar en la pocilga donde casi desmayado estaba el gringo. Antes de dejarlo de visitar, *Al* había colocado unos mendrugos de pan y un pocillo de agua de chorro en esa habitación. Nick, como pudo, y movido por una misteriosa fuerza interior, con los dedos transformados en pinzas, agarró los mendrugos tirados en el suelo, rodeados de hormigas merodeando ese lugar, y se los comió. Su existencia no zozobró en esa ocasión. De su cara resbalaron gotas de tristeza al pensar en Jesús cuando multiplicó los panes.

En su yo interior, *Al* experimentó un inmenso deseo de seguir amedrentando y maltratando al rehén norteamericano. Una tarde abruptamente se apareció otra vez dentro del espacio donde el rehén se encontraba tirado sobre la paja seca y amarillosa colocada en el suelo. Se paró frente a él con las piernas abiertas y un fuete de cuero curado asido entre sus manos, de nuevo lo amenazó con pegarle en todo el cuerpo, mientras le escupía un gargajo marrón sobre el pecho, producto del chimó mascado por aquel villano torturador.

El coraje de torturarlo renació en *Al*. El vigilante argentino hizo alarde de su gran valentía tocándose el cinto ancho de cuero con que amarraba su pantalón de gaucho. Calzaba unas botas anchas. Inoportuno y con un comportamiento de villano, el cancerbero espetó al cautivo: "Por vos estamos cobrando una miseria de dólares", y sin ningún tono de voz reflexivo, procuró acentuar su grosería cuando dijo: "A decir verdad, no habrá nada más que discutir si no pagan tu rescate. Vos no vales más que eso, gringo de mierda."

El guardián bocón no logró una respuesta del rehén. *Al* se estremecía de furia porque Nick no chillaba, y no podía lograr ni un quejido angustioso de su parte. Ese rufián estuvo a punto de desmayarse cuando se recostó de espaldas contra una de las paredes húmedas del cuarto para no caerse de bruces. Se preocupó al temer que pudiera sobrevenirle un sincope cardíaco a causa de su excesiva rabieta. El argentino personificaba la brutalidad más pura, aliada a su extremada soberbia.

En la correlación de los hechos, *Al* era un hombre que guardaba un fuerte resentimiento social por haber nacido en un pobre paraje de las pampas argentinas. Ese individuo siempre había tenido un complejo de superioridad no sostenible; con otros compatriotas, él solía medir la fuerza de su actitud vengativa. No era un tipo marrajo, sino un pobretón vendido por un puñado de monedas, contratado como un matón. En pocas palabras: un mercenario sin ley, sin honor, un maniático del crimen.

Echado en el suelo sobre aquel lecho de paja orinada y con olor fecal, le resultó a Nick algo insoportable seguir vagamente escuchando las palabrotas del argentino, y buscó adormitarse para huir así de la macabra realidad que lo circundaba. Percibió el doloroso recuerdo de su familia, a la que imaginó lejos en Ohio. En el interregno, seguía vivo, pero secuestrado en un medio infernal y paranoico. Un poder invisible sostenía su vida. Por nada en el mundo Nick deseaba morirse de su propia muerte, o sea de mengua. Cada hora le parecía un siglo de agonía.

En la distancia.

El tiempo proseguía su infinito andar. Anochecía cuando sonaron los disparos dirigidos a los presuntos secuestradores del ejecutivo de la transnacional de vidrio. Tras escapar, algunos de ellos tomaron como un alerta aquella arremetida por un pelotón del ejército. De vital importancia para subsistir decidieron esconderse por un tiempo y no dar la cara en forma alguna, para evitar ser acorralados y encarcelados. Por una temporada todos ellos se esfumaron para no tener enfrentamiento con los cuerpos militares, policiales, de inteligencia e investigación del Estado.

En esos largos días ocurridos en la búsqueda del rehén, inexplicable, un torbellino de fracasos presionaba al Gobierno y a los cuerpos investigativos y de seguridad. Las organizaciones habían rastreado el territorio del país sin dar con el paradero de los verdaderos implicados en el plagio de Nick. Los habían olfateado sin resultados concretos. Con los ojos cerrados y las mentes en cero, sin el debido interés, las autoridades iban de fracaso en fracaso. La ineptitud sería la primera causa; la segunda, habían perdido el tiempo inútilmente. De forma alguna los plagiarios conocían las débiles ofensivas desplegadas por todos esos cuerpos de rastreadores y se habían propuesto jugar a las escondidas para volverlos locos. Los agentes secretos del FBI, junto con los de la CIA eran los más persistentes en seguir sin descanso a los sospechosos del secuestro. Empero ni siquiera esos cuerpos secretos sabían la verdadera identidad de los culpables. Iban ciegos detrás de cualquier persona dudosa, estrellándose contra un puente quebradizo.

En el momento oportuno, y cuidándose de no caer en las redes de los enemigos, sorteando cualquier acoso por parte de las autoridades nacionales, los responsables del secuestro del empresario estadounidense decidieron con premura no dejarse apresar y mucho menos permitir que los guantes se los echaran encima en el supuesto negado de ser ubicados. Por suerte, los plagiarios habían actuado bajo una permanente incógnita y se hallaban informados de que en varias zonas del país miembros de las distintas guerrillas revolucionarias habían sido emboscados, capturados y asesinados. Supieron de otros subversivos detenidos a quienes habían ultimado dentro de las celdas por no haberse declarado culpables del secuestro del industrial. De ahí se interpretaba que los inocentes caían como pájaros volando tras las ráfagas de las escopetas de los cazadores. En tanto, los verdaderos culpables del plagio del norteamericano permanecían en franca libertad.

Tras desconsideradas críticas hechas contra el gobierno nacional, las fuerzas policiales nacionales, junto a los comandos militares del país y los agentes encubiertos de los Estados Unidos, habían vuelto a reactivarse. De nuevo se había dado la orden de empezar el asedio con aquellas personas que se presumían fuesen los actores del plagio. Para ese fin tiraron a los mejores y adiestrados perros cazadores. Aunque, insólitamente, los organismos oficiales continuaban desconociendo quiénes eran los verdaderos responsables del plagio de Nick. Por ese motivo, las labores de rescate del norteamericano siguieron afrontando grandes dificultades e incluso se llegó a pensar que dentro del grupo de los bandidos secuestradores del industrial estadounidense bien podía haber varios baqueanos, que eran unos expertos conocedores del extenso territorio nacional. Por cuanto los cuerpos de investigaciones no encontraban los lugares donde los plagiarios pudieran tener escondido al rehén.

Las fuerzas del orden llegaron a la conclusión de que los plagiarios eran hábiles para despistar. En las narices de los investigadores y de los agentes secretos se levantaba una torre de Babel. Las confusiones eran privativas de ellos. El caso del plagio se enredaba cada día transcurrido en el calendario. Por último, los agentes de inteligencia sospechaban que esos secuestradores podían haber recibido entrenamiento y armas del exterior.

"¡Alerta!", fue la expresión de alarma escuchada en todas las guaridas donde se refugiaban los hombres y las mujeres vinculados con el plagio del industrial estadounidense. Bajo esa situación de advertencia, y para evitarse una experiencia frustrante, los autores del secuestro decidieron no dejar por más tiempo a Nick en la ciudad de Coro. Se anunciaban no buenos tiempos, razón por la cual ese grupo armado buscaría esconderlo en otra parte. Si fuese necesario comenzarían a zarandearlo de un lugar a otro con la intención de no dejar huellas visibles, y despistar a los que trataban de seguirlos por todo el país.

El nuevo plan trazado establecía lineamientos de escapatoria en caso de emergencia.

En atención a esos nuevos planes, en esa hermosa ciudad colonial, unos hombres fueron a buscar al rehén norteamericano. Se lo llevaron en el amanecer y bajo una lluvia torrencial, en unas horas en que los pescadores nativos acostumbraban echar sus redes a la mar. De esa manera, antes de aparecer la aurora, los jefes de la operación **"camello"** procedieron a liquidar los honorarios convenidos con el guardián argentino. Lo obligaron a marcharse pronto para que la policía no lo capturara. *Al* infundía miedo a todos ellos. Esos hombres temían que ese individuo pudiera delatarlos. *Al* no era un débil animalito juguetón, sino todo lo contrario, era un salvaje criminal. El grupo no tenía la suficiente confianza en él. Los implicados en el secuestro estarían más seguros si el argentino se marchaba lejos del país.

Hubo un breve silencio cuando lo despidieron. Lo vieron partir en un automotor que conducía un chofer de confianza que lo llevaría hasta la frontera con la Guajira Colombiana. Los plagiarios no querían esperar más tiempo, y actuaron con cautela y rapidez. En una camioneta para repartir aves congeladas introdujeron dopado al norteamericano, y se lo llevaron a San José de Guaribe, en el estado Guárico, situado a unos doscientos kilómetros de distancia de San Juan de los Morros.

San José de Guaribe.

San José de Guaribe, una villa llanera donde el sofocón del clima punzaba los poros de las curtidas pieles de sus pobladores, donde el tropel y el relinche de los caballos sentíase en los campos extensos, y entre los tupidos árboles y las farolas de antaño se escuchaban las retretas de la plaza Bolívar. Durante las fiestas patronales se celebraban los toros coleados y las peleas de gallos.

Era un pueblo rural con algunas calles de tierra y sin pavimento de asfalto; caserío de gente callada y laboriosa, donde los ganados vacuno y caballar podían comer en verdes pastos y beber en tajamares o en pozos naturales; donde las garzas espejeaban en los charcos, y donde en temporadas de cosechas recogían los campesinos las siembras de verduras y hortalizas. San José de Guaribe era un lugar del llano guariqueño que era circundado por paisajes verdes, ruidosos, claros ríos y fértiles tierras. Con frecuencia en tiempos lluviosos las siembras se perdían y el ganado vacuno o el porcino a veces se ahogaba a causa de las severas inundaciones. Por ese motivo, cuando el rebaño se extraviaba en medio de los torrenciales aguaceros nadie tenía siquiera un poco de alegría para celebrar cualquier evento social.

En aquel lugar se observaban hileras de casitas humildes con techos de zinc, paja y bambú. En ese pueblo de virgen llanura existían numerosas viviendas construidas con las manos de los nativos a fuerza de amasar la arcilla. En esa rústica aldea se habían construido con barro y mezcla de greda barracas orilleras cerca de los ríos, y sobre las techumbres de las mismas, pululaban mosquitos, jejenes, zancudos y otros insectos nutridos por las aguas empozadas dejadas por las copiosas lluvias. Juncos y ramajes de árboles frutales y de árboles florales embellecían ese lugar.

Mucho tiempo atrás, en ese pueblo de San José de Guaribe solo había una unidad sanitaria y una pequeña iglesia levantada con donaciones voluntarias de los ricos ganaderos y los agricultores de la región. No obstante, también los demás devotos feligreses contribuían con sus limosnas. El caserío contaba con un cura mariposón que se encargaba de administrar los dineros y los bienes del patrimonio religioso.

En atención a que el gobierno estatal era un generador de injusticia, el poblado tenía una sola jefatura de policía y una sola patrulla destartalada por la falta de presupuesto para arreglarla. Sin embargo, el verdadero rostro del pueblo, lo enseñaba la mayor carencia de servicios públicos, puesto que los habitantes contaban solamente con tres policías que se encargaban de poner orden cuando surgía una trifulca callejera o un pleito de aguardentosos o una chamuchina. El interés por mejorar la educación no era algo prioritario para las autoridades; Guaribe solo tenía dos escuelitas primarias con seis maestras que ponían corazón y empeño en la enseñanza de los niños pobres. Esas educadoras trabajaban con las uñas y el corazón, pues el gobierno regional no les pagaba como debía de hacerlo. Y, como todo pueblo que se niega a morir de hastío, por la tarde y por la noche se encontraban abiertos tres bares y un burdel con fluidez de clientes. El prostíbulo era conocido en ese lugar porque contaba con un servicio de putas jóvenes y no tan viejas. Lenocinio que todas las tardes y todas las noches abría sus puertas de par en par, frecuentado por los más machos, bravucones y, duros hombres del pueblo, que se entretenían libando un buen ron criollo, un quemante aguardiente blanco, una guarapita de ponsigué o una cerveza nacional. Otra costumbre arraigada en aquel pueblo era sentarse en las orillas de las aceras en plegables sillas de metal o taburetes de madera. Las silletas eran colocadas muchas veces en los portones de las casas para que los vecinos charlaran o bebieran guarapo de papelón, conocido como "la cerveza de los pobres". Y, para mostrar mayor miseria habida en esa comarca en referencia a la maternidad, ni qué hablar: las parturientas del pueblo corrían a parir al hospital de Altagracia de Orituco o al de San Juan de los Morros, y en el peor de los casos, las embarazadas iban a la maternidad Concepción Palacios, o a la maternidad Santa Ana, ambas en la ciudad de Caracas.

Muchas de esas mujeres preñadas no podían llegar a tiempo a las maternidades caraqueñas ni a las de otros pueblos, y se veían en la necesidad urgente de arrojar fuera del útero a sus bebés en cualquier parte donde las agarrara el parto, casi siempre ayudadas por las comadronas, por las abuelas, por sus propias madres. En ocasiones de emergencia actuaban los mismos padres de las criaturas, fuesen estos los maridos o los concubinos.

Aunque San José de Guaribe era considerado un caserío humilde y periférico, cuando había una novedad por el nacimiento de una criatura, el hombre convertido en padre corría como loco a "tomar los miaos" con la familia y los buenos amigos, costumbre popular en el país que en la casa de los nuevos padres se celebraba con una bebezón de ron, aguardiente de caña o cerveza fría. Todos los participantes del sarao se llenaban las barrigas con un buen hervido de gallina o con una carne en vara, compadres y compañeros de parrandas compartían la alegría. Estas costumbres estaban arraigadas en el corazón de cada uno de los lugareños. San José de Guaribe se distinguía por ser un apacible villorrio llanero. Y, en aquel tiempo, durante la década de los años setenta aún ese pueblo no se proyectaba hacia un destino progresista. Daba la impresión de ser un pueblo olvidado y abandonado por el gobierno regional de turno. La estampa de tranquilidad y la buena ubicación de San José de Guaribe les habían gustado a los secuestradores del norteamericano para montar su guarida, puesto que ese lugar no se encontraba lejos de Caracas. También era una ruta abierta al centro y oriente del país. En resumen, se trataba de un sitio estratégico con una extensión de tierra cubierta por una abundante vegetación, donde ellos habían pensado llevar y esconder al cautivo. De ese modo, los plagiarios evitarían el peligro de una persecución en caliente por parte del ejército, de otros cuerpos de inteligencia y de la seguridad del Estado.

Por unos días, esos hombres pernoctaron allí. El silencio era tan grande que podía escucharse a las mujeres y niños lavar a orillas de cualquier río.

Unos días después, los plagiarios recalaron en San José de Guaribe y, para salvaguardarse de los curiosos, se refugiaron en una casa de tejas mohosas.

Llovía a cántaros. Esa noche estrepitosos relámpagos cuales lanzas de acero relumbroso horadaron la propia tierra. En ese pequeño poblado, el cautivo presentaba las manos heladas, las piernas entumecidas y un rostro inexpresivo. En su pecho palpitaba una angustia existencial. Se encontraba recluido por la fuerza en una vivienda construida en los años treinta que tenía unas paredes mugrientas y húmedas, cubiertas por madreselvas. De cuando en cuando, en el interior de la vivienda, se escuchaban ruidos extraños. Esa casa destartalada al parecer guardaba oscuros secretos de un pasado agitado. Era una antigua casona derruida por el paso del tiempo, penumbrosa. Allí... tirado sobre unas lajas de cemento, el gringo permaneció dopado tras ser obligado a consumir drogas nocivas y perniciosas. El rehén no podía protestar, ni alzar los brazos, ni mostrar los puños, y menos, llenarse de congoja para verter lágrimas. No podía romper las amarras que lo ataban, y tampoco la agobiante soledad que lo invadía. Sobre su cabeza no bailoteaban las ideas, ya no distinguía la vida de la muerte. Parecía ser una hoja seca y muerta, desprendida de cualquier árbol. Pero, como los oídos de cualquier ser humano funcionan hasta alcanzar la agonía de la cercana muerte, el plagiado pudo escuchar unos pasos arrastrarse por el suelo. Aquella vivienda que tenía un portal descascarado por el continuo golpeteo de los aguaceros también era un recinto de sombras misteriosas. Junto a los diluvios caídos llegaban nubes de insectos, mariposas oscuras de invierno, y los infalibles cigarrones que arrojaban oscuridad en el medioambiente. Nick profundamente afectado por la ingesta de drogas manifestó sentir la muerte de cerca cuando de pronto pudo medio abrir los ojos y patalear. El tiempo prosiguió girando y poco a poco el rehén norteamericano pudo abrir sus pesados párpados. Con una gran dificultad, en los ojos con estrabismo, pudo observar unos hombres que llevaban la mitad de sus rostros tapados con pañuelos de madrás. El cautivo, sorprendido por su buena fe, escuchó voces desconocidas que discutían sobre la mejor forma de llevar adelante la operación de la entrega a los directivos de "*La Inois. Company*". No le pareció nada extraño que hablaran de negociar su libertad.

La fuerza de un nuevo ventarrón estremeció los techos, las puertas, y las ventanas de esa casa mientras se cruzaban palabras entre los secuestradores. Aquellos individuos en sus conversaciones no mencionaron al gobierno, porque de antemano ellos sabían que las altas autoridades habían decidido no aceptar ningún tipo de transacción o de chantaje para librar al cautivo. Claro estaba que el gobierno del presidente andino no quería ensuciarse las manos inútilmente en caso de negociarse el canje. Esa decisión gubernamental había hecho que el norteamericano cautivo quedara a la buena de Dios o a una posible caridad de la transnacional de vidrio o a la rueda de la fortuna, en caso de que su familia consiguiera el dinero para pagar su liberación (por lo menos, se suponía que ese sería el camino por donde irían los tiros).

Las calles estaban desiertas cuando unos densos nubarrones grises se precipitaron en forma de lluvia sobre el pueblo, trayendo el olor de una molestosa humedad. Los días continuaron trascurriendo. Tiempo suficiente para que el gobierno del presidente andino pudiera descubrir las identidades de los plagiarios del industrial estadounidense. Hubo indicios, más no seguridad. Las autoridades gubernamentales esperaban que los secuestradores solicitaran recompensas monetarias, o que propusieran permutar al norteamericano por varios guerrilleros prisioneros en las cárceles del país, en caso de ser un grupo guerrillero el que hubiera cometido el plagio. Los agentes secretos de la CIA y del FBI, a esa altura del suceso, pensaban que era absurdo que nadie supiera con quiénes debían de negociar. En consecuencia, esperarían pistas seguras para volver actuar. El secuestro continuaba en el limbo de las presunciones. Había que esperar un poco más. El soporte para seguir adelante consistía en que los plagiarios se cuidaran de que el gobierno del presidente andino no montara una vil coartada contra ellos, una vez conocidas sus identidades. Por ese motivo, habían decidido no arriesgarse con el pecho abierto. Y suficientemente conscientes, se mantuvieron lejos del peligro.

El secuestrado estadounidense se encontraba dominado y marcado por una predestinación, que le causaba una profunda inquietud al gringo. Entretanto, la atmosfera del país seguía saturada de rumores, que servían de buenos termómetros para medir los altibajos del plagio. Murmullos iban y venían en relación al inaudito secuestro del industrial extranjero. Entonces, empezó a sospecharse de quiénes pudieron haberlo perpetrado, aunque no se supiera la verdad del porqué lo habían tomado como un rehén. En medio de esa imperante confusión, se confirmó que el gobierno estaba dispuesto a combatir a las guerrillas, fueran éstas o no culpables del delito de privación de libertad del empresario estadounidense. En esencia, las autoridades nacionales habían descartado que el hampa común fuera responsable del plagio. Bajo la inclemente y cálida temperatura llanera se movían las aguas turbias en forma peligrosa. A la sombra de una mata de guayaba una mujer adicta a la chismografía pueblerina, y de nombre Cirila

Martínez, tuvo un extraño presagio de que algo fuera de lo común ocurriría en ese caserío. Esa mujer llanera y de pura cepa no supo de qué se trataba tal premonición, porque sus corazonadas siempre a medio camino se truncaban sin llegar a un término feliz o infeliz, fueran las mismas reales o fantasiosas.

Con un espíritu batallador y perseverante, doña Cirila, invocó a los viejos dioses paganos de los bosques y de las montañas. Desde niña, en los libros de su abuelo, leía fábulas y cuentos infantiles. En el universo de las fábulas, imaginariamente se atrevía a imitar a *Nietzsche*, un escritor rebelde y adicto a la lectura de las fábulas; amaba las moralejas de Esopo, en especial aquella que expresaba: "Era más fácil convencer que obligar".

Ese personaje popular en San José de Guaribe no era más que una mujer pequeña, delgada, y de piel blanca curtida por los intensos rayos solares, que por momento olvidaba sus creencias religiosas para adentrase en la hirviente comidilla de todos los días. Desde una de las ventanas de su casa, y dueña de unos cenicientos ojos, Cirila acostumbraba a fisgonear cuanto acontecía en la plaza Bolívar y en las callecitas de los alrededores de esa plazoleta. Constantemente, esa menudita señora se enteraba del menor movimiento de la gente del pueblo. Padecía una inagotable curiosidad disimulada con una gran viveza. Cirila no deseaba por nada del mundo que la despreciaran por chismosa y, mucho menos, que la tildaran de una vieja curiosa. Se ponía furiosa cuando la acusaban de comentar y difundir cosas feas. Catalogada en el vecindario por tener un temperamento de azogue por mantenerse en un permanente "corre, corre". Cirila Martínez habitaba en un caserón desvencijado por falta de mantenimiento. En la casa donde ella habitaba se había construido un portón en arco que daba a lo largo de un zaguán conectado con un patio trasero sembrado de árboles floreados de colores vivos y de otros árboles de frutos tropicales. Había en el patio un árbol de framboyán, y en una mata de mangos plantada en el centro del traspatio de esa vivienda, se hallaba colgada una jaula donde había un pajarito verderón. Alrededor de esa jaula revoloteaban variedades de pájaros; unos eran arrendajos, otros, tucusitos, canarios, azulejos, y cristofués. En los amaneceres, el trinar de esos pájaros lo acompañaba el cacareo de las gallinas, los "ki, kiri, ki" de los gallos, el relinche de los caballos, los mugidos de las vacas, el balido de las ovejas, el ladrido de los perros, y el "miau, miau" de los gatos. Un cuervito negro se desplazaba libremente en el cultivado solar de esa modesta vivienda. Donde habitaba Cirila no era una casuca donde estaba obligada a vivir en soledades, pero ella prefería convertirse en aire, en viento o en lluvia para sentirse viva.

Con un positivo signo que claramente denotaba la fortaleza física de doña Cirila, esta mujer mostró ser útil cuando abonó la tierra del traspatio de su vivienda y sembró hortalizas, legumbres y variedades de tubérculos. Una vez que recogía la cosecha, la vendía en el mercadito del pueblo cada sábado. Sus ventas para ella constituían una modesta fuente de ingresos. Vivía sola aunque hilaba con firmeza las ventas de sus productos agrícolas.

Desde su propia casa y fuera de la misma, esa mujer, quien era una pertinaz curiosa, puesto que le agradaba fisgonear día y noche a todo el mundo, desde su famosa ventana chismera nunca dejó de arrojar una inquisidora mirada sobre la hija de ño Juana. Esta última vendía arepas de maíz pilado, cocidas en budares. Los asiduos comensales saboreaban esas arepas en los desayunos llaneros servidos con caraotas negras, carne mechada, huevos fritos o duros, y plátanos maduros. Eran tantas la tradición y la fama del desayuno con las arepas de ño Juana que, con gran regocijo, los lugareños expresaban que el plato de pabellón criollo no se podía comer en este pueblo sin acompañarlo con las arepas de ño Juana.

Aunque, doña Cirila gustaba de meter la nariz en todo lo que acontecía en el caserío, también era una mujer estimada por las personas que la rodeaban, aunque esa gente no dejaba de reconocerle que ella era una lenguaraz impertinente. Los habitantes del caserío de San José de Guaribe sentían por la mujer un gran cariño, porque ella era caritativa con los más necesitados. Calzando alpargatas de cocuiza, Cirila recorría de arriba abajo esas calles llevando consuelo a los enfermos; ropas, comidas, y botellones de agua, a los más necesitados. De esa manera, ella pensaba ganarse la indulgencia de Dios. Era una especie de beata, igual que todas las mujeres del campo. Rezandera desde que se había amamantado por primera vez con leche materna.

Le sobraba suficiente tiempo para hablar de lo divino y de lo humano. Cuando el caserío de Guaribe olía a tierra mojada doña Cirila recordaba que una vez alguien le había dicho: "Sin cara cabalga la dicha por el mundo". Por ese motivo, con alegría en el corazón, sintió que la tierra fértil y húmeda era de buen augurio para la cosecha de la siembra.

Nada de importancia acontecía en San José sin que doña Cirila lo supiera más temprano que tarde. En vista de esa costumbre, durante la anterior noche, la mujer espió la plaza Bolívar de San José de Guaribe y se dio cuenta de que habían vuelto a aparecer aquellas misteriosas cabezas de hidras. Cirila no imaginaba nada bueno, porque antes había visto a esos hombres deambulando vagamente en aquella plaza, sin trabajo conocido. Y después de esa vigilia que había montado esa noche, al día siguiente no tuvo reparos en brincar temprano de la cama para dirigirse a la bodeguita de don Francisco Graffe. En ese popular abasto, la viejita con su locuaz lengua alborotó el avispero con la denuncia. Y, enfrente del rostro arrugado y perplejo de don Panchito, ella habló de una manera apocalíptica cuando expresó no entender qué tanto se traía entre manos la hija mayor de ño Juana con aquellos hombres que todas las santas noches merodeaban la plaza Bolívar. Sin titubear ni vacilar, con sus venosas manos, zarandeó unos collares de peonías que esa mañana llevaba puestos en el cuello, para luego afirmar que de día no se aguaitaba ni un pelo de esos hombres. Después sacudió la cabeza cubierta por un moño de pelo canoso y advirtió que esos "bichos" solamente salían de noche, igual que los murciélagos. Cirila leía bien, escribía mal, y hablaba con el lenguaje de los pueblos rurales. Todo se extendía bajo sus ojos porque era astuta. Esa mañana había decidido poner la pólvora en el cañón. Con su acusadora lengua levantó entre los moradores de San José las sospechas de que algo no andaba bien en el caserío.

Bajo un sol caliente y un clima seco, en horas tempranas de la mañana, Doña Cirila convenció a los moradores que la escucharon en el abasto de don Panchito de poner atención sobre el posible consumo y venta de drogas que podía estarse dando en la plaza Bolívar.

Momentos después, una brisa mañanera trajo el olor a eucalipto. Ella no fue más allá de lo comentado. Con el cuerpo tembloroso igual a las ramas de los árboles azotados por los fuertes aguaceros, Cirila exclamó: "¡Gua!" tras el apremio de mostrar una mueca de espanto entre sus labios. Iracunda, de repente, con la superchería metida en la cabeza, ella murmuró entre dientes: "Dios nos coja a *toíticos confesaos, poque poaquí toítico* er mundo es sanote como un *terné* recién *nacío*, aún no *contaminao po* alimañas". Con un susto perpetuo calado en su pecho, Cirila creía de buena fe que todo aquello era un problema de drogas. Con modales pueblerinos y no tan refinados, esa pequeña y encorvada mujer agarró la bolsa con los víveres comprados, y se largó del abasto con unos pasos apresurados rumbo al solitario hogar.

Unos cortos días después de haber armado semejante jaleo en la despensa de don Panchito Graffe, Cirila, con las manos frías, se palpó sus flácidos glúteos. Nerviosa mentó la **mae** a esos forasteros a quienes ella con sus sagaces ojos había visto charlar bajo la oscuridad de un cielo sin estrellas, con la hija de ño Juana. Aunque ella no sabía qué había tras esas alargadas sombras proyectadas por aquellos hombres, le asistía una preocupación absorbente en cuanto al papel que podrían jugar esos desconocidos en la aldea. El desagrado era de tal magnitud que hasta supuso que esos extraños guardaban un misterioso secreto. Procuró contenerse para no proferir maldiciones. Al cabo de unos minutos, y un poco más calmada, la inquieta mujer se preguntó: "¿Quién demonio sabrá la clase de personas que son ellos?" En aquel instante, se alteró tanto que le dolió la cabeza. Esa advertencia parecía no tener cabeza ni pies. Sin embargo, en aquella bodeguita de colgados peroles de aluminio y de peltre, ese comentario pudo haber sido echado en saco roto, cuestión que no sucedió porque numerosas personas, a partir de ese momento, entraron en una permanente vigilia con relación a las misteriosas reuniones que se efectuaban de noche en la plaza Bolívar bajo la mortecina luz de los antiguos faroles.

Hubo gente asustada por el comentario de doña Cirila, y así fue como **el ojo pelao y el oído al tambor** se difundieron por todo lo ancho y largo de ese pueblito guariqueño, por si acaso algo sucedía fuera de lo normal. Era una especie de alerta, aun sin conocerse en el fondo lo que verdaderamente sucedía allí, y una serie de rumores invadió aquel caserío. No obstante, transcurridas unas semanas, pareció que los propios habitantes de San José se habían vuelto a olvidar de esas sospechosas reuniones realizadas en la plaza Bolívar. Ninguna persona se interesó en indagar sobre lo que esos desconocidos hacían allí. En medio de esa vacilación y dejadez, doña Cirila Martínez no insistió más sobre el asunto, y la vida en común de los pobladores siguió desarrollándose sin contratiempos. Aunque algo cambió en la atmosfera de la llanura guariqueña cuando se avecinó una tormenta eléctrica. En ese pueblito, las hojas verdes de los árboles frondosos fueron barridas a causa de un recio vendaval. En aquellos días, la policía de San José no pudo sacar nada limpio sobre lo comentado por la popular Cirila. La anciana protestó con obstinación tal negligencia. En esa ocasión, la gente se moría de miedo ante el eventual descubrimiento de algo que pudiera ser nocivo y malo en la vida de ese caserío.

Como una pazguata, doña Cirila se estremecía de noche con los chirridos de las cigarras, grillos, y los "croacs" de las ranas y sapos. Todos los días del mundo, ella oraba, y con sus huesudas manos de piel manchada por las pecas, hacía la cruz cristiana sobre su cara plegada de arrugas, con el propósito de ayudarse a despejar los malos espíritus que se pudieran apoderar de ella. Porque, según sus propios miedos, esos espíritus perversos pululaban sobre los techos de tejas de las casas y sobre los techos de pajas y de cartón de los míseros ranchos. Siempre tenía los ojos abiertos como un abanico. Hizo un esfuerzo sobrehumano cuando dio aviso sobre el sospechoso comportamiento de aquellos hombres que se reunían furtivamente todas las noches en la plaza central de San José, porque lo había advertido con un tono de voz fuerte e irritable. Lo cierto era que la misma Cirila no sabía en realidad el porqué esos extraños sujetos se agolpaban allí en horas altas de la noche, cuando no había nadie en las calles, ni policías despiertos. A veces sucede lo que tiene que suceder, y eso sucedía en Guaribe, porque en ese pueblo no había llegado todavía la noticia del secuestro del empresario estadounidense. Doña Cirila y los demás coterráneos no se habían enterado del plagio ocurrido en Caracas, porque los pobladores de San José no acostumbraban leer periódicos ni ver la televisión; por costumbre solo ponían la radio y la televisión para ver y escuchar novelas. El resto de las noticias nacionales parecía no importarles. De pronto el viento resolló implacable golpeando los portones de las viviendas. Nadie imaginaba que el apacible pueblo de Guaribe sufriría un fuerte sacudón telúrico en los próximos días.

En un mundo profundamente ajeno a los acontecimientos nacionales, vivía la gente de Guaribe. El destino algo tramaba, porque unos pocos días atrás el poblado había recibido la visita de un diputado del Congreso de la República, nacido allí, y de apellido Mesalom. Numerosos moradores sentían un gran respeto y aprecio por ese político, ahora parlamentario, a quien habían nombrado en una ceremonia protocolar dos años atrás como **hijo ilustre de Guaribe**. Él había nacido en ese sitio y pertenecía a un clan familiar conocido **como los grandes cacaos del pueblo guaribeño,** entre quienes se encontraban los Martínez, los Mesa, los Rojas, los Graffe, los Manuit, los Espinoza y otros distinguidos apellidos.

Ciertas cosas van de las manos de otras. En San José de Guaribe se impartía precariamente la educación y, en cuanto a la cultura, brillaba por su ausencia. Razón suficiente para que la gente se sintiera orgullosa por los valores políticos y humanos del diputado Mesalom. Un ejemplo entre ellos, por ser él un letrado político.

Hasta cierto punto, las cosas acontecían de un modo normal. En San José, la mentira y el engaño nunca se perdonaban; no obstante, por una tentación del destino, los pobladores de San José ignoraban que uno de sus más destacados coterráneos pudiera estar actuando como un granuja al tener un comportamiento desleal con su propio pueblo. Los amigos íntimos y los seguidores políticos del diputado Mesalom desconocían de las oscuras andanzas del ilustre coterráneo. Ni siquiera podían habérselas imaginado.

Un hecho perturbador en el pueblo estaba a punto de estallar. Entre las sombras alargadas de los árboles, y dentro de unas paredes blanquecinas, húmedas, y musgosas de una vivienda, un hombre secuestrado permanecía allí, atascado de drogas. Ninguna otra persona modesta o influyente del lugar conocía de ese suceso, a excepción de la hija de ño Juana.

Por suerte, bajo la luna llena en esos días nada extraño se observaba en San José de Guaribe, únicamente por dondequiera se oían cuentos de supercherías. La hermosa y serena vida que se llevaba en San José de Guaribe se adornaba en cada anochecer con la aparición en el cielo de incontables racimos de estrellas azulosas y brillantes, que traían la paz de Belén. En las mágicas noches de San José de Guaribe, los grillos machos emitían un sonido agudo y sostenido para cortejar a las hembras. En tiempos de lluvia, las manifestaciones de la naturaleza permitían escuchar los "croacs" de las ranas y de los sapos que marcaban los latidos de los corazones de aquellos pobladores. En plena llanura se podían escuchar los mugidos de las vacas ordeñadas y el galopar de los caballos domados, el aleteo de las aves y la perenne huida de los borricos salvajes. El pastoreo del ganado tierra adentro era un espectáculo increíble. El silencio y la paz eran en ese lugar de tal magnitud que hasta podía escucharse un suspiro, un beso, y el "¡cataplum!" de las tapas de las botellas de ron, de cerveza y de cocuy cuando se abrían, ruido archiconocido en las barras de los bares. Un característico sonido que daba cuenta de lo que se tomaba en ese pueblo, pues en San José, la bebedera de alcohol era una costumbre rutinaria.

Todavía las sombras de los forasteros no habían desaparecido de la plaza. Por los caminos del llano viajaba la mansa paz a la par de la luna y del sol. Ningún hecho extraño se vislumbraba en el cercano y lejano horizonte llanero, hasta que un día la luna entró en evección subyugada por el sol.

En esa llanura guariqueña, una noche claro oscura, sucedió lo que tenía que suceder. El apacible caserío de San José de Guaribe, intempestivamente, fue cercado por unos soldados del batallón de cazadores y un grupo armado de hombres civiles. Los potreros, los establos, las cochineras, las perreras, las jaulas y las caballerizas fueron violentados; las trancas y los candados de todas las puertas de los corrales se abrieron y se produjo la estampida de los caballos, bueyes, vacas, becerros, cochinos, gallos, gallinas, perros, patos, conejos, cachicamos, y cuanto animal con cuatro o dos patas hubiere en ese sitio. A causa de los disparos tirados al aire, los animales huyeron, y otros se desbocaron. Los soldados con fusiles y machetes en las manos peinaron los matorrales en busca de algún indicio sobre el paradero de Nick, mientras, abruptamente, otro pelotón, alcanzaba a entrar en casi todas las casas, obligando a sus habitantes a encender las luces o las velas. Buscaban ansiosamente a los sujetos que tenían en su poder, en condición de rehén, a un hombre blanco y extranjero. Los moradores se sorprendieron por la feroz abatida, se pusieron tensos por lo que ocurría. Los pobladores se encontraban desconcertados y sin comprender lo que sucedía en ese momento. Tanto fue el escandalo armado por los invasores que apareció una turbamulta que se concentró y se alborotó alrededor de la plaza Bolívar de San José de Guaribe, como protesta por los atropellos cometidos contra ese poblado rural. Los hechos revelaron que numerosos lugareños habían sido requisados sin pudor, mancillados en su honor sin el menor recato por parte de aquel tropel de forajidos con uniformes de un color verde oliva.

Indudable, ese fue el primer turbión que sufrió el serenísimo y apacible pueblo de San José de Guaribe desde su fundación en la época postcolonial.

Las nubes de lluvias cubrieron el efecto célico y lunar. En esa madrugada, el viento circuló con un fuerte silbido. En el curso de esa abrupta penetración por parte de un grupo de soldados y de civiles armados en el caserío, se observó la deprimente e irresponsable actitud de uno que otro llanero borracho, que gritaba desgañotado: "¡Fuera los intrusos!" En contrapeso, cada uno de ellos se expuso a recibir un golpe de fusil en la cabeza o en la espalda. En aquellos inesperados momentos, los corazones de los nativos se paralizaron por segundos a causa del impacto del miedo sentido. Sin duda, fue una penosa madrugada para aquellos llaneros inocentes e ignorantes del plagio de Nick.

Luego de que los hombres uniformados y los civiles se marcharan con las manos vacías, al no dar con la guarida de los secuestradores, los moradores quedaron aterrados por las preguntas que esos entrometidos les habían hecho, en cuanto a que si habían visto a unos hombres con un gringo a cuestas, ninguna persona pudo contestar. Solo había una mujer que podía haberles contado algo, pero doña Cirila no se había enterado de la presencia atropelladora de aquellas personas armadas, por hallarse en los brazos de Morfeo, dormida en su casa, que no fue profanada por soldado o civil, alguno. La santísima virgen del Socorro la había protegido aquella madrugada.

En San José de Guaribe los sucesos acontecidos ese amanecer arrancaron muchas lágrimas en los niños asustados. Se produjo un fuerte escozor en las pieles de las mujeres que habían temido ser violadas, y un miedo incontrolable en los ancianos al pensar que esos lobos disfrazados de soldados los podían matar sin piedad. Por primera vez, esos lugareños se habían sentido asaltados, maltratados, vejados, y más que todo, ofendidos en su dignidad como ciudadanos de la República.

En el tejemaneje de dar con el paradero de los secuestradores, la presencia avasallante y violenta del batallón de cazadores proveniente de San Juan de los Morros y la participación de un grupo de civiles armados provocó una histeria colectiva tanto en hombres como en mujeres en San José de Guaribe. La gente comenzaba a inquietarse y a preocuparse cuando corrió de boca en boca la noticia del secuestro de un gringo en las inmediaciones del pueblo. Conscientes de lo sucedido cuando escucharon tamaña bomba noticiosa, el pueblo se hizo la señal de la cruz, y en rodillas empezaron a rogar a Dios por su protección. Atemorizados, los hombres y las mujeres, por igual, pensaron en que San José de Guaribe podía haber sido incendiado, tal como había acontecido en siglos pasados con la Roma de Nerón. Los nativos se declararon inocentes, juraron no conocer el paradero del secuestrado. ¡Claro! La inocencia de esa gente estaba sustentada en la propia ignorancia que se tenía sobre el plagio del americano. En esa madrugada se abrió la negra boca de la fatalidad y, repentinamente, todo ese poblado fue convertido en el chivo expiatorio de un trágico plagio.

Con la fe puesta en Dios y por ahora libres del atropello militar, cuando el mañanero sol apareció de nuevo no había signo de movimiento extraño en ese poblado, pero horas después se descubriría que Mesalom, **el ilustre hijo de San José de Guaribe**, había sido la persona que, antes de suceder aquel desafortunado hecho violento contra los moradores de ese poblado llanero, había dado el pitazo a los secuestradores del gringo, poniéndolos en conocimiento del peligro que corrían en el sitio donde permanecían escondidos. Se supo que el alerta dado por ese diputado le había permitido la veloz huida a la hija de ño Juana, único enlace de los plagiarios en esa localidad. Así, la pobre ño Juana, "la arepera del pueblo," con desconsuelo y llorando a mares se quedó sola por la apresurada huida de su hija. En cambio, lo ocurrido esa madrugada había surtido efecto distinto en doña Cirila, puesto que la anciana mujer se había contentado al enterarse de que esos hombres denunciados por ella no eran consumidores de drogas sino unos bandidos secuestradores; esbozó una media sonrisa sarcástica en sus marchitos labios. Cirila sintió disipar sus temores, dio gracias a la santísima virgen del Socorro por tan grande milagro.

Media hora antes de armarse ese zafarrancho, los plagiarios avisados por el diputado Mesalom abandonaron la casa donde tenían escondido el ejecutivo de la trasnacional de vidrio. A una distancia no lejana de San José de Guaribe, en otra guarida se escondieron con el gringo, en una especie de cueva abierta en los años sesenta durante el gobierno del "Gran Rómulo", túnel cavado para guarecerse los guerrilleros durante esos años, mientras mantenían la lucha armada contra el régimen de Rómulo "El Demócrata". Ahora, ese otro lugar servía de trinchera a los plagiarios del estadounidense. Esa trinchera distaba a tan solo tres kilómetros de San José de Guaribe.

Un día y medio después, tras otro pitazo de alerta, los secuestradores se refugiaron en un cobertizo con techo de caña y numerosas ramas largas de helechos, un cochambroso lugar ubicado entre unos altos matorrales y unos enormes árboles silvestres. Ese sitio se convirtió en algo ideal para atrincherarse los plagiarios, también en un lugar seguro donde esconder al empresario norteamericano, al menos por algunos días o semanas.

En un momento dado, la obstinación de los órganos de inteligencia y de seguridad del Estado por capturar a los secuestradores del empresario, tuvo el efecto de erizar las duras y bruñidas pieles de los buscados secuestradores, lo que obligó a tener que confinar al rehén en distintos sitios. Bajo un clima tropical cálido, a partir de entonces, el Gobierno empezó a blandir las espadas, y a los fusiles montar con balas, para atacar a los grupos revolucionarios y guerrilleros en el país.

En tanto, un mediodía con un resplandeciente sol, llegó en clave la orden de trasladar a Nick a un barco cementero que se encontraba atracado en el muelle ferro minero de Puerto Ordaz. Esas instrucciones se cumplieron al pie de la letra, y así fue como el rehén vestido con un traje safari de color beige; puestos unos lentes oscuros para disimular el color de sus ojos y así tapar el defecto visual que él tenía; con un sombrero de alas cubriendo sus cabellos cenicientos, largos, y untoso; enflaquecido por el hambre, con las piernas tullidas, fue cargado medio dormido para trasladarlo a una embarcación. A partir de esa fecha, Nick se convertiría en un cautivo y en un peregrino sin destino fijo.

Con los meses, el plagio del industrial de *"La Inois. Company"* empezó a convertirse en un peligroso juego de ajedrez en el que no puede saberse de antemano quién podría primero dar mate y salir victorioso.

Una pieza importante acababa de moverse en el tablero.

En una cruda mañana lluviosa, el barco-tanque comenzó la travesía. Sólo un grupo reducido de la tripulación supo de la existencia del gringo dentro de esa embarcación; otros pasajeros ignoraban su presencia, y los demás a bordo, que sí estaban enterados de la presencia del gringo en ese barco, eran sus secuestradores.

A pesar de estar recluido en un espacio estrecho cerca de las tuberías de carga y descarga del material cementero, de no estar alojado en un camarote junto con otros hombres, el tratamiento humano que recibió Nick en ese trasportador de cemento fue aceptable. Sin embargo, el rehén desandaba en amargas penas, meditabundo, bajo el cerrojo de un secuestro del cual era la víctima.

Uno de los captores, cuyo rostro disimulaba bajo un sombrero panameño, en la primera noche de la travesía había hecho entrega al rehén una botella de vino de Burdeos, acompañada por un queso guayanés para deleitarse mientras pudiera. Durante el largo viaje, el mayor tiempo lo había gastado el gringo leyendo algunos libros en inglés, un regalo de sus plagiarios.

En la proa del barco cementero, un cuarteto de guerrilleros Boinas Rojas, quienes se creían unos *sans-culotte o militantes radicales*, refrescaron sus sonrosados rostros con el húmedo y salado viento marino, mientras la nave ondeaba las idílicas aguas del mar Caribe o de las Antillas.

Desde que ese barco cementero había partido de Puerto Ordaz habían pasado tres días de navegar sobre las verdosas y serenas aguas del mar de las mil bocas. Estas aguas le hablaban al corazón de Nick como un sollozo.

II

LOS BOINAS ROJAS

(Adiestramiento-plan)

El destino del estadounidense comenzó a traspasar la barrera de lo desconocido. El polvo de la tierra se levantaba sin aparecer él, pues Nick no se encontraba en el jardín del Edén. El rehén habitaba en la oscuridad de lo inaccesible. Con la libertad cercenada, reducido al silencio.

La noticia del plagio del empresario norteamericano le dio la vuelta al mundo. Por donde quiera se dispararon preguntas en el aire. ¿Quiénes habían sido los plagiarios? ¿Por qué razón lo habían secuestrado? Por supuesto, no hubo respuestas ni soluciones inmediatas.

En el país había una profunda conmoción por ese suceso. Nada hacía suponer el perpetuo vaivén que traería consigo esa acción delictiva. La vida del secuestrado quedaba detenida a la puerta de un destino desconocido.

Y así fue como después de haberse cometido el plagio del norteamericano, los miembros del grupo Boinas Rojas, autores del hecho, por un tiempo y como una medida de precaución, se alejaron del escenario público, tratando de esquivar todo tipo de seguimiento.

Las diferentes facciones de la organización de los Boinas Rojas se movían de un lugar a otro con el fin de eludir cercos, trampas, y emboscadas. Bajo un clima tenso, los comandos numerados de los Boinas Rojas se habían visto obligados a mostrar sus habilidades y destrezas para de ese modo evitar que se descubrieran las conchas, los refugios, las trincheras, las guaridas, y cuántos escondrijos poseyeran en las distintas regiones del país. En los andurriales ellos se ocultaban en temporadas de rastreos. Los Boinas Rojas eran buenos cazadores para ser cazados.

Misterioso manto envolvía el sorpresivo secuestro del empresario de la transnacional de vidrio *"La Inois. Company"*. Ese plagio parecía encerrado en el vientre de la madre tierra. Ni el propio gobierno contaba con datos fidedignos sobre los posibles culpables del delito. Solo las autoridades nacionales tenían leves sospechas de quiénes podían ser los indiciados que habían cometido ese repudiable delito de privación de libertad, en contra de un ciudadano estadounidense.

Una marea de incertidumbre condujo al Servicio de Inteligencia e Investigación del Estado a elaborar un plan táctico y estratégico para rescatar con vida al rehén y atrapar a los delincuentes. Plan que, en los primeros tiempos, no funcionó ni arrojó resultados satisfactorios. Nadie ató el hilo a la rueca, y por largo tiempo los secuestradores continuaron sin ser descubiertos

Retrospección.

¿Dónde estaban puestos los ojos de Dios cuando sucedió ese secuestro?

La gente se preguntaba de dónde diablo habían salido esos secuestradores, que, con la bravura de un toro andaluz, atacaron y cornearon el corazón de un industrial estadounidense y lograron picar la piel de un pueblo en paz.

1975. A ese año se remonta el mundillo en que los cabecillas de la organización Boinas Rojas se prepararon y se adiestraron para luego participar en el plagio de un empresario norteamericano, alto ejecutivo de la empresa de vidrio: *"La Inois. Company"*.

A pesar de todo, para la organización Boinas Rojas y sus aliados de la LS, corrían buenos tiempos. Cinco de sus miembros habían logrado cupo en el campo *Steven*, famoso campo de formación y entrenamiento para guerrilleros, ubicado en el vecino país de Guyana. El primer grupo de los Boinas Rojas, programado para recibir entrenamiento en *Steven*, prontamente se registró en las distintas disciplinas impartidas allí. El interés de los mismos se concentraba en convertirse en fichas ejecutoras de las actividades revolucionarias en América Latina. En ese campo contemporizarían con otras personas con los mismos ideales y propósitos en cuanto a la lucha por la libertad de los pueblos americanos considerados vasallos del imperialismo yanqui.

En el mes de junio de 1975, estimulados por varios objetivos concretos y estratégicos, con vitalidad e ilusión, partieron los cincos integrantes de la organización Boinas Rojas. Ellos tenían claro que al llegar a ese destino permanecerían en el campamento, por encima de todo, con un profundo y convincente idealismo marxista-leninista, alentados por un fervor comunista al mejor estilo del *Che Guevara*.

En la fecha programada partieron en una embarcación pequeña, con la esperanza de que no ocurriera un acontecimiento inesperado durante el viaje. Con un gesto de impaciencia, uno de ellos se puso frente al timón de la naveta, y por la carencia de un radio trasmisor de largo alcance, se orientaron con una brújula. Aquella travesía fluvial bordearía una larga extensión selvática. Se dirigían a Guyana. El panorama divisado era de unos contornos hermosos, aunque hubo sorpresivos cambios meteorológicos que infundieron temores en ellos. Muchas veces esos hombres guardaron prolongado silencio ante un posible naufragio. El barquichuelo se desplazaba bajo un cielo bombardeado de oscuridad y de claridad entre rabiones y saltos de aguas. Imprevistos fenómenos climáticos causaron que la pequeña nave se ladeara de un lado a otro. Muchas veces ésta se vio atrapada entre las indomables corrientes de los ríos navegados. Ese desplazamiento fluvial se convirtió en una verdadera proeza, y en una abierta aventura. Por suerte, esos hombres eran vigorosos, no aliquebrados, y supieron conducir la frágil embarcación construida en un astillero artesanal en la ciudad de Cumaná. Sortearon los peligrosos escollos de la ruta señalada cuando las aguas se arremolinaron y sus niveles bajaron y subieron. En más de una ocasión, ellos temieron zozobrar. El nerviosismo les puso las mejillas rojas.

El singular ruido de los ríos navegados los mantuvo alertas. El goteo de las aguas caídas de las lluvias los obligaba a cubrirse las cabezas, mostrando un aire preocupado. La pequeña embarcación surcó los ríos Orinoco, Cuyuní, y Mazurani, hasta alcanzar el río Esequibo a la altura de Rockstone. Cerca de las orillas de ese último río se observaban las enormes gibas de los centenarios árboles en plena jungla.

Al sexto día de navegar ellos desembarcaron. Amarraron la barca en un noray, colocado en un muellecito de metal relumbroso que conectaba ese río con tierra firme. Tan exuberante región se hallaba irrigada por el río Esequibo. Río que, durante la conquista, navegó el intrépido español don Juan de Esquivel, al que seguramente debía su nombre.

Ese río en su recorrido exhibía una curvatura kilométrica. Las fuertes corrientes de sus aguas bañaban zonas boscosas y selváticas, tanto en días de sol, como en noches de luna relumbrosa.

Pusieron pie en tierra; los oídos de los Boinas Rojas eran tocados por los chiflidos de los vientos selváticos. En un rústico automotor continuaron el viaje rumbo al campamento *Steven*, donde entrenarían por seis meses, según lo programado.

En un atardecer caluroso y húmedo se encontraron en tierra firme. La carretera con una capa de macadán serpenteaba aquel alegre trozo de la naturaleza selvática. De pronto, los cinco Boinas Rojas recordaron que pisaban unas tierras que eran la herencia histórica de su país de origen. Desde 1814, Venezuela reclamaba a los ingleses ese territorio otrora español. No obstante, para tristeza y mala suerte de su patria, los cinco Boinas Rojas mostraban indolencia y desapego hacia esa reclamación que consideraban una gilipollada de los gobernantes de turno. Esos hombres daban a entender que esa reclamación les importaba un bledo. El mayor interés de ellos giraba en torno al famoso campo *Steven*. ¡En un santiamén! Los Boinas Rojas no deseaban incomodar a los benefactores guyaneses con una cuestión que pudiera lastimar la relación pacífica entre ambos países. Ellos no entendían que ese asunto era de conciencia y no de interés personal. No se trataba de una reclamación sin fundamento y menos para enfurruñarse en contra de los defensores de los intereses patrios. No había otra cosa que hacer. El genio montaraz de esos guerrilleros los llevó a poner bajo candados sus propias inteligencias. No querían comprender los verdaderos intereses de la patria, lo que los convirtió de forma alguna en unos antipatriotas y herejes, creando una situación desdeñosa en medio de un justo reclamo.

Ellos no sabían si estar allí sería una suerte de fortuna o un golpe desgraciado. Durante unas largas horas viajaron por tierra. La carretera se abría paso en aquella zona intertropical; de los lados de la ruta se veían los aguacatales, los platanales, los plantíos de cacao, caña de azúcar, y de cafetos, las siembras de legumbres y hortalizas. Se observaba una demarcación de asentamientos. Hileras de *ghettos* habitados por negros, hindis, amerindios y chinos. Por el camino se contemplaba un ambiente desolador. Cada raza en su propio territorio. Cada *ghetto* aislado uno del otro sin rozarse ni mezclarse. Los habitantes se menospreciaban y se repudiaban entre sí. Esa discriminación de castas y de razas significaba un grave problema para tratar en las Naciones Unidas, por cuanto la ONU propugnaba y defendía las leyes sobre la igualdad racial, religiosa, y cultural en los pueblos del mundo.

Para entrar en acción, varios miembros de la organización Boinas Rojas tuvieron que adiestrarse. "No era sacar una pistola y disparar contra alguien"; así no se realizaba una auténtica revolución. Había que matar a quienes se les pusieran frente a los ojos. Una gesta revolucionaria necesitaba de preparación y estrategia, por ese motivo los cinco cabecillas más notables de esa organización buscaban adiestrarse en el campo *Steven*, en Guyana.

Así fue como en un día sereno con una baja densidad atmosférica, los administradores guyaneses del campo *Steven* recibieron una orden secreta y confidencial de un ministro de ese país, donde se le notificaba que en ese centro de entrenamiento guerrillero debían de ser aceptados cinco miembros de una organización que operaba en un país vecino. Se contrajo ese compromiso bajo la influencia y recomendación de ese alto ejecutivo del gobierno guyanés, y se ordenó que esa instrucción no se difundiera en los círculos políticos guyaneses, porque si esa orden se incumplía podría tener efectos negativos y contraproducentes para ambas partes involucradas en las negociaciones.

En un paraje boscoso estaba asentado ese centro de adiestramiento guerrillero; circundado por árboles frutales, ornamentales, medicinales y venenosos; rodeado por aguas dulces y profundas donde los peces se escurrían como batallones en perenne huida. Los espacios terrestres se encontraban poblados de hierbas altas, de plantas rastreras y de frondosos árboles; sitios desconocidos por el común de los mortales. El centro estaba adecuado para la enseñanza de las más avanzadas tácticas y técnicas del componente de guerrillas. *Steven*, como escuela de guerrillas, era desconocida para la mayoría de los gobernantes de América. El campo *Steven* ofrecía un cuadro organizativo diferente a la Escuela de las Américas, formadora de soldados, bajo el auspicio de los EEUU. En ese bucólico lugar, el sol, de una textura candente, se mostraba encantador en el amplio horizonte. Allí, los cinco Boinas Rojas se reunieron con unos camaradas procedentes de otras latitudes. Para muchos de ellos, el campo *Steven* era un alero de esperanza en el más amplio sentido de la palabra. Convivir con otros camaradas era una de las primeras reglas establecidas en ese campamento. Aunque se registraba la presencia de algunas personas que podrían ser unos sinuosos terroristas al servicio de las internacionales organizaciones criminales. Eso hacía pensar a más de uno de los guerrilleros sobre el peligro corrido en el interior de ese recinto.

En las tempranas horas del día siguiente de haber llegado ellos, se dio inicio a las clases de entrenamiento. Con la salvedad que una vez descubierta la situación irregular causada por la presencia de terroristas en el campo, a quienes les gustaban los tableteos de las ametralladoras y las armas para aniquilar personas inocentes en los lugares públicos, como los aeropuertos y los mercados populares, los Boinas Rojas decidieron resguardarse de tales exterminadores humanos. Procuraron no tener contacto cercano con tan nefastos seres; de ese modo, ellos evitarían verse comprometidos en delitos abominables y repudiables.

Los cinco Boinas Rojas no habían ido a *Steven* a hacer el papel de malvados. Por lo contrario, ellos ambicionaban prepararse para abrir las puertas a un justo destino en los pueblos de América.

Los entrenamientos presentaron tópicos disímiles. En ese campamento, cada cabeza era un mundo, no obstante, las órdenes no se daban para discutirlas sino para obedecerlas. Los discípulos recibían las clases de adiestramiento y asalto, también, en sus facetas de aprendices, durante los ejercicios de manejo de armas, muchas veces, se deslizaron en terrenos movedizos y peligrosos.

Se formaron dos grupos para entrenar. El primero, integrado por rebeldes con causa, integrado por las guerrilleras y los guerrilleros justicieros. El segundo, integrado por los terroristas. La diferencia entre uno y otro bando radicaba en que los primeros no utilizaban a las personas inocentes como blanco de flecha ni carne de cañón. En cambio, los segundos atentaban contra las vidas de los inocentes sin sentir el más mínimo remordimiento. Estos últimos creaban empresas u organizaciones para el exterminio humano, eran unos seres sanguinarios que asumían conductas degradantes y reñidas con las disciplinas de las organizaciones revolucionarias. A saber, los dos grupos eran como agua y aceite.

Precisamente, la mayoría de los discípulos sabían que ese centro no era un vergel de virtudes, pero tampoco una fabrica de muertos. Por ese motivo, los alumnos y las alumnas que abrazaban las luchas por causas justas, consideraban al terrorismo harina de otro costal; por supuesto, los guerrilleros no comulgaban con ese tipo de activismo aniquilador. Detrás de las máscaras humanitarias de los terroristas se escondían los más perversos hombres y mujeres nacidos en el planeta tierra.

A la luz del amanecer, un ventarrón agitó las estructuras de las edificaciones del campo *Steven*. El ambiente natural no pudo librarse de esos avatares climáticos. Esa escuela no era un mudo y frío monumento, más bien, era una escuela caliente donde los aprendices se consagraban como los mejores guerrilleros capaces de llevar con éxito las luchas armadas en la consecución de la justicia y de la igualdad social. Eso produjo que los alumnos adoptaran como norma de conducta el pensamiento filosófico de Heráclito: "Todo corre, todo fluye." Conscientes de que si dejaban correr libremente las aguas idealistas del comunismo sin enlodarlas, bien podrían alcanzar las metas trazadas.

En *Steven* había guerrilleros idealistas y llenos de paz interior que no se sentían Mahatma Gandhi. Eso ocurría porque la mayoría de ellos tenían actitudes humanas y vitales, también compartían unos ideales comunes para enrolarse en las duras luchas del proletariado.

De toda forma y sin temor a equivocarse, los Boinas Rojas habían asistido a ese campamento para lograr una mayor capacitación en cuanto a las estrategias revolucionarias y el uso de las armas modernas. Su misión era abrir un mejor destino a los pueblos más necesitados de América, y con el debido acatamiento de las reglas del campamento, salir airosos en esa misión con la fe adherida al corazón. Los Boinas Rojas estaban dispuestos a no dejar pasar la oportunidad de aprender y experimentar las tácticas y estrategias puestas en marcha en la guerra de guerrillas.

El rugido de la selva quebró la cárdena aurora. A tiempo que el reloj, con un borde de madera labrada, colocado en el frontispicio del pórtico del campo *Steven,* daba las seis en punto de la mañana. En un microinstante en que la luna desaparece y el sol aparece, esa espléndida mañana sucedió que a unos cuantos metros de distancia de la entrada principal del campo, un Jeep se detuvo. Alguna razón motivó al conductor del Jeep a no quererlo estacionar cerca de donde se hallaba un grupo de hombres y de mujeres en perfecta fila. Cumpliendo con el horario matutino de la enseñanza, en breve las clases de adiestramiento de tiros se iniciaron con unos disparos de fusiles usados durante la guerra de Vietnam, armas compradas como baratijas en los mercados clandestinos de los Estados Unidos, manejados por los perros de la guerra.

El viento rastreaba el suelo tapizado con un color verde manzana donde se asentaba el polígono de tiro. Quedaba claro que nada ni nadie podía causar revuelo dentro del lugar donde se efectuaban las prácticas de tiros en ese hermoso sitio en que se impartían clases de disparos al más alto nivel. El movimiento de personas estaba estrictamente controlado; nadie se hubiera imaginado que ese lugar funcionaba como un santuario comunista. Era un campo en donde se registraban chorros de chispas candentes caídas del espacio infinito para escuchar las políticas trazadas por el Kremlin, de la lucha contra el imperialismo, del manifiesto comunista, de la lucha de clases, de la instauración de un régimen socialista que defendiera el proletariado, de la veneración de Marx y Lenin, de Mao Tse Tung, de Fidel y del "Che". El campo *Steven* servía para perfeccionar el arte y la tecnología usados en la guerra de guerrillas.

Esa mañana, parecía marchar todo normal. Alejados unos cuantos metros del Jeep, los alumnos cumplían los distintos ejercicios matutinos, entre ellos, la práctica de tiro libre. De repente, pasajeramente los aprendices se vieron turbados y más que sorprendidos al observar una escena sobrecogedora entre dos personas no identificadas. Observaron que del Jeep estacionado cerca del portón principal del campo *Steven* bajaba una mujer cuya espléndida silueta la destacaba un impecable pantalón blanco. Para esa ocasión, la mujer calzaba unas botas militares color marrón; el rostro de aquella fémina lo cubría una capucha negra aterciopelada. Su cara oculta fue el detonante para sospechar que nada bueno se escondía tras de la misma. Lo único perceptible a través del capuchón eran sus oblicuos ojos de un color aceituno.

Con pasos redoblados, igual que los soldados del imperio japonés, la mujer se deslizó sobre la mojada hierba, para dirigirse hasta donde se hallaba un corpulento hombre que mostraba unos desarrollados bíceps y un rostro cubierto con un pasamontaña. El individuo llevaba un fusil FAL de 7.5 mm, que pendía de uno de sus hombros. Ambas personas, al encontrarse se abrazaron efusivamente, después se tomaron de las manos y se encaminaron al otro lado del Jeep para guarecerse del sol. En gozo de aquella naturaleza virginal, los dos incógnitos personajes se dispusieron a charlar sobre asuntos pendientes. La brisa refrescó aquellos dos cuerpos transpirados a causa del intenso calor.

El sol siguió tejiendo sus tórridas redes, retozó sobre las bruñidas pieles de los presentes. Cuarenta y dos grados bajo la sombra. Ninguna persona se sorprendía por tanto calor, puesto que en épocas de sequía eso era normal.

En las horas de mayor calor y de profundas ansiedades reinantes en *Steven*, con mucha frecuencia, por el efecto agobiante del clima y la densidad del aire, se daban desmayos de hombres y de mujeres. Ese clima caluroso alcanzaba a desmejorar la salud de un buen número de discípulos en el campo *Steven*, y tenían que ser hidratados cada dos a tres horas. Para socorrer a los desfallecidos aprendices, se usaron varias refrigeradas cavas que contenían compresas frías para colocar en las cabezas, agua potable en botellones para beber y una media docena de duchas instaladas para refrescar los cuerpos. Mientras tanto, una unidad médica suministraba sueros vitamínicos.

No era extraño observar cómo uno que otro aprendiz de guerrilla se quedaba aletargado, sintiendo cómo se iba de la realidad de este mundo, imaginándose a un nigromante demandar su muerte, mientras el diablo, con un capuz sobre la cabeza y montado en la barcarola, se llevaba su alma al infierno. Ellos y ellas, después de esos soponcios, recuperaban el hálito de vida. Se pellizcaban los cuerpos con el afán de comprobar que no estaban muertos.

Tras haber sudado, y posteriormente haber sido reanimados de los sufridos desvanecimientos, los alumnos constataban que ese llamado a la muerte era irreal, que era una fantasía alojada en sus febriles mentes. Y pronto ellos se recuperaban del temor de verse amortajados.

La suave brisa trajo hálitos de flores perfumadas. Y, de un modo intuitivo, por sus temperamentos revolucionarios, por lo menos cincuenta pares de ojos avistaban la escena entre aquellos dos desconocidos. A esos aprendices no les dio tiempo de pensar más que en lo necesario, porque súbitamente todos ellos se encontraron frente a un episodio romántico de la vida cotidiana.

El encapuchado y la encapuchada se recostaron en el ancho tronco de un árbol milenario. De inmediato, la mujer y el hombre, convencidos de que nadie los escuchara y viera, dieron rienda suelta a una conversación en un inglés correcto; acto seguido, el hombre fortachón retiró una cadena de oro de su cuello musculoso y apresurado la colgó en el cuello delgado de la mujer. Ella agradeció el gesto cortés del camarada, y ligeramente se empinó para besarlo en los resecos labios que se asomaron perceptibles en su cubierto rostro. Asumió una conducta prudente puesto que el camarada no se inmutó, ni siquiera movió sus sensuales labios belfos. Con candorosa actitud, la mujer comprendió que no podría aspirar a tener una relación amorosa con él. Recordó que hacer el amor entre ellos estaba prohibido. En el campo *Steven*, tener sexo era sinónimo de debilitamiento corporal. Después de transcurrir unos veinte minutos del inicio de ese encuentro, con una sonrisa misteriosa y un profundo silencio, la mujer con pasos lentos se alejó del amigo camarada, sin dejar al descubierto sus intenciones sensuales.

Entre los discípulos que observaron esa escena había uno que, con el rabillo del ojo, captó todos los movimientos realizados por aquella pareja. Era un árabe que cubría su cabeza con un *calvak,* y al parecer el encuentro de aquel hombre con aquella mujer le había producido un desajuste emotivo, tanto que lo dominó una enfermiza curiosidad.

Y sucedió que de esa extraña actitud del árabe se dio cuenta uno de los Boinas Rojas, quien para refrescarse sostenía entre sus manos un vaso con sora (bebida suave elaborada a base de maíz), bebida que ofreció al árabe, por su propiedad catalizadora para combatir el calor, como también aplacar los nervios. Como era de suponerse, el árabe rehusó tomarla, porque a los seguidores del profeta Mahoma les está prohibido ingerir cualquier tipo de líquido con mayor o menor grado de alcohol.

Cuando el árabe recobró su serenidad se marchó cabizbajo de aquel lugar.

Bajo una temperatura calurosa, los días continuaron en adecuado ordenamiento. No obstante, del lado de los aprendices surgieron muchas interrogantes en relación a quiénes serían aquellas dos personas que habían estado frente a la puerta principal del campo. Uno de los alumnos que se destacaba por una inagotable curiosidad era el árabe oriundo de Libia, pariente cercano de *Khadafy*, frenético y ardoroso defensor de las luchas revolucionarias islámicas.

El islamista persistía en descubrir quiénes eran esos dos personajes enigmáticos que, frente a sus ojos, a una media distancia de la entrada principal del campo *Steven*, se habían arrobado en una temprana mañana. Ese hombre, carcomido por la curiosidad, punzó las teclas de su mente para imaginarse quiénes podrían ser esas dos personas.

El árabe quería ganar tiempo en conocer las identidades de esos dos camaradas. Bruscamente sacudió la cabeza imaginándose que la mujer podría ser la japonesa *Fusaki*, y el hombre, aquel nunca olvidado terrorista conocido como *"El charcal"*.

Prosiguieron los días sin advertirse nada fuera de lo común, cuando repentinamente, la curiosidad volvió a martillar el cerebro del árabe. Era como un castigo del cielo no poder saber quiénes eran él y ella, una pareja de camaradas. Allí, sentado en una enorme y compacta piedra colocada en el patio central del lado de los dormitorios, estaba *Mustafá El Khalil*; con los dedos largos de las manos se enrollaba las puntas de sus gruesos bigotes y se acariciaba la negra barba, luego desapareció a través de un camino curvado que conducía a las barracas numeradas donde se alojaba la mayoría de los aprendices y los futuros guerrilleros.

La curiosidad siguió filtrada en la mente de *Mustafá*, quien, a pesar de haber jurado dejar esa fea manía de quererlo saber todo, ahora de nuevo se volvía a transformar en un hurón.

Una vez más, *Mustafá* consiguió ponerse nervioso y atormentado. La negrura de sus pupilas revoloteaba por dondequiera en busca de alguna persona que lo pudiera estar mirando. Hizo un esfuerzo sobrehumano para controlarse y deshacerse de esa inquietud retroalimentada por la curiosidad, se arrimó a una pared y se tapó la cara con las manos. Temía estar loco. Rumió unas incoherentes palabras en árabe. Después, consiguió a medias serenarse, aunque volvió a quebrantar su juramento de no continuar indagando sobre aquellos dos seres que se habían perdido de nuevo sin alcanzarlos a ver esa mañana de estío. No se daba por vencido. No le animaba otro deseo que no fuera descubrir lo que sospechaba, o sea, las verdaderas identidades de aquel hombre y de aquella mujer. Ambicionó poder resolver ese enigma. Rabioso, trilló los dientes varias veces hasta lastimarse la lengua.

El aire enrarecido del mediodía cambió a una frescura en la tarde. *Mustafá El Khalil*, ajustándose el turbante blanco que llevaba sobre la cabeza, se concentró en la idea de que la mujer encapuchada era *Fusaki*, la sanguinaria japonesa que sabía manejar con destreza el rifle AK-47. (Aunque ella esgrimía la espada como un samurai.) *Fusaki*, años atrás, con ese tipo de rifle que llevaba barrió numerosos peregrinos en el aeropuerto de Hearthrow, al sur de Londres.

Otro día, cuando la furia del viento soplaba de norte a sur, el árabe repensó que aquel fornido hombre de la cita campestre era, nada menos y nada más, que el nombrado "Charcal", suramericano, un sujeto temible por su activismo terrorista. Había secuestrado a unos ministros petroleros que asistieron a una reunión de OPEP. Era un hombre que vivía en constante metamorfosis al contar con la habilidad de transformarse de criminal a un rompecorazones. "El Charcal" arrastraba un caudal de aventuras amorosas en todo el mundo. Era un auténtico seductor. Un don Juan del crimen y un don Juan del amor.

Pero, a pesar de que el árabe se repitió mil veces que esas eran las verdaderas identidades de esas personas, se exasperaba por no encontrar respuestas ciertas a tales interrogantes. Pareció indignado más que molesto. Deseó ponerse un aldabón en la mente para no seguir indagando. Sintió agotarse en su cabeza esa cacería mental. Deseó zafarse de las elucubraciones falsas o auténticas que él mismo se hacía.

Convencido de la inutilidad de su empeño en descubrir los secretos de esa emblemática pareja, por último, *Mustafá* se encogió de hombros. Con una sonrisa tristona, admitió que su curiosidad se había tornado en un mal hábito. En medio de todo, se reprochó el vacío de su existencia en ese campo de entrenamiento.

Volvió a escabullirse por el camino que conducía a las barracas. Con una rebeldía en el corazón, una soledad en el alma, una ausencia de conformismo por su propia iniciativa, y lleno de íntimos temores, puso la cabeza hacia atrás, como si esperase aún poder descubrir esas dos identidades.

Mustafá El Khalil en principio renunció a ser curioso.

En ese centro de adiestramiento, un sabor amargo dejó la curiosidad enfermiza del árabe, que actuaba como una especie de profeta visionario para descubrir realidades. Y, como era de esperarse, los cinco Boinas Rojas, viéndose en ese lastimoso espejo del camarada libio (transformado en una caricatura del detective *Maigret*), decidieron no pisar esa concha de plátano, que significaba la majadería de descubrir lo que no debía ser descubierto.

Los Boinas Rojas prefirieron hablar naderías con los compañeros de aprendizaje. La única manera de evitarse problemas era no buscar en el pipote de la basura las identidades de aquel hombre y de aquella mujer. Para todos ellos mucho más interesante era seguir practicando las técnicas de la guerra de guerrillas. Lo de la mujer y el hombre pasó a convertirse en un capítulo agotado para los demás alumnos del campo de entrenamiento *Steven*.

Por dondequiera, en el campo *Steven*, se respiraba peligro. Los entrenamientos eran duros y extenuantes. Nadie podía resbalarse en esa tierra húmeda sin tropezarse con una piedra en el camino; había que capear muchos temporales para alcanzar el mayor nivel de preparación. Los instructores esperaban de cada discípulo el mayor rendimiento. En el sentido para que él y ella fueran los mejores en las técnicas y estrategia de combate. Para los dioses revolucionarios, *Steven* era un santuario donde los guerrilleros, los subversivos, los revolucionarios, y hasta los rebeldes, aprendían sin miedo a desafiar la muerte. En ese centro se les enseñaba a dominar sus facultades mentales y a desarrollar los superiores cerebros conectados a las realidades presentes y futuras.

En ese campo de entrenamiento guerrillero los discípulos aprendían a tener ojos y no ver, a tener oídos y no escuchar, a tener lengua y no hablar, a tener tacto y no sentir, a tener nariz y no oler. El control voluntario y el buen uso de los cinco sentidos los ayudaba a tener suficiente capacidad de combate a la hora de tomar decisiones, lo que les serviría de mucho cuando se encontraran en circunstancia difíciles. Era necesario interconectar los cinco sentidos bajo esas formas para salvar el pellejo, en caso de que alguno o alguna fuera aprehendido en una acción callejera o en acción pública de cualquier naturaleza.

Ninguno de los discípulos del campo *Steven* podía egresar del mismo si no prometía lealtad en cuanto a los ideales profesados; porque allí se ponía a prueba también la fidelidad. En cuanto a la infidencia o traición, se sentenciaba con el ajusticiamiento mediante un juicio emitido por el tribunal del pueblo. Los participantes pensaron en que todo eso era de tal terror, que parecía un drama dantesco.

El atardecer se hacía presente ese otro día. En las primeras horas de la tarde, la suave brisa expandió el aroma perfumado de las flores y de los frutos maduros. Después de cumplirse la última jornada de entrenamiento en el campo *Steven*, se encontraban reunidos los cinco miembros de los Boinas Rojas: Julio, Davisón, Douva, Padi y Porto, y en ese lugar de encuentro, comenzaba a desencadenarse una conversación entre ellos y el camarada *Mustafá El Khalil*. Mientras eso acontecía, unas repentinas y pasajeras gotas de agua se descolgaron de las nubes en medio de un cielo de color púrpura, y el clima refrescó. El tema de la conversación giró sobre el modo de comportarse el poder central establecido en el campo *Steven*. Los cinco camaradas reunidos allí emitieron críticas sobre la forma en que los trataban los directores superiores del centro. No se sentían a gusto con que esos personajes tomaran el control de sus libertades individuales, ni con que los directivos marcaran una abismal distancia con ellos. Se mostraban en total desacuerdo porque para los instructores sus alumnos valían menos que un céntimo de cualquier moneda de curso legal; numerosos aprendices eran tratados como unas orugas fosilizadas, o peor aún, como animales enjaulados.

Era razonable que en sus mentes ellos acogieran las normas universales de la defensa de los derechos humanos, pues se había comprobado que el tratamiento que se les daba a todos ellos no era lo más adecuado, sino todo lo contrario, era un tratamiento torpe y brusco. Los jerarcas del campo *Steven* intentaban desarrollar un dominio absoluto sobre los cerebros de los alumnos que asistían a los entrenamientos. Los camaradas aprendices con apasionada indignación rehusaron servir de víctimas. Sus ardientes temperamentos hacían que todos ellos rechazaran cualquier vestigio de servidumbre o esclavitud humana.

Los cinco camaradas, con unos gestos dignos y sin que les temblaran los pulsos,   decidieron actuar en defensa propia sin rebasar los límites permitidos. Con el señorío del buen revolucionario, y un atronador corazón de hierro, todos los aprendices decidieron esa noche no permitir que los directivos e instructores se extralimitasen en sus deberes y en sus responsabilidades, así que decidieron mantenerse en permanente vigilia, con los ojos avizores y los oídos agudos.

Los cinco aprendices Boinas Rojas continuaron coordinando sus ideas. Por sobre todo y bajo un lazo fraterno de unión entre ellos, empezaron a librar una lucha en defensa de la dignidad personal, y pisotearon el suelo con un brusco zapateo como una manifestación de protesta. El polvo se levantó alrededor del lugar. Luego, conscientes de ser una fuerza pura con espíritu de lucha, mas sentirse envueltos en el sutil viento de un pronto anochecer, no dejaron de recordar aquella "sentencia" lanzada por la dirigencia del campo *Steven* en cuanto a la prohibición de identificarse con los nombres y los apellidos propios, mucho menos podía decirse a qué organizaciones o grupos pertenecían. Consideraron esas prohibiciones como una mascarada temporal, aunque temían que, si no las cumplían, los fogonazos rojos de los fúsiles penetrarían sus cuerpos. Infringir esas órdenes podía significar una expulsión o un castigo severo o la propia muerte; por esa razón comprensible a los ojos de cualquiera de ellos, y con la rabia calada en la sangre, los seis discípulos asumieron una actitud reflexiva. Esas prohibiciones las acataron como un deber de carácter despótico.

Nubes claras se desplazaban sobre las copas de los enhiestos árboles. Esa noche estaba templada. La luna en conjunción con Neptuno abría las puertas sentimentales de los indómitos corazones de quienes la contemplaron en ese ambiente tranquilo y sereno. A partir de la conversación sostenida entre los seis camaradas y *Mustafá*, los Boinas Rojas no cejaron en querer conocer algo más de la vida del árabe. La inquietud crujía en los espíritus de ellos, y antes de despedirse para irse a dormir, cada uno de los Boinas Rojas pidió a *Mustafá El Khalil* que no olvidara darles sus sabios consejos a ellos, por ser él un experimentado activista de las guerrillas urbanas. Se despidieron afables y quedaron en encontrarse al siguiente día.

Pasados dos días de aquel encuentro, hubo cambios inesperados. A tiempo de terminar el último adiestramiento multidisciplinario, el camarada Davisón rompió fila con un inusitado desplante. A una distancia cercana, divisó a *Mustafá El Khalil*. El libio estaba parado sobre unas hileras de hojas secas y amarillentas. El jefe de los Boinas Rojas lo alcanzó en aquel lugar y lo abordó. En seguida lo invitó a reclinarse en el tronco de un ciprés, sembrado en esa región, traído del Mediterráneo Oriental.

Ese solitario árbol guardaba secretos antiguos. Hiladas sombras del milenario árbol oscurecían los dos rostros de esos camaradas. El beduino, rebelde, y nómada de miles desiertos, con una daga empuñada, se quedó pensativo, en tanto que, pacientemente esperaba a que surgiera la primera palabra entre los dos. El libio exhibía en su brazo desnudo un tatuaje de verdes pájaros, un símbolo que, según el profeta Mahoma, significaba "ser los pájaros del paraíso que trasladaban los espíritus de los mártires y de los inmolados, seguidores suyos hasta donde mora Alá".

Transcurrieron unos minutos y ningún sonido de voz humana se escuchaba. El árabe pensó que no tenía ningún sentido permanecer juntos sin mediar palabra alguna; pero *Mustafá El Khalil* era un hombre joven y temeroso, cuya piel tostada por el sol conservaba un fuerte olor a hierba procesada.

El tiempo apremió, y el silencio interpuesto entre los dos se rompió. Resonó en el espacio la potente voz del comandante Davisón, quien a pesar de querer estrangular en su cerebro aquella curiosidad por saber cuál era el verdadero nombre y el venerable apellido de *Mustafá*, no lo logró.

El sagaz oído de *Mustafá El Khalil* fue en pos de la pregunta. Se hallaba hundido en la nostalgia que roía su alma, y esa inoportuna pregunta estalló como un barril de pólvora en su cabeza. Era lipemaníaco, pero por supuesto que éste no desnudaría el misterio ancestral de sus antepasados y contestó a su camarada: "Decirte mi propio nombre podría desembocar en mi muerte." (*Nakba*). Y, trenzado en un gemido doliente, reiteró al camarada amigo que su apodo era **"Camello"**. Luego, el árabe inhaló aire puro, y cabizbajo se retiró del sitio sin dejar de reconocer que él mismo antes había deseado saber las identidades de aquellos dos instructores encapuchados, sin éxito.

Las orientaciones en cuanto a las identidades habían sido dadas. En ese constante andar y desandar dentro del campo *Steven*, ninguno pudo saber el verdadero nombre del pariente de *Khadafy*. A juzgar por los hechos, la cúpula del campo era la única que conocía las verdaderas identidades de los discípulos y de los instructores. Los círculos de instructores y de entrenadores tampoco conocían las auténticas identidades de sus alumnos; el anonimato era una cuestión de principio, puesto que había que dar mayor seguridad personal a cada uno de ellos. Todo eso parecía un juego de azar. Para los más fisgones era una especie de placer de los sentidos, una adivinanza inacabable.

Como estratagema, los instructores y los entrenadores se identificaban mediante siglas alfabéticas y numéricas.

Por obra del destino, cada aprendiz de la guerra de guerrillas encarnaba su propio ideal. En el aprendizaje, éstos adquirían los métodos, las estrategias y las técnicas para convertirse en cabezas y líderes de sus propias organizaciones.

En *Steven* se impartían un entrenamiento y una disciplina tipo militar, las desarrolladas técnicas de ataque y contraataque. Se formaba a los hombres y mujeres que desplegaban un activismo de inteligencia en las investigaciones, y a aquellos camaradas encargados de las áreas de seguridad; se preparaba a los guerrilleros para participar en acciones armadas y demoledoras en los variados campos sociales, políticos y económicos; se les impartían instrucciones referentes a las tomas de decisiones y al análisis estratégico de las acciones a cumplirse. Se daban clases de logística organizativa, dirigidas a la planificación del activismo público; se enseñaba el desarrollo de la vigilancia sistemática y ejecutoria de las operaciones, de modo que las tácticas y estrategias de guerrillas se impartían a niveles superiores. Por ese motivo los aprendices de la guerra de guerrilla experimentaban satisfacción plena con las clases recibidas, aunque a veces salían lastimados en su honor como guerreros de una misma ideología socialista y comunista. En ese funcional campamento guyanés se concedía la licencia de suficiencia en el manejo de las armas de corto y de largo alcance, incluso se practicaban las técnicas de accionar bazucas, explosivos, minas de guerras, granadas, gases venenosos, letales, y las maniobras de los misiles. Se les instruía cómo destruir las pruebas comprometedoras, después de cometidas las operaciones de asaltos o de cualquier otro tipo. En *Steven* se les enseñaba a seleccionar el blanco o el objetivo en los escenarios donde desarrollarían las acciones. Aunque esas operaciones no eran terroristas, a los alumnos se les enseñaba a envenenar aguas, cortar cables eléctricos, y a secuestrar personas, plagiar aviones o embarcaciones marítimas y fluviales. El fin principal era capacitarlos para las luchas armadas tipo guerrillas. Una vez finalizada la formación "académica", todos esos hombres y mujeres egresaban preparados para las luchas revolucionarias o de liberación nacional.

Los Boinas Rojas permanecieron unos seis meses en el campamento *Steven.*

Antes de cumplirse la fecha de salida, los aprendices pasaron varios meses ahí. Oleadas de rayos solares y de filamentos lunares descendieron sobre la fértil y selvática tierra guyanesa. La vida en *Steven* seguía su curso, en plena convivencia entre los mismos camaradas. Ninguno de ellos ignoraba la norma que prohibía tener relaciones heterosexuales y homosexuales. Para obligar a los hombres a respetar esa orden, la superioridad del campamento dispuso que una vez finalizados los cotidianos ejercicios se les suministraría una especie de brebaje a base de hierbas trituradas y exorcizadas para disminuir sus deseos sexuales. La cúpula de *Steven*, convencida estaba de que esos hombres, una vez liberados de las tentaciones de la carne, se transformarían en briosos bueyes cuyas fuerzas corporales los harían rendir con máxima eficiencia en las operaciones a cumplirse.

En *Steven*, la vida parecía no tener sentido social, era un lugar de formación para enérgicos y férreos combatientes de guerrillas, y tampoco había superposición de personalidades en referencia a los aprendices.

En aquel santuario de formación de los camaradas para activarse en la guerra de guerrillas, ya habían arribado reconocidos instructores venidos de otras latitudes; sin embargo, también hubo indignaciones por las conductas de algunos, cuyos nombres resultaban un enigma difícil de despejar.

En el *staff* de instructores, algunos se mostraron detestables en el tratamiento en sus clases; otros eran aceptables, sin descartar psicópatas y rebeldes. Se concluyó que, a través de las clases, se determinarían los rasgos de sus personalidades y las condiciones psicológicas de cada uno de ellos.

Instructores.

Al comenzar el proceso rutinario de las clases y entrenamientos, se encontró que un hombre dirigiría los ejercicios especiales programados para la confrontación frontal con los enemigos. Este instructor era un tipo de un metro noventa y tres de estatura, sonrisa insolente, cabeza raspada. Piel amarillenta, bronceada, salpicada de pigmentos rojizos. Unos anteojos le tapaban el color a sus ojos. Identidad: por determinarse.

Del lado del alumnado, sin excepción, se dio un interés por saber quién era ese instructor, hasta el punto en que uno de los alumnos, que habitual padecía un tic nervioso, manifestó que ese hombre era un amerindio, y tal presunción se antojaba verdadera porque sus rasgos fisonómicos y culturales se parecían a los de esa etnia.

Finalmente, ese instructor se identificó como **X3**. Era un economista graduado de la universidad de Wisconsin, en los Estados Unidos. Había sido activista de las Brigadas Campesinas de Ajusticiamiento del Partido de los Pobres. **X3** era el hombre de las mil caras, y sus alumnos del campo *Steven* lo llamaron "Iván el terrible", porque guardaba semejanza con el legendario personaje de la antigua Rusia. Ese individuo se comunicaba perfectamente en inglés, pero no así pudo hablar con fluidez el español.

En lo cíclico del tiempo, en el campo *Steven* se continuó el desarrollo de las enseñanzas de las tácticas y de las estrategias guerrilleras.

Una madrugada, con unos silenciosos pasos, un instructor entró en las celdas de los sueños de aquellos discípulos. La confusión se desplazó por las habitaciones tras haberse de un sopetón interrumpido el sosegado dormir de los hombres y de las mujeres. El individuo recién llegado se registró en el listado de instructores como **Z2**.

Un áspero acento se notó en su voz. Era un hombre de mal carácter y de una sonrisa neutral que no daba frío ni calor. Exhibía unos cabellos negros ensortijados que caían como serpientes enrolladas sobre sus musculosos hombros. Profesionalmente actuaba con apasionamiento cuando enseñaba las tácticas a aplicar en la guerra de guerrillas. Era un hombre dispuesto a todo y con una mentalidad fanática comunista.

Su piel era de color azabache. Bembón de labios. Los rasgos físicos de **Z2** revelaban su descendencia africana. Había recibido entrenamiento en Argelia y antes actuó en las clandestinas brigadas de choques en Alemania. Por un golpe de suerte, ese individuo había logrado escaparse de la policía berlinés, pero tenía un aviso de muerte segura si lo aprehendían. En el mundo de la sedición era considerado un hombre hábil y peligroso. A partir de ese momento sufrió las consecuencias de convertirse en un paria, en un desterrado y, de paso, en un caminante sin camino cierto. De ahí, que en un arrebato fugaz huyera a Guyana, donde se hizo cómplice de un camarada poderoso en América.

Durante las clases, uno de los discípulos notó su rostro adusto, lo que finalmente produjo un desfile de temores mentales entre todos ellos, y numerosas interrogantes afloraron en los cerebros de los alumnos en cuanto a que **Z2** tuviera las suficientes habilidades para enseñarles. Igual que las corrientes de los ríos abriéndose pasos entre las sombras verdes de los virginales árboles, en el ambiente del campo *Steven*, irrumpió una inquietante pregunta: "¿Cómo diablo habían aceptado a ese individuo de instructor?".

A falta de una investigación sistemática, los discípulos no pudieron dar con los antecedentes de ese instructor; sin embargo, **Z2** fue contratado y convertido en uno de los instructores mejores pagados por la cúpula de directores del campo. El indicador visible para haberlo contratado fue que contaba con un aliado poderoso dentro de las filas del gobierno en ese país. Cuestión que no se corroboró. La incertidumbre en torno a ese instructor continuó subiendo de tono en el transcurso de los días.

Los aprendices de la guerra de guerrillas recibieron del instructor **Z2**, en un lenguaje procaz, referencias de las tácticas relacionadas con la defensa y la ofensiva en cualquier acción conflictiva; pero, por refunfuñón, nadie lo apreció en el campo *Steven.*

En la tentativa de no alterar el pasado bolchevique, un pendón con la hoz y el martillo colgaba de una de las paredes del salón de clase. En el momento en que hizo su aparición la instructora **O8**, ella sonrió y después lanzó una fría mirada al resto de los discípulos. Sin ningún tipo de precepto ético o moral, se sentó frente a los alumnos. Precalentó la voz antes de usarla. Los aprendices venidos de Asia se la imaginaron como una bella doncella llegada a esas tierras lejanas en una *prao* (en Malasia, una embarcación larga y estrecha). Era una instructora especialista en el terror mental: su trabajo se centraba en estimular el cerebro emocional del hombre y de la mujer. Era una experta en las técnicas de interrogatorios a través de la penetración psíquica.

O8 era una mujer atractiva de corto pelo negro, piel tostada, ojos marrones, sonrisa enigmática y de una sutil perversión. Había estudiado sociología y psicología en una prestigiosa universidad de Bruselas; era psicoanalista y estudiosa de la historia de la guerra de guerrillas, noción que comenzó a utilizarse en España cuando Napoleón Bonaparte intentó conquistar esa monarquía, entre 1810 y 1812; lo que sería la forma más eficaz de luchar los españoles contra la invasión francesa.

En la universidad de Bélgica, **O8**, con el método de la hipnosis, aprendió a destruir cerebros humanos; en Bangkok (Tailandia) adquirió los métodos de la evasión física en caso de ataques armados y peligrosos. En cierto modo, ella se había transformado en una ninja, en una mujer maravilla, en fin, en una *superwoman*. Era una milagrosa aparición que había llegado al campo *Steven*. Con un espíritu escéptico, había arribado a ese campamento con la intención de enseñar a los aprendices de guerra de guerrillas a fabricar idiotas humanos que pudieran unirse a las fuertes luchas revolucionarias en el mundo, y dominar aquellas mentes con las diversas doctrinas y teorías convulsivas. **O8** era una experta en derrumbar fortalezas corporales y corazones sentimentales, convencida de saber moldear tanto mujeres como hombres dóciles y convertirlos en valientes luchadores por las causas revolucionarias. La razón principal de sus enseñanzas radicaba en que los discípulos dejaran de ser unos santurrones, controlados por los sentimientos piadosos. Y por supuesto, su idea era convertirlos en esclavos de los ideales comunistas sustentados por Marx, Lenin, Trostky, Castro, el "Che" Guevara, entre otros.

La instructora **O8** despertó ansiedades entre los que la escucharon cuando expuso la metodología de la crueldad, pues no todos los discípulos estaban de acuerdo con sus enseñanzas; particularmente, los cinco integrantes de la organización Boinas Rojas se rehusaron a esas enseñanzas proyectadas a demoler las mentes de los enemigos desafectos a las revoluciones socialistas o comunistas. Los participantes se estremecieron al oír su vozarrón; en los oídos de ellos, las palabras de la instructora resbalaron cual campanazo ensordecedor. Preferían el ruido de un tiroteo o el estallido de una bomba. A pesar de tener una voz que parecía una metralleta disparando palabras coherentes e incoherentes, **O8** se hizo atractiva a los ojos de más de uno de los camaradas que asistían a sus clases. Despertó pasiones.

Nadie supo que ella sentía un profundo rechazo por lo que significaba amor en pareja. Quizá ese repudio atendía a la violación que había sufrido cuando apenas tenía nueve años. No obstante, unas cuantas veces sintió placeres dimanados del sexo masculino. La sexualidad de **O8** era pasto de torcidas habladurías en las habitaciones de los hombres.

Una semana después hubo un sorpresivo frío mañanero. Una ventisca arrasó por los aires brazadas de hojas y corotos livianos que cayeron estrepitosos sobre los terrenos montuosos, malezales y matorrales. Las copas de los árboles silvestres se estremecieron de un lado a otro, bramaron las aguas de los ríos y la selva rugió.

Con unos fundamentados temores, los aprendices recibieron al nuevo instructor. Para entonces había una profunda sensación de miedo por la llegada del instructor **L9**, lo que hacía que los cinco Boinas Rojas personalmente quisieran conocerlo. Se trataba de un individuo bastante centrado de mente y de un físico apuesto, con ojos que vibraban de emoción. Ese instructor con porte de petimetre, hablaba el inglés con un marcado acento alemán, y aunque mostraba una educación y cultura europeas, no por eso los alumnos en voz baja lo dejaron de llamar "Atila". Porque con una fina habilidad suministraba dosis de crueldad. Bajo cuerda se enteraron de que ese hombre había pertenecido a una banda terrorista alemana llamada *Baader-Meinhors*.

Los Boinas Rojas trataron de disimular la extraña emoción que les producía el instructor **L9**, y se fueron acercando cada vez más a su persona para solicitarle que les enseñara las mejores tácticas para secuestrar personas. **L9** acogió la petición dibujando con sus labios una sonrisa sardónica. Con una imaginación que corría tan rápido como las ruedas de un tren sobre unos rieles aceitados, todos ellos se sintieron cautivados por la personalidad de ese instructor... De inmediato, él tuvo simpatía por aquellos cinco hombres. Los Boinas Rojas en cinco lecciones particulares aprendieron las distintas modalidades de secuestrar personas, aviones, barcos y hasta trenes. Se habían preparado para emprender acciones de esa naturaleza. Con un hablar impetuoso y sistemático ese instructor se despidió de ellos y abandonó *Steven* lo más pronto posible.

Poco tiempo después, ninguna persona había podido con certeza calificar a la nueva instructora llegada a *Steven*, dueña de toda suerte de acción, arrogante y engreída, de una mirada fría y penetrante. Esa mujer se presentó en el campamento *Steven* sin anunciarse antes formalmente. La instructora **T4**, pese a sus esfuerzos por sentirse bien allí, la verdad nunca logró hacerlo. Nadie detectaba alegría o felicidad en su rostro. Nunca había sido una verdadera amiga para los demás. Su cara era tan adusta como la de cualquier enjuto Papa cristiano. El tiempo tenía alas cuando ella trabajaba. Estaba claro que era una mujer de apariencia dura y con quien nadie podía intimar. **T4** era una mujer joven que usaba un tápalo mexicano que medio cubría su cabello lacio y largo, así como su rostro aparentemente inofensivo. De esa instructora no se sabía casi nada. Tampoco se conocía su procedencia. Tenía una identidad secreta.

Tres días después, se hizo presente en el salón de clase, sin apuros, y una extraña excitación invadió el ambiente en ese lugar. Se comentó a *sotto voce* que no era probable que esa mujer hubiera asesinado a sangre fría a un procurador español. A Dios gracias no había un elemento que lo comprobara. No obstante, como todo comentario avieso, éste corrió raudo por entre las alcantarillas y los albañales de aquel sitio. Si ella lo hubiera escuchado seguramente su alma humana hubiera sobresaltado de horror. Quizás eso se había dicho para producirle un efecto nauseabundo contra ella. Esa instructora no pudo ante los ojos de sus discípulos ser cal o ser flor.

Ningún alumno podía pasar como un hielo al lado de ella, ni abrir hondos surcos para no dirigirle la palabra. Los cinco Boinas Rojas tomaron esa actitud de no acercársele a **T4**, porque, en la opinión de ellos, cualquier fémina era hablachenta por nacimiento. Si una mujer iba a la cama con un hombre de seguro gastaría la última gota de saliva contándolo todo. Desembucharía los secretos conocidos. Bajo las ardientes sábanas esa mujer era proclive a confesarse con el marido o con el amante en turno. Sin querer ella se transformaría en una delatora de marca mayor. Los Boinas Rojas sintieron palpitar acelerados sus corazones cuando tropezaron sus ojos con el cuerpo esbelto de **T4**.

Tal como reza aquel dicho: "De esa agua no has de beber", bajo el claro de luna, en las horas de medianoche, el camarada Davisón, un hombre de carne y hueso, de rostro buenmozo, de reconocida fama de mujeriego, posó su mirada sobre la atractiva instructora **T4**. Sus centellantes ojos de buen cazador de mujeres se fueron tras aquella escultural silueta femenina. Hecho prisionero de esa pasión, con su imaginación y lascivamente, la poseyó a ella. Sus partes íntimas se estremecieron, y con el deseo inhibido solo pudo poner una cara de borrego domado. Sin saber qué hacer con su deseo, el comandante Davisón corrió y buscó un lugar escondido dónde lanzar su semen, que salió como el vomito de un cañón disparado en plena faena de combate, pero después volvió a sentir aquella temperatura calurosa y asfixiante. El pesado aire oprimió su cautivo corazón enamorado, y apenas en su rostro húmedo se asomó una ligera sonrisa de resignación.

Al siguiente día, el comandante de los Boinas Rojas tomó de nuevo su habitual rutina, pero nunca pudo ver de cerca el rostro de aquella mujer, y se sobrepuso a ese loco deseo suyo. Una vez sosegado, pensó que cuando regresara a su país tendría suficiente tiempo para las fiestas y para hacer el amor con numerosas mujeres hermosas. Davisón era un apasionado, don Juan Tenorio moderno.

Un mes más tarde, los cinco Boinas Rojas retornaron al país. Era diciembre de 1975.

Visita de tres extranjeros (planes).

Mientras esos episodios ocurrían en el campo de entrenamiento guerrillero ubicado en el territorio de Guyana, en Venezuela, en los últimos días del mes de diciembre, tres hombres extranjeros lograban burlar el control de inmigración en el aeropuerto internacional de Maiquetía. Esos sujetos ingresaban al país como **"Pedro por su casa"**, sin que los funcionarios del mencionado aeropuerto pudieran comprobar sus verdaderas identidades.

Procedentes de París, en un vuelo de Air France, esos tres individuos arribaron a la tierra natal de José María Vargas. Lo extraño era que los pasaportes presentados por ellos nada tenían que ver con sus verdaderas identidades, estaban adulterados. La falsificación había sido una obra maestra del conocido francés *Michel Jayer*, uno de los más expertos falsificadores de documentos, que en el exterior era uno de los hombres de mayor confianza del comandante superior de los Boinas Rojas.

Era la una y media de la madrugada cuando los visitantes extranjeros se encontraron en la antepuerta de la ciudad de Caracas. Al arribar a la metrópolis, fueron trasladados al Hotel Tampico, situado en la avenida Solano de Sabana Grande.

Ese hotel se había elegido como hospedaje de esos señores por ser un lugar ideal para las reuniones. Allí se empezó a planificar la operación a realizarse en un tiempo medianamente corto. Los tres hombres pusieron caras de satisfacción y soltaron unas risas alegres al constatar que ese era un hotel modesto y confortable, además de un sitio seguro, al no haber moros en la costa.

Desde temprano, todos esos hombres se reunieron para desayunar, animados por el coraje y confiados en que la hazaña por realizarse saldría como se había planeado. Eran unos planes de acciones que habían trazado y que pronto serían del conocimiento del comando superior de los Boinas Rojas. En el salón comedor batía una brisa fresca mezclada con un olor a huevos fritos y café negrito colado.

Con una mirada profunda, uno de los miembros de los Boinas Rojas se acercó adonde los tres extranjeros desayunaban; en un tono amistoso les habló para informarles que en la noche se celebraría una reunión en el mismo hotel. Por lo pronto y en compañía de unos guardaespaldas, ellos dos serían paseados por la ciudad capital.

Entre tanto y en procura de no despertar sospechas entre los huéspedes y el personal de servicio del hotel, los encargados de organizar la reunión de esa noche se valdrían de un subterfugio para despistar todo tipo de curiosidad de los hospedados, le darían un retoque mundano a ese encuentro. Fue así como invitaron a las damas de la noche para que los acompañaran a escuchar música, sin intimidad de ninguna naturaleza entre ellos. Así fue como por la noche la habitación de *monsieur* Perrot se llenó de hombres y de mujeres con la intención de armar una trapisonda.

Los lugartenientes Boinas Rojas simularon montar una fiesta ruidosa, capaz de despertar a cualquier lirón hospedado allí. Era una parranda provocada adrede que servía para despistar la intención verdadera de esa reunión. Como se esperaba, hubo la protesta de los huéspedes. Al filo de la medianoche, los Boinas Rojas gentilmente pagaron sus servicios a las mujeres pintarrajeadas y las despacharon. Por supuesto, ellas sin saberlo habían sido usadas como carnadas para disimular el complot que se programaba en esa habitación. Apenas se marcharon las caracoleadas damas de la noche, de inmediato los hombres comprometidos con la causa revolucionaria puntualizaron los planes concebidos para efectuar la operación. Tratábase de un secuestro. La reunión terminó sin trifulca ni bulla, apesar de que había corrido el extraordinario ron criollo.

Otro soleado día amaneció y nada parecía cambiar en el ambiente, aunque, por una coincidencia extraña, y en un momento inoportuno, procedente del exterior, llegó un telegrama al búnker de la organización Boinas Rojas, en el que se alertaba sobre unos papeles que tenían que ver con un negocio que manejaba la transnacional de vidrio *"La Inois. Company"*, mensaje confidencial que originó confusión, por lo que el comando superior de los Boinas Rojas decidió esperar nuevas instrucciones.

La fresca brisa de la montaña de El Ávila arropó la ciudad de Caracas. Y quien juró tener las llaves de los tiempos, sin saber a ciencia cierta de lo que trataba ese mensaje recibido en horas de la mañana, fue al encuentro de los visitantes, quienes se encontraban en un salón del hotel reunidos con otros camaradas. Dio un fuerte zapatazo sobre el cuadrado piso pulido de la sala para anunciar que había llegado, y con un tono confidencial dijo: "Ahora se nos cambió el panorama. Habrá que conseguir esos papeles que, según información secreta, reposan en los archivos de la empresa de vidrio *"La Inois. Company"*.

Una hora y media después, el comandante Davisón salió apresurado del hotel y trasmontó la cuesta del infernal tráfico de la calle que circundaba el hotel Tampico. Tomó la vía hacia el búnker donde se encontraba el original mensaje, con la intención de revisarlo. Había que cambiar los planes sobre el secuestro planteado; ahora el secuestrado debía de ser un funcionario de esa empresa transnacional. El Boina Roja hizo un esfuerzo para dominar hasta la última fibra del sistema nervioso. Eso lo sacó de quicio. Ese cambio los desorientó a todos por igual. Se le anudó la garganta cuando pensó en cómo podían extraer esos papeles de esa empresa, pues no conocían al personal que laboraba allí, y mucho menos a los directivos. Una encrucijada de ideas pasó por su cerebro sin encontrar solución alguna. En el fondo de su mente había reproche por el cambio suscitado en los planes concebidos hacia unos cuantos meses atrás, pero recordó que en la villa del Señor todo es posible. El asunto puntilloso radicaba en cómo penetrar los interiores de la empresa ubicada en Valencia. Era alarmante la situación porque se tenía que recurrir a una tercera persona para que ayudara a conseguir esa información, así que debían pensar en crear una quinta columna para interactuar y conseguirla.

Pero... a veces la suerte la da el diablo. Así que, atados de pies y cabezas como estaban para la consecución de esos documentos, sucedió que a menos de un palmo de distancia de donde se encontraba situado el hotel Tampico, se ponía en el camino un obrero que laboraba en una empresa del estado. Lo cierto era que ese hombre cinco meses atrás había trabajado como mensajero en *"La Inois. Company"*. El trabajador había renunciado a la transnacional de vidrio porque le pagaban un mísero salario. Una vez en conocimiento de la existencia de ese obrero, lo que faltaba era contactarlo de algún modo. Así que fijaron una estrategia, por cierto no muy limpia, para conectarse con ese ex empleado de *"La Inois. Company"*.

El Negro Benito.

Con las primeras luces de un nuevo año: **1976**, un miembro de los Boinas Rojas, por recomendación de un colaborador cercano logró contactar al negro Benito, haciéndose pasar por un jefe sindicalista nacional. Le ofreció dinero y al mismo tiempo le solicitó callarse la boca porque ese era un trabajo confidencial. El obrero aceptó la oferta. Y, en el buen uso del lenguaje coloquial, Benito estaba "pelando bola". Ardía en deseos de ganarse una buena platita.

Pasaron unas dos semanas desde que el negro Benito fue contratado verbalmente. El trabajador se había filtrado con ayuda en los archivos de la transnacional de vidrio, había logrado leer los posibles documentos necesitados por ese supuesto sindicalista. Así fue como en una hora matinal el crédulo obrero dio las primeras informaciones a su benefactor. El falso sindicalista sacudía la cabeza en forma afirmativa mientras le pagaba unos tres mil bolívares, luego hubo un silencio entre los dos al momento de despedirse, con la promesa de encontrarse de nuevo. Con la agilidad de un felino en acecho, ese Boinas Rojas se desplazó por una calle de la ciudad y se esfumó en la distancia.

Con la impresión de estar a gusto consigo mismo, Benito no vaciló en beberse el dinero recibido. Bebió ron, bebió caña blanca y hasta vino y cerveza. Esa ingesta de alcohol era algo habitual en él. Después de una bebezón del demonio, apenas si podía mantenerse en pie, y se juró que mientras su cuerpo aguantara, todo lo que recibiera en dinero por la información aportada, se lo consumiría en alcohol y en mujeres. Sin embargo, como todo un borracho vicioso e irresponsable se olvidó de las necesidades de su propia familia.

En las horas mañaneras fue cuando Benito empezó a hundirse en alcohol. Parecía no tener el menor sentido de lo que gastaba en las farras alcohólicas y en alegres mujeres. Ese dinero que recibía cada vez que aportaba un dato más lo convirtió en un hombre realengo, con desplantes altaneros; un sujeto deslenguado y descarado.

Una vez, el negro Benito entró en un bar de mala muerte en Naiguatá, donde bebió cocuy y luego una botella completa de ron. Después empezó a fanfarronear y a jactarse de que tenía mucha lana, hasta para comprarse un lujoso camión y convivir con una puta morenaza con quien tenía una relación amorosa lograda a base de billetes pagados. Obviamente, ese machismo manifiesto era lo más característico en un ebrio bocón y un echón de pacotilla. Con ese exhibicionismo de ser un ricachón, Benito logró excitar la indignación de quienes lo conocían como un hombre responsable y trabajador. Sus amigos no sabían a qué se debía tan abrupto cambio. ¿Acaso se había ganado en los caballos un cinco y seis? Con la plata en el bolsillo, y como era de suponerse, el negro Benito no quiso volver a vivir con la vieja gruñona de su mujer, quien le había dado nueve hijos. Todas las noches se abandonaba a la embriaguez. Aunque alguno que otro día permanecía sobrio por breves horas, sobre todo cuando tenía que viajar a Valencia para cumplir con el trabajo sucio encomendado.

En una umbrosa tarde, Benito fortuitamente se encontró en el centro de Caracas, con el presunto sindicalista. El obrero no entendió porqué esa vez sintió miedo de aquel sujeto. El temor caló sus huesos. Su piel negra se arrugó como un acordeón destemplado. La voz del sindicalista adquirió un tono frío cuando lo saludó entre dientes, dando la impresión que ese había sido un hostil encuentro entre ambos. Benito se imaginó flotar en el aire el peculiar olor de una bala perdida. Esa tarde el obrero vio y sintió cómo en los cuencos de sus manos no caía moneda alguna. Se sintió despreciado. Por supuesto, el presunto sindicalista lo había puesto a raya. Benito no entendía el porqué de esa extraña actitud.

De haber tenido pensamiento propio, Benito hubiera comprendido que había sido víctima de un engaño y de una odiosa burla. No sabía que ese individuo que se había hecho pasar por sindicalista era en verdad un guerrillero. Muchas veces, los guerrilleros suelen combinar el terror con la bondad, siguiendo las enseñanzas de Mao Tse Tung. Ese día el negro Benito feamente había sido engañado. ¿Por qué razón?

Sobrecogido ante la conducta rara del sindicalista, una lluvia de incertidumbres lo golpeó. Desconcertado y desdichado por no haber recibido la otra paca de billetes marrones, huyó de la casa donde vivía con su nueva mujer. Se fue a Naiguatá donde tenía amigos y compadres para farandulear.

Pasados unos días, los ojos del negro Benito escocían de tanto llorar. Sentía remordimiento de conciencia por la canallada cometida contra su persona en esa ocasión, y ni san Juan, su magnánimo protector, lo perdonaría por ese mal actuar suyo.

Mes y medio atrás, Benito había abandonado el legítimo hogar. Ahora, apenas se le veía con una borrachera de padre y señor mío transitar por las terrosas calles de Naiguatá. Ni siquiera se le vio participar en el "Entierro de la sardina", una tradición del pueblo. Y sucedió que pasadas otras cuantas semanas sin tener noticias de él, su mujer Clorinda empezó a buscarlo por Catia y sus alrededores. Por último viajó a Naiguatá donde nadie le supo decir el paradero de su marido. Eso aumentó su angustia. Uno que otro compañero de parranda etílica le dijo a Clorinda que a lo mejor se había ahogado en el mar después de una bebezón de locura. Otros amigos más escépticos opinaron que Benito podía estar preso por haber armado una trifulca como las de San Quintín.

Lo que más sorprendió a Clorinda fue que nadie diera razón de él. La búsqueda había resultado infructuosa de parte de ella, pero entonces esa mujer se armó de valor y acudió a la policía de Caracas y a la jefatura de Naiguatá para denunciar la desaparición de su marido, y prontamente esos cuerpos policiales se pusieron a investigar sobre el paradero del negro Benito. Después de desplegar una intensa búsqueda por los barrios del oeste de Caracas y por varios lugares del litoral central, ocurrió que cerca de Naiguatá, camino a Los Caracas, en un boscaje a orillas del mar, se encontró el cuerpo sin vida del negro Benito.

Con las carnes putrefactas y los ojos salidos de sus orbitas encontraron a Benito en posición cubito dorsal. Lo habían asesinado con cuatro certeros balazos. Después de esa tromba, a Benito no se le hizo autopsia como lo manda la ley forense. Todo lo contrario, lo velaron rápido, si acaso dos horas. Se le ofició una misa breve porque el olor nauseabundo que expelía su cuerpo apestaba a los dolientes y a los curiosos.

El cadáver hediondo de Benito tuvo por tumba un hueco abierto por manos amigas. Esa sepultura se tapó con tierra mordida por la inmensa soledad del lugar. Su tumba quedó resguardada bajo un almendrón sembrado a orillas de la playa, vía Los Caracas.

Apretujado entre las gentes, el farsista sindicalista presenció el acto de entierro del hombre a quien había asesinado para que no hablara. Estaba seguro de que muerto pobre no se pagaba. Dolorosa realidad para los desposeídos del planeta tierra.

III

LA VOZ Y EL LLAVERO

(Primeras señales)

Después del secuestro de Nick, en los medios de comunicación social, aquellas reiteradas súplicas de Dola para que lo liberaran no lograron inmediatas respuestas. Sus ruegos arrastrados por las arenas de los desiertos, vaguearon en el tiempo. Súplicas desvanecidas, peticiones tragadas por el halcón peregrino. Ningún secuestrador hacía caso del doliente llamado. Ante tanta desidia, la esposa de Nick estaba consternada, algo confusa, y descorazonada, preocupada por no saber del destino de él. Con un sentimiento de culpabilidad, sollozó al acordarse de lo ocurrido aquella noche del 27 de febrero. Sintió entrar en su cuerpo unos dardos punzantes que la estremecieron de cabeza a los pies. El miedo revivió en ella. Rememoró ese drama una y mil veces. La sombra de esa fatídica tragedia perjudicaba su salud. Constantemente, la norteamericana sufría de escalofríos y náuseas, malestares padecidos como consecuencia de la agobiante sobreexcitación que controlaba su sistema nervioso. Más que nunca y en contra de su voluntad, Dola estuvo a punto de enloquecer. La norteamericana deseaba precipitarse al vacío e ignorar su propia existencia. Albergaba tanta rabia y dolor en su corazón, que hasta sentía las inmensas ganas de cobardemente huir lejos del país. Por suerte, ella se puso razonable al darse cuenta de que esa no era la mejor manera de ayudar a salvarlo, y su marido no merecía tamaña insensatez de parte suya. Con el recuerdo del pasado, y consciente de su deber y obligación, la esposa de Nick, adoptó una postura más equilibrada. Dola comprendió que su responsabilidad era luchar codo a codo junto a las autoridades nacionales para conseguir liberarlo con vida. Así que, erguida cual lanza clavada en tierra, decidió luchar a brazo partido para rescatarlo. Con un rostro desperfilado a causa del sufrimiento sentido le nació hacer para sí misma un juicio sobre ese plagio, y pensó en que las incontroladas ambiciones de los hombres y de las mujeres, muchas veces conducen a cometer viles acciones como la ocurrida con el abominable plagio de su esposo.

A medida en que los días pasaban, la estadounidense sentía perder la energía y el coraje.

Esa desgracia familiar se desarrollaba de un modo reversado. Hasta que un día el reloj ubicado en la cocina de su casa marcó las tres de la tarde. Hasta entonces ningún organismo militar, policial, inteligencia o seguridad había dado informaciones ciertas sobre el escondrijo donde los plagiarios pudieran tener a Nick. En el ambiente se percibía una sensación de frustración y desconcierto. No había señales de vida del rehén estadounidense. Todo estaba reducido a un drama inútil. Pasadas unas semanas, el rostro cerúleo de la esposa del secuestrado mostraba una honda congoja, aunque el coraje la quemaba por dentro. Constantemente por sus sienes resbalaban furtivas gotas de sudor que humedecían su cara hasta la puntiaguda barbilla. Naturalmente, Dola no sabía qué hacer. Se encontraba inserta en la nada, trenzando y destrenzando las veinticuatro horas del día.

En una mecedora con un espaldar de mimbre, ella, con sus finos labios sostenía un cigarrillo, no sonreía, más bien, se le asomaba un quejido. No dejaba de recordar al compañero de toda una vida; desolada, pasaba las noches en vela; con el pensamiento enhebraba y desenhebraba las horas, los minutos, los segundos transcurridos desde la noche en que habían secuestrado a Nick. Esa tarde, las agujas del reloj avanzaron con suma pereza, terminando con las esperanzas hechas trizas de encontrarlo con vida.

El isócrono tiempo continuó su andar. El silencio rondaba aquella casa. Y así como las húmedas hojas de los árboles estremecidas por las gotas de las lluvias, temblorosas, Dola quiso volver a prender la llama en el desconocido lugar donde una vez tuvo futuristas videncias; siempre atraída por los fenómenos paranormales, entró en trance. Doblegó la cabeza y se introdujo en el misterioso y enigmático mundo de lo sobrenatural, hundida en la espesura de la imaginación vio aristas de celestes cristales girar en su alrededor. A fuerza de emanar ondas cerebrales, en una de esas aristas, ella visualizó el transparente rostro de Nick, que transmitía una mueca de dolor a causa del suplicio recibido. Dominado por un presentimiento de muerte, el prisionero se encontraba sometido bajo el poder de una destructora fuerza maligna. En medio de ese experimentado fenómeno extra sensorial, Dola buscó transmigrar su espíritu al de su adorado esposo, y tuvo la impresión de que Nick, sobrecogido por el miedo, alargaba sus brazos moviéndolos ariscamente. Envuelto en una espiral de cristal, intentaba espantarse la agonía que oprimía su existencia sin caer en el gélido vacío. Con el poder de las ondas cerebrales, Dola intentó perforar las rocosas murallas que lo encerraban y trazó el mapa de sus dos almas. Desde el cautiverio, Nick se hizo sentir dentro de ella. En ese mágico instante, un abanico de fuertes emociones la envolvió; Dola se encontró inmersa en un éxtasis onírico. Su corazón rebosó de alegría. Tuvo dudas de ese virtual encuentro que ella misma no pudo descifrar, pero siguió empeñada por adivinar el desconocido lugar donde permanecía redimido y vejado su amado esposo. La gringa tenía el rostro descolorido mientras trascendía a ese plano extrasensorial. Luego, dio rienda suelta a la energía psíquica que poseía para sentirse más cerca de su esposo. Y aunque no pudo conocer el incógnito paradero de Nick, una vibración espiritual la conectó con él.

Intempestivamente ella retornó a la realidad después de recibir un llamado de voz de la criada trinitaria que servía en su casa. Un tanto aturdida, la gringa salió del trance. Con el rostro contraído pensó que su marido poseía la misma energía del agua, al ir y venir. Como un viajero en el tiempo. En un arranque de impaciencia se tapó con sus manos el rostro, en la distancia escuchó cual zumbidos de moscardones el murmullo de los guardianes apostados en los alrededores de la quinta "Berrinche", se molestó y volvió a manifestar que detestaba cualquier tipo de bulla. El calofrío sentido en su cuerpo la hacía sobresaltar con el menor ruido producido. La angustia se refugió en su pecho, y para que no retumbara en el aire un fuerte grito suyo de protesta, se introdujo un pañuelo en la boca y no la volvió abrir. De ese modo, quiso acallar cualquier sentimiento adverso para no deprimirse o enfurecerse. Prefirió refugiarse en el silencio.

El trance mental experimentado tuvo la misma vibración que una copa de cristal y no duró mucho tiempo. Desalentada por no descubrir el lugar donde tenían a Nick, clavó los ojos en la taza de café negro que sostenía entre sus frías manos, después se enjuagó el copioso sudor de la frente. Todo aquello había quedado sepultado en la nada. No obstante, Dola tomó la resoluta determinación de continuar indagando con el paradero de su marido. Con una prístina entereza se decidió a desafiar cualquier obstáculo. No había menester mayor que salir adelante con esa tragedia familiar. Ella aplazó los días de la salida del país, precisamente porque no era una estación de flores donde se encontraba con sus tres hijos. Todos ellos querían penetrar el insondable mundo de la psiquis para conectarse con su padre. La lesionaba anímicamente el hecho de no encontrarlo pronto. Una vez reposada, con una mente más clara, la gringa buscó de nuevo atrapar el invisible hilo trasmisor que antes la había guiado hasta él. Sin borrar nada de sus recuerdos intentó volver a conectarse con él. Se encontraba dispuesta a sumergirse en ese mundo irreal e intemporal donde mediante vibraciones cósmicas había podido percibir la voz y la figura del esposo. Conmocionada, sintió la molecular presencia de él, y a partir de esa misma tarde, a sabiendas de que no había perdido la razón, ella se dispuso a continuar con ese ejercicio telepático-metafísico. Sus manos y sus pies se enfriaron y mentalmente se internó en esa zona de silencio.

Ese estímulo sensorial onduló entre el humo esparcido en ese ambiente originado por el cigarrillo que ella fumaba para aplacarse los nervios. Evidentemente, el secuestro de Nick hería su espíritu de mujer enamorada. El dolor se redoblaba en su corazón. En tan profunda soledad, ella se encontraba lista para con todas sus fuerzas mentales acudir al llamado de su esposo. Iba a hacerlo en el momento en que el teléfono timbró. Sintiéndose más a sus anchas, la gringa se precipitó encima del aparato y levantó la bocina. Pronunció el infalible "¡Aló!" Después de una breve entonación verbal a la que prosiguieron unos segundos de silencio. La gringa sintió el pánico correr por los pliegues de su blanca piel. Con un pequeño aleteo en la nariz causado por la inquietud tuvo la terrible sensación de que una fina arenilla se deslizaba por la campanilla de su garganta y su voz se atascó. Mientras tanto, y del otro lado de la línea telefónica, no se dejó escuchar palabra alguna. No sabía quién llamaba. Esa extraña llamada le causó una alteración angustiosa. Ante la incertidumbre provocada, Dola intentó buscar ayuda de los vigilantes de la quinta "Berrinche", pero se encontró con que esos hombres más bien no la dejaban de observar con sus ojos potentes y escrutadores. Advirtió que con esas miradas de espías aquellos hombres metidos en su hogar violentaban su normal vida y también las de sus tres hijos. Entonces, desistió en la idea de que la socorrieran. De esa forma, evitó transformarse en una ciega que busca estrellas luminosas en el cielo un día asoleado. Desesperada por aquella forzada reclusión en su casa, Dola añoró desahogarse. La gringa se encontraba fundida y atenazada entre las sombras de su hogar, en espera de noticias sobre Nick. No sabía dónde dejar sus angustias; cual Penélope esperó el retorno de su amado Ulises, rey de Itaca, Dola se encontraba en la espera del regreso de su amado Nick.

El minutero del reloj demolía el tiempo sin registrarse noticia alguna en torno del secuestro. De nuevo hubo otra llamada telefónica que creó una situación embarazosa. Ella estuvo a punto de desvanecerse cuando después de tres minutos y medio de un guardado silencio, por el hilo telefónico se escuchó una voz masculina gruesa y distorsionada. La gringa no salió del estupor al darse cuenta de que lo escuchado por teléfono era una simple grabación automática que contenía un mensaje proveniente de los posibles secuestradores de su marido.

En ese instante, trastocada, Dola se puso incrédula tras ese conmocionado mensaje que acababa de escuchar. Ahora, ella tenía una realidad frente a sí misma. Pasado el primer impacto emocional originado por aquella sorpresiva comunicación telefónica, Dola recobró la fe, se sintió menos apesadumbrada y más optimista, a pesar de saber que corría un riesgo enorme si no cumplía al pie de la letra con el mandato recibido. Una vez superada la perplejidad que le causaba el impactante mensaje recibido, la estadounidense se encontró más serena. Pensó en que en las próximas horas podía tomar otro giro el plagio de su esposo, un poco más esperanzador. Tenía la plena capacidad para entenderlo de ese modo, aunque se sintió intimidada por aquella voz desconocida, Dola alcanzó una compensación gratificante después de escuchar el mensaje automatizado. Consciente de la situación presentada, supo que tenía que abrirse el camino en forma solitaria. El temor se incrustó en sus nervios. El resto del día creyó que dentro de su cerebro cargaba una caja con explosivos a punto de estallar. ¿Ayudaría a su marido a salir de esa zona de silencio donde se hallaba?

En el mensaje grabado se le solicitaba acudir sola a un determinado sitio donde encontraría un *cassette* con palabras de su esposo; por lo menos, eso sería una prueba fehaciente de que todavía él seguía con vida. Además, decía que en un lugar indicado debía de recoger un llavero de oro, impreso con el nombre de **Nick**, mismo llavero que su marido llevaba consigo desde el día en que ella se lo regaló.

Después de atender el teléfono, Dola quiso eliminar de sí misma todo rasgo de pesimismo. Por la nariz aspiró largamente el aire puro que circulaba en el ambiente y luego la irradió una leve sonrisa de satisfacción. Su rostro mejoró de aspecto. Con la emoción a flor de piel, la abnegada esposa del rehén tenía la voluntad de recargar las baterías de su delgado cuerpo para tomar un nuevo impulso y brío, adquirió valor. A brazo partido ella continuaría la lucha para ayudar a rescatar a Nick. Esa batalla la proseguiría con el corazón más fortalecido. Soñó con tenerlo pronto en casa, ese era su más caro anhelo en la vida. Entretanto, el tiempo giraba en derredor, y Dola trataba de orientarse apropiadamente para no meterse en la boca del lobo. La norteamericana sacudió la cabeza de un lado al otro, intentando despejarse los espasmos causados por el miedo. Aunque de una manera optimista ella creía que lo del secuestro de su marido sería cuestión de días. Movida por un sentimiento patético se dispuso a obedecer las instrucciones recibidas por la vía telefónica. Con una visión más clara de carácter esperanzador, Dola tuvo fe en que el plagio de su esposo sería resuelto favorablemente en unos cortos días. Problema capital a enfrentar en un futuro inmediato. La mayor de las urgencias a resolver. Tras ese mensaje grabado sintió que había un motivo más para no desistir en la búsqueda de su marido. En ese momento, la norteamericana nunca se imaginó que el diablo movería a su antojo los hilos del plagio de Nick. La razón de su vida era saber si Nick existía todavía. Los ojos entristecidos de esta mujer se tornaron brillantes después del mensaje recibido. La norteamericana comenzó a planear la forma de ir sola al lugar señalado. Buscaría el momento de burlar ese odioso cerco impuesto por aquellos hombres que la vigilaban en los alrededores de su casa, quienes no le daban tregua para moverse con entera libertad en su residencia ni afuera de la misma. Por ahora, se debía al temor de los guardianes a que le ocurriera algo malo a ella o a sus tres hijos. Desde luego, era un compromiso del gobierno de los Estados Unidos para otorgar protección a la familia. Entre tanto, ella buscaría ganarle tiempo al tiempo. De la cabeza se sacudió la sentida desconfianza y resopló aire por la boca. La gringa sabía que si esos espalderos se ponían al tanto de su necesaria y pronta escapada de la casa, todo lo que ella planeaba hacer en la mañana del día siguiente se derrumbaría y se echarían los planes por tierra. Después de todo, y por nada en el mundo, Dola dejaría de correr el riesgo de acudir al sitio indicado en el mensaje telefónico. Con la frente en alto, la mujer de Nick recordó algunos conflictos familiares donde participó con un gran temple. Tomó conciencia del sentido de la vida y del abismo profundo que significaba ese riesgo, y un poco más serena se dispuso a buscar las pruebas evidentes que demostrarían que su esposo estaba con vida. No iba a yuxtaponer otros intereses, lo único que le importaba era localizar a su compañero de toda la vida. La sangre hervía de emoción en su corazón.

En ese anochecer hubo una suave brisa perfumada. Los destellos de la luna se reflejaron en el cielo claro oscuro. El olor del polen de las flores se expandió en aquel citadino lugar. Pasada la medianoche, entró Dola en su habitación para meditar, y de alguna manera resolver de qué forma en la mañana se escabulliría de la casa sin ser vista por los guardianes de turno. Una vez dentro de la alcoba, vio la cama matrimonial y derramó lágrimas. Extrañó la compañía de Nick. De inmediato se acostó sobre el lecho que atesoraba los más bellos y dulces momentos que juntos habían tenido en tiempos pasados. Hundida en el mullido tálamo, Dola intentó serenarse con el propósito de programar con claridad los detalles de aquella necesaria salida y poder aprovechar la bruma del temprano amanecer. Mientras conciliaba el sueño, esa noche, entre bostezos y con unos ojos adormilados, a través de los cristales de la ventana de esa habitación, ella buscó penetrar ciertas regiones desconocidas en la vía láctea. Quedó al garete cuando no pudo del todo contemplar el "Cúmulo de Hércules" con sus millones de estrellas titilantes en el nocturno cielo. El clima se enfrió cerca de las cuatro de la madrugada, y cuando la oscuridad empezó a desgajarse, ella pudo conciliar el sueño y descansar un rato.

Las marciales letras y la música del himno nacional de Venezuela se escucharon por la radiodifusión, sobresaltada, la gringa despertó. El reloj marcaba las seis de la mañana. El desayuno lo tomó en su dormitorio, traído por su fiel doméstica *Mary*. Al terminar de desayunar, se fue a bañar. Luego se vistió con ropa deportiva. Después sostuvo con su empleada una conversación privada entre las cuatro paredes del cuarto, pues le pareció conveniente que la criada supiera adónde iba. Tenía que confiárselo a alguien. Posteriormente, la doméstica se marchó de la habitación. La luz horizontal del naciente sol iluminó el rostro de Dola. Entonces fue cuando ella salió de su recámara. Caminó en puntillas a través del pasillo donde se hallaban las habitaciones de sus tres hijos, y observó que dormían plácidos. En seguida, al descender las escaleras para llegar a la planta baja en el salón contiguo al amplio comedor, se encontró con la grata sorpresa de la visita de un matrimonio estadounidense que deseaba saludarla. La esposa de Nick pidió a sus amigos el favor de sacarla disimuladamente de la casa, sin ser vista por los celadores que circulaban en las áreas verdes del jardín. Así sucedió. Unos instantes después, Dola había abandonado "Berrinche" sin que los espalderos se percataran del hecho.

Esa mañana, la esposa de Nick contó con la valiosa ayuda de sus amigos, y logró discretamente burlar el cerco de la vigilancia. Salió tranquila. No obstante, su corazón parecía salírsele por la boca. Llevaba plantado el miedo en el pecho. Con una señal de lucidez, y sin desesperación, se preparó para enfrentarse al peligroso encuentro adonde la habían obligado a ir.

El insoportable tráfico vehicular entorpecía las vías de la ciudad de Caracas. El parque automotor desencadenaba un ruido ensordecedor. Un pesado humo negro que contenía monóxido de carbono salía a chorro de los tubos de escapes de los camiones y de los autobuses en mal estado y asfixiaba a quienes se dirigían al trabajo, a la escuela, al hospital y a la iglesia. Dola, afectada en su respiración por la contaminación callejera, procuró no aspirar tanta humareda, y con sus manos delgadas se tapó la boca y la nariz.

Esa misma mañana la norteamericana se había planteado la necesidad de ganar tiempo para alcanzar la meta. Ante el temor de no llegar a la hora convenida su cuerpo liberó pura adrenalina. A la altura de la torre de Las Delicias y en plena avenida Libertador, la esposa de Nick solicitó a sus amigos detener la marcha del automóvil y poderse bajar. Una vez puestos los pies en la calzada, caminó apresurada hasta toparse con una bocacalle que se cruzaba con la avenida Libertador. En seguida, y para despistar, se paró frente a una venta de periódicos por si acaso alguien la seguía. Mientras disimulaba leer el titular de un tabloide, por todos los lados escurrió la mirada. Repetidas veces volteó la cabeza de un lado a otro lado para cerciorarse de que todo andaba bien. Todo lo que hacía estaba ligado a cierto riesgo, y de inmediato se alejó de aquel estanco. Caminó de forma ligera y segura, y verificó que se encontrara sola en aquel momento crucial de su vida. Sintió en las piernas un leve temblor. Con suma precaución atravesó algunas veredas de la urbanización la Campiña y cuando estuvo en la cercanía del sitio señalado, cual águila en acecho, agudizó la vista, trató de ubicar la plaza mencionada en el mensaje trasmitido por teléfono. Su corazón palpitaba estrepitosamente. Sufría una ligera taquicardia. Después se serenó y pudo desbloquear la sangre agolpada en su cerebro. Con un movimiento firme sacudió la cabeza para despejársela. Un torbellino de dudas golpeó su mente. Un nuevo episodio se abría en su vida. Trató de ser ella misma. Criada con el temor a Dios, estaba convencida de que esa prueba era durísima y sumamente peligrosa. Pero Dola estaba dispuesta a correr cualquier riesgo y no se amilanó, sacó temple y audacia. Enseñó una postura digna de una recia personalidad. Con energía y orgullo esa misión la llevaría adelante afianzada en la fe que abrigaba. Un sollozo entrecortado le sobrevino en el trayecto, pero por instinto frenó ese temperamento lloroso que la acompañaba desde el día en que habían secuestrado a Nick. Por supuesto, Dola estaba dispuesta a actuar con sus ovarios bien puestos, y usaría su lengua como arma defensiva.

Esa mañana, en el momento oportuno, Dola colgó el miedo en la percha del clóset. Ahora no se sentía atrapada en un clima de confusión. Con el mayor arrojo prosiguió adelante.

Cuando arribó al lugar señalado, la norteamericana remiró alrededor de la citada plaza, sin notar nada extraño. Serena. Con unos ojos atentos comprobó que en un extremo de la plaza, cerca de un banco de concreto se encontraba sobre el rugoso suelo, un montón de paja seca. Se agachó y tanteó con sus manos la hierba amarillenta. En seguida introdujo sus manos en la espesura de la misma y encontró un sobre grande de manila, tal y como se lo habían dicho por teléfono. Luego, con disimulo, lo tanteó con las manos a fin de cerciorarse que dentro del mismo estuvieran un *cassette* y un llavero. Una vez que comprobó que todo estaba en orden, se marchó precipitadamente para no dar motivo alguno de sospecha. No obstante la precaución que había tomado para despistar a quienes pudieran seguirla, no se fijó en un hombre que permanecía recostado en la pared de un abasto cercano a la plaza. El sujeto de cara descolorida con una cicatriz en uno de sus pómulos fingía hojear una revista; sin embargo, ese hombre la observaba con mucha cautela cuando ésta agarró el sobre de manila, y luego se marchó corriendo sin ninguna dificultad.

La esposa de Nick, con pasos ligeros avanzó al sitio donde volvería a recogerla el matrimonio amigo. Caminó como si nada hubiera ocurrido esa mañana fuera de lo normal. Unas nubecillas blancas se desplazaron en el cielo de la ciudad. La norteamericana alcanzó la avenida Libertador. Entonces, se dio cuenta de que no rodaba hacia el abismo, su tenacidad y entereza la habían salvado de cualquier peligro. Estaba muerta de cansancio por el traqueteo de esa mañana, quería darse prisa y regresar pronto a su casa para revisar el contenido de aquel sobre; desbordada en optimismo y con la esperanza arraigada en el pecho, Dola pensó en que al inocente lo protege Dios. En ese momento, esbozó una dulce sonrisa. Por lo menos había superado la primera prueba a la que la sometieron los plagiarios de Nick.

Se sentía la más feliz de todas las mujeres. Sin embargo, la cosa no sería tan simple como pensaba, a pesar de su valiente actitud, a pie juntillas, ella creía que se abría a sus pies un maravilloso mundo. Con su habitual carisma, la gringa fue al reencuentro de sus amigos. Había acordado con ellos que la pasaran a buscar en un tiempo no mayor de quince minutos en la esquina donde se ubicaba un pequeño parque infantil, en plena Avenida Libertador. Una vez dentro del auto, Dola procuró no comentar nada sobre la diligencia realizada, y aquel matrimonio también guardó silencio, para no verse comprometido de ninguna forma con lo sucedido esa mañana. La mujer del cautivo regresó a la quinta "Berrinche" acompañada de sus morigerados amigos, incondicionales testigos de la subrepticia salida suya.

El retorno de la esposa de Nick se convirtió en una molestia más, ya que ella fue avistada por los vigilantes apostados en las gradas de la entrada de la residencia. De inmediato, y más que sorprendidos, los guardias la rodearon y la amonestaron reclamándole su insólita y absurda actitud al abandonar la casa sin conocimiento y autorización suya. Por cuanto a salir a escondidas de la misma, ella corría mucho peligro si no era protegida y defendida.

Los custodios por los ojos y por las bocas destilaban rabia. Carraspearon las gargantas. Y con un aire más severo no apartaron los ojos de la recién llegada mujer. Pensaron en que la escapada furtiva de la quinta "Berrinche" de la esposa del rehén había sido un fuerte golpe contra ellos. Por semejante escapatoria insistieron en reclamarle esa falta de respeto para con ellos. Puesto que con esa intempestiva salida, la dueña de la casa los comprometía en sus responsabilidades. Con una actitud hierática esos hombres señalaron a Dola, que, por esa escapada suya quedaba comprobado que no habían cumplido con su deber en el encomendado trabajo. Callada, mustia y en la pose de una niña regañada, la gringa aceptó la reprimenda de aquellos malhumorados individuos. Reclamo que consideró justificado en esa ocasión. Esa vez no se disgustó con ninguno de los guardianes, más bien asintió con la cabeza a todo lo que ellos le dijeron. Ciertamente, los guardianes no rindieron cuenta a los superiores en cuanto a la subrepticia "fuga" de la gringa. Con prejuicio de conciencia, esa salida se convirtió en un hervidero de chismorreo entre ellos. Aunque después, y para mayor consuelo, esos centinelas consideraron que el abandono momentáneo que ella había realizado no era un hecho grave. Nada sucedió. No hubo percance alguno, ni víctima que lamentar.

Bajo el abrillantado sol del mediodía en esa ciudad de Caracas, el torbellino causado por la oculta y tempestuosa escapada de Dola hacia un lugar desconocido produjo múltiples rezongos. Lo cierto fue que aquellos custodios, para no enfadarse más de lo debido, buscaron no sentirse burlados en su honor. Y mucho menos, sentirse pisoteados por una mujer. Por esa válida razón los espalderos decidieron tomar ese hecho como un simple paseo matutino de la esposa del cautivo. De esa manera, los guardias remendaron el capote roto para torear la verdad del hecho. La realidad era que esos vigilantes se sentían estremecidos desde las raíces de los cabellos hasta las uñas de los pies, y al menos esa excusa inventada los salvaba de una severa amonestación.

Sin creer que había sido una temeraria salida, y aliviada de esa tormentosa cadena de reclamos, la esposa del ejecutivo de la empresa transnacional de vidrio estaba segura de que no explicaría a nadie los motivos de su salida de la casa, aunque la curiosidad les picara a los custodios. Guardó silencio. No quiso explicar las razones de su escapada matutina. Era un secreto bien conservado. No quiso asumir una actitud altisonante con esos hombres empeñados en seguirla vigilando de noche y de día. Cuestión que ella agradecía, pero que a la vez la sacaba de quicio.

En el aire siguió vibrando el secreto de la escapatoria de la esposa del rehén. La norteamericana no quería echarle más fuego a la leña y se retiró del lugar donde se encontraba reunida con esos "protectores". La gringa, con el genio subido a la cabeza, echó cerrojo a la puerta de la biblioteca de su casa y se encerró. Sin desaprovechar el tiempo, del sobre manila, ella sacó un *cassette* con la voz grabada de Nick y el llavero de oro que una vez regaló a su marido en el día de su cumpleaños. Visiblemente aturullada no pudo reprimir las lágrimas, tenía el pecho henchido de esperanza y el corazón alegre como una pajarita revoloteando en su nido. Intentó hallar consuelo en las pruebas puestas en sus manos, que demostraban que su esposo vivía en un pequeño espacio rodeado de soledad, forzado a sobrevivir en un terrorífico aislamiento, sin recibir una sola gota de sol o una palabra de aliento, y menos recibir el amor de su familia y la solidaridad de sus amigos.

Al escuchar la cinta grabada le dio casi un patatús. En esa grabación, con una voz gangosa Nick le decía que la añoraba más que nunca, igual a sus hijos y a sus padres, que ella tuviera fe en que pronto él regresaría a casa, y que aunque estuviera privado de su libertad, recibía alimento y colcha. Siguió escuchando la desgarradora voz de él, rogándole que por favor hiciera todo lo que sus captores pidieran porque esa era la única manera de salir vivo del cautiverio. A medida que escuchaba la voz tristona de su marido, Dola meneaba la cabeza como si fuese una zaranda desbocada. Sentía pena ajena por Nick. Ninguna otra cosa pudo imaginarse cuando el rehén, con una honda melancolía le manifestó que en tiempos buenos o en tiempos malos los dos seguirían unidos por el invencible lazo del amor eterno. Ese mensaje de Nick era un triste poema de consuelo. A raíz de lo escuchado, Dola se dio cuenta de la pequeñez de la vida en contraposición a la grandeza de la vida. Pues, tanto ella como su esposo, vivían dolorosos e innecesarios momentos. Se sintió golpeada por tan inmerecido destino, lastimada porque Dios no los libraba de ese martirio. Tirada sobre el piso lustroso de la biblioteca, y con la cabeza colocada sobre un almohadón de plumas, Dola pensó en que a pesar de vivir ambos crueles y tormentosos momentos, se encontraban dispuestos a fortalecer sus espíritus y a resistir los embates que se les presentaran, para salir airosos de ese drama familiar. Deseaban alcanzar la paz y la felicidad. Ella, bajo esas circunstancias, más que nunca estaba dispuesta a continuar avivando con mucho optimismo el pronto reencuentro con su amado cónyuge. Ahora mismo estaba resuelta a luchar con denuedo para derrotar a los incógnitos y terribles enemigos que amenazaban con destruirlos.

Ese fue el primer mensaje-contacto recibido por Dola.

Días después, con el humo de la ciudad de Caracas pegado en las telas blancas de las vestimentas domingueras, Dola recibió la visita de un sacerdote católico que hacía entrega de un nuevo mensaje escrito por los presuntos secuestradores. En esa ocasión, la explicación que daba el cura era que esa nota estaba dirigida a ella, y la había recogido en uno de los bancos de madera de la iglesia de Santa Teresa, después de celebrarse la última santa misa del día domingo. Posteriormente, el clérigo se marchó, con la convicción de haber cumplido con su deber cristiano. Más tarde, cuando la policía obtuvo el pitazo de lo que había ocurrido no pudo interrogar al sacerdote porque éste desapareció sin dejar rastro alguno. El destino final de ese religioso ni la misma iglesia pudo saberlo. Ese episodio quedó entre los escombros de las mentiras que aguardaban las verdades.

Eso fue cuesta arriba y cuesta abajo. Pareció algo premeditado. Ese domingo no se vistió de nácar la luna, y a escasas dos semanas de haberse recibido ese segundo mensaje, resultó que otro conspicuo predicador católico trajo una información verbal. Ese religioso tuvo un lacónico comportamiento con Dola. El ambiente se enturbiaba de negrura. Así, fue que se apareció con el ceño fruncido, y entre sus manos un misal en latín, con un rápido caminar batiendo la sotana marrón que llevaba puesta. El cura le expresó a Dola que debía tomarse el interés de visitar el consultorio de un destacado médico de apellido Ari, instalado en una clínica en la urbanización los Ruices. Una vez liberado de las cargas contenidas en los versículos de las Sagradas Escrituras, el consejero espiritual susurró en uno de los oídos de la gringa que, en ese consultorio, ella podía entrar en comunicación con un influyente emisario de los plagiarios. Debajo de esa humanitaria máscara de religioso, la norteamericana sospechó que algo oscuro se tramaba respecto al plagio de Nick. Pasados unos minutos, con una sombría actitud y una cobardía de santurrón, el cura desapareció del mapa y no pudo establecerse claramente lo que se traía ese cura escondido bajo ese faldón marrón. ¿Un impostor? Quién sabe.

Ese día la temperatura refrescó en la ciudad de Caracas. El cielo se tiñó de un gris herrumbroso. En horas de la tarde la norteamericana acudió a la clínica para entrevistarse con la persona que le había indicado el supuesto sacerdote. Dentro de la sala de espera del consultorio médico, Dola se enteró de quién era la persona con la cual se entrevistaría en los próximos minutos. Se trataba de un individuo de apellido Herrero, flamante diputado del Congreso Nacional. Dola no parecía entusiasmada con aquel encuentro. No sabía si era o no una buena idea reunirse con él. En tan comprometedor momento, acudió sola a ese encuentro, remolona y desconfiada. Mientras las aguas del tiempo corrían, Dola pensó en que todo eso era absurdo, sin embargo, armada de valentía por no saber con certeza de lo que se trataba, asistió a la cita. Temía que todo aquello pudiera ser una farsa, un asunto enmarañado.

Al abrirse la puerta que daba al consultorio ginecológico, la esposa de Nick entró y vio en medio de la sala a un hombre vestido de azul oscuro, de una mirada metálica, por fría. El individuo sostenía entre las manos una carpeta cerrada; a su lado se encontraba otra persona con vestimenta de galeno que daba pasos por aquí y por allá, como si quisiera dibujar una circunferencia sobre la alfombra persa extendida en el piso. Por supuesto, la norteamericana, convencida de la sordidez de ese nuevo encuentro agudizó los oídos y abrió bien los ojos. Se hallaba asustada ante la apremiante situación. Entonces, el hombre de traje azul oscuro se presentó y pidió disculpas por haberla hecho esperar unos minutos. Inmediatamente después, la invitó a relajar sus tensos nervios y a no desconfiar de él. Esbozó una cínica sonrisa al instante de expresarle: **"No hay dolor que el dinero no cure".** Ese temor que ella sentía se acrecentó cuando el hombre con quien hablaba le solicitó con descaro que sirviera de mediadora para el pago de unos cuantos millones de bolívares por la liberación de Nick, dinero que debía cancelar la empresa *"La Inois. Company."* El interlocutor se sacudió con las manos los bolsillos del pantalón de dril que vestía, en el momento en que alzaba la voz con un tono amenazante y espetó: "Si la transnacional de vidrio no entrega ese dinero en un plazo no mayor de treinta días, el norteamericano puede ser ejecutado en cualquier momento y los principales culpables serán los directivos de la empresa de vidrio". El diputado resolló como un oso hormiguero oliendo la tierra, con una rigidez en su cuerpo, pronunció una cuasi sentencia de muerte. Dola sintió estremecerse el cielo y la tierra. No obstante, en ese instante se sintió guiada por la mano de Dios. La frialdad y la dureza de esas palabras ocasionaron en ella una riada de duros recuerdos agolpados en su cabeza. Su cara ensombrecida destiló rabia. Le pareció que todo aquello era una terrible pesadilla, y no pudo exigir explicación alguna.

Se produjo un resoplido extraño dentro del consultorio. El diputado poseía un cerebro rebosado de malicia y de picardía. En seguida se movió como un portentoso hombre y se acercó un poco más a la gringa, y le expresó que si ella no actuaba para conseguir ese dinero le quedaría el remordimiento de no haber hecho nada por salvar a su esposo. El experimentado coimero, un timador de oficio, intentó resembrar en la mente de Dola la conveniencia de diligenciar el pago para la liberación de su esposo, porque luego podía ser demasiado tarde. Al final, hubo un prolongado silencio entre los dos.

Cuando Dola abandonó el consultorio del supuesto médico, la mujer momentáneamente creyó haber perdido la facultad de razonar. Se sintió perpleja y extraviada en un lugar desconocido. Se recriminaba no haber acabado con todo ese teatro montado en aquel momento, y por último, ella presumió que ese granuja parlamentario pudo haberla tomado por tonta o como un juguete con quien divertirse. Toda contrariada, no dudó en sospechar que el plagio de Nick se ponía de un color castaño oscuro. Algo andaba mal. ¿Qué sería? No lo sabía.

Tras un cúmulo de dificultades presentadas para conocer el verdadero destino de Nick, Dola esbozaba un leve gesto de disgusto. La norteamericana se daba cuenta que las señales y los contactos que había tenido con las gentes vinculadas con el secuestro de su esposo habían caído en un pozo vacío, ante la negativa de negociarse la liberación de Nick. En aquella ocasión, esos contactos carecían de importancia para las autoridades nacionales y para la empresa transnacional de vidrio. Evidentemente, no había la más mínima intención de pagar ni un solo centavo por la libertad del ejecutivo estadounidense. Ni siquiera si corría peligro su vida. Para ella eso resultaba extraño y lastimoso, en vista de que los plagiarios extendían sus alas en cruces para ocultarlo.

Testaruda y angustiada, la esposa del secuestrado se preguntaba una y mil veces ¿qué clase de sangre corría por las venas de aquel congresista extorsionador? Intuía la terrible verdad del diputado, y fue así como ella decidió no prestarse a las triquiñuelas de ese estólido congresista. De hecho, descartó cualquier otro encuentro con tan impúdico sujeto. La deshonestidad del diputado se trepaba por las paredes del consultorio médico para luego precipitarse sobre el suelo. La gringa había encontrado la primera piedra de tranca en la conducta deleznable de ese individuo. Ya que, frente a sus narices ella había tenido un grotesco chantajista. Esa noche la pasó tensa y descompuesta de ánimo. Otra vez, la esperanza de rescatarlo vivo se congeló en su abatido corazón de esposa enamorada. Se sentía impotente por no poder ayudarlo. Se halló pisando un terreno roído de falsedades. Indignada, la norteamericana sabía que el secuestro de su esposo empezaba a tomar un giro incierto y largo, hizo un gesto negativo con las manos. Y, con una expresión de indignación en su rostro, pensó que no podía quedarse sin hacer nada en cuanto a la extorsión que había sufrido por parte del diputado Fortunado Herrero, hombre empeñoso en hacerse de una buena platita a costilla del cautiverio de Nick. ¿Qué podía esperarse de un político de ese calibre moral? Ella estaba consciente de que no podía hacer del tiempo una fiesta. Necesitaba actuar, sin ilusorias soluciones.

Nada se decidió judicialmente en relación a la denuncia que Dola formuló contra el pillastre parlamentario en cuanto al matraqueo que éste le quiso hacer. La estadounidense lo denunció ante las autoridades competentes y nunca se aclaró ese hecho, ni siquiera se investigó. Temió que su denuncia fuese tomada como una pamplinada de mal gusto o como una paja que se lanza al aire para saber adónde sopla el viento. Posteriormente, la gringa supo que ese timador de cuello blanco continuaba en completa libertad, a pesar de haber incurrido en un delito de cohecho. Negligencia de la fiscalía general de la república que desconcertó a la propia embajada de los EEUU.

La opinión pública no se hizo eco del chantaje. En los predios del parlamento nacional, en baja voz, llegó a comentarse lo del chantaje que ese parlamentario había hecho a la esposa del secuestrado. Nadie chistó y nadie acusó. Lo del timo dio vuelta y más vuelta alrededor de las sillas de las dos bancadas en el Congreso Nacional. En el hielo de la indiferencia, toda esa extorsión sucumbió. Herrero, por ejercer una curul, en el Congreso no fue investigado ni imputado como chantajista. Herrero continuó en el goce de su inmunidad parlamentaria, lo que constituyó una carta de corso para los congresistas no pulcros, que decía que aquella realidad circunstancial había hecho que la impunidad brillara como oro en los círculos políticos del país. Incluso se llegó a comentar desvergonzadamente que muchos peces gordos del congreso se encontraban implicados en casos delictivos, sin juicios ni condenas. Algo similar dice en un proverbio popular: "El caldo de gallina se pone morado si se meten muchas manos en el mismo", digno de subrayarse, por cuanto todo lo relacionado con esa extorsión quedó sin sanción, por tantas manos metidas con intereses interpuestos. En el fragor de los comentarios callejeros, la incógnita y la impunidad, en el caso del plagio del ejecutivo estadounidense, siguió siendo el pan comido de todos los días.

¡No pasaba nada! Ese día, tras la aparición del crepúsculo, se asomó una lluviecita. La esposa del estadounidense secuestrado volvió a alinear esfuerzos y diligencias. Ella deseaba rescatarlo de la condena del martirio y del mal y de los grupos que lo torturaban. Con ánimo, ella no permitiría que Nick se consumiera entre las sombras de una mazmorra de cemento, cristal, madera, hierro o barro. En la sucesión de los días, Dola de nuevo aceptó un cuarto contacto con los presuntos enlaces o emisarios de la organización Boinas Rojas. El contacto se efectuaría mediante un nuevo mensaje colocado en la Plaza de las Delicias. Se le comunicó a ella que en una caja de zapatos encontraría otro mensaje. Esa vez, los implicados en el plagio del gringo, permitieron a la esposa ir acompañada de quien ella quisiera.

La mujer anduvo y desanduvo calles para llegar a la Plaza de las Delicias donde recogería la caja de zapatos. Y antes de que la luna se eclipsara en el cielo, Dola ya tenía entre las manos el mensaje contenido en la caja, y así lo leyó. Mensaje no grato a los ojos de la gringa, puesto que se acusaba a Nick de ser un agente encubierto de la CIA. Lo peor era que lo señalaban de estar incurso en un turbio negocio proyectado a desajustar (con un propósito inconfesable) la producción y venta del petróleo venezolano. Tan escandalosa y estruendosa fue esa acusación que despertó airadas protestas en los círculos empresariales; mientras, los hombres y mujeres en situación de calle empezaron a sospechar que todo podía tratarse de una patraña o de un ardid o de una maniobra bien montada para perjudicar las negociaciones petroleras entre Venezuela y los Estados Unidos. No obstante, podía ser una blasfemia lanzada contra los Estados Unidos. Se armó la tremolina. La población del país empezó a interesarse por los pormenores del trepidante secuestro del gringo. Había un afán por descubrir y dejar al desnudo lo que pudiera esconder aquella última cortina de humo. En el plagio de Nick se comenzaba a presentar una serie de intríngulis incoherentes. En la opinión del pueblo y del propio gobierno, ese caso no era un secuestro común cometido por hampones, más bien parecía un tipo de negocio político de carácter oscuro. Un rompecabezas difícil de armar.

Con inquebrantable constancia, la norteamericana continuó azuzando al gobierno para que no descuidara lo del secuestro de Nick. Fue así como las autoridades competentes dejaron la impavidez y empezaron nuevas pesquisas. Por cierto, un renombrado político declaró públicamente que lo del plagio del norteamericano podía atender, más que todo, a una venganza de los Boinas Rojas y LS en contra de los Estados Unidos. Por ese fútil comentario, flotado en el ambiente político, las relaciones entre esos dos países se desmejoraron y estuvieron a punto de romperse. No se descartaba que ese rumor fuera cierto; empero, la duda nacida aumentó el desasosiego en la población.

No todo eso era efecto de la casualidad. A partir de entonces, y a raíz de esa aseveración, se interrumpieron los contactos de los presuntos secuestradores con la esposa de Nick. La norteamericana recogió los sinsabores de sus gestiones personales. Sola no podía llevar esa carga. Con entereza humana, no podía conformarse con dejarlo todo de ese tamaño. Quiso convertirse en una sibila y profetizar el futuro de Nick. Admitió que solitaria ella no lo resolvería. Y si su esposo volvía de entre los muertos ella no iba a salir corriendo como si un cañón le disparara por la espalda. Oró por el rescate y la salvación de Nick. Decidió dejarlo todo en manos de Dios. Y sacó en conclusión que no le convenía quedarse más tiempo en el país porque se convertiría en una herbolaria o en una loca de atar. Hizo un gesto de reproche, movió la cabeza hacia atrás y la venció el agotamiento. Por las noches, le dedicaba canciones a la soledad.

Dola comprendía que se había cerrado el círculo de amistades para gestionar la liberación de Nick. Quedarse en este país era algo sórdido. Y, sin ella poder sobrestimar la difícil situación que revestía el caso del secuestro de su adorado esposo, retomó el consejo que meses atrás le había dado la embajada de los Estados Unidos. Y en menos de medio año se marchó de Venezuela. Esa decisión la tomó de un modo triste y penoso; sabiendo que su idolatrado esposo quedaba cautivo en esas tierras, a Dola la devoró la inquietud de no saber si su marido aún vivía. Con ojos lacrimosos comprendió que tanto ella como sus tres hijos corrían peligro si se quedaban un tiempo más allí. Después de partir del país la familia de Nick, se dio una notoria pugna en contra de los cuerpos policiales y de Seguridad del Estado. Las instituciones fueron acusadas de ineficaces. Hubo una manía de acusarlas sin tener en cuenta que las mismas no contaban con hombres capaces de resolver el plagio del estadounidense. No se podía desconocer la penosa realidad de esas organizaciones que no poseían los elementos tácticos y estratégicos para efectuar las investigaciones adecuadas. La mayoría de los organismos de Seguridad y de Inteligencia del Estado trabajaban con escasos recursos humanos y con fondos mermados para sufragar operaciones de búsqueda y rescate de personas. Poseían grandes déficits presupuestarios. En referencia al plagio del empresario norteamericano, éste se encontraba estancado por una precaria situación financiera. Eso originó que las investigaciones y pesquisas se hicieran a pasos de morrocoy, a intervalos irregulares. Todo eso gravitó sobre las acciones a cumplirse con efectividad.

Se cruzaron momentos tensionados. No había un sólo organismo que cumpliera el papel de resucitador del caso del norteamericano. En los traspatios de los sectores interesados se creía que el gobierno no tenía interés alguno en invertir más dinero para continuar con el despliegue de las fuerzas policiales y militares en procura de la liberación del industrial extranjero, quien había sido tomado como un rehén. La policía nacional, junto con la DISIP, la PTJ y la DIM se encontraban en situaciones deficitarias, difíciles de activarse a causa de las carencias de equipos tácticos y técnicos. No había dinero con que adelantar las labores de rescate del norteamericano. Con esa perspectiva por delante, y salpicados por los injustos señalamientos hechos en contra de sus actuaciones, los directores de esos organismos exigieron mejoras de sueldos y de los presupuestos operativos. Por desgracia, el gobierno nacional hizo caso omiso. No había una firme disposición de las autoridades gubernamentales para resolver lo del aprovisionamiento de esos cuerpos, y las autoridades del gobierno reaccionaron duramente, incluso reprendieron a los miembros de esas instituciones. Y en vez de sacarlos de los apuros, los acusaron de flojos, de bocones, y de haberse convertido en unas fatuas cacatúas, porque parloteaban mucho y trabajaban con un bajo rendimiento. En cierto modo, el gobierno fomentó una turbulenta relación con esos organismos cuando señaló que numerosos agentes especiales lo que hacían bien con las manos lo deshacían con los pies. Esa última conducta contribuyó a fomentar los rotundos fracasos habidos hasta entonces en relación al rescate del cautivo extranjero. Ante esa sarta de acusaciones, los organismos policiales y de inteligencia, encargados de la búsqueda del estadounidense se vieron precisados a solicitar ayuda de la Interpol y el FBI. Hasta pensaron recurrir al Scotland Yard, para solicitar su cooperación y ayuda en las normas y técnicas de la investigación.

Sin evasivas, al gobierno del presidente andino no le quedó más remedio que aceptar en forma prudente y confidencial la cooperación de esos cuerpos extranjeros, advirtió que los agentes encubiertos trabajarían bajo el control único del gobierno nacional y estarían obligados a rendir cuentas de sus acciones; sin vender el honor propio, los agentes encubiertos realizarían las pesquisas correspondientes para dar con el paradero del extranjero cautivo. Lo cierto fue que ese plagio mantuvo en vilo al gobierno nacional, por un tiempo largo.

Se hubiera podido creer que los plagiarios de ex profeso habían realizado ese secuestro. Giraba en el ambiente un montón de preguntas. Lo cierto era que con mucha atención los Boinas Rojas habían puesto en marcha distintas tácticas para desestabilizar a los sectores políticos y financieros de mayor peso del Estado. Eran una especie de juegos sucios destinados a conseguir desmantelar las instituciones democráticas, y en consecuencia, derrumbarlas. Las operaciones relámpago activadas por ese grupo revolucionario en diferentes lugares públicos lograron encender los ánimos de los pobladores, y afectar a los tres poderes más importantes del Estado. Eso hizo mella en el poder central del gobierno. Con la mala suerte de que el gobierno comenzó a perder la confianza del mayoritario pueblo que una vez lo había elegido.

Los secuestradores no podían romper las cuerdas del silencio. Con intenciones ocultas, ellos continuaron con el diabólico plan de acabar de una vez por todas con la hegemonía de ese gobierno inoperante. Dejaron correr por las calles ruidosas amenazas, colocaron *niples* y numerosos artefactos de explosión expansiva, bombas molotov y bombas caseras en los lugares más concurridos de las ciudades, caseríos y aldeas del interior del país. Sin duda, las harían estallar si el gobierno no atendía a sus peticiones. El clima nacional se enrareció ante los múltiples desafíos proferidos por aquellos revoltosos hombres y mujeres. Nunca antes había sucedido eso en la era democrática del país. Tan seria y grave era la situación presentada, que hasta el Gobierno tuvo que preocuparse lo suficiente por lo que acontecía en el país y enfrentar esos difíciles momentos, y las autoridades tendrían que contar con una hábil capacidad para vacilar o escabullirse de cualquier exigencia inescrupulosa. Y eso no era para menos, por cuanto los Boinas Rojas exigían a las altas autoridades gubernamentales la publicación de las listas de las personas comprometidas en aquel *affair* del petróleo, lo que sembraba inquietud en la población, puesto que quienes aparecieran en los listados publicados de la prensa serían acusados de ser los culpables de que el país continuara desangrándose mediante el mal manejo de sus arterias negras. Suponían que ese desastroso negocio petrolero había llevado a la economía nacional a la inopia y a la miseria. Era una declaración de guerra sin cuartel. Sobre todo, había un largo silencio y los diálogos cerrados.

Las palabras acusadoras no se escondieron y rodaron sin cesar en contra el gobierno del Partido Acción Social. Esa maquiavélica campaña estaba destinada a desacreditar al gobierno del presidente andino, colocándolo en un plano de rechazo popular y debilidad política. Por su parte, *"La Inois Company"* continuó temiendo la hoz y el martillo. Y se empezó a sondear el futuro porvenir económico y político del país. Al cabo de una profunda investigación financiera y económica que arrojó resultados negativos y preocupantes por los sucesos que pululaban alrededor del secuestro de Nick; esa empresa había decidido reducir su presencia en Venezuela. Con tal propósito, dejaría una oficina pequeña encargada de seguir ventilando el caso del plagio del Vicepresidente de la misma. Los directivos de esa compañía, desconcertados y desconfiados a causa de lo complejo que se presentaba el caso del secuestro de Nick, y como no podían seguir jadeantes indagando su paradero, habían decidido irse del país. Con la promesa de que cada vez que fuese necesario uno de ellos vendría para ocuparse del penoso plagio que mantenía en ascuas, tanto a los coterráneos como a sus familiares. Con convicción, preocupación y una tristeza arraigada en su corazón, los empleados de la transnacional del vidrio comprendieron que era conveniente cerrar parcialmente la oficina, en vista de que el país se encontraba azotado y devastado por culpa de una tempestad política de alcances desconocidos. Algo sin sentido, incluso varios gringos percibieron que el país del sol agonizaba en plena primavera. Entonces, *"La Inois, Company"* trasladó sus oficinas de Valencia a Nueva York, sin desligarse o cerrar definitivamente sus puertas en Venezuela.

El orgullo yanqui fue mecido en un balancín. La prepotencia imperialista tuvo que bajar la cabeza cuando decidió, *inmisericorde,* dejar solo a Nick.

Todo parecía encaminarse a un profundo abismo. La población siguió sobresaltada sin tener noticias del extranjero cautivo. Hasta los medios comunicacionales echaron a correr un rumor satánico, que además era amenazante. Una bola de rumores exterminadora, que contenía una tajante advertencia de parte de los Boinas Rojas, se propagó con rapidez en las páginas de los periódicos. No se encendían luces de esperanzas para encontrar al norteamericano plagiado. Los secuestradores aspiraban a desintegrar la democracia, fuese como fuese, sin dar tregua alguna. Sus intenciones consistían en implantar un régimen socialista estilo cubano.

En conocimiento de la fragilidad política presentada por el gobierno del presidente andino, los plagiarios activaron una campaña de psicosis terrorífica. En los panfletos distribuidos en las universidades, en las instituciones políticas, en otros centros populares y en las públicas reuniones, se dedicaron a narrar con amplio detalle el horror del crimen de un español secuestrado. Sin miramiento moral, en ese pasquín describieron que a ese hombre lo habían hallado en la cercanía de un poblado vasco, desnudo, y cortados en pedazos sus miembros superiores e inferiores, con el rostro desfigurado a navajazos, metido el resto de su cuerpo dentro de una bolsa plástica negra cubierta por un montón de hojas secas caídas durante la estación helada. Más allá de lo descrito, los Boinas Rojas intentaron implantar el terror en las comunidades, para obligar al gobierno a acceder a sus futuras exigencias. Por supuesto, todo eso sería en vano porque no consiguieron respuesta alguna a sus demandas. Lo que obtuvieron por respuesta fue un silencio sepulcral. La reacción del grupo subversivo no se hizo esperar y decidieron tocar el teclado rojo para anunciar ataques armados tipos guerrillas urbanas en todo el país.

Tal como el estruendoso fogonazo de un rifle, la facción de los Boinas Rojas que había plagiado a Nick no tardó en montar en cólera frente a los desplantes del gobierno en turno por no escuchar e ignorar las divulgadas amenazas. Una marejada de especulaciones y de complejidades se enfrentaría a una inexorable realidad, ni así hubo respuesta. Sin embargo, lo extraño de todo fue que el gobierno del presidente andino no estaba plenamente enterado de las verdaderas intenciones de los Boinas Rojas. Existía un clima de confusión de una considerable magnitud y a pesar de las amenazas que tintinearon los oídos de los gobernantes, los Boinas Rojas no cantaron claro como el gallo madrugador. La noche le borraba la claridad a sus ambiciones. Por desgracia, eso aseguraba que el secuestro de Nick continuaría rodeado de problemas y de misterios. A la luz de la luna, el plagio continuaba oscuro.

Por una coincidencia rara y paradójica del destino, unos días después de difundidas esas octavillas donde se narraba descarnadamente el bárbaro crimen del español, sucedió que en uno de los canales de Higuerote apareció flotando el cadáver de un hombre con el estómago abombado por la tragada de agua de mar. La rauda noticia cundió por todos los poblados cercanos al lugar, y en tiempo record esa información llegó a Caracas. Se especuló hasta la saciedad que ese hombre ahogado podría ser el gringo secuestrado, suposición que finalmente no resultó verdadera, una vez tomadas las huellas dactilares del occiso y comprobada su identidad. Esa mala noticia conmocionó al país, porque se trataba de un conocido político muerto en circunstancias extrañas. Tras las expectativas creadas por una oleada de rumores, el caso de Nick volvió a enredarse como una telaraña, y continuó siendo una tarea difícil localizarlo y rescatarlo. Por un tiempo medianamente largo no hubo novedad sobre el secuestro del estadounidense.

Toledo. Ohio.

Entre los vericuetos de los acontecimientos acaecidos, un tiempo atrás la esposa del rehén y sus tres hijos se habían marchado del país. En el distante estado de Ohio, el verano con sus días crepusculares arrobaba la ciudad de Toledo. Dola habitaba allí con el resto de la familia. Extenuada, continuaba sintiendo la angustia de no saber del destino de su marido, soportando las adversidades estimuladas por cualquier cantidad de oscuros rumores, emocionalmente deshecha. Con un resentimiento de impotencia no superado, la hoguera del tormento no la dejaba vivir en paz, como ella hubiera deseado.

En su hogar de Toledo, la esposa de Nick, no lograba tamizar su dolor. Después de tantos esfuerzos públicos y privados para que liberaran a su esposo, ella seguía en una prolongada espera, siempre esperanzada por lograr noticias ciertas y positivas sobre él; pero repentinamente el brillo de sus cabellos se opacó; prematuramente, Dola había envejecido. Sus pensamientos y recuerdos estaban centrados en Nick. Pensaba lo inútil que era continuar abrigando ilusiones en cuanto a la libertad de su compañero de toda la vida. Era ridículo tener que luchar contra un enemigo invisible que se cubría con el manto de la cobardía. Sus ojos desbordaron lagrimillas por la nostalgia de no tenerlo a su lado. Lentamente, la energía de su espíritu empezaba a apagarse, aunque ella batallaba para mantenerla vibrante, sentía que su cuerpo estaba tan cautivo como el cuerpo de Nick. La huella dejada por el plagio le había producido una crisis de abatimiento, se encontraba casi muerta sin estar muerta. Vivía ahogada en la desesperación, ligada a Nick por el inseparable hilo del amor, condenada a sufrir de por vida. Y aún así, ella tenía la suficiente voluntad para seguir adelante y detener las fuerzas del mal arrojadas contra él. Su arma era la oración de cada mañana y cada noche. Cargaba esa pesada cruz sobre sus hombros, rogaba a Dios por la salvación de Nick. Su paz interior estaba alterada. A decir verdad, la familia de Nick vivía espantada y temerosa por recibir la noticia fatal de su muerte. En esa lejanía, la gringa tuvo que hacerse la idea de que era riesgoso seguir causando caos en lo del plagio de Nick. Por tal motivo, ella decidió no entrar más en cualquier lucha bizantina para negociar su liberación. Muchas veces, el enojo fulminó su razón. Normalmente, ella llevaba una existencia sobrecargada de emociones. No dormía bien de noche ni de día, convertida ahora en una nictálope al ver de noche mejor a su alrededor. El sufrimiento la acogotaba. La larga espera aniquilaba sus fuerzas corporales. Sentía que hasta el aire se llenaba de inquietud. Vivía tiempos inseguros. Sin embargo, Dola no estaba dispuesta a convertirse en aquella "Dama de Verona." Mujer hermosa y erótica que, enamorada de su propio cuerpo, rogó que al morirse Satanás tomara su cuerpo junto con su alma. Dola era una mujer de fuerza y orgullo, que lidiaba contra la triste realidad de saber muerto a su esposo. No deseaba romper la paz de su alma, cuando la lograba conseguir. Eso le aseguró a ella no vender ni su alma ni su cuerpo al diablo, como parte de pago para que Nick pudiera retornar a su hogar. Por lo contrario, si algo tuviera que dar, se lo ofrendaría a Dios para que su esposo apareciera vivo y sano.

Toledo era una ciudad situada a orillas del lago Erie, en los Estados Unidos. Su gente gustaba de las artes. Y poseía unas prósperas empresas siderúrgicas y automovilísticas. Era una ciudad en cierta forma pintoresca. En la casa de Dola, en la calle *Spring*, había un buzón que se llenaba de cartas. La esposa de Nick recogía esas misivas llegadas del exterior, especialmente las de Caracas. El abultado número de correspondencia recibida transmitía muchas veces la dulce esperanza de la liberación de Nick. Aunque, tristemente, ella presentía que su esposo podía estar convertido en un borricote. Lo demás sería un *bluff*. En particular, Dola había conseguido con la CIA que se mantuviera atenta y guardara interés por el caso del plagio de su marido. Por cuanto, lo del secuestro de Nick se perfilaba como un juego perverso entre un gato grande y un ratón pequeño. Lo más grave era que ese caso estaba totalmente obturado y las investigaciones semi paralizadas.

En lontananza. Sin renunciar a la esperanza de alcanzarse la solución del plagio del empresario estadounidense, en un avión que sobrevolaba con unas turbinas y hélices el cielo azul de Caracas, arribaron varios agentes encubiertos de la CIA, listos para pesquisar el plagio del empresario norteamericano. De inmediato, al pisar tierra venezolana, comenzaron a distribuir falsas imágenes fotográficas del secuestrado, buscando de esa manera causar una reacción explosiva del grupo que había plagiado al industrial estadounidense. En apariencia, los plagiarios se encontraban dormidos en sus laureles, y ante el muro de silencio levantado por la facción que había tomado como rehén al empresario, los agentes de los Estados Unidos decidieron propagar imágenes falsas y camufladas del plagiado en los canales televisivos, con el propósito de dar una pública azotaina a los secuestradores. Era una batalla sin cesar que buscaba alguna salida. En las pantallas de los televisores y en las primeras planas de los periódicos se colocaron imágenes del cautivo con el rostro desfigurado por las torturas, arrodillado sobre el suelo pidiendo clemencia a sus captores. Visiblemente avejentado, aquella mascarada televisiva y periodística presentaba a un Nick con pelo largo y pajizo, rodeado de varios secuestradores que tenían los rostros cubiertos con pasamontañas. Cada uno de esos individuos portaba en las manos una metralleta ultra rápida. Ese falso montaje logró desatar la furia incontenible de los Boinas Rojas. Pronto desmintieron alegando que esas imágenes no eran reales, defensa que por la radio y la televisión difundieron los secuestradores durante las veinticuatro horas del día. De modo alguno la pantomima montada por la CIA fue reprobada por el gobierno y casi les costó la expulsión del país a tales agentes encubiertos.

Obvio fue audaz y fugaz la estrategia publicitaria puesta en marcha por esos agentes encubiertos. Con ese sorpresivo subterfugio usado por los agentes extranjeros se logró engañar a los televidentes y a los lectores. La gente creyó que las distintas facciones guerrilleras de los Boinas Rojas, mostrando un cinismo y una morbosidad, se habían atrevido a exhibir públicamente a la víctima en cautiverio en condiciones deplorables y esclavizantes. Esa estrategia incitó a la población a protestar de una manera contundente en las calles. A condenar los atropellos cometidos contra la persona del industrial estadounidense. Los agentes yanquis intentaron fomentar un clima de protesta y de rebeldía, con miras a reflotar el caso del rehén norteamericano, asunto que hasta ese momento parecía permanecer en el mayor de los olvidos.

Una enardecida vocinglería del pueblo se dejó escuchar en esa oportunidad.

En cuanto a los planes trazados para reactivar las páginas muertas del caso del secuestro de Nick, no todo fue color de rosa para sus proponentes, porque eso causó mala impresión en las filas del gobierno que había incautado el material fraudulento presentado y lo había mandado a quemar todo. De ese modo, se impidió que fuera usado otra vez con fines alarmistas. Las autoridades nacionales con esa drástica medida quisieron evitar que se fomentaran mayores zozobras y temores en la población; mucho menos querían que se siguiera propulsando un hostigamiento innecesario y peligroso en contra de los plagiarios, por temor a que cualquier loco en venganza pudiera darle muerte al rehén. Evidentemente, el gobierno no deseaba cargar con ese muerto encima. De toda forma, con esa prohibición se imposibilitó cualquier riesgo de esa naturaleza. En sucesivos días, una tarde con un sol crepitante, uno de los agentes de la CIA se dispuso a descubrir nuevas pistas que lo llevaran a dar con el paradero del rehén y la posterior captura de los implicados. Portaba en una carpeta una información confidencial. Dispensó una visita a don José Abalón, hombre de cultura avanzada, profesor de letras en la Universidad Central de Venezuela. Entre ambos individuos se entabló un diálogo cordial y perspicaz. Cuando sucedió ese encuentro, la temporada primaveral se iniciaba. Se había vestido de flores amarillas un frondoso árbol sembrado en la cercanía de aquella casona donde ambas personas se reunían. Hubo un instante de recelo por parte del profesor, quien sintió el peso del piso sobre los pies. El hecho de recibir en su casa a un investigador estadounidense lo ponía nervioso. Un hormigueo recorrió su cuerpo, pues era evidente que él no acostumbraba a recibir extraños en su casa.

En provecho del esparcimiento y de la cordialidad brindada por el dueño de la casa, el agente estadounidense le preguntó al profesor si él conocía al grupo guerrillero Boinas Rojas. Una profusa sudoración corrió por el cuello de aquel respetable hombre trujillano; su frente surcada de finos pliegues denotaba el paso largo de los años cumplidos. Un gesto de preocupación asomó en su rostro. Se sintió atrapado por aquella inoportuna pregunta. No obstante, ese ecuánime profesor entendió que se encontraba descubierto ante aquel hombre desconocido. Algo vertiginoso bulló en su mente al sentirse padre de uno de los legendarios guerrilleros venezolanos que habían actuado en los años sesenta en contra del gobierno de don Rómulo.

Inalteradas las horas del mediodía para esa reunión, el fulgurante sol se filtraba por entre las hendijas de la puerta principal de la majestuosa casa señorial. El ilustrado profesor universitario recordó que su hijo Argiro Abalón, en hora mala, había sido asesinado en una emboscada realizada por el ejército venezolano. Vil asesinato cometido en una zona montañosa del país.

Entre árboles de acacias, cujíes, tamarindos, guayabales, naranjales y limoneros plantados en los alrededores de la casa, se escuchaba el lastimero ladrido de un perro callejero. Don José Abalón, estrujándose las delgadas y finas manos, recordaba el fatídico día en que abruptamente habían asesinado a su hijo. Desde ese doloroso momento permaneció atrincherado en esa vieja casona del Paraíso. Desde que se vino de Trujillo vivía en la misma casa, hacía unos cuarenta años. Ese hombre poseía el temperamento propio del andino. Era un trujillano querido y respetado, distinguido en más de una oportunidad por su trabajo intelectual. Había alcanzado méritos indiscutibles en las letras nacionales. Honrado con la orden "Simón Bolívar" en el gran cordón. Era todo un personaje de orgullo nacional. Prosiguiendo con la acción, el encuentro del agente secreto de la CIA con don José Abalón había sido realmente amistoso. Ambos permanecieron conversando unas dos horas. El detective secreto aprovechó ese ambiente afable para lograr de aquel gentil hombre de letras la promesa de contactar con algunos compañeros de su hijo muerto con el fin de ayudarlos a conseguir datos sobre el secuestro del empresario norteamericano. Entre las comisuras de los labios se coló una dibujada y ligera sorna en el instante en que don José Abalón expresara al visitante extranjero que él no se responsabilizaba de lo que pudiera descubrirse en el futuro, que simplemente le haría un favor, nada más que eso. Luego, puntualizó que por favor lo entendiera de ese modo, para que después no hubiera equivocación alguna que lamentar. Se movía en un sillón de madera, con las gafas de montura de carey colocadas entre sus manos, y procedió a desembuchar varios datos informativos en esa oportunidad.

El caso del secuestro de Nick volvió a cobrar interés a partir de entonces. El enviado de la CIA (que mantenía comunicación directa con Dola), se dispuso a despedirse del progenitor del joven revolucionario muerto durante una razia. Y, antes de despedirse del profesor se enteró con palabras propias del anciano que su hijo Argiro Abalón era un revolucionario venerado y amado en el país, tanto como Augusto Sandino lo era en Nicaragua. Después de esa conversación prolija, el agente encubierto pensó que

"El agua empezaba a correr sin mojar el suelo". Pistas logradas que tarde o temprano posiblemente conducirían a la localización del gringo secuestrado.

Mientras ese encuentro acontecía en Caracas, en Toledo, Ohio, la estación invernal había llegado. Bajo una tormenta helada, Dola con fuerza en las piernas y en los pies, elevaba una bola de nieve dentro del jardín de su casa, pelota de hielo que compactó con una empalizada de madera que servía de cercado a la vivienda. Era una mujer que llevaba una feroz cicatriz en el alma. Guardaba aún la esperanza de poder hacer realidad su más caro anhelo, que no era otro, sino volver a tener entre sus brazos a su adorado Nick, secuestrado en tierras lejanas. A veces ella no podía controlar el temblor que se apoderaba de su delgado cuerpo.

Por circunstancias especiales, la esposa de Nick había aprendido a caminar sola en ese duro sendero sembrado de espinas. Siempre aferrada a la esperanza y orando a Dios por que le diera mayor fuerza y resistencia, a fin de sobreponerse a tan larga espera (casi dos años y medio, o tal vez, un poco más).

En cierta ocasión, y en un día nevado, la gringa, con el aliento retenido por el frío imperante, sacó del buzón de su casa un paquete de cartas. Entre las numerosas misivas llegadas, había una especial que tenía un remitente desconocido. Al entrar en el interior de su casa abrió el sobre de avión, animada por una buena dosis de curiosidad. Dentro del sobre encontró una esquela escrita con una letra poco clara. En esa correspondencia se le informaba que Nick continuaba con vida. Dola volvió a releerla una y mil veces. Su corazón estallaba en gozo y en alegría. Cabeceando de un lado a otro, ella calculó que lo que decía esa carta era algo alentador y fue cuando tuvo el presentimiento de que esa esquela no contenía una información errónea o burlona sino una noticia llena de luz y de esperanza. Se la llevó al pecho y musitó el nombre de Nick. Entonces, empezó a despejarse aquella terrible pesadilla que tanto la acongojaba, y pensó en que el fiero enemigo estaba apunto de ser derrotado. Sus labios cuarteados por el frío esbozaron la sonrisa de una virgen loca por su amor. Con fe se halló ilusionada en que esa larga espera no era inútil. Revivió la emoción en su corazón y volvió la fe. Ella había llamado a todas las puertas donde se encendían sus esperanzas. ¡Enhorabuena!

Según el contenido de esa carta, Nick podría quedar en libertad en una cercana fecha.

Desde el instante en que Dola recibió esa buena noticia lanzó un grito que hubiera estremecido hasta las montañas del Himalaya, loca de alegría, junto a sus tres hijos y a su suegra, ella se dispuso a aguardar nuevas noticias. Sin ir muy lejos, lo del plagio de Nick no era otra cosa que una partida de póker. Podía deparar cualquier sorpresa de último momento. La última carta a jugarse estaba por echarse.

El cierzo helado del invierno se dejó escurrir sobre los techos verdes y rojos de las casas de Toledo, Ohio.

Esa noche, profundamente dormida, Dola, en su mundo onírico volvió a percibir un vidrio cortándole la luz. Aletargada, sintió ser empujada por una extraña fuerza y penetrar en un oscuro túnel donde se escuchaban unos lamentos desesperados. En esa dimensión, encadenado a una columna indestructible, estaba Nick. De pronto se despertó y descubrió que el reflejo del espejo de la *toilette* de su habitación le devolvía aquella imagen reverenciada del amado hombre. Algo circunstancial y de un buen augurio.

El escudo del tiempo continuó protegiéndola, mientras ella esperaba el regreso de Nick.

IV

CUATRO POLÍTICOS Y UN CONDE

(Sospechosos)

Desde el estudio jurídico, Samuel Moralbe extendió la mirada hacia la transitada calle. A través del vidrio de la ventana, sus pequeños y vivaces ojos tropezaron con una variedad de árboles sembrados para ornamentar la ciudad. Visiblemente turbado, el diputado permanecía pensativo. Se trataba de un renombrado abogado, un hombre público, exitoso en la política.

En aquella resplandeciente y soleada mañana que estimulaba una intensa energía corporal y mental en los ciudadanos de la capital, la información recibida por el abogado lo puso trepidante. Una corriente nerviosa corrió por su delgado cuerpo, que le produjo un estremecimiento en las ramificaciones de su cerebro. Sus flacas piernas se acalambraron. En ese confortable bufete instalado en el segundo piso de un edificio de arquitectura italiana sostenido por ocho columnas trajanas laterales. Inmueble ubicado entre las esquinas de Pajaritos y Mercaderes en el centro de la ciudad de Caracas. El abogado se hallaba preocupado y mostraba un carácter espinoso e importuno. Una muñeca de porcelana *Lladró* de gran aprecio familiar daba un toque de buen gusto al estudio jurídico. Esa fina pieza española se encontraba colocada sobre un vetusto escritorio de origen portugués. Tan confortable escritorio, en una ocasión fue considerado una valiosa joya mobiliaria de mediados del siglo

XVII. Según datos aportados por los anticuarios, ese escritorio era un vestigio de la casa de Braganza. Se comentaba que ese mueble podía haber pertenecido a uno de los descendientes de Juan IV. En la búsqueda del auténtico origen de ese escritorio se sospechaba que lo habían traído al continente americano como una bagatela, menospreciado en su valor monetario. Los coleccionistas de antigüedades en esos tiempos concluyeron que ese escritorio podía haber sido hurtado por lacayos vinculados a la casa real de Portugal. Lo único que se conocía era que ese mueble para oficina de un dudoso origen había rodado por los distintos depósitos aduaneros hasta que un día fue montado en una embarcación. Y sucedió que, por un sorpresivo golpe de timón en el bergantín que lo trasladaba desde Lisboa hasta Río de Janeiro, en el comienzo de la primera década del siglo XX, luego de navegar dos o tres meses, por una casualidad del destino, al intentar esquivar una fuerte tormenta desatada durante la travesía por mar, se vio forzado a recalar en el puerto de La Guaira en Venezuela. Todo esto sucedió de una manera fortuita, porque el destino final del barco era Río de Janeiro, donde se había programado para bajarlo conjuntamente con otros mobiliarios de la época, para ser trasladados desde esa ciudad carioca hasta el palacio imperial de Petrópolis. Lo cual no sucedió de ese modo. En el Puerto de La Guaira, tal escritorio se guardó durante algún tiempo en un depósito de la aduana. De ese sitio fue rescatado por un anticuario criollo que constantemente andaba buscando vetustas piezas abandonadas y no reclamadas para comprarlas como baratijas con el interés de subastarlas o venderlas a precios moderados. Posteriormente, ese escritorio se halló arrinconado en una casa de antigüedades ubicada entre las esquinas de Ferrenquín y Cruz Verde. A partir de entonces, esa pieza cayó en manos de la familia Moralbe. Había sobradas razones para entender que la adquisición de ese escritorio, más que todo, se debía al manoseo dado durante la celebración de una subasta popular. Sin duda, en esa oportunidad había sido vendido al mejor postor.

En la silla giratoria, el diputado Moralbe, sentado de espaldas al escritorio de una fina marquetería incrustada con nácar y filones de oro, continuó con los ojos abiertos, sin la mirada fija. El rumor del último acontecimiento político parecía difundirse en las calles de la ciudad. Aquellas tempranas horas transcurrían bañadas de una suave brisa descendida de la montaña El Ávila. Un cielo límpido cubría la capital de la república. El diputado, obcecado, pensaba sobre aquel suceso que lo atormentaba. Daba la impresión de ser un tigre herido de muerte. Esa misma mañana, Samuel Moralbe había ordenado a la secretaria no pasarle llamadas telefónicas hasta nueva orden. Necesitaba estar solo y no ser molestado, para de ese modo poner en claro sus ideas en relación al plagio del norteamericano, un connotado empresario de *"La Inois, Company"*.

Por supuesto, no era un hecho insignificante lo sucedido. El asunto ventilado en aquel momento no abría un mundo de satisfacciones a sus intereses. Vuelto a sentar detrás del escritorio, el diputado leyó con atención el expediente traído a colación. Mientras se ocupaba de "aquel asunto", sus bien cuidadas manos mostraban un temblor peregrino. En la frente de su cara se dibujaba una media docena de arrugas naturalmente contraídas a causa de la enorme preocupación sentida. El diputado arrastraba los nervios sin ruido. La angustia oprimía su garganta y hasta sentía debilitada su energía corporal. Aunque, sin prejuicio, Moralbe era un hombre fogueado en las más enconadas contiendas políticas y en los pleitos legales en el país.

En la búsqueda de una buena estrategia para la investigación, el congresista y abogado de la república hacía un esfuerzo para no sobreexcitarse. Respiró profundo. Lo mejor de todo era que en ese momento él buscaba sobreponerse a la tentación de padecer una crisis aguda de histerismo. En verdad él creía que todo "aquello" era un castigo de Dios. El plagio del industrial norteamericano se había transformado en un dolor de cabeza para Moralbe. Con una actitud preocupante. el político intentó evadirse de un posible tormento psicológico. Comprendió que él no podía ceder ante cualquier circunstancia dudosa que lo pudiera descontrolar y afectar, más que nada por ser un político y abogado, defensor de los derechos y de los intereses del gobierno nacional. Lo del plagio de Nick era un problema grave a resolver. Esa situación lo impacientaba. Lo sacaba de sus casillas, a pesar de ser una persona mesurada y resabiada en las luchas políticas. El astuto y hábil político era uno de los miembros más prominentes del Partido Acción Social, organización política activa desde 1942 en el país. Por ser un hombre de marras, contaba con las experiencias suficientes para enfrentar situaciones difíciles. Por demás, él era un excelente estudioso del derecho constitucional y del derecho penal. En apariencia no le gustaba andar montado en cualquier vehículo de pasiones oscuras, tampoco navegar en océanos de aguas revueltas, ni sobrevolar infértiles o quemadas llanuras. Por consiguiente, como un político demócrata, Moralbe rechazaba la arbitraria privación de libertad de cualquier persona y, en particular, cuando se cercenaba la libertad de un extranjero tomado como un rehén. El diputado estaba absolutamente convencido en que esa clase de intimidación terrorífica arrojaba un gran desafío para los poderes del Estado. El ínclito político transitaba un camino tortuoso en cuanto a la misión encomendada. No era un hombre de alma tenebrosa. Había llegado a ocupar curules en el congreso durante varios períodos constitucionales. Alternaba la Cámara del Senado con la Cámara de diputados, catalogado como uno de los más agudos y hábiles tribunos con que contaba la democracia para defenderla a capa y espada, en el lugar en que fuese. Con acierto, el diputado vio perfilarse el secuestro del empresario de *"La Inois. Company"* como una acción delictiva, impregnada de un realismo preocupante, capaz de aniquilar las bases de las instituciones democráticas y por ende causar el posible derrocamiento del régimen vigente.

En la búsqueda de una solución del plagio, ese mirmidón se creció ante las adversidades presentadas, pues bien, él entendió que tendría que derribar las enormes murallas tras las cuales se hallaba el cautivo estadounidense. Sin perder la compostura, siguió sentado en la silla giratoria. El diputado Moralbe dobló su cuerpo y expulsó por la boca un gruñido de enojo. Se sentía como un mirlo blanco enjaulado. Después de unos quince minutos de estar sentado, y por tercera vez, se levantó de la silla para acercarse otra vez a la ventana. Buscaba aclararse las ideas. Bocanadas del aire contaminado golpearon los gruesos vidrios de cada una de las ventanas. Con las pupilas contraídas el abogado volvió a mirar la calle saturada de automóviles. Unos minutos él permaneció parado detrás de aquella ventana. Luego, con los altos tacones de sus lustrosos botines, movió en redondo los pies, y se apartó de la ventana.

Indudablemente, Moralbe aspiraba a un mundo mejor y menos complicado por ser un abogado y un político prominente. Ese hombre de memoria prolifera se secó el sudor del rostro tras el impacto de una fuerte sentida emoción. El parlamentario retomó la lectura y revisó el manojo de carpetas que contenía interesante información sobre el caso del secuestro de Nick, datos suministrados por los cuerpos de seguridad y de inteligencia del país. Se sintió irritado durante la lectura. En su descarnado rostro se asomaba una intraducible expresión al intuir que se encontraba inmerso en un campo de manejos peligrosos donde la fidelidad de los amigos aliados podía brillar por su ausencia. Suficiente razón para correr el riesgo de ser indiciado como uno de los cómplices del plagio. Solamente de imaginarse esa acusación, aunque la misma fuera una cizaña para perjudicarlo, lo hacía estremecer. Sospechó que podía ser atacado por todos los lados. Por ese motivo procuró guardar una austera compostura, temeroso de que eso pudiera ocurrirle. En el fondo, el diputado no deseaba ser un chivo expiatorio en medio de una manada de chivos intrigantes. Él aspiraba continuar siendo el flemático hombre público de siempre y cuidar con esmero y celo cada uno de los pasos a dar en el terreno político y en el jurídico del país.

Se sentía orgulloso de la bien ganada fama adquirida como un abogado y un político. En los difíciles tiempos de luchas por alcanzar la democracia en el país, Moralbe se metió en la candela. Con pies de plomo y unas garras de león, a ese pequeño hombre le gustaba entregarse a toda clase de trabajo complicado. En el ámbito público en el que se desenvolvía era considerado un buen jurista y defensor de los derechos del Estado. Siempre tenía algo por hacer. Triunfador en miles de batallas legales. Sin duda, en las misiones cumplidas, el diputado Moralbe se había entregado en cuerpo y en alma, con el mismo ímpetu del crepitar de una llama atizada por el viento en la estación de verano. Y así el diputado construyó una fortaleza inexpugnable en su mente con el fin de sobreponerse a cualquier derrota, sin darse nunca por vencido. El congresista era más bien un hombre exitoso. La derrota era algo devastador e inconcebible en su existencia. Nunca perdía la confianza en sí mismo. Después de una hora de leer el folio, le sobrevino la calma, y desplegó una amplia sonrisa al dar por terminada la lectura del voluminoso expediente confidencial. De inmediato, procedió a guardarlo dentro de una de las gavetas del añejo escritorio portugués. En seguida, con las manos asió el sombrero *Borsalino* de un color café claro con que cubría su cabeza calva. Y, con propiedad en su andar, se enrumbó hacia la vereda, no sin antes chasquear la lengua. Antes de salir del bufete se despidió de su secretaria anunciándole que más tarde regresaría. Con los pies puestos en la calle, el eminente congresista respiró hondo en medio de aquella atmósfera pesada. El sol del mediodía con sus destellos dorados aportaba un calor húmedo e insoportable a la ciudad. Causaba molestia y ardor en las pieles de los peatones. El aire soplaba saturado de humo negro y convertido en un detonante peligroso para la salud de los habitantes de ese lugar. No deseaba ser atado de manos en ese caso del secuestro. Cabizbajo pensó en la luz que arrojaba la ley, mientras se desplazaba por la calzada. Levantó la cabeza y continúo caminando.

Con el entrecejo fruncido, y su delgado cuerpo arrastrado por el torbellino de personas que transitaba las calles del centro de la ciudad, el diputado se dirigió al encuentro de otros colegas,. Almorzaría con ellos en el acostumbrado club. Seguramente, ellos hablarían sobre temas interesantes. Ese día, el jurista y connotado político vestía un impecable traje de color blanco marfil, llevaba puesta una camisa de seda matizada con diversos colores, con mucho donaire lucía una finísima corbata azul platino, vestimenta que le daba un singular toque de buen gusto masculino. El diputado veneraba a su sastre portugués por vestirlo elegante.

Continuaron las caracoleadas horas del día. Las manos del diputado transpiraban ante el temor de la crisis que pudiera desatar lo del secuestro del norteamericano. Con una expresión facial imborrable, Moralbe manifestó querer desterrar de su cabeza el caso del plagio del empresario estadounidense. Se encaminó rumbo al lugar donde iba a encontrarse con un grupo de compañeros del Partido Acción Social. Sin desearlo una ansiedad patológica lo dominaba. Quiso encontrarse en un lugar donde el aire fuera fresco y oliera a pino, para superar su estado angustioso. Esa manifiesta angustia senil lo exacerbaba. El carácter prusiano que él poseía lo hizo pronto sosegarse. Recortó sus aligerados pasos y empezó a caminar con lentitud por la ancha acera que lo conducía al club nacional. Club donde se efectuaría el encuentro con los compañeros del Partido Acción Social.

El diputado dio por descontado seguir pensando en aquel asunto. Cuando arribó al portón principal del club nacional se detuvo unos minutos frente al mismo, con la mente y el corazón invadidos por las preocupaciones, volvió a pensar en la posibilidad de que sus adversarios pudieran tenderle una trampa acusándolo de ser uno de los presuntos autores intelectuales del repudiable secuestro y royó los dientes. Desmotivado ante el temor de que eso pudiera suceder, perspicazmente hizo uso de su fantástica memoria para extraer del pasado otros plagios ocurridos en el país. Se acordó del secuestro de los coroneles estadounidenses *Chanault* y *Smolen*; rememoró el secuestro del cónsul alemán *Kurt Nágel.* Esos variados recuerdos del pasado le dieron pie para que con su prodigiosa memoria refrescara otros secuestros sucedidos en años anteriores. Necesitaba saber más para darse cuenta sobre lo que haría en el futuro con el caso pendiente. Y pensó en que esos repudiables plagios ocurridos en el país servirían de ejemplo para poder alcanzar un feliz final en el secuestro del gringo. El hábil político con un entusiasmo inagotable, característico del buen investigador, siguió parado frente a la puerta principal del club, hasta que por fin él pudo darse cuenta de la demora que tenía para almorzar. De inmediato detuvo en su memoria esos recuerdos abrumadores. Se dispuso a empujar la pesada puerta de madera de cedro del club para entrar en el recinto y cuando estuvo a punto de hacerlo de nuevo en su fértil memoria volvió acordarse de aquel inolvidable y peculiar plagio que una vez hizo temblar de rabia y de impotencia a todos los habitantes del país. Con pelos y señas, recordó el secuestro de *Alfredo Di Stefano* en 1963. Las teclas de su cerebro desnudaron cada episodio de ese acto terrorista que llegó a conmocionar la fanaticada futbolística. Operación dirigida por el guerrillero Máximo Chanal. *Di Stefano* era un famoso futbolista que había llegado a Caracas para jugar con el Real Madrid. Y cuando ese jugador se encontraba descansando en una habitación del hotel *Potomac*, ubicado en la urbanización San Bernardino, lo tomó como rehén un grupo de hombres pertenecientes a una organización guerrillera. Esos sujetos fuertemente armados, con un despliegue de destreza lograron hacerse pasar como unos fanáticos y admiradores del jugador. Por lo cual engañaron a los recepcionistas del hotel, obteniendo su permiso para visitarlo en el dormitorio donde ellos sabían que se encontraba alojado la estrella del balompié. Autorización concedida transformada en un sorpresivo plagio.

En la sucesión de los minutos siguientes el diputado de Acción Social quiso sacar esos secuestros de su memoria. En cierta forma intentaba sacudirse tan nefastos recuerdos de la cabeza aunque Moralbe pudo comprobar la exactitud de lo que significaba un secuestro. Entre tanto, su piel se puso de gallina. Una fiebre emotiva chorreó su delgado cuerpo. Esas evocaciones del pasado resultaron insoportables, puesto que un panorama nada halagador se abría para él. Volvió a respirar profundamente en procura de espantarse los terribles fantasmas que picoteaban su brillante cerebro. Buscó sacudirse las moléculas malignas localizadas en el mismo. Y, por último, tomó la firme decisión de olvidarse de esos calamitosos episodios del pasado. Con una mejor expresión en la cara se dispuso a entrar en el fastuoso y tradicional Club Nacional. Edificación construida en la época del presidente Joaquín Crespo. Las malas lenguas decían que esa era una de las numerosas propiedades que tuvo dicho gobernante que se enriqueció escandalosamente durante los años de su mandato presidencial.

Ya dentro del Club Nacional, y una vez sentado a un costado de la mesa colocada en el amplio y elegante comedor en el salón verde del club, el parlamentario se dispuso a departir con sus amigos sobre la manera de transcurrir la vida política, mientras, *el maître* presentaba el menú. Para tan buenos comensales de la sociedad política caraqueña fue servido un exquisito menú francés: *Soupe a l'oignon, escargots a la Paulette, boeuf au gratin et cotelettes de veau aux fines herbes. De postre, une mousse au chocolat.* De bebidas sirvieron *un vin rouge Bordeaux et une champagne brut Don Perignón.*

La preparación de ese exquisito almuerzo estuvo a cargo de Héctor, diligente y fino *chef*, conocido *par le tout* Caracas. Esa Caracas que no duerme de noche, esa Caracas chic. El chef, que había alcanzado un éxito rotundo y rápido por sus extraordinarias dotes culinarias en los años sesenta y setenta, ese reconocido profesional de la cocina siguió cosechando la admiración de los buenos *gourmets*, que se movían tanto en los círculos políticos como en las altas esferas sociales y financieras del país.

Durante el almuerzo entre amigos afloró una charla amena y cordial. Conversaron trivialidades masculinas. Y de momento el agradable almuerzo hizo que el diputado olvidara un poco el problema del plagio de Nick. Aunque no por eso dejaría de seguir preocupándose por ese asunto.

En un ambiente totalmente distinto en donde se contaron anécdotas, Moralbe no logró desvanecer su temor envuelto entre sombras vertiginosas. Eso lo atormentaba. En fracciones de segundos volvió a pensar en que sus adversarios podían ponerle una concha de mango para hacerlo resbalar y caer. Eso ocurrió al recordar que él había llegado a conocer y a tratar personalmente a Nick cuando dicho empresario estadounidense en asuntos de negocios asistía a reuniones, entre *"La Inois. Company"* y el Gobierno Nacional. El contacto directo que él sostuvo con Nick quizá constituía un asunto puntilloso para sus intereses particulares. Nada placentero. Por esa causa, anhelaba cuanto antes ayudar a resolver lo del plagio del norteamericano. Aunque por el momento nada había cambiado desde el día en que tomaron como rehén al yanqui.

Cuando el almuerzo terminó, uno de sus amigos se sentó a su lado y le preguntó con una sosegada respiración lo que iba a hacer en las horas siguientes. El jurista respondió literalmente que retornaría a su oficina para proseguir con un trabajo encomendado. No olvidaba que él era una de las personas de mayor confianza del actual presidente de la república. Precisamente, por ese motivo el gobierno lo había encargado de tan delicada misión, habida cuenta de su larga experiencia en materia de derecho penal. En la presente circunstancia, ahora estaba comprometido a indagar lo del secuestro del estadounidense. En ese aspecto, las altas autoridades nacionales ejercían una fuerte presión sobre el diputado. Esa responsabilidad lo ponía con los pelos de punta. El plagio del industrial norteamericano era una especie de problema que además de ser un asunto político constituía un asunto de dignidad patriótica, inclusive para él mismo. Sabía que su reputación de tribuno podía rodar por el fango si no se aclaraba lo del secuestro del empresario. Consciente de que antes de tomar cualquier decisión o medida se tendría que asegurar de que todo iba marchando por el camino correcto.

Una vez de regreso, instalado en el bufete, Moralbe se sintió abrumado porque todavía no tenía las cosas claras. El plagio de Nick lo inquietaba sobremanera. En el estudio se paseaba a lo largo y ancho del salón y con los brazos entrelazados a la espalda. Ya había pasado la mitad de la tarde cuando, otra vez sentado detrás del antiguo escritorio, el petiso hombre, con una traviesa mirada sobre el reloj que llevaba puesto en la muñeca izquierda, comprobó de inmediato que eran las cinco de la tarde. Con la cabeza calva reclinada sobre el espaldar de cuero de la silla giratoria donde permanecía sentado, el diputado presionó el intercomunicador interno para solicitar a su secretaria traerle el periódico vespertino con el fin de enterarse de las noticias ocurridas en las últimas horas del día.

Aquella lectura del vespertino sería ingrata para él, por cuanto, al hojear las noticias, encontraría en grandes titulares una denuncia hecha por un grupo violento no identificado donde se le acusaba de estar involucrado en un negocio sucio con "*La Inois. Company*", esa información pareció cercenarle de un sablazo la cabeza. Sorprendido y molesto por tamaña calumnia, con avidez siguió la lectura de otros escritos publicados bajo el patrocinio de un grupo anónimo que formulaba una descabellada petición política que prácticamente obligaba al gobierno a soltar a cada uno de los subversivos que se encontraran purgando condenas en las distintas cárceles del país. Proponían canjearlos. El diputado lanzó una queja aullada y prestó mucha atención cuando leyó cada párrafo de las denuncias y de las peticiones publicadas. Pensó en que a esa plaga de extorsionadores habría que devastarla, fuera como fuera. En su opinión, esos hombres y esas mujeres actuaban fuera de la ley. Apenas podía creer en tan absurdos planteamientos. Ahora resultaba que los autores de esas supuestas e infundadas denuncias, con un gran desparpajo solicitaban al gobierno un insólito trueque de prisioneros. Con la cabeza sudada como si veinte aguaceros le hubieran caído encima, el diputado terminó de repasar las noticias. No pudo disimular su contrariedad. Una ligera mueca de desagrado se asomó en los bordes de sus comisuras labiales. Era una persona acuciosa y desconfiada. Frunció el entrecejo ante tamaña insolencia y posteriormente, un poco más sosegado, él pensó en que esos mal nacidos machos y mal nacidas hembras conformaban un atajo de locos. El diputado no pudo esa tarde librarse de la indignación sentida a causa del atropello público del cual era objeto. Aquel lenguaje vergonzoso y acusatorio descompuso su ánimo. En el pecho sintió clavado algo como el aguijón de un escorpión.

Consciente de que seguramente se armaría un gran revuelo con esas noticias, sin demora se puso de pie para enrumbarse hacia otro lado de la oficina, donde estaba instalada la biblioteca jurídica. Convencido de que el gobierno, antes de atender a tan absurdas exigencias daría respuesta adecuada a ese oculto grupo de facinerosos. Persuadido por que debía evitarse dar cualquier tipo de *ultimátum,* porque eso podía desembocar en una terrible situación, el político estaba muy claro en que si ese grupo que lo atacaba era el mismo grupo plagiador de Nick, por ninguna causa debía ser rechazado o liquidado hasta poder establecerse cualquier tipo de contacto. En su opinión, era preferible dejar alguna puerta abierta para contactarlo sin declararle abiertamente la guerra, por ahora.

¿Cuándo se resolvería el desaguisado secuestro de Nick? El parlamentario se lo preguntaba una y mil veces. A fin de cuentas, solo quería que pronto terminara ese asunto. Miríadas de pensamientos contradictorios se apoderaron de su mente. En cierto modo un leve reproche se asomaba en el rostro de Moralbe, que pensaba en su honor mancillado a causa del infundio levantado en contra suya. En vano ese político con un cerebro inteligente buscaba el motivo que podía haber ocasionado tan descarada acusación. Sufrió una contracción muscular en las piernas, y un hormigueo corrió por todo su cuerpo, al enterarse de tan malvada acusación en contra suya. Tenía que haber una poderosa razón para que hubiera sucedido eso, pero no supo cuál. Claro, el diputado se sentía desconcertado por cuanto aquél infame señalamiento lo involucraba en negocios dolosos con *"La Inois. Company"*. A pesar de todo, no por eso, él dejó de continuar releyendo aquel terrible señalamiento publicado en ese vespertino de circulación nacional. Obvio, esa acusación de culpabilidad dañaba su imagen y su prestigio. Con los dedos puestos en cruz sobre la boca juró ser perseverante hasta alcanzar el final de la luz del túnel y esclarecer tan inaudita infamia. Su rostro se tornó lívido tras el juramento que acababa de hacer. No le quedaba otra salida sino rechazar de plano esas públicas y falacias denuncias urdidas contra su persona. Los anónimos acusadores pretendían dar al traste con la honorabilidad y el prestigio de Moralbe. Ese grupo manifestó tener numerosos y válidos testimonios comprometedores que demostraban que ese congresista había recibido de la trasnacional de vidrio cerca de unos treinta millones de dólares a cuenta de los favores recibidos y, peor aún, en ese periódico se proferían amenazas de capturarlo vivo en cualquier momento para juzgarlo a la usanza de los revolucionarios cubanos comunistas, no sin antes leerle la sentencia de traidor a la patria por haberse convertido en un testaferro de la mencionada trasnacional de vidrio. Esa denuncia cargada de una agresividad desmesurada estremecía al diputado de cabeza a los pies. Por ese mal asunto, Moralbe estuvo a punto de sufrir un sincope cardíaco. Por suerte, nada sucedió porque controló sus propios miedos. En sucinta cuenta, el diputado de Acción Social era un político ducho y suficientemente hábil cuando tenía que enfrentarse a situaciones embarazosas como la presentada ahora. Lo cierto era que este hombre no tenía vocación de víctima, y tampoco admitía ser difamado ante la opinión pública. Por tal motivo, con el ímpetu de siempre, Moralbe decidió prepararse para defenderse contra esos arpías que lo habían atacado públicamente.

A raíz de ese incidente periodístico, el plagio del industrial estadounidense continuó ovillándose cada día que pasaba, en tanto, aún no se tenía certeza de quiénes eran esos individuos que habían publicado esas acusaciones en contra del diputado.

Hipotéticamente, algo hacía suponer que esa gente era la misma que había plagiado a Nick. No obstante, eso no pudo comprobarse de inmediato.

Tales inculpaciones resultaron en unas peligrosas detonaciones en contra del diputado Moralbe. Cada letra era una especie de mechero encendido a punto de estallar. Tan infame descarga publicitada originó la sospecha en que pudiera tratarse de una banda de timadores de oficio quienes seguramente buscaban extorsionar a personas incautas o comprometidas en negocios lucrativos. En cierta manera, al amparo de una buena discreción se aseguraba que el hampa común podía haber metido las manos en esas denuncias públicas y rimbombantes. Sin embargo, de acuerdo a las averiguaciones realizadas, se descartó esa sospecha porque no eran unos cacos timadores los autores de esas acusaciones. Esas inculpaciones no albergaban la menor duda de que estar enfiladas a trastornar la psiquis del diputado Moralbe. Lo acusaron de ser un enemigo de la patria, malsana acusación que lo amargó. Él conocía su vida mejor que nadie. Por ese motivo, el parlamentario decidió no permitir que lo siguieran atacando con innobles y bajas armas. Ante esa tamaña calumnia, el político no se quedó callado ni inerte como muerto en una urna. Prometió salirse del brete en que lo habían metido, tal vez por una desconocida venganza, aquellos sujetos sin claras identificaciones.

A partir de entonces se establecieron nuevas reglas en el proceso del caso, en un día iluminado por los rayos chispeantes del sol, con un sentimiento de exaltación clavado en el pecho, el congresista del Partido Acción Social, posesionado de la tribuna en el Congreso Nacional, sin aspaviento comenzó su defensa personal. Usó un verbo ácido para no conceder tregua a los anónimos difamadores. Incluso demostró que el falaz comunicado publicado en aquel vespertino carecía de una verdad fundamentada. Desafiante, arrogante y con una encendida oratoria, Moralbe enfrentó a los degenerados atacantes a quienes no perdonaría tamaña ofensa tras haber jurado que los aniquilaría a todos. Conocedor de su propio poder político y de su habilidad para combatir ataques infamantes, organizó el contraataque. El diputado se cuidó en no dar un discurso baladí que pudiera transformarse en un insulto a la inteligencia y a la razón de los escuchas. Tenía suficientes motivos para cuidarse. Enseñoreado, usó la astucia filosófica en el desarrollo de sus explicaciones, puesto que gozaba de una amplia experiencia como hombre de marras y público. No empleó en su defensa personal una oratoria ambigua ni escurridiza, de modo que con palabras certeras y bien hilvanadas se propuso borrar todo indicio mal intencionado sobre su presunta extorsión a la empresa "*La Inois. Company*". Sin impacientarse empezó a dar los pasos de su auto defensa. Con la conciencia tranquila, confesó que lo único que existía de verdad en todo aquello era haberse comunicado por teléfono y de modo personal con Nick, con el fin de celebrar reuniones de negocios entre esa empresa y el gobierno nacional. Fue entonces cuando de forma alguna el parlamentario convenció a los asistentes presentes para que no creyeran que él era un congresista oportunista o un corrupto, y menos un caradura. A juzgar por los hechos, el diputado no cejó en el empeño de desmontar aquella absurda calumnia urdida contra él con la pretendida intención de destruirlo. En su defensa personal armó un plan que precisamente no sería el sueño de una noche de verano. Ese día, el sol quemó los duros cuernos del toro. Costara lo que costara, el diputado Moralbe siguió defendiéndose para demostrar su plena inocencia. Consciente de querer depurar su trayectoria política y así evitar el hundimiento de su carrera parlamentaria, con brillantez se mostró dispuesto a pulverizar a sus atacantes, fuesen quienes fuesen ellos. Puso lo mejor de su inteligencia y de su conocimiento jurídico para derrotar a esos difamadores en cualquier escenario público o en cualquier tribunal de la república.

En el hemiciclo y dentro del salón de debates, a puertas abiertas, el diputado del Partido Acción Social con energía giró su calva cabeza y echó una rápida ojeada hasta la galería de arriba para comprobar si allí había gente que lo escuchara esa mañana. Después, con esmerado interés reviró los ojos al sitio donde se habían colocado la prensa y la televisión. Luego, a distancia miró las gradas donde se arremolinaron los estudiantes. Era una buena señal aquella muchedumbre juvenil apostada allí. Con la frente perlada debido al sudor y sin perderse en el espacio donde actuaría, el parlamentario empezó su defensa con mucha pasión, como correspondía a un astuto paladín de la democracia nacional.

Aquella magistral oratoria retumbó en los oídos del público presente. Mientras por sus encendidas mejillas resbalaban gotas de sudor, impuso orden en la sala. A brazo partido luchó para disipar las dudas vertidas sobre él. Antes del sol declinar y de caer la noche, Moralbe desmintió las acusaciones que lesionaban su reputación y su bien ganada fama de político y de jurista-penalista. Entrada la noche cesó su intervención. De lo contento que se sintió por defenderse tan bien, Moralbe lanzó un "¡Hurra!". Un momento después y bajo la promesa de volver a usar la tribuna en las próximas horas, el político abandonó la sala del hemiciclo del brazo de su esposa.

Mientras, se procesaba el resultado de aquella autodefensa. El poder legislativo temió que esas acusaciones fueran ciertas, por lo tanto, el parlamento buscó atar cabos con la intención de conocer la verdad sobre los señalamientos dados en contra del diputado Moralbe. Para ese fin, el Congreso Nacional contrató a varios expertos grafólogos para aclarar si aquel comunicado publicado en la prensa contenía un fundamento válido y si una supuesta nota escrita había sido enviada al citado diputado por el tren ejecutivo de *"La Inois. Company"*, para que se diera a conocer si ese escrito acusatorio era original o falso.

Una vez culminadas las investigaciones, una suma de pequeños detalles contradictorios, y un número de errores garrafales comprobaron que esa comunicación publicitada e injuriosa era falsa. En cuanto a la supuesta carta remitida por la transnacional de vidrio al tribuno de Acción Social pudo comprobarse que era totalmente simulada. La supuesta misiva había sido un invento de la imaginación desquiciada de alguien, puesto que la directiva de la empresa de vidrio *"La Inois. Company"* admitió nunca haberla escrito. Del mismo modo, se comprobó que era el mismo grupo anónimo, que esa correspondencia era probatoria de que un representante del partido de gobierno en el congreso se hallaba incurso en un negocio sucio con la empresa transnacional de vidrio que operaba en la ciudad de Valencia. ¡Oficio de alborotadores y difamadores!

Por su lado, los grafólogos registraron varios errores en la impresión del membrete de la correspondencia. Determinaron que el trazado del nombre del diputado había sido realizado en letras mayúsculas con la maliciosa intención de llamar la atención. De haber sido auténtico, el nombre y el apellido del diputado se hubiera escrito en letras góticas y en minúsculas, de acuerdo a la forma y al estilo acostumbrado por la transnacional de vidrio. Así mismo, los expertos en la materia sacaron como conclusión que el firmante de la nota, un tal Mr. Posgain, tan solo era un apellido inventado, por lo tanto, una persona inexistente. La experticia grafológica arrojó que la rúbrica no era auténtica sino falsa. Por supuesto, el propósito de descalificar al diputado resultó una solemne bellacada de parte de los anónimos acusadores (hasta ese momento no se conocían sus identidades).

Concluidas esas experticias, el diputado Moralbe sonrió ante la comprobación de la impostura de la carta. Se trilló con vigor los nudillos de los dedos de las manos. Guardó un augusto silencio. Lo cierto fue que Moralbe mandó al cuerno a sus difamadores. No obstante el favorable resultado, se dejó claro que eso no lo exculpaba del todo, en cuanto a tener las narices metidas en el caso del secuestro de Nick. Por ese motivo, se vio precisado a seguir el proceso en defensa propia.

En vista del resultado favorable logrado, y con el afán de asirse a la verdad de los hechos, el cuerpo secreto de inteligencia del país entró a actuar; sin ir más lejos, ese cuerpo llamó a *mister Kenty*, un funcionario de *"La Inois. Company"*, con la finalidad de formularle algunas preguntas "capciosas" en torno al asunto. Solicitó al circunspecto empresario extranjero dar información y una aclaratoria sobre la polémica carta que podía comprometer la reputación de Moralbe. El alto empleado de la transnacional de vidrio asumió la postura de un hombre honesto, sincero y responsable, y contestó que esa correspondencia era totalmente falsa; se expresó de esa manera a pesar de estar en conocimiento de que las paredes escuchaban y delataban todo lo expresado allí. Ese hombre dejó claro que no se prestaría a juegos sucios ni enredados. De ese modo, quiso trasmitir una lección de pulcritud a los demás. Posteriormente, el extranjero informó que la copia de esa nota escrita jamás había salido de la empresa mencionada, por tanto, la misma no podía constituir un documento fidedigno, y mucho menos comprometer la moral y la honradez del diputado del Partido Acción Social.

Con una veterana pericia *mister Kenty* hizo una pausa corta antes de afirmar que el susodicho parlamentario nunca había efectuado negocios turbios o lucrativos con la empresa *"La Inois. Company".* Lo declarado por el empresario gringo parecía devolverle el alma al diputado Moralbe, quien al enterarse del desmentido en cuanto al resultado de la investigación abierta contra él, se había sentido aliviado. Su manifiesta alegría alcanzó a despertarle los cinco sentidos, consiguió desembarazarse de su avinagrada cara. La expresión de su rostro mejoró notablemente. El diputado recobró fuerzas para desde el hemiciclo continuar batallando contra aquellos anónimos enemigos. Evidentemente, el testimonio de *mister Kenty* no logró en forma alguna que los presuntos culpables de esas denuncias dejaran de publicar distintas acusaciones en otros periódicos. Sacar de forma anónima una sarta de improperios en contra del diputado. Con publicitados martilleos de amenazas en contra del parlamentario, ese grupo logró propiciar un clima de alarma y desasosiego en la ciudadanía.

Con cuidado de lo que pudiera sucederle en un futuro inmediato, Samuel Moralbe se mostró grandilocuente y contumaz cuando desde la tribuna del congreso, y mediante una pieza laudatoria continuó defendiendo su inocencia con la misma pureza que trae una gota de agua caída de una nube del cielo. Atraído por la fuerza de la justicia, el diputado de Acción Social reafirmó con una voz segura, que con el tiempo él tenía fe en que esos malos entendidos se aclararían. Apuntó que no dejaría tentarse por ninguna provocación insana y aseguró que esas denuncias en contra suya atendían más que nada a los propósitos desviados de un grupo subversivo y facineroso. También, él prometió seguir forcejeando en cualquier campo para desmontar las piezas de ese complicado juego que significaba el secuestro del industrial norteamericano. Por último, el diputado sentenció que estaba dispuesto a continuar la investigación hasta dar con el paradero del rehén estadounidense. Tenía claras sospechas de quiénes eran los que habían atacado su honorabilidad, y sintió un impulso de acusarlos, esforzándose en mantener su caballerosidad, aun cuando creía que en ese instante todo se echaría por la borda. Dejó abierto el libro de las acusaciones.

El sol del atardecer matizó con colores diversos los elevados picos de El Ávila. El diputado Moralbe terminaba su efusiva defensa personal. Entusiastamente, el pugnaz político recibía los aplausos calurosos de numerosos colegas parlamentarios. Y en tanto otros colegas opositores se limitaron a darle unos tibios aplausos, no por eso dejaban de reconocerlo como un excelente tribuno, y los menos entusiastas mostraron sensibles dudas en cuanto a su "no culpabilidad" relacionada con el recibimiento de un dinero que podía haberle pagado *"La Inois. Company"*. A pesar de todo lo favorecido que había salido el diputado Moralbe, de alguna manera, una mancha negra quedaba en el aire, en cuanto a su reputación.

Sonó el tic tac del viejo reloj de la catedral de Caracas. Era el último día de audiencia parlamentaria y con un espíritu del guerrero a caballo y con la espada en la mano, Moralbe se defendió de la mordacidad de aquellos enemigos "asolapados", aunque sin conocer que él mismo gozaba de la "mala fama" de ser un hombre pesetero que sabía apostar al ganador y nunca al perdedor. Eso significaba un arma de doble filo en el oficio político que ejercía. El parlamentario era un excelente gerente de los negocios financieros, comerciales, y económicos. Aún consciente de que la tribu de abogados que él dirigía en los tribunales del país era cien mil veces más poderosa que la fuerza desplegada por cualquier cíclope en el mundo terrenal, la defensa personal se dio por terminada. Formalmente había quedado libre de sospechas.

El isócrono tiempo siguió su andar. Las cálidas temperaturas del verano abrazaron la ciudad de la eterna primavera. Inusitados hechos públicos continuaron suscitándose en referencia al secuestro del estadounidense. Se percibía un clima tenso con síntoma de alarma. Cada día que transcurría la gente entendía menos lo que pasaba en torno al cautiverio del gringo. Las malas noticias comenzaron a propagarse como una epidemia de horror. Tanto era el jolgorio de los curiosos que a la vuelta de la esquina se temía una revuelta que podía transformarse en una revolución civil en el momento menos esperado. La población sentía encima la bocanada de fuego de Lucifer. La gente estremeciose de angustia y desesperación. La incertidumbre reinaba en el ambiente político-social. En esa dura y calamitosa situación se encontraba el gobierno del presidente andino. El clima político se encontraba convertido en un polvorín a punto de estallar.

Impulsado por la situación calamitosa presentada, trasformado en un legítimo titán de las leyes, el bajito diputado desenvainó su filosa lengua para enfrentarse en el parlamento a variadas escaramuzas políticas y de otras índoles. Con su brillante verbo, prosiguió con denuedo y perseverancia defendiendo al actual gobierno. Defendió a capa y espada los intereses del estado. De ese modo, impidió que las huestes de facinerosos disfrazados de guerrilleros o de corderitos inocentes rompieran lanzas contra las instituciones democráticas, provocando un caos endemoniado de insospechable magnitud.

Aunque las lluvias de disturbios callejeros y las colocaciones de barricadas aún no habían explotado, la gente se había percatado de que el sistema democrático emitía señales de humo negro producidas por una galopante corrupción en los sectores políticos. Sobretodo por la notoria ineficiencia del gobierno para dar una positiva solución al caso del plagio del estadounidense. El pueblo se sentía defraudado por el gobierno. Lo imputaba de no haber actuado lo suficientemente eficaz para rescatar al gringo con vida. Además, ese reclamo era una manera de solicitar seguridad ciudadana.

Ante ese tropel de críticas públicas, las autoridades nacionales empezaron a trabajar con vigor en procura de evitar en el país un desencadenamiento de acciones desestabilizadoras, instigadas por los insurrectos. De hecho, la violencia empezaba a mostrar afilados colmillos. Los autores que propagaban la revolución socialista mediante panfletos y otros materiales escritos intentaron fomentar el odio contra el actual gobierno. Esos hombres y esas mujeres desataron en las calles varias acciones violentas sin causar heridos ni muertos. El gobierno sabía que si la violencia no se combatía pronto habría un derramamiento de sangre por dondequiera. Escudados tras el anonimato, los inescrupulosos belicosos y perturbadores del orden público siguieron los ataques contra personeros del gobierno y de hombres de negocios financieros. Mientras tanto, las autoridades militares habían recibido órdenes de desplegar una cacería de brujas contra los revoltosos. No obstante, los grupos rebeldes no pensaban dar tregua ni paz al gobierno hasta conseguir los deseados objetivos. Los agitadores se encontraban pendientes de abrir otras operaciones y, en caso necesario, cascar golpes duros al gobierno con el fin de poderlo conducir a una segura derrota electoral.

Los acontecimientos políticos del país prosiguieron con un rumbo agitado. Después de unos dos meses de haberse puesto en tela de juicio la honestidad, la moral, y la probidad del diputado Moralbe, ocurrió en que en el seno del congreso nacional, se descubrió la presencia de otro parlamentario presuntamente vinculado con el secuestro de Nick. Según las acusaciones habidas, ese nuevo sospechoso se amparaba en el fuero parlamentario para hacer de las suyas. En apariencia, el diputado hasta con mandinga negociaba los asuntos de su más cara apetencia monetaria.

El país se volvía a conmocionar con esa nueva e infausta noticia. Desde luego, ahora se trataba del diputado Mesalom (quien fungió como cómplice de los secuestradores de Nick en San José de Guaribe). En los cuerpos de seguridad y de inteligencia militar se tenía sospecha de que un congresista del llano se encontraba directamente involucrado en el cautiverio del empresario norteamericano. Ese hombre de estatura mediana, pelo canoso, que antes había militado en el Partido Acción Social, organización política que después él abandonaría para ingresar en las filas del Movimiento Electoral Popular. Sin doblez, ese parlamentario llevaba el estigma doloroso de haber sido prisionero político del régimen dictatorial de los años cincuenta. La huella imborrable de su reclusión en Guasina (una de las cárceles más tenebrosas del país) había herido profundamente su orgullo y honor. Encarcelamiento cruel y despótico sufrido durante el mandato del general Marcos Pérez Jiménez. En esos tiempos, se contaba que el diputado Mesalom una tarde fue atrapado por la policía secreta de ese gobierno cuando cumplía actividades revolucionarias en contra del oprobioso régimen militar. Sin mediar alguna clase de consideración ese hombre fue enviado a una tenebrosa cárcel en el estado de Bolívar, donde pudo salir libre cuando se derrocó la dictadura militar. A pesar de los constantes esfuerzos mentales que él hizo para cicatrizar sus profundas heridas por el encierro sufrido, no pudo lograrlo. Desde entonces, sus más caros sueños políticos se disiparon. Le sobresaltaba la angustia en que en su corazón solo albergaba rencor por haber sufrido torturas y vejaciones en carne propia. A consecuencia de esa crucifixión recibida, el diputado se quedó afectado y asqueado del entorno. Carcomido por el resentimiento, se sintió siempre amargado hasta el punto en que su decepción cristiana fue de tal magnitud que luego se acogió al ateísmo, cuestión que le impidió buscar la luz, la verdad y el perdón en las escrituras sagradas del cristianismo católico. Siempre renuente a perdonar, porque para él no existía nada más que la venganza. Por ese motivo, nunca estuvo dispuesto a tener una conducta samaritana con quienes fuesen, y estos fueron sus enemigos políticos.

El sol dejó caer sus guedejas luminosas sobre la ciudad de los techos rojos. Ese día y como lo hizo en otros días, el diputado Mesalom realizó por los espacios abiertos vuelos mentalizados sobre sus necesidades económicas. El político se ganaba un sustento diario, proveniente de la "dieta" pagada por el Congreso de la República. Pasado un tiempo se mostró disconforme con lo que ganaba en el congreso, puesto que de un tiempo para acá enfrentaba serios problemas económicos. Tenía contratiempos en cuanto al insuficiente sueldo que ganaba, porque no alcanzaba a cubrir los gastos incurridos en su núcleo familiar. Constantemente, el diputado sufría de fuertes depresiones a causa de su precaria situación económica. Cual gallo silencioso, sentía que su intelecto y su energía no se desarrollaban del modo deseado. Y si tiempo atrás alguien le hubiera lanzado un *stock* de oro, seguramente él hubiera estabilizado su mente y su cuerpo. Ahora, a duras penas ese parlamentario contaba con dinero para comer, vestirse y poder pagar el alquiler de la vivienda, razón por la cual deseaba trepar la cima de la fortuna con el propósito de procurar darle una educación idónea a sus hijos. En ese momento, sus necesidades económicas eran tan grandes y calamitosas como el exceso de monóxido de carbono que asfixia y contamina. Su actitud no era muy aceptable. De él se decía que para sobrevivir se encontraba en la capacidad de robarle los cabellos oscuros a la noche. Precisamente, eso fue lo que intentó hacer después de maquinarlo todo.

Aunque en sus intenciones ciudadanas el diputado Mesalom avanzaba en línea recta, se compadecía así mismo, y creía que, en su camino, el destino se le presentaba adverso. A veces le aumentaba su preocupación cuando su esposa lo apretaba por dinero, en vista de la carestía que padecían, aunque ella había notado que motivado a los bajos ingresos recibidos por su esposo, éste se encontraba amargado y con el sistema nervioso destrozado. Muchas veces el político no soportaba con tranquilidad y resignación aquella situación deficitaria. La falta de dinero lo acoquinaba y le pesaba como unos grilletes colgados al cuello. En consecuencia, Mesalom dirigió varios **SOS** a sus amigos para que lo ayudaran a conseguir un buen negocio con el propósito de solventar aquella estrechez monetaria. El parlamentario estaba dispuesto hacer cualquier cosa por salir adelante y superar la precaria situación económica. Y así sucedió. En ese empeño por lograr un negocio próspero y productivo buscó contacto con personeros de la empresa de vidrio *"La Inois. Company"*. El diputado era un hombre ocurrente en su forma de decir las cosas, mas no un dejado. Quería zafarse del horrible pánico producido por las necesidades de su familia. Por esa razón él esperó por largo tiempo un milagro en cuanto a que fuese aceptado el petitorio que le había hecho a la transnacional del vidrio. A pesar de sus necesidades era harto conocido por los lotes de tierras ricas en silicios que este hombre poseía en el estado Guárico y que deseaba vender. Tenía prisa en vender esa arena apta para la fabricación de vidrio. El parlamentario puso todas sus esperanzas en que se la vendería a un buen precio. Y buscó de una manera satisfactoria librar un negocio con la citada transnacional de vidrio. Para lo cual sostuvo varias conversaciones con los directivos de *"La Inois, Company"*. Se entrevistó con *mister Nick*, quien ocupaba para entonces el cargo de vicepresidente en esa próspera empresa transnacional de vidrio de los Estados Unidos. Mesalom entabló una cordial comunicación con ese alto ejecutivo empresarial. Al principio entre los dos hombres se produjo una buena relación de negocios sin que en ningún momento esa relación se transformara en una estrecha amistad. *Business* y nada más.

Varios meses pasaron en blanco sin que sucediese algo interesante. El diputado Mesalom continuó sintiéndose con el ánimo por el suelo. A la expectativa de conocer la última decisión tomada por la transnacional de vidrio. Pero el diputado no pudo cerrar trato alguno con los directivos de *"La Inois. Company"*, ni siquiera logró venderle un granito de arena con silicio a esa empresa. La decisión del cuerpo directivo de esa industria de rechazar cualquier trato comercial se basó en no tener seguridad en cuanto a la calidad de esa arena. Sin embargo, se supo bajo cuerda que más que todo esa venta no había cuajado por los temores que abrigó el tren ejecutivo de esa industria cuando consideró que esa oferta de venta de arena con silicio podía atender a una sórdida charlatanería del mencionado diputado. Se supo que ese político no aceptaría arder de hambre en el infierno. Esa decisión negativa de *"La Inois. Company"* cambió todos los planes y los proyectos del diputado. Entonces, una estremecedora angustia se apoderó de él. Se sintió lastimado y profundamente vejado. En suma, empezó a sufrir una crisis de ansiedad unida a un demoledor pesimismo que cargaba sobre sus hombros. Crisis que si él tempranamente no controlaba podía conducirlo a la demencia. Por esa razón, el congresista trató de sosegarse y despejarse del cerebro los malos pensamientos, e incesantemente buscó de nuevo pasar unos días de descanso en San José de

Guaribe. Por momentos, él abandonó el malhumor, aunque su cara expresaba un marcado descontento. Enseguida, Moralbe tomó precauciones para no cometer cualquier error caprichoso que pudiera costarle el cargo en el congreso. Entendió que si cometía una barrabasada quedaría en la inopia. O sea, en la más profunda de las miserias. De repente le sobrevino en la mente aquel pensamiento de *Newton*, en cuanto a todo ocurre porque tiene que ocurrir, y no podemos a nuestro arbitrio cambiar los hechos. Vigorosa luz abierta ante los ojos de Mesalom. En el transcurso de los siguientes días, después de ese desagradable episodio que había tenido con la empresa transnacional estadounidense, el ánimo exaltado del diputado se aminoró; aunque seguía ofendido. Pensó que él no podía considerarse un árbol de ramas taladas porque entonces se habría convertido en un campo de energía débil. No reclamaría con duras palabras nada más por grande que fuera su decepción. A tiempo frenó sus impulsos. Tuvo en claro que "el milagro" de la venta de arena con silicio no se produjo por culpa de una errática interpretación negociadora de los directivos de esa empresa. Y consideró que sus esfuerzos por salir de los escollos económicos habían fracasado. El panorama se tornó oscuro para él, sin salida inmediata a sus necesidades monetarias.

Dos semanas después del desaire recibido, en una fresca mañana donde los árboles desgranaban olores florales, el diputado, con el rostro sin afeitar, con un traje arrugado y mal planchado caminó absorto por los alrededores de la plaza Bolívar de la capital. De pronto se detuvo en medio de la misma para contemplar la majestuosa estatua de El Libertador Simón Bolívar. En ese momento fortuitamente se encontró con otro colega parlamentario de nombre Davisón. Con la experiencia del hábil zamarro ese otro colega diputado, sin mucho entusiasmo, le devolvió una sonrisa media socarrona. El diputado Mesalom que llevaba un cúmulo de emociones contrariadas dentro de su cuerpo le hizo conversación a éste, y resuelto le contó su desventura con los desconfiados ejecutivos de la empresa *"La Inois. Company"*. Por supuesto, Mesalom manifestó que su persona había sido ofendida con adjetivos peyorativos brotados de las bocas de esos maniobreros norteamericanos que se habían atrevido a tildarlo de tramoyista, de tramposo, de embustero y hasta de rufián. El diputado Davisón no pudo menos que pensar que a ese colega le había sucedido algo similar a lo que le había pasado al ladrón de Bethabara, quien junto a Jesús había sido condenado por los judíos, porque más que un ladrón, él era un charlatán.

Sin mediar una cercana amistad entre los dos, no conforme con lo contado hasta ese momento, Mesalom desembuchó los detalles de las negociaciones frustradas con la transnacional de vidrio. Lógicamente no se podía contar todo. Fue cuando se alargaron los dos brazos del diputado Davisón para con las manos cubrir los hombros del compungido congresista. De inmediato lo aconsejó no cerrar su pensamiento a nuevas fuentes de ideas positivas, y desterrar de su mente ese calvario inútil, porque todo en la vida tiene remedio, menos la muerte.

Mientras hablaba con Mesalom, frotándose con la punta de los dedos de las manos la negra barba y poniendo una cara compungida, Davisón lo miró fijamente para expresarle que él estaba seguro de que esa actitud suya lo impulsaba a enceguecerse más de lo necesario, por lo tanto, con un buen razonamiento él debía superar esa manifiesta crisis emocional. Con el tacto de un buen político, lo aconsejó que procurara ser más coherente con el curso que pudiera darle a ese reciente rechazo. Obvio, el comandante Davisón suponía que eso no era un problema de envergadura para echarse a morir. Después de escuchar ese consejo, Mesalom esbozó una media sonrisa y manifestó un desencanto. En esa providencial hora las franjas del sol se dibujaron sobre aquel sitio que exhibía una estatua ecuestre de Simón Bolívar, donde ambos parlamentarios mantenían una comunicación verbal cordial. Con sus recomendaciones, el diputado Davisón logró ejercer una sugestión reflexiva en el diputado Mesalom. Éste último se relajó de mente y de cuerpo. Esos consejos lo hicieron reflexionar. Se sintió complacido de haber conversado con el diputado Davisón. Ambos congeniaron en el idealismo socialista. Eran izquierdistas. Esa vez el diputado llanero simpatizó con aquel otro diputado, porque éste mostró el dominio del lenguaje coloquial, también por tener los cojones bien puestos. Y además, porque había librado duras luchas en campos adversos. Lo distinguía porque él sabía que ese hombre poseía un espíritu de servicio, sin demagogia barata. La situación se tornó distinta pasados unos días. Después de aquel encuentro en la plaza Bolívar, Mesalom tuvo la impresión de que había una corriente fuerte que fluía en contra suya. De ser posible, vientos huracanados arrasarían con otros planes suyos. Habida cuenta en que en su pueblo natal de San José de Guaribe se había visto comprometido su prestigio y su honestidad cuando colaboró en la huida de un grupo secuestrador. Ocurrió que los pobladores de ese lugar lo acusaron de ser enlace y protector de un grupo de malhechores. Eso ocasionó que quedara destruido todo el poder que irradiaba él sobre sus coterráneos. Desde entonces, el pueblo de San José de Guaribe lo consideró un zopenco y un mal nacido. Esas gentes jamás imaginaron que ese "hijo ilustre", nombrado así por ellos, pudiera ser capaz de hacer una cosa semejante. A partir de entonces, el diputado se vio repudiado por sus conterráneos y también acechado por las autoridades nacionales. Como era obvio, el diputado Mesalom rechazó esa grave acusación que consideró catastrófica. Esa denuncia se hizo pública en los medios de prensa por iniciativa de un empresario llamado Conde Jones, dicho empresario trabajaba por contrato en una empresa de vidrio estadounidense, *"La Inois. Company"*. Desafortunadamente, con esa ingrata acusación se abrió otra grieta en la vida del diputado. Lo que agudizó una vez más la crisis moral generada en él, por causa de la ignara ceguedad de los compañeros y amigos que lo rodeaban, sin dudas el plagio del empresario norteamericano era un asunto lleno de contradicciones y de engaños, con unos difusos y nada claros objetivos. Su conversación se reducía a quejarse de lo sucedido. Carilargo y consternado, Mesalom dio a entender que esa nueva afrenta recibida no se correspondía con la verdad. Y que, además, eso era una acusación morbosa y sacrílega en contra de su recto desempeño en la esfera nacional. Dominado por un ataque de rabia, Mesalom comprendió que a raíz de tan execrable señalamiento en su contra, ahora él se encontraba atrapado en un túnel sin salida. En su desesperación, el diputado gritó que esas calumnias eran unas catedrales de arenas que pronto desaparecerían. Sin duda el parlamentario tenía muchos enemigos.

El diputado Mesalom conocía el terreno pisado. Presumía que esas acusaciones las había divulgado aquel empresario llamado Conde Jones, con unos fines inconfesables. Ante el ulular de un mal presagio él vibró de rabia. Mostró unos ojos saltones que pugnaban por salirse de sus orbitas. No pudo hacer otra cosa que lanzar palabras por su boca acusando de blasfemo al empresario en cuestión. Y si acaso ocurriese algo inesperado que lo dañara más de lo debido, el diputado juró atacarlo con armas nobles e innobles. Un fuerte centelleo salió de sus ojos. Rechazó las acusaciones, porque todo eso no era más que una perversidad para destrozarlo políticamente., y cuando se abrieron las averiguaciones pertinentes solicitó un juicio penal contra el señor Conde Jones, por injuria, ultraje y por ofensa al honor y a la hombría. Sería otra época oscura para Mesalom. Todo era posible, y el ronroneo de amenazas fluctuaba en las calles de la ciudad en contra de él. Con una acusación infamante, iba más allá de quererlo meter en la tenebrosa oscuridad de una celda. Esa vez ni siquiera lo amedrentó tal hecho, a pesar de que sondeaba cerca del abismo por donde él pudiera caerse sin levantarse otra vez.

Vivía horas torvas por culpa de aquellos ataques pavorosos que recibía desde la bancada oficialista, no obstante, eso de ninguna manera lo obligó a torcer su rumbo político. Trayectoria parlamentaria que por cierto no era del todo exitosa.

Con una mueca desagradable en el rostro, atormentado por los denuestos expresados en contra suya, Mesalom no estuvo dispuesto a dejar perder la batalla contra esos proferidos ataques. Bajo la exhalación de un clima tenso, esa canallada activada por los enemigos significaba para él una gran dificultad en su actuación como parlamentario. Vileza urdida con el propósito de hundirlo en la política, que cayó como un balde de agua helada sobre su platinada cabellera. El empresario intrigante y enemigo suyo se había destorrentado en su contra. Tan terrible acusación no la engulló fácil Mesalom. Por la simple razón de que después de la prisión sufrida años atrás, él había construido un mundo de paz junto a su familia. Por ese motivo, no permitía que echaran más porquería sobre su persona y menos a su entorno familiar. Con un estallido de amargura en el corazón el diputado pensó en aquel inescrupuloso Conde Jones que ambicionaba hundirlo en el fango por causa de una venganza personal. Mesalom consideró que tenía derecho a una existencia libre y digna. Por todos los medios públicos disponibles y como un deber ineludible decidió rechazar esa tamaña ignominia lanzada contra él. La expresión serena de su rostro volvió a desvanecerse. Nuevamente comprometido se halló en aquel momento. No podía aceptar que lo tratasen como un hombre menos apreciado que un perro. Sintió que lo infravaloraban. El parlamentario hizo un esfuerzo para no perder los estribos y así poder pensar mejor la forma de repudiar dichas ofensas. Pues mayor vejación que esa era imposible. Tras un silencio roto y con una mente más aguda se auto preguntó: "¿Será que la difamación es un negocio lucrativo?".

Inmerso en una honda pesadumbre, el diputado llanero sabía que no podía darse el lujo de ser vencido en esa oportunidad. Con certeza entendió que no debía de perder el norte de la realidad ni de la verdad. Para eso él tendría que barajar las cartas y salir airoso del asunto. Sin dudas eso lo condujo a sacar en claro en que el señor Conde Jones era un declarado enemigo peligroso. Y que detrás de la torpe personalidad de ese implacable acusador se escondía un cúmulo de intereses maliciosos. Estaba claro que ese hombre de negocios no poseía la verdad ni la suficiente paz interior para sostener en cualquier tribunal de la república lo dicho en su contra. En vista de esas oscilantes acusaciones que pesaban sobre él, prometió poner todo empeño para defenderse a dentelladas de las mismas.

Seguro estuvo el diputado Mesalom de derrotar en buena lid al malvado empresario. Desde entonces clavados sus penetrantes ojos en aquel ponzoñoso empresario con la única intención de malograrlo para que jamás él volviera a prosperar en el mundo de los negocios financieros. Como era obvio, sin olvidar que no hay enemigo chiquito, en una ocasión sucedió que el empresario Conde Jones ante las autoridades policiales de Valencia denunció al diputado Mesalom de haberlo llamado por teléfono para solicitarle una cita que luego concedió. En aquel momento, el Conde Jones contó que cuando ambos se encontraron en la oficina de la empresa *"La Inois. Company"*, el diputado Mesalom refirió una historia medio extraña, entrelazada con el cautiverio del norteamericano. A partir de ese instante, Conde Jones comentó que tuvo la terrible sensación que detrás del cuento metido sobre la venta de unas tierras ricas en silicio en el Guárico, lo que había en el fondo era una cortina de humo para poder entrar a negociar lo referente a la liberación del plagiado. En versión del empresario esa venta de arena propuesta por el parlamentario sería solo una fachada para trocar a Nick, y de ese modo lograr resarcir otros intereses movidos por aquel grupo secuestrador.

Por supuesto, en conocimiento de lo declarado por Conde Jones, el diputado se enjugó el sudor en su pálido rostro. Sintió a sus pies hundirse el piso. Fue un momento difícil para él cuando se enteró del reporte policial levantado en contra suya. Lo que hizo recaer sospechas sobre él. Esa denuncia no fue suficientemente aclarada, empero esa espinita quedó clavada al rojo vivo en el corazón y en la mente del diputado llanero.

Entre columpiados comentarios nefastos continúo el caso del plagio del estadounidense. Un tiempo después sucedió que aquel tozudo y nada generoso empresario llamado Conde Jones siguió atacando con armas bajas al diputado Mesalom. Reiteradamente lo acusó de ser un farsante político y cómplice de un grupo de plagiarios. Conde Jones era astuto pero no convincente. Todo lo denunciado por él, en aquella ocasión, quedó sobre las almohadas y las colchas blandas de las camas de los gendarmes y de los investigadores.

Conde Jones mantuvo bajo vigilancia al diputado. Al final la verdad nunca se supo de lo que pasó. Las pesquisas adelantadas en torno a la complicidad del diputado Mesalom con un grupo probablemente subversivo no arrojaron los resultados esperados por las autoridades nacionales, quienes consideraron improcedente detenerlo como sospechoso o implicado en el secuestro del gringo. Para entonces se presumió su inocencia. Naturalmente, en aquellos días no existían pruebas concretas para apresarlo y ponerlo detrás de las rejas.

Se dio por descontado que, un tiempo después, Conde Jones curvó sus labios para expresar su incontenible ira. Prometió en un futuro no muy lejano desnudar la culpabilidad del imputado diputado Mesalom. En su concepto, ese hombre no era un verdadero político sino un malandrín de talla mayor.

El acusado parlamentario quedó en libertad plena, y los cuerpos de inteligencia y de investigación prosiguieron la búsqueda de pistas que los llevara a los lugares donde se escondían los autores del plagio del estadounidense. De por sí, se rumoreaba que un tal Sotoroyal comandaba las acciones en el lugar donde se hallaba de rehén el gringo Nick.

En uno de esos amaneceres grises con olor a viento de lluvia, en la ciudad capital llegó una noticia extraña. Se expuso a la luz pública que el ciudadano Conde Jones se había convertido en uno de los accionistas más poderoso de la empresa *Occidental Petroleum*. Sin duda, Conde Jones era un hombre ávido de riqueza y de poder, a quien la misma policía nacional no se atrevía a tocar ni con el pétalo de una rosa, para no salir con los platos rotos en la cabeza. Esa insólita situación la motivó la gran influencia que ese personaje oscuro tenía en los círculos económicos, comerciales y financieros del país. Con una actitud nada sumisa ni de rendición, el diputado Mesalom volvió a hervir de enojo al conocerse la noticia sobre las riquezas de su más acérrimo enemigo. Pensó de inmediato que esa noticia sería el as de oro con que jugaría para vengarse de tan presumido acusador suyo. Delante de un grupo de amigos de francachela, Mesalom se palpó los abombados testículos tras amenazas lanzadas contra Conde Jones. Maliciosa sonrisita afloró entre sus delgados labios, convencido de que esa información se convertiría en su mejor aliada para vengase de tan nefasto detractor. Lo de la riqueza sospechosa era una vergonzante noticia que corrió como liebre por dondequiera. También se había descubierto que Conde Jones se había desempeñado como presidente de la empresa *Maplat* y que Nick era subalterno de la misma. En la opinión de amigos del secuestrado, estos expresaron que desde que Nick conoció a Conde Jones no le fue una persona de fiar. Ciertamente se produjo un contacto de trabajo entre los dos hombres pero con un formal distanciamiento. No hubo una explicación lógica de ese proceder.

Durante buena parte del tiempo y desde ese último incidente no reventó ningún otro tipo de escándalo. Aunque, todavía no había una respuesta deseada en torno al secuestro del industrial norteamericano. Tampoco se presentó en el ambiente ese característico olor azufrado del demonio. Sobre estas prometedoras tierras de libertadores nada perturbador llegó a aparecer. Continuaba la caza de brujas. Los agentes de inteligencia husmeaban los talones de los presuntos secuestradores. Todo parecía verse bajo una luz única. Había desconsuelo y frustración. Nick no aparecía en lado alguno.

Era hora en que podía esperarse que ocurriera algo novedoso en el país. El ambiente se mostraba tranquilo. No se registraba negatividad en el territorio nacional. Hasta que un día cundió un runrún. Se rumoreaba que un tercer parlamentario había caído en sospecha de ser uno de los hombres que ayudaron a secuestrar al norteamericano. La nueva noticia expresaba que en las enmarañadas redes del secuestro de Nick había caído atrapado, cual araña mutilada, un sujeto nombrado Fortunado Herrero. Ese individuo puso una cara larga cuando lo detuvieron. Presionado por los rolazos de la policía estatal cayó apresado. Lo trataron sin ningún tipo de contemplación. Las autoridades ya tenían el pitazo en cuanto a que ese sujeto había intentado extorsionar a la esposa del rehén norteamericano, y por una rápida asociación de ideas los agentes de inteligencia lo detuvieron. Bajo un río de sospechas fue recluido en una estación policial para hacerle algunas averiguaciones sobre el caso.

Para el gobierno y el pueblo, la esperanza apareció de nuevo el día en que detuvieron a Fortunado Herrero. Tras su detención ese hombre sintió un nudo en la garganta. Una rigidez en la mandíbula. Por primera vez en su existencia Fortunado Herrero se asustó, aunque tampoco mostró nerviosismo. Llevado a una comisaría cercana del lugar donde lo habían atrapado, lo interrogaron alrededor de unas horas. Se rompió la tensión en el ambiente cuando el diputado para salvar su pellejo informó haberse entrevistado con la esposa del norteamericano. Luego adujo que el encuentro con ella no pasó de ser una simple entrevista personal para aconsejarla en relación a la conveniencia de realizar una gestión de pago para que su esposo fuera liberado en un lapso corto. También confesó haber tratado de persuadir a Dola en cuanto a que la vida de su esposo valía más que todos los millones de dólares del mundo. Recomendación que ella no escuchó. Por momento, las respuestas a ese interrogatorio parecían una confesión abierta de una supuesta culpabilidad. Más tarde. Herrero terminó su declaración verbal. Unos gendarmes lo tomaron por ambos brazos forzándolo a sentarse sobre el suelo de mosaico frío de aquella comisaría hasta recibir nuevas órdenes.

Después de escuchar lo alegado por el diputado Fortunado Herrero, el serrucho se cerró, luego de hacer una breve pausa y resoplar aire por la boca, el indiciado declaró desconocer el paradero del grupo que había plagiado al norteamericano. Con vaga mirada, recorrió la sala donde lo tenían recluido. Luego asumió una compostura banal, y arguyó: "Si ustedes me acusan de ser uno de los cómplices de la organización que cometió el plagio estarían cometiendo un grave error". Y agregó: "Si estoy detenido aquí será porque hay un enjambre de personas intrigantes y desalmadas pagadas por la transnacional de vidrio para culparme del hecho". Quiso impresionar. Al instante se notó una creciente tensión en el recinto. Los ánimos empezaron a caldearse. No contestó más preguntas. Herrero se limitó a mover la cabeza con gesto negativo asegurando que todo eso era una tremenda equivocación, porque detrás de esa patraña estaba la influencia de una mano negra peluda que deseaba acabar con su prestigio de político y de su pulcro proceder. Se puso rojo. Malhumorado escupió un gargajo sobre el sucio piso, Herrero quiso armar un revuelo y refunfuñó. Protestó su detención. Seguidamente, fue zarandeado por los gendarmes que lo miraron a los ojos, diciéndole que lo desaparecerían si no daba cuentas claras sobre el cautiverio de Nick. El diputado se embraveció cuando presintió estar pisando arena movediza. De pronto lo dominó la sensación de que podría ser llevado a la cárcel para cumplir una larga condena. Y en esa prisión seguramente lo dejarían podrirse por largos años sin juicio alguno debido a la negligencia y mala costumbre de los jueces que impartían justicia cuando les venía en gana. Con preocupación imaginó que eso podría sucederle, siguió protestando su detención. Se puso colérico. Sacó a colación su inmunidad parlamentaria. Repentinamente, se sintió mal de cuerpo. La fatiga lo empezó a vencer. Luego, recuperado por haber bebido agua, hizo un ademán despreciativo y feo con las manos. Solicitó a las autoridades policíacas dejarlo en libertad porque su detención era arbitraria y no cumplía con los requisitos legales. De nuevo, con un tono chillón de voz, hizo valer su inmunidad parlamentaria. Hubo un momento de silencio. Obvio, la trampa de su captura había sido planificada. No obstante, el diputado Herrero rozó un cristal que no pudo ver antes de caer detenido; ya que, unos días atrás, en una sesión extraordinaria celebrada en el congreso se lo despojó del fuero parlamentario. Sesión a la que él no asistió por ser un burócrata con vacaciones múltiples en cualquier época del año.

Después de producirse su apresamiento, al siguiente día, Fortunado Herrero fue esposado y trasladado al tribunal séptimo contencioso en lo penal, custodiado por un redoblado cordón policial. Empezó a instruírsele un expediente por extorsión. El presunto indiciado escuchó a su alrededor una muchedumbre que le gritaba insultos a granel. Lo maldijeron gritándole una sarta de improperios. El aterrado político, bajo la luz de la lámpara de techo de aquel tribunal, se sintió una persona enlodada, a punto de perder la calma y la razón. Pronto, el diputado temió ser apedreado por aquella turba de hombres y de mujeres apostados en los alrededores del tribunal. El acoso de aquel público enardecido casi le provocaba un infarto. Las paredes y el piso de arriba del tribunal retemblaban como consecuencia de la gritadera de las gentes. El acusado tuvo la impresión de estar montado en un patíbulo a punto de cortársele la cabeza. Herrero deseaba librarse de tan funesto momento de su vida y con todas las fuerzas de su corazón mantuvo la entereza. Por supuesto, él no era un delincuente por antonomasia. Lo apenaba ser tratado como un delincuente común y no como un promisorio congresista venezolano. Vertió su arrepentimiento bajo la infernal mandarria de aquel tribunal. Sin embargo, era tarde para invocar el perdón por el delito cometido. No logró ser absuelto. Ahora todo era diferente, porque de seguro lo meterían en una prisión llena de ratas.

Dentro de un ambiente candente en el tribunal, siguió abierto el proceso contra Fortunado Herrero. Nada había cambiado desde su detención. Y bajo el dominio de las arañas medrando en las paredes grisáceas de ese recinto, en su inefable labor de tejer el destino de los acusados, el ahora ex diputado hizo una especie de ejercicio de memoria y empezó a recordar esa vieja aspiración suya de convertirse algún día en uno de los muchachos de Tzáhal, valientes hombres que con sus pericias habían alcanzazo a liberar los rehenes judíos de un avión secuestrado que aterrizó en Entebbe. Pero, esa ilusión quedó rota y deshecha tras la sentencia recibida. Posteriormente, con un pañuelo blanco sostenido por una de sus manos, se secó la transpiración del rostro. Tiritando de frío, el acusado escuchó el fuerte mazazo que anunciaba la sentencia condenatoria del tribunal. Detrás del estrepitoso sonido del mazo justiciero no faltó quien lo tratara de reo común. El ex parlamentario Fortunado Herrero no escaparía de ir a la cárcel esa vez.

El encarcelamiento del ex diputado Herrero no fue el principio del fin del caso ventilado. Había cosas que no podían olvidarse, y una de ellas era la del secuestro de Nick. Así fue como volvió a suceder otro hecho inusitado. En un atardecer sobrecargado de una densa atmósfera, apareció un acontecimiento sorpresivo al escucharse la voz extravagante y berrinchada de un sargento de la policía de la ciudad, que maullaba igual a los gatos rabiosos. Ese hombre dio voz de alerta a un transeúnte que caminaba distraído por una de las calles céntricas de la ciudad. Enseguida, el sargento, con ánimo de joder al peatón le puso un revolver detrás de la nuca y, dijo: "Ah, por fin te pescamos guerrillero del carajo!" Aquel policía medio analfabeta gritó a todo gañote. La reacción del hombre no se hizo esperar mostrándose indignado. Luego, trató de zafarse de las garras del tosco gendarme. Sin embargo, el agente policial se halló acompañado por un grupo de cinco hombres sin uniformes. Por esa razón, el diputado no pudo distinguir a qué cuerpo armado pertenecían los mismos. Y para colmo, esos sujetos estaban completamente armados con pistolas y revólveres manipulados en plena vía pública. De ese modo, fue como el diputado Davisón se convertiría en el cuarto parlamentario detenido bajo sospecha de estar implicado en el plagio del norteamericano.

El diputado Davisón no tuvo tiempo de mirar los rostros de aquellos hombres que ejecutaban una acción extrajudicial en contra de su persona. Individuos que con jactancias propinaron varios golpes brutales sobre su cuerpo, magullándolo. Esas andanadas de puñetazos y de trancazos que le dieron con las cachas de las armas reglamentarias, lo hicieron perder el equilibrio y caer de bruces sobre la acera. Enojado, el diputado se puso de pie. Luego alcanzó a verles los rostros a esos policíacos que lo habían atrapado sin siquiera preguntarle quién era. Aquellos sujetos pusieron ojos marrulleros cuando lo jamaquearon para asustarlo. Sorprendentemente, el cabezudo diputado reaccionó en medio del atropello que cometían contra él. Y con arrebatada cólera arremetió contra uno de esos policías lanzándole un gargajo en su áspera y fea cara. El mal encarado gendarme embravecido lo pateó por la parte de atrás, a la altura de los riñones. De inmediato, los demás agentes del orden se alteraron por la afrenta cometida contra su compañero de armas. En forma de venganza pretendieron darle una soberana paliza al diputado, con el propósito de quebrarle los huesos sin dejarle uno sano siquiera, pero enhorabuena apareció uno de la DISIP, jefe de la brigada. Ese agente se había dado cuenta del atropello cometido en la calle contra un ciudadano común. Ordenó suspender la agresión física contra ese hombre. De esa manera, evitó que lo molieran a palos y en plena luz del día al diputado. Con esa orden, aquel jefe superior abortó el plan de seguirlo masacrando hasta verlo caer muerto, también impidió que sus compañeros siguieran aplicando aquellos métodos de barbaries usados en la edad de piedra. Puso al detenido bajo su custodia. En esas circunstancias y sin conocerlo, ese jefe contribuyó a salvarlo de una muerte segura. Sin duda, la excelente salud del diputado se resintió en aquella ocasión. No sería necesario silenciarlo. En aquel momento pensó que esos bárbaros lo podían matar de un solo tiro en la cara. Esa tarde el diputado sufrió la peor pesadilla de su vida. El diputado había sido detenido en una calle cercana a la plaza Miranda, en El Silencio. Otros agentes de la DISIP aparecieron en ese sitio y lo agarraron por los brazos tras haber sufrido un preocupante ataque de neurastenia. Una vez repuesto de la crisis, Davisón mostraba moretones y cortaduras en todo el cuerpo. Sin captar las malas intenciones del grupo de hombres que lo rodeó fue obligado a caminar unos cuantos metros hasta abordar una camioneta tipo jaula estacionada cerca del lugar. Ese vehículo tenía en las puertas delanteras impreso el logo de la DISIP. Enseguida, la camioneta partió rumbo a la urbanización Los Chaguaramos, donde se encontraba la sede principal de ese cuerpo de inteligencia y de seguridad. Ahora aquel parlamentario izquierdista que se había preparado en el campo *Steven* para la guerra de asedio, para el espionaje y la planificación de estrategias de guerrillas, se daba cuenta, en medio del aturdimiento sentido que ahora él no llevaba un solo minuto de ventaja sobre los sujetos que lo habían cercado. Había caído en las redes de la DISIP. No podía permitir que lo mataran y se fueran de juerga. El político poco a poco recobraba plenamente la conciencia. En la sede de la DISIP, se reanimó al tomar café negro de un pocillo de peltre. Después permaneció sentado sobre un banco de madera de pino. Esa vez tuvo que defenderse como un gallo de pelea para no sucumbir del todo. Allí sentado, y con los ojos abiertos, Davisón con impaciencia esperó la llegada del director del cuerpo de Inteligencia Nacional. En el intervalo de esa espera, se vio agredido mediante amenazas verbales por quienes lo vigilaban. En aquella oportunidad el fin no justificaba los métodos. Sabía que si lo asesinaban se armaría un enorme revuelo en el país.

Transcurrieron unas tres horas desde que el diputado Davisón fue detenido. Con flojera llegó el señor comisario jefe de la DISIP a la oficina principal. En su rostro contrariado se marcaba la desconfianza. Hizo notar su presencia en ese lugar. El voluminoso hombre lanzó una bufonada a todo gañote contra el detenido. En un arranque de furia lo amenazó con que iba a recibir un largo encarcelamiento si él no confesaba por voluntad propia su relación con el grupo guerrillero que mantenía secuestrado a Nick. Esa amenaza provocó fuertes latidos en el corazón de Davisón, que estuvo a punto de sufrir un colapso emocional. Ciertamente, ese constante acoso le reveló el peligro que corría su vida en aquellos momentos. De cierta manera, él tuvo un miedo cerval.

Con un tremendo esfuerzo, Davisón logró reordenar su mente. Temió que se descubriera la verdad sobre otras actividades que él realizaba fuera del recinto parlamentario. Dotado de una peculiar energía y con una mirada desafiante, el comisario en jefe conminó al detenido a firmar un papel declarándose de una vez por todas comprometido con el caso del secuestro de Nick. Lo cual rehusó firmar el diputado Davisón, y sostuvo su inocencia. Con argumentos enfáticos se defendió de las acusaciones hechas en su contra. Ni gafo ni estúpido. El diputado izquierdista hizo notar a los agentes de la DISIP, la protección que le daba el goce de **la inmunidad parlamentaria**. Eso evidenciaba que su detención era arbitraria, un abuso inconcebible. Dirigió una aguda mirada al recién llegado jefe de la DISIP, quien de una manera áspera y nada melindrosa le dijo que esa arbitrariedad podría costarles las destituciones de todos ellos, sin excepción. En cierto sentido todo eso era verdad. Algo más tarde, cuando el parlamentario continuó alegando **respeto a su inmunidad parlamentaria**, ya ardía en impaciencia por obtener su libertad. Ninguno reconsideró lo dicho por el detenido y, en cambio, sobre su rostro él recibió un salvaje puñetazo que le rompió la nariz y le enrojeció sus pómulos, golpe que lo hizo ver estrellitas de colores mientras por las fosas nasales sufría un sangrado profuso. Después de un interrogatorio tipo inquisición los DISIP no sacaron nada en claro. Cansado de tantos maltratos y con la piel erizada, el congresista lanzó a todo pulmón un grito desgarrador que retumbó a lo largo y ancho de la edificación donde funcionaba la DISIP. De su boca fluyó un líquido rojo al trillarse fuertemente los dientes y morderse la lengua. En ese momento, el parlamentario guerrillero parecía un actor en escena que sabía medir su inteligencia y también sus energías para no verse comprometido en situaciones complicadas. Su lengua se hinchó por el mordisco que se había dado. Todo aquello era un hecho envolvente. No tardó su mente en descifrar que todo lo que sucedía a su alrededor era una vulgar trampa armada por algún enemigo notable.

La actitud del detenido no convenció al jefe de la DISIP, a quien se le engruesaron las venas del cuello. Se puso en alerta ante la actitud envalentonada del prisionero. El regordete y malhumorado comisario molesto por la osadía del detenido de no querer contar nada sobre el secuestro del gringo procedió a profundizar en sus ataques verbales contra ese hombre, amenazándolo con dejarlo preso en una mazmorra lejos de la ciudad. Con locos latidos en el cerebro, el comisario enrostró a Davisón cuando le dijo, que supiera de una vez por todas que los guerrilleros asolapados en el congreso se la pasaban echando vainas al gobierno y de paso al pueblo tras escudarse cobardemente en la inmunidad parlamentaria. Privilegio que tales traidores esgrimían con aire de triunfo para no ser metidos en la chirola. Por último, arguyó que en razón de eso, los parlamentarios se creen intocables por las leyes del país.

Retorciéndose en el sillón de cuero que le servía de asiento permanente en la oficina, el director de la DISIP se tocó la punta de su barbilla y espetó groseramente al diputado Davisón, en cuanto a que él como jefe de la oficina principal de la DISIP se metía   por el culo esa **inmundicia de inmunidad**, en razón de que todos los parlamentarios eran unas cuerdas de sinvergüenzas que lo que hacían era armar la guachafita y enturbiar el ambiente de paz respirado en el país. Después, el DISIP abrió más la boca y, con un gesto belicoso, manoteó el rostro moreteado, sudoroso, y agobiado, del diputado. Y en la propia cara del detenido groseramente le dijo: "Bueno, chico, tú dices que eres inocente, pero aquí tenemos un grabador en donde tu voz está registrada negociando lo del secuestro ¿qué dices de eso?" Ante tamaña argucia puesta en acción por el ladino jefe de la DISIP, el diputado procuró no perder la paciencia ni dejarse dominar por el pánico. Para suerte, la citada prueba con su voz grabada no era legalmente válida ante los tribunales penales ni civiles del país. No servía de referencia testimonial en los tribunales. Eso lo sabía muy bien el jefe de la DISIP, que en esa ocasión usaba como carnada esa grabación con el propósito de aflojarle las piernas al diputado para que admitiera su responsabilidad en el caso del secuestro del gringo. Cuestión que no logró, aunque hizo el mayor de los esfuerzos por comprometerlo en su culpabilidad. Por supuesto el diputado no era adicto al chantaje. En aquella circunstancia difícil, el parlamentario izquierdista se encontraba a la expectativa de lo que pudiera acontecer con su apresamiento. Nadie tenía la más remota sospecha de que él era uno de los jefes guerrilleros de la organización Boinas Rojas. Por ese lado, podía estar tranquilo, aunque siempre se halló advertido del peligro que corría si lo llegaban a descubrir.

Ese día, tarde en la noche se terminó el interrogatorio al que fue sometido Davisón. Unos minutos después de concluido, un agente cicatero armado de un fusil con mira telescópica entró en la oficina donde estaba el diputado. Bruscamente lo tomó por uno de los brazos y se lo llevó a un cuartucho mefítico. Allí lo encerró y puso un candado a la puerta. Davisón en la madrugada durmió sobre aquel suelo carrasposo. Sin haber probado alimento es noche; en un tarro de peltre bebió agua amarillenta, mismo donde se había cocido el maíz con que habían hecho las arepas de la cena los agentes de guardia. El agua de tubo refrescó su garganta seca. La celda estaba iluminada por una lamparilla, tirado en el suelo, meditabundo, cerró los ojos, sin dormirse. A su alrededor se tejieron las redes del peligro. Esa madrugada, el político izquierdista bostezó de cansancio mientras caía un fuerte chaparrón sobre la ciudad de Caracas. Curiosamente, nadie en su hogar o en el congreso se había percatado de su prolongada y extraña ausencia. En aquel sucio cuarto de paredes pintadas con *graffitis* eróticos, el diputado Davisón con ironía comprendió que el congreso era un recinto de víboras políticas. Iracundo pensó en que eso llamado **"Inmunidad parlamentaria"** no era otra cosa sino un papel sin valor. **Inmunidad parlamentaria** que irrespetaba la policía y también los agentes de inteligencia cívico-militar.

La sed y el hambre impedían que el diputado Davisón pudiera ordenar su pensamiento para planear su actuación y defensa en las próximas horas, y de ese modo librarse de tan abusivo encarcelamiento. Se consoló a sí mismo al pensar que mañana no lo verían en el Congreso y su ausencia posiblemente llamaría la atención de los camaradas, quienes empezarían a indagar sobre su paradero. Sin dudas, el diputado Davisón vivía un singular momento. Recordó que además de político y diputado también era un guerrillero asolapado. Ese asunto se prendió en su mente cual un fósforo de nunca apagarse. Se durmió convencido en que mañana sería otro nuevo día.

Al siguiente día la esperanza mató el miedo. El parlamentario preso no perdía la fe en que algún compañero del Congreso se daría cuenta de su larga ausencia en la bancada de diputados y daría la alerta para buscarlo en su casa o donde pudiera estar. Empero, transcurridos unos días más de su no comparecencia en la Cámara de Diputados, fue cuando en el congreso se armó un revuelo por su desaparición. Una comisión fue nombrada al efecto para que de inmediato por toda la ciudad se emprendiera la búsqueda del citado parlamentario.

La mayoría de los congresistas ignoraba que la DISIP lo había tomado como conejillo de indias. Lo correteaban de un lado a otro para que diera a conocer en que sitio se encontraba cautivo el estadounidense. El resultado de esa investigación fue rotundamente negativo. El diputado no pronunció palabra alguna en relación a lo del secuestro. Constantemente se declaró inocente de todo señalamiento.

Un jueves del mes de septiembre, la ciudad de Caracas despertó tras retoñar otro día. El diputado Davisón fue liberado gracias **a la inmunidad parlamentaria**, y volvió a disfrutar de tan apreciada libertad. Era una locura no hacer valer esa carta de corso.

V

CAUTIVERIO EN CUBA

(Primer traslado al exterior)

S e lo llevaron a Cuba, sin saberlo Nick. Una corriente de aire fresco acariciaba el mar. El gringo no conseguía despejarse de su cabeza la profunda angustia de imaginarse el sombrío y miserable destino que lo esperaba más adelante, destino signado por su condición de cautivo. Plenamente desconcertado, el secuestrado estadounidense tuvo una leve sensación de que por sus venas y arterias fluía el agua salobre del mar. En su lechosa y desteñida piel sentía pegarse aquella humedad pululante. A causa del largo encierro sufrido, Nick se encontraba pálido, sin poder disfrutar de la dorada cabellera del sol en cada nuevo día.

En el recorrido de varias millas náuticas, y durante la serena travesía por el mar de las Antillas. El carguero *Olaf II* exhibía una flamante bandera noruega columpiada en el mástil central de la embarcación junto a una diminuta y descolorida bandera venezolana. El destino final sería atracar en el viejo muelle de La Habana y el desembarco se haría en un lugar cercano al sitio donde en 1898 había explotado el barco *"Maine"*, con una numerosa tripulación de marinos estadounidenses. A medida que el carguero se acercaba al malecón, se observaba la majestuosa bahía de la Habana que se abría cual abanico en medio de las esplendorosas y verdosas aguas tocadas por el radiante sol tropical.

Durante la estación de verano se divisaba en modo nítido aquel faro erguido, semejante al cuello de un cisne, que cumplía con el papel eterno de un centinela en aquella isla. Atalaya histórica que servía de guía a todas las embarcaciones que buscaron anclar en el muelle habanero.

En sigilo se desplazaba el carguero Olaf II en el intento de no inquietar a los pececillos que giraban alrededor de su enorme casco. Bien pronto el Olaf II echó amarras en el atracadero de aquella bahía habanera que todavía parecía un oasis de la naturaleza en medio de tanta destrucción ambiental. El barco transportaba un cargamento de cemento para vender al gobierno de Cuba. También en ese carguero viajaba una veintena de tripulantes y un pequeño grupo de revolucionarios venezolanos, los Boinas Rojas. Aunque, lo más inquietante que había dentro de esa embarcación, era aquel hombre famélico que dormía escondido en la bodega, como si fuera un polizonte. Se trataba de un hombre blanco y enflaquecido por el hambre, que vestía una camisa amarillenta desteñida y llevaba puesto un arrugado pantalón de color beige. Antes de ser bajado a tierra, el norteamericano tenía los ojos vendados y las manos atadas con un cordel. El compungido plagiado se encontraba bajo el yugo de un grupo de Boinas Rojas sin gozar del derecho de mirar. El apesadumbrado rehén en aquel momento corría el riesgo de ser sometido por la fuerza en contra de su voluntad y tener que pasar un tiempo confinado en ese sitio desconocido para él. Se trataba de la isla que poseía la mayor extensión territorial en el mar Caribe, isla donde ejercía un hegemónico poder el comandante Fid.

En el atardecer, el carguero Olaf II arribó al muelle habanero, programado para descargar el depósito que contenía cemento venezolano. Se calculaba que esa operación podría durar de dos a tres semanas debido a la poca mecanización con que se cumplían las tareas en ese puerto. De todas maneras, el tiempo de permanencia de esa embarcación sería temporal, puesto que la misma nave zarparía una vez que así lo decidiera el propio capitán en arreglo con las autoridades portuarias locales.

El *Olaf II*, una vez atracado en el fondeadero del puerto de la Habana, sería rodeado por una columna de trabajadores portuarios, y por añadidura, de numerosos vagos y curiosos que se agitaban alrededor de ese sitio en busca de dádivas para remediar sus miserias.

Cerca del viejo malecón, una camioneta blindada, sin placas esperaba ser abordada por los guerrilleros venezolanos junto con el rehén estadounidense. Nerviosos, los Boinas Rojas descendieron las escalerillas del carguero. Agarrado por los brazos y a rastras bajaron al secuestrado. Al pisar tierra firme, y sin pérdida de tiempo, los guerrilleros junto al norteamericano fueron conminados a introducirse en un compacto vehículo militar. Los revolucionarios venezolanos bien pronto interpretaron el sentido de tal acción, razón por la cual, asumieron una actitud prudente para cumplir con la orden de obediencia dada por la cuadrilla de milicianos que los recibieron en el puerto habanero.

En tanto Nick con los ojos vendados se sentía aterrorizado. Manifestó un ligero mareo provocado por el batiboleo de las olas del mar, o tal vez por el desgano para comer durante la travesía marítima. Ya en tierra firme, sin ningún trato piadoso, el rehén fue empujado hacia el asiento trasero del vehículo militar. Una vez colocado dentro del mismo el gringo se desplomó igual que un beodo en posesión de un tonel de alcohol dentro de su estómago.

Ese nuevo traslado lo obligó a pensar en que "Dios aprieta pero no ahoga". Siempre lleno de fe y con un alto espíritu emocional, el cautivo no dejó de creer en que algún día saldría ileso de esa cruel, maligna y vejatoria situación, a la que lo sometían sus captores. Nick se mantenía firme aunque sus ojos vendados proseguían ciegos para observar el mundo exterior. En tan extraña circunstancia el norteamericano no lanzó ni siquiera un quejido. No obstante, tan lejos y tan cerca de la muerte, el norteamericano pensaba en su esposa y en sus tres hijos adolescentes. Preocupado por que todo lo que imaginaba con la mente le olía a incertidumbre y riesgo. Devorado por la ansiedad soportaba estoicamente la situación humillante en que vivía desde el día en que fue tomado como un rehén. Sus esperanzas estaban construidas con retazos de creencias positivas que continuaban reforzando su fe en Dios.

El vehículo blindado en que se lo llevaron arrancó velozmente. Dejando atrás el dique y una larga fila de ventorrillos que vendían comidas típicas cubanas. Sin estupor, la pobreza de la Habana mostró un rostro cadavérico que ponía en entredicho la eficiencia de un gobierno comunista.

Otra vez el estadounidense no supo a qué sitio se lo llevaron. El gringo había perdido la noción del tiempo desde la noche en que fue tomado como rehén. Por ese motivo, desconocía fechas y lugares donde lo recluían. Con notorio pesimismo el cautivo tuvo la firme convicción de que aún podía estar pisando tierra venezolana. Estaba lejos de imaginarse que el territorio en el cual se hallaba en ese momento era, nada más, y nada menos, un predio que se encontraba bajo el dominio absoluto del comandante Fid.

Estaba en incapacidad de pintarse las cosas en blanco o negro en lo que pudiera imaginar y, con una momentánea resignación el rehén continuó arrastrado por un río turbulento, sin detenerse día y noche, cuyas aguas no recalaron en puerto seguro. Cuando lo bajaron del barco, Nick supuraba somníferos por todos los poros de su cuerpo. Por supuesto, en apariencia mostraba cierta pasividad ante varios hechos inauditos presentados. Dominado por la depresión en un momento, él desistió de continuar alzando su voz de protesta para exigir su libertad. Parecía importarle poco seguir vivo. Se había dado cuenta de que aquellos secuestradores lo trataban como si fuera una pieza viva convertida en una chatarra humana.

El comportamiento tenaz y resistente del industrial norteamericano quedó manifiesto de forma alguna desde la misma noche en que abruptamente lo plagiaron. Con un sensible quejido de angustia, Nick maldijo la noche carnavalesca en que de cuajo lo separaron de su familia, del trabajo, y de sus amigos. Desde entonces, su existencia estaba descuadrada. Nada era explicable y justo en su entender.

A toda velocidad la camioneta blindada se desplazó por las calles del centro de la antigua villa de San Cristóbal de La Habana, nombre dado a esa ciudad por los fundadores Pánfilo de Narváez y Juan de Grijalva. En la historia se registró a don Diego Velásquez como el conquistador de esa isla del Caribe.

Un oficial de tez morena, ojinegros y con unos afilados bigotes, durante el recorrido por las calles de la Habana con el dedo índice de su mano derecha iba señalando los monumentos relevantes en esa ciudad porteña. Recordó los días memorables de un pasado vivido. En una Plaza con numerosos árboles frondosos se levantaba una estatua de José Martí, la misma daba la impresión de obsequiarle una silenciosa bienvenida a quienes visitaban el centro de esa capital. No se sabía por qué los gobernantes no la habían derrumbado todavía, pues los comunistas consideraban a José Martí, no precisamente un apóstol de la libertad cubana, sino un poeta mediocre que sirvió a la conspiración judía internacional. Los milicianos comunistas, a pesar de ese profundo desprecio que sentían por tal figura, no quisieron desaparecerla porque en la historia del continente, José Martí era considerado un prohombre igual a Bolívar y a San Martín, y en América palpitaba una admiración por todos ellos. De por sí, Cuba necesitaba exaltar a un héroe nacional para estar a la par con los demás países latinoamericanos.

En tanto esa interesante y extraña historia reflotaba en el ambiente, el rehén seguía atornillado en el asiento trasero del auto blindado. Sintió pavor por lo desconocido. Su rígida postura lo cansó y hasta le ocasionó una gran incomodidad dentro del automotor. Él ni siquiera se atrevía a mover ligeramente las rodillas. Literalmente, el rehén permaneció ciego, mientras sus secuestradores le ocultaban el verdadero nombre del lugar donde ahora él se hallaba. La camioneta continuó el recorrido por las calles de la gran Habana.

Nick cargaba la muerte consigo a sus espaldas; solamente se apoyaba en su fe a Dios. Aunque sabía que para sobrevivir debía desarrollar una fortaleza espiritual. Con los ojos tapados por una ancha venda elástica que le apretaba las sienes, el gringo no pudo apreciar el panorama arquitectónico ni el paisaje natural que brindaba tan filibustero lugar cercano al mar. Desgraciadamente, para el empresario cautivo la oscuridad consumía sus ojos y lo obligaba a vivir en un mundo de tinieblas. Desde luego, esa engorrosa e inhumana condición del plagiado no la padecían los Boinas Rojas, quienes en forma fugaz miraron la cúpula del capitolio, las casas coloniales, vestigios de un pasado enriquecedor, el teatro García Lorca, el Hotel inglés, el Restaurante de los doce apóstoles, el Hotel Habana Libre (uno de los albergues más solicitado por los turistas extranjeros), el bar La Floridita, la Bodeguita del Medio (donde el escritor *Hemingway* pasaba horas enteras inspirándose para escribir sus novelas), el Castillo de los Tres Reyes, entre otros monumentos exhibidos en esa ciudad. Y así, de buenas a primera, los ojos de los Boinas Rojas se toparon con la fabrica de tabacos *Cohiba*. En seguida el vehículo blindado pasó acelerado por la antigua calle Obispo en procura de no ser avistado por cualquier transeúnte. A vuelo de pájaro, la Habana se presentaba a los ojos de los guerrilleros venezolanos como un lugar de gran hermosura colonial, sembrado de leyendas de piratas, corsarios, aventureros, filibusteros, conquistadores, y colonizadores. Escenario también de la no menos conocida historia del intervencionismo español y del imperialismo norteamericano. Esas páginas amarillentas en el tiempo rememoraban el costo de la independencia de Cuba. En América latina esa isla sería el último país en América en lograr la libertad y la independencia. Libertad alcanzada bajo el fuego de los cañones de las dos potencias extranjeras que se la disputaron como propia.

El vehículo militar, una vez que concluyó aquel recorrido relámpago por las calles céntricas de La Habana, se estacionó frente a la puerta principal del cuartel de *Yara*, una antigua fortaleza que frecuentemente daba la impresión de ser un pedazo de hormigón desprendido de un castillo florentino. Los milicianos que acompañaban a los venezolanos recién llegados se bajaron del vehículo; de los hombros colgados portaban unos fusiles *Kalashnikovs*. De inmediato, con pasos redoblados todos esos hombres entraron en el cuartel. Los milicianos recibieron el acostumbrado y obligado saludo marcial de los guardias de turno. Todo parecía andar normal hasta que saltó la superior orden. Por instrucciones del comando superior, los guerrilleros Boinas Rojas serían separados del rehén norteamericano. Posteriormente, los guerrilleros venezolanos fueron conducidos a la oficina del comandante *Roldos*, quien al verlos les dio un saludo efusivo y amistoso, a tiempo de invitarlos a sentarse cómodamente para las explicaciones pertinentes sobre los planes a seguir en relación al cautiverio del gringo. Esa mañana el comandante *Roldos* lucía una cabellera revuelta que cubría su achatado cráneo. Ese hombre se creía la muerte con las mujeres, sin embargo, él era bastante prudente con los amoríos trasnochados.

Antes de escuchar las opiniones de los Boinas Rojas, el comandante *Roldos* comunicó con mucha seriedad la decisión del gobierno cubano de darle una atención adecuada al rehén. En seguida aclaró a los guerrilleros visitantes la decisión de no torturarlo corporalmente, y puntualizó que el rehén padecería de una inmensa soledad, que solo podría ser perturbada por los guardias autorizados para llevarle los alimentos y limpiar la celda donde permanecería recluido en los próximos días. Explícito, advirtió que los demás soldados estarían lejos para evitar conjeturas entre ellos. Enfatizó que todo eso se tomaría como medida de seguridad, y con las manos apretándose la cabeza remachó sus palabras para aclarar que las autoridades cubanas no infringirían vejámenes ni violaciones que pudieran atentar contra la integridad física o mental del gringo cautivo.

Frotándose sus venosas manos, el comandante prosiguió diciendo a los Boinas Rojas que el gringo cumpliría una pena de aislamiento total, y con el paso de los días eso lo transformaría en un hombre huraño, en un anacoreta. Un hombre sin identidad y sin país. A partir de entonces, el jefe miliciano, impulsado por el deseo de hacer valer su autoridad prometió a los guerrilleros extranjeros en que pronto Nick estaría desconcertado. Reafirmó lo dicho anteriormente. El adusto miliciano cubano volvió a expresar a los Boinas Rojas que el cautivo yanqui estaría ciego al mundo exterior durante su encierro en la isla, pero... nada más. En silencio esa orden fue acatada por los Boinas Rojas. No fue fácil aceptarla, sin embargo lo hicieron a fin de no crearse problemas con el gobierno de esa isla caribeña.

El susodicho comandante revolucionario tenía un rostro surcado de arrugas por los años vividos. Se comportaba de un modo afable aunque enérgico. Dueño de un cuerpo y de una mente envidiable a su edad, la verdad era que ese hombre entrado en años poseía una contextura que no denotaba un solo gramo de grasa, además tenía unos ojos negros y brillosos. Algo más, manejaba a su antojo una sonrisa cautivadora con la cual era capaz de saberse ganar la confianza de los demás. Todavía, él sabiéndose atractivo a las mujeres, lucía siempre una barba blanca cuyas alborotadas puntas rozaban las insignias guerreras portadas en las dos solapas de su pulcra chaqueta militar. Era uno de los hombres de confianza del máximo gobernante de la isla. Amistad nacida entre ellos dos cuando estuvieron prisioneros en el castillo El Príncipe durante el gobierno dictatorial y derrochador de Fulgencio Baptista. El comandante Roldos se destacaba por ser uno de los hombres más respetado y poderoso de Cuba. En contradicción a su pública y recia imagen de ateo, él era un apasionado devoto de Santa Bárbara y de la virgen de la Caridad del Cobre, sintiéndose cristiano. No obstante esas creencias suyas, nunca dejó de venerar a *Changó* para no defraudar a la santería popular cubana. Pero el secreto mejor guardado de ese comandante era que gustaba a rabiar de las jineteras jovencitas. Aunque en sus círculos sociales y familiares lo tenían como un venerable padre y un ejemplar esposo, digno de los santos altares. Lo cierto era que en un escondido cañaveral *Roldos* hacía sus travesuras de viejito verde sin que nadie lo espiara. Cuidaba celosamente de que su amada esposa no se enterara de sus paganos y escondidos amoríos.

Cuando la conversación llegó a su fin, el comandante cubano invitó a los Boinas Rojas a recorrer una parte de las instalaciones del cuartel de *Yara*. Empezaron a caminar por los largos pasillos hasta toparse con la celda donde se encontraba el gringo cabizbajo y espantado, estremecido y con el corazón hendido por el dolor. Descalzo y de pie detrás de los gruesos barrotes de esa celda, con las ideas embrolladas. Aturdido. Evadido de la realidad.

El comandante cubano *Roldos* se aproximó y observó con detenimiento a Nick. Lo observó como si fuera una momia viviente con unos ojos azules con estrabismo, enseñando unas ojeras. En el fondo de su conciencia, *Roldos* lo compadecía, sintiéndose un tanto molesto por el abuso cometido contra aquel ser humano e indefenso. Pero... el comandante prefería callarse para no despertar la ira de su máximo jefe y estimular el descontento de los guerrilleros extranjeros que lo visitaban en aquel momento.

Unos minutos después, el comandante *Roldos* se retiró apresurado del lugar donde se encontraba confinado el gringo. El miliciano se notó visiblemente conmovido a causa de la difícil situación presentada por el cautiverio de aquel pálido y huesudo rehén norteamericano. A la sazón y antes de marcharse a su oficina, *Roldos* se vio obligado con cautela a fingir un templado carácter para poder ocultar aquel sentimiento humano de compasión brotado en lo más íntimo de su ser. El jerarca cubano hubiera querido tirar por la borda la terrible responsabilidad que lo aguardaba con la reclusión del gringo en el cuartel de *Yara*, y sin averiguar mucho sobre Nick lo consideró desde su punto de vista, una víctima inocente. Creía en que ese secuestro era producto de un mal entendido o de una terrible equivocación, o quizás de una sórdida venganza. Después de todo, se dio cuenta en que esa clase de hecho era difícil de aclarar.

Después de retirarse el comandante *Roldos*, en seguida se marcharon los Boinas Rojas, acompañados por cuatro guardias de rudos torsos. Los guerrilleros fueron notificados por uno de los capitanes del cuartel de *Yara* de que las autoridades superiores habían dispuesto que todos ellos se hospedaran en un hotel cercano a la fortaleza. Los Boinas Rojas desconocían hasta ese momento en que el cuartel de *Yara* era considerado toda una reliquia histórica que rememoraba las hazañas del negro *Guillermón*. Era un lugar legendario donde se podía conciliar lo inconciliable. Aunque ellos desconocían la heroica historia de la fortaleza de *Yara*, en cambio, sí conocían de la hazaña revolucionaria del cuartel Moncada, segunda fortaleza militar construida en Santiago de Cuba.

Se asomó el sol. Las blancas olas saltarinas del mar de las Antillas retozaron en las arenosas playas de la Habana. Se oyó el trinar de los pájaros en peregrinos vuelos en los espacios libres, y con su habitual y ágil vuelo se percibió la presencia del zuzuncito (un pajarito pequeño) y el aletear de las gaviotas y alcatraces en las verdosas aguas. Ese día, muy de mañana, los Boinas Rojas fueron despertados por un soldado vestido con un uniforme de rutina de color verde oliva. El miliciano llevaba sobre su cabeza una gorra tipo plato de color verde, calzaba brillantes zapatillas negras ajustadas en los costados con elásticas blancas. En plena alborada naciente y a poca distancia del hotel donde los Boinas Rojas se alojaban se dejaba escuchar el toque de una diana que provenía del patio posterior del cuartel de *Yara*. Esa corneta llamaba a los soldados a formar filas, y luego a dar comienzo al cotidiano atareo militar. Los guerrilleros venezolanos desde sus habitaciones oyeron con emoción y respeto esa clarinada. También escucharon los acordes del himno la Bayamesa. Media hora después cuando volvía a imperar el silencio, un miliciano de edad avanzada, con una espantosa flacura igual a la de un gusano de lluvia, tocó en cada una de las puertas de las habitaciones ocupadas por los revolucionarios extranjeros. El propósito era avisarles que el desayuno estaba servido en el comedor, a tiempo de entregarles un mensaje del brigadier cubano Eloy Rivas. Tras el cumplimiento del deber, ese soldado se apresuró en abandonar el lugar y atravesó el claroscuro pasillo del primer piso del hotel. De esa manera, evitó que los huéspedes camaradas le hicieran preguntas indiscretas.

Los Boinas Rojas se sorprendieron del esquivo comportamiento de aquel soldado, sin poder siquiera detenerlo por un tiempo corto para formularle algunas preguntas. Impertinentes y tozudos, todos ellos lamentaron el escape del mensajero miliciano cubano.

De pronto y finalmente los Boinas Rojas recordaron que allí estaba prohibido conversar con los soldados de tropas, sin autorización de la superioridad, so pena de castigo para quienes infringieran esa orden. A tan severo mandato se debía la actitud no comprometedora de la soldadesca. Durante unos instantes, los Boinas Rojas experimentaron un sutil desacuerdo en relación a esa norma dispositiva, luego calmaron los nervios y se arreglaron las ropas para ir a desayunar.

Debieron darse cuenta de que desde su arribo a la Habana ellos habían sido alertados sobre esa rigurosa disciplina militar que guardaba similitud con la soviética; bajo esos cánones castrenses, los milicianos no se atrevían hablar con personas extrañas sin contar con el permiso reglamentario de la superioridad. Y, por incumplir esa orden, el castigo impuesto a los oficiales y soldados de tropas era algo infernal, despótico; puesto que al infractor lo encerraban en una cámara oscura del cuartel de *Yara*, donde podía hasta morirse a causa de padecer un tiempo de aislamiento, a pan y agua.

Más de un miliciano salió moribundo de esa cámara oscura al suprimírsele el alimento y el agua, también al restringirle el aire que solo entraba por un exiguo orificio abierto en el techo, lo que originaba una asfixia letal con pérdida de la capacidad respiratoria. Eso era una especie de cámara de la muerte en la versión más primitiva de una era contemporánea.

En un pequeño comedor ubicado en la planta baja del hotel se encontraban los Boinas Rojas desayunando cuando se presentó un sargento de primera, con una gorra entre las manos. El soldado les dijo que cuando ellos terminaran de desayunar lo siguieran para conducirlos al lugar de reunión.

Esa mañana, los Boinas Rojas vestían uniforme de campaña con emblemas similares a los usados por los soldados del ejército venezolano. El sitio donde los Boinas Rojas se hospedaron se hallaba estrictamente resguardado por un escuadrón de soldados especialistas en las técnicas de contraataques.

Ese hotel era administrado por un civil que mostraba una cara de enfado. No obstante, él era hábil en el desempeño de la caja fuerte. Ese personaje sabía hurgar en los bolsillos de la mayoría de los huéspedes, sobretodo cuando estos debían de cancelar las cuentas pendientes.

Al terminar el desayuno, los Boinas Rojas se alejaron de aquel sitio, asombrados, mal humorados. Y, a pesar de que ellos tenían un horario apretado por cumplir, siguieron observando en derredor del hotel. Sin poder preguntarle a alguien si donde ellos se hospedaban era un hotel exclusivo de militares, porque, a decir verdad, ninguno había visto ni por casualidad en las áreas sociales a un civil. Los Boinas Rojas habían aprendido la temprana lección de que "en boca cerrada no entra mosca". Ellos presumieron que violentar las normas disciplinarias podía costarles la expulsión de Cuba. Otra vez, los Boinas Rojas se encontraron dentro del restaurado cuartel de *Yara*, una fortaleza antigua llena de historias y de leyendas. Allí, los recibió un soldado que mostraba un rostro estólido y de cuyo hombro izquierdo colgaba un fusil AK 47, quien los acompañó con unos pasos ligeros hasta el lugar señalado.

Uno de los Boinas Rojas echó una mirada al reloj y comprobó que tenían diez minutos de retraso. En Cuba, el retardo en las citas castrenses es muy mal visto, y hasta posiblemente sancionado con el no recibimiento de la persona, sea esta quien sea. Los Boinas Rojas creían a pie juntilla que seguramente ellos se encontrarían allí con el comandante Fid.

Pronto se decepcionaron cuando la puerta principal se abrió de par en par y apareció otro oficial. Ese nuevo personaje con la misma frialdad de un tempano, los saludó.

Sorprendidos por la presencia del nuevo oficial desconocido, los Boinas Rojas entraron al despacho. Se trataba del comandante Dimas Urrietiño, quien entre sus honrosas glorias contaba con el mérito de haber organizado el comando subversivo que trató de derrocar al dictador Fulgencio Baptista, en 1957. Su inigualable carrera revolucionaria pudo desarrollarla con base en enseñar a los camaradas a fabricar bombas *molotov* y lanzarlas en aquellos lugares seleccionados. El arrogante militar en sus años mozos estuvo poseído por una obsesión devastadora como la de eliminar vidas humanas, sin importarle sexo, edad, religión, y raza, o si eran culpables o inocentes los acusados. Lo único que le interesaba para cometer esas atrocidades era que las víctimas fuesen enemigas declaradas y confesas de la revolución cubana.

Ahora, todo aquello le parecía una atroz pesadilla. Deseaba olvidarse del pasado, porque sabía que los muertos no hablaban, no se defendían, ni salían como espantos. Dimas Urrietiño no iba a condenarse a una existencia martirizada a causa de esos remordimientos. Con una cara de ovejita inocente quiso librarse de los crímenes cometidos y emprender una vida llena de paz. Sin fantasmas del pasado.

A ese individuo de quien se creía poseer un alma aguijoneada por el odio y el rencor, le salió una pasada conciencia sucia. Toda vez que no podía sacudirse ese mal comportamiento que lo hacía sufrir un horrendo calvario, en su conciencia pesaban múltiples crímenes, y para mayor de los colmos, él no sabía cómo perdonárselos.

Después de un largo tiempo del triunfo de la revolución cubana, Urrietiño se halló en el camino de los arrepentidos; igual a Barrabás, quien una y mil veces se arrepintió, se arrepentía, y se arrepentiría, por el resto de su vida, sin alcanzar el tan anhelado perdón.

Al veterano miliciano lo atormentaban las muertes de personas inocentes causadas por sus inventos infernales. Con el tormento reflejado en los ojos, Urrietiño comprendió que Dios era el único que podía perdonarlo cuando abandonara el mundo de los vivos, a pesar de él ser un renegado cristiano católico. Por lo pronto, Urrietiño no se encontraba dispuesto a dejar este paraíso terrenal, y menos aún lo dejaría ante el temor de quemarse en la quinta paila del infierno. Las páginas vivientes de sus crímenes las tenía insertadas en su cerebro.

Durante los años febriles de la revolución cubana, Urrietiño se había transformado en un hombre inescrupuloso, más que todo, animado por ese sentimiento de ciega fidelidad con el líder Fid. Lealtad que profesó desde el mismo momento en que lo conoció en el asalto al cuartel Moncada, en Santiago de Cuba, en el año de 1953. Después de fracasar en ese intento revolucionario, ambos guerrilleros purgaron prisión en la Isla de Pino. Ahora, en el presente trataba de olvidar lo que costaba olvidar: las oleadas de los asesinatos cometidos por él.

"A sabiendas de que la conciencia juzga más que la justicia de los hombres en la tierra".

De alguna manera, Urrietiño era un miliciano temido por el pueblo cubano. De él se conocía que en la época dorada de la revolución cubana había sido experto en manipular cohetes teledirigidos, que dieron en el blanco un noventa y ocho por ciento de las veces. Hazañas resaltadas por aquellos crueles resultados. Galardones de la revolución cubana. Revolución que se encontraba bajo la órbita protectora de la Unión Soviética.

Ese miliciano que no pagaba muerto estaba convertido en un héroe de papel celofán.

Ciertamente, ese comandante cubano era portador de un historial negro. En el fondo era un fanático creyente de la revolución conocida como «Izquierda sin Fronteras». Eso lo obligó no solo a meter sus duros huesos juveniles en ayudar en las acciones revolucionarias en su país, desatadas en los años cincuenta, sino que se convirtió en el entrenador de un grupo terrorista llamado Septiembre Negro, grupo exterminador de judíos.

Irreverente, cerrado los ojos a la misericordia humana, Urrietiño pudo haber contribuido a desatar un holocausto en

América. Ese comentario dio pie a juzgarlo por la testaruda y torpe manera de conducirse. Urrietiño pudo haber sido un ciego y fanático admirador de Hitler, pues le rendía altos honores. Nutrido en ideas del fundamentalismo nazista, este miliciano poseía una mente destructora. Pasado el tiempo y años después en la década de los setenta, el comandante Urrietiño estaba presente de carne y hueso en el cuartel de *Yara*, y sostenía una conversación afable con los Boinas Rojas.

Con habilidad maniobrera, Urrietiño se había presentado ante los visitantes guerrilleros, como un revolucionario pacificador, distinto a ese otro yo revolucionario y de una conducta abominable en tiempos pasados. Cada cosa en su momento. Años atrás él había sido culpable de las matanzas de numerosos opositores del gobierno socialista de Cuba.

En aquellos días de un pasado no lejano ese miliciano con una personalidad de criminal desaforado hizo temblar de horror a más de uno. Para numerosas personas los crímenes cometidos por Dimas Urrietiño, en nombre de la revolución cubana, pasaron a formar parte de las páginas trágicas, sangrientas, y negras, de la historia contemporánea del continente latinoamericano. Felizmente ahora ese militar repleto de condecoraciones soviéticas y cubanas no actuaba en esa forma, y menos buscaba por medio de la fuerza que se le diera la razón o el apoyo en todo lo que pudiera hacer o decir. Abandonó su actitud intransigente y vejatoria que una vez lo impulsó a cometer atropellos imperdonables en contra del propio pueblo cubano. Tan perversa actitud se debía más que todo a su fiel y ciego servilismo para con la revolución socialista. Y su absoluta fidelidad al máximo líder Fid.

En el presente tiempo, el comandante Urrietiño mostraba un cambio de actitud mental distanciado en muchos aspectos de su ignominiosa conducta de los años cincuenta y sesenta. El viejo revolucionario con una longevidad a cuestas tenía una larga mirada que parecía hundirse en el vacío. Esa transformación deseada y buscada pudo haberse originado cuando él creyó haber aprendido la lección cristiana de no asesinar a sangre fría a los enemigos políticos o a los inocentes coterráneos.

Se rumoreaba entre el pueblo cubano que este comandante revolucionario después del arrepentimiento por las atrocidades cometidas empezó a querer llevar una vida vertical, diferenciando con buena luz el bien del mal. Eso sí, ese anciano carcamán, lo que no pudo abandonar fue el vicio que tenía por el tabaco y el buen ron cubano. Gustos que se daba cada cierto tiempito cuando lo asaltaba el fantasma de los horrores cometidos. Empecinado en no sentir que él poseía un cerebro tieso como un palo se dedicaba a rezar en secreto.

A su lado, guardando un silencio hermético, con una postura imperturbable, se encontraba otro adepto incondicional de la revolución cubana, el lugarteniente Luís Turbay, del antiguo regimiento de "Cazadores de cabezas de contrarrevolucionarios". Ese recio, tosco, y atronado miliciano, lucía una barba entrecana. Él había sido uno de los cerebros más inteligentes de la revolución cubana. También, un portavoz enérgico de la revolución del 26 de julio. Entre sus compañeros de cuartel ese lugarteniente Turbay se jactaba de ser uno de los sobrevivientes más corajudos en la invasión de Bahía de Cochinos. Sin embargo, la desgracia le sobrevino cuando empezó a padecer, desde un tiempo atrás, de un trastorno nervioso que le impidió ascender en su carrera militar en el período reglamentario. Ese percance lo marcó por el resto de su existencia, pues sufrió una tremenda frustración que jamás superaría. Ese camarada de Fid continuó padeciendo de horribles pesadillas, por razones de su pasado, sobre todo por no encontrar la manera de olvidarse de esos malditos crímenes que había realizado. Aniquilado por esos cometidos asesinatos en masas, su cabeza estalló en mil pedazos.

Al paso de los años, sin mejoría experimentada, Turbay prosiguió acosado por la esquizofrenia. A veces tenía la terrible sensación en que a diario lo perseguían para matarlo. Desquiciamiento mental que pareció siempre maltratarlo hasta convertirlo en un psicópata. Por otro lado, ese miliciano, por nada en el mundo deseaba que su imagen de hombre guerrero y valiente se derrumbara, y mucho menos en que se le acusara de haber prevaricado. Por tal motivo, una vez logró que el propio comandante en jefe lo condecorara con "La Orden al Mérito Revolucionario", condecoración otorgada por el gobierno revolucionario cubano a los hombres que mostraron valor y coraje durante los inicios de la revolución cubana.

Un día todo cambió y el lugarteniente Turbay, con una grieta abierta en el cerebro, fue recompensado por los servicios leales prestados a la revolución. Con palabras bondadosas, el hombre fuerte de Cuba lo elevó a los altares de los héroes, y lo designó Jefe honorario del Regimiento número uno del Palacio de los Capitanes Generales, cargo honorífico que ocupaba en ese entonces. Ese nombramiento se lo dio el comandante superior de la revolución, a sabiendas de que el trastorno mental de ese fiel camarada suyo nunca tendría curación. Sin embargo, el comandante Fid sentía un afecto filial por ese hombre, quien poco a poco ingresó en el mundo de los muertos con vida. Bastaba con ojear la hoja de servicio de Turbay para conocer por qué le habían reconocido tantos méritos.

En todos los corrillos del ente gubernamental habría de comentarse que la depresión sufrida por el lugarteniente Turbay no fue óbice para que el líder máximo del movimiento del 26 de julio dejara de reconocerle los servicios prestados a la causa revolucionaria. Por ese motivo, también se acordó de concederle múltiples honores, y de ese modo tranquilizarlo, pese a su mal esquizofrénico. Por supuesto, el comandante supremo Fid sabía que el lugarteniente Turbay era un hombre indómito, capaz de reaccionar de la peor manera. No obstante, el comandante superior no lo relegó porque había sido un valiente colaborador suyo, ya que en tiempos idos había sido su mano derecha y su mejor confidente cuando la revolución se encontraba en pleno proceso de desarrollo.

Como nada es casual en la vida, el lugarteniente Turbay siguió en el transcurso del tiempo, alimentando las esperanzas de una revolución socialista que triunfara en el continente americano. Hasta su muerte juró ser un soldado al servicio de la causa revolucionaria socialista-comunista en Cuba y en el resto de América.

Sin ninguna altísima generosidad, otros dos milicianos cubanos, que se encontraban presentes en dicha reunión apenas esbozaron unas sonrisas con una fina ironía, y refunfuñaron entre dientes, sintieron desconfianza y un tanto de temor, por las implicaciones que podía acarrearle a Cuba los honores y el cargo otorgado a Turbay.

En relación al confinamiento del norteamericano en el cuartel de *Yara*, esos hombres se mostraron preocupados. Uno de ellos tenía unas ojeras profundas y una expresión de amargura en la boca; chasqueó los dedos mientras buscaba las palabras adecuadas para protestar, sin comprometerse en lo más mínimo. Era inútil pensar en que esos dos milicianos eran peligrosos, puesto que, todo lo contrario, en ellos privaba un sentimiento anti yanqui, por sobre todas las cosas. Suficiente cordón umbilical para mantenerse unidos y fieles a las partes cubanas comprometidas en el secuestro del estadounidense. Descartados ambos como soplones.

En el salón donde se celebraba la entrevista entre los milicianos cubanos y los guerrilleros venezolanos, las opiniones más diversas y contradictorias resonaron allí, tal como una avalancha de piedras desprendidas de cualquier escabrosa montaña. Sin embargo, para ambos grupos, el secuestrado constituía una pieza fundamental para llevar adelante en Venezuela una revolución similar a la de Cuba. Por ese motivo, el gobierno cubano se había comprometido a responsabilizarse del cautiverio del gringo, dando chance así a que los camaradas extranjeros se organizaran ideológicamente y se adoctrinaran mejores. Por su parte, los Boinas Rojas procurarían obedecer y comprar armamento soviético para hacer triunfar la revolución en su país. Ese era el tamaño del compromiso que el gobierno de Cuba había contraído con la organización Boinas Rojas y la LS.

Un olor a viento de lluvia se coló en el recinto, Urrietiño mostró un rostro sosegado y asumió una actitud seria. Dijo: "No hay que arriesgarse demasiado" y continuó prestando atención a los planes trazados por el grupo Boinas Rojas. Algunos puntos expuestos por los guerrilleros venezolanos le parecieron acertados y otros descabellados. La mirada aguda del comandante examinó los papeles entregados por los guerrilleros extranjeros. Pero... algo no le gustaba del plan. Sin embargo, ese militar prefirió callar su desacuerdo, restándole importancia a lo visto; en seguida el comandante se frotó las dos manos, luego se secó el sudor de la barbilla.

Libre del dolor de cabeza, prosiguió hablando sobre los proyectos políticos y comerciales a efectuarse en el futuro. Urrietiño con énfasis hizo alusión a los pormenores del cautiverio del yanqui en La Habana. Una cuestión hubo de aclararse entre las partes, puesto que si Cuba se metía en la candela del secuestro del norteamericano sería para ayudar a los guerrilleros Boinas Rojas en su lucha por alcanzar los objetivos programados. Batallas fundamentadas en una política abierta contra el imperialismo de los Estados Unidos. El interés del gobierno revolucionario cubano se evidenciaba en ese sentido al aceptar que el rehén norteamericano estuviera un tiempo escondido en su territorio. Sin maltratos, y menos bajo la práctica humillante de la tortura.

Durante la conversación, un torrente de sangre caliente se subió a la cabeza del comandante Urrietiño cuando se refirió a los Estados Unidos. Él detestaba a la poderosa nación del Norte de América. Y, en ese arranque de indignación que manifestó contra los Estados Unidos se enegueció en más de una ocasión cuando se vio obligado a tomar decisiones transcendentales en el campo de las acciones militares en contra de esa potencia imperialista. Ambicionó siempre ponerle coto final al intervencionismo yanqui en la isla, arrojando de Guantánamo a los Estados Unidos, y combatiéndolo con las armas en el resto de los países indoamericanos.

Un mareo inoportuno lo obligó a apoyarse en la pared. Una vez reconfortado de esa indisposición, y también superada la actitud revanchista que había asumido en relación a los Estados Unidos, el susodicho comandante explicó a los visitantes guerrilleros que el gobierno revolucionario de Cuba iba a colaborar con su organización. Eso sí, con la salvedad de que su país no tuviera interés manifiesto en asumir actualmente una posición de ataque contra el actual gobierno venezolano.

En pocas palabras, acentuó que Cuba los ayudaría a salir adelante sin estar metida hasta los tuétanos en relación a la situación interna del país donde había nacido Simón Bolívar. Con un tono melodramático que sonó a comedia barata apuntaló: "El verdadero rostro de Cuba no se lo enseñaremos al mundo, hasta que la revolución no se consolide en América". Y convidó a respetar esa decisión.

Atrayendo la atención de los camaradas se sintió con el deber cumplido. Después, con un lápiz tintineó un vaso de vidrio y les agradeció discreción a los Boinas Rojas en cuanto a la cooperación dada por Cuba en referencia al cautiverio del gringo. Eso lo recalcó otra vez con el firme propósito de no comprometer más de la cuenta a la revolución cubana en el asunto del secuestro del yanqui.

Clavó sus penetrantes ojos en los rostros de los Boinas Rojas. Abrió con desmesura su carnosa y floreteada boca. Aceptadas sus ideas en el orden correspondiente, con unas severas palabras, observó a los BR y LS. El gobierno revolucionario de Cuba sería una especie de cómplice invisible y ellos cuidarían de que así fuera. O sea, ante extraños no se descubriría la injerencia directa de Cuba en el plagio de Nick. En provecho de las dos partes todo lo acordado quedó a partir de entonces como uno de los secretos mejores guardados del mundo socialista cubano y de las izquierdas en América.

En esa especie de mini cumbre secreta no podía descartarse el exacerbado desprecio que los milicianos cubanos experimentaron en contra de los Estados Unidos, lo que en aquellos momentos cruciales repercutía con ensañamiento y gravedad sobre la débil humanidad del gringo cautivo. Sabido era que la ideología revolucionaria comunista cubana no comulgaba con el capitalismo imperialista de la nación del norte.

Para desgracia, Nick era un estadounidense tomado como rehén. El fantasma de su origen parecía llevarlo a la tumba, puesto que, como un yanqui, le costaría salir vivo del oscuro túnel donde se encontraba. Sería difícil. Una perogrullada.

Así estaban las cosas para Nick, quien como un hombre maltratado aguardaba por una respuesta dada por los plagiarios, con el propósito de saber las causas del secuestro suyo.

Entretanto continuaba en desarrollo esa reunión en el marco de una inquietante expectativa, a pocos metros de distancia de ese lugar permanecía el gringo despachurrado sobre una cama angosta y de lona. Casi sin aliento y poca energía para defenderse del brutal cautiverio que sufría. El infortunado rehén no sabía qué ideal político o de otra índole determinaría su vida a partir de entonces. Pensó que tendría que vivir siglos para poder descifrar el enigma que envolvía su maldito secuestro. Con desagrado, Nick creyó estar al borde de la locura. Tenía sentimientos antagónicos, unos de abatimiento, otros esperanzadores. Por no ver nada claro, la duda y el desasosiego, dominaban su mente, su alma y su espíritu. Dentro de su cuerpo se batía un mar de tempestades morales y espirituales.

En el amplio despacho donde se reunían los Boinas Rojas con los milicianos cubanos, se seguía esperando la conclusión del plan táctico. Los Boinas Rojas lograron hacer un buen esfuerzo para asimilar con precisión cada palabra pronunciada por el comandante Urrietiño. Sin aptitudes impositivas, todos ellos prestaban una esmerada atención a lo que pudiera proponer y convenir el alto jefe militar cubano. Conocían que el veterano comandante era un lobo de mar en el día, y un zorro en la noche, muy sagaz. Verdaderamente ese hombre no vivía plenamente en el reino de la paz, ya que él poseía un cabezal de pólvora a punto de estallarle en el cerebro, en cualquier momento, si se contradecían sus ideas, o si lo llegaban a incomodar sobremanera. A ese militar no se le podían reprochar o contradecir sus opiniones aunque las mismas no arrojaran verdades. Con una mirada fría como el virgen metal, el comandante cubano se puso en pie, en tanto fumaba con unción un habano regalado por su suegra. Con un lápiz que sostenía en la mano derecha tocó cada hombro de los guerrilleros extranjeros. Nuevamente le hizo hincapié en que las órdenes del supremo jefe eran las de recluir al gringo en una celda de seguridad, sin humillarlo, ni dejarlo ciego, sordo o mudo, y mucho menos de someterlo a morir de hambre o de sed. Con los puños cerrados, el comandante Urrietiño explicó de manera clara a los Boinas Rojas, que sin el furor de la barbarie y bajo la custodia miliciana se sacaría el rehén a pasear por algunos lugares reservados de la isla. Con una voz moderada, agregó que de modo alguno, el rehén debía recibir atención médica cada cierto tiempo o cuando lo necesitara. Después de toser fuerte y de afinarse la voz, el comandante puntualizó que el cautivo podía tener otras clases de goces, siempre y cuando así lo manifestara él. Con franqueza, añadió: "El cautivo constantemente estará vigilado de día y de noche para no crear falsas expectativas. Ese será el método terapéutico y militar aplicado".

En la mitad del espacio abierto del salón, el comandante cubano no mostró mayor interés en seguir conversando; con sus manos gruesas tocó una pistola Browning que llevaba en una cartuchera en la cintura. Con una franca personalidad, en un punto infinito, miró la luz de una lámpara colgada del techo; después, Urrietiño, con un orgullo revolucionario, expresó a los camaradas Boinas Rojas, que el rehén quedaba en buenas manos. Concluyó de ese modo el diálogo sostenido con ellos.

Minutos después, con un gesto apreciable en el rostro, el militar cubano dio un adiós a los camaradas Boinas Rojas y de LS. Lentamente se fue alejando del lugar, no sin antes desearle un feliz viaje de regreso a su país cuando estuvieran listos para partir.

Posteriormente, todos los camaradas extranjeros se retiraron. Con no menos discreción, los Boinas Rojas sintieron una especial y peculiar sensibilidad por la revolución cubana, a raíz de esa reunión. Ellos pensaron que tal apreciación alegraría al comandante venezolano Porto, quien era uno de los jefes de la proyectada revolución socialista en su país de origen. Ante todo, era el hombre que los había mandado a Cuba para que el gobierno de esa isla en el mayor de los secretos pudiera recluir por un tiempo no determinado al norteamericano secuestrado, dando oportunidad a la organización Boinas Rojas de continuar evadiéndose de las persecuciones de los Eliot Ness criollos y de seguir buscando la forma de transar un acuerdo con las autoridades gubernamentales en relación a la liberación del yanqui. Obvio, sin descartar un trato con los propios directores de la industria de vidrio *"La Inois. Company"*.

Después de celebrar varias reuniones en distintos sitios de Cuba, los Boinas Rojas permanecieron en la Habana unos cuantos días más, y en el *Olaf II* emprendieron el retorno a Puerto Ordaz, una vez vaciados los depósitos que contenían el cemento venezolano. Tal producto fue vendido a un precio que satisfizo plenamente a los camaradas cubanos. El cemento era un negocio próspero y lucrativo de los hermanos Pecos, criollos venezolanos descendientes de inmigrantes de la Europa centro oriental. Ambos hombres se destacaban por ser unos activistas izquierdistas y excelentes agitadores de masas populares. Aguerridos revolucionarios con raíces ideológicas comunes, más que nada, sus ideas izquierdistas se hallaban firmes por el tormentoso sentimiento de un antiyanquismo. Diríase, por unos sentimientos confusos y unos elementos contradictorios. Consecuentes lectores de la doctrina marxista, que buscaban actuar de manera igual a todos aquellos revolucionarios embobados y soñadores que anhelaban un mundo feliz en condiciones de igualdad para cada uno de los habitantes del planeta tierra. Los hermanos Pecos luchaban, entre otras cosas, porque su país, productor de petróleo por excelencia, pudiera alcanzar una plena independencia económica y una libertad social, tan inmensa como la anchura de un océano. De ese modo, buscaban también contribuir a consolidar la unión de los pueblos americanos en condiciones de igualdad jurídica, política, social, económica, y de cualquier otra naturaleza. A los Pecos se les oía entonar durante las manifestaciones de calles "¡Abajo cadenas!". Letras del himno nacional tomadas como lema de rebelión de una juventud pujante en los años sesenta. Herencia de los tiempos liberadores donde se luchaba contra la enquistada oligarquía caraqueña. Y las luchas contra el latifundio eran las cuerdas de un cuatro tocadas por los jóvenes revolucionarios de los años sesenta y setenta.

El barco cementero *Olaf II*, con la misma lentitud con que camina parsimoniosa una persona vieja, fue alejándose del puerto de La Habana. Levó anclas cerca de las seis y media de la tarde. En el instante en que las aguas del mar empezaron a oscurecerse y el sol a declinar sus rayos para el descanso nocturno. Cuando la noche afloró plenamente desde el barco ya no se divisaba la bahía de La Habana, con su antiguo y erguido fanal, esa bahía se había quedado como un espejismo mágico en la memoria de aquellos Boinas Rojas. El faro como un fiel centinela protegía a la ciudad. El malecón daba una imagen convencional desde donde se podía espiar los arribos bucaneros realizados por mar. La bahía quedó encadenada al recuerdo de los intrépidos guerrilleros venezolanos cuando bogaban sobre el mar de las mil bocas, rumbo a Venezuela. Esa vez navegaron sin la compañía del rehén a quien abandonaron a su mala o buena suerte en la isla cubana. Arrastrando consigo un cúmulo de tristezas inimaginables, retroalimentando su existencia a pesar de él no contar con un adecuado tratamiento humano.

En cautiverio Nick se quedó en Cuba. El gringo ni siquiera estaba enterado de dónde se encontraba en aquel momento. El rehén con el alma mutilada por el aislamiento al que lo sometieron, deploró con amargura aquella injusta e incomprensible prisión. Más que desesperanzado, dentro de aquel laberinto oscuro donde hacinado lo tenían esos extraños sujetos, el gringo siguió destrozado de espíritu y con unas opiniones inconexas.

A ratos la mente se le quedaba en blanco, también el estadounidense tenía la garganta seca como un árbol sediento. No obstante, su alma todavía lanzaba destellos de esperanzas. Destruido físicamente y espiritualmente por el odio y el rencor de unos tunantes equivocados en la manera de concebir objetivos políticos, en pocos días, Nick empezó a sentir la lenta y penosa muerte de sus neuronas cerebrales. Lo martirizaba pensar que su familia lo había olvidado. Se encontraba abrumado por la gravedad de su situación. En esa ignominiosa reclusión el pensamiento del secuestrado parecía cabalgar sobre el anca de un solitario y veloz caballo negro, convertido en un zarandillo, porque le daba muchas vueltas. Un día una sombra desolada lo envolvió al no escuchar el timbre peculiar de las voces de sus captores, voces que solía oír como un eco fantasmagórico. Evidentemente, Nick extrañaba ese otro cambio de tonos de voces de los hombres que lo rodeaban. Sin duda, esas no eran las mismas voces de los sujetos que lo habían secuestrado; cuestión esa que más adelante repercutió en su sensibilidad y en su carácter. Estaba atormentado por ese encierro donde posiblemente moriría en cualquier momento. Su mirada se tornó mustia. Nick quería dejar de existir pero no podía hacerlo. Intentó sumergirse en la locura para morirse instantáneamente en la ignorancia. Naturalmente, Dios se lo impidió. Indefenso, se echó a llorar como un niño, puesto que se encontraba rodeado de gente extraña. Su angustia iba por dentro y el encierro lo excitaba sobremanera.

El norteamericano con aspecto de tísico nadaba entre mareas rojas y permanecía aislado y atrapado en esa isla. Allí, él había logrado entender más el idioma español. Lengua que se le dificultaba aprender bien. Precisamente, el cautivo se había percatado de que el español que escuchaba en ese lugar tenía un acento distinto al que acostumbraba oír. Desde luego, y por ese detalle significativo, el gringo empezó a suponer que se encontraba en otro país, o sea, fuera de Venezuela, pero... ¿dónde? Gravemente castigado por esa desgracia, Nick continuaba sin conocer la verdadera ubicación geográfica de dónde se encontraba. Asociaba un cúmulo de ideas sin resultado. Circunstancialmente, el rehén estaba perdido en algún lugar, con la mente flotando y los huesos derretidos por el sofocante calor.

La soledad levantó ante sus ojos un gran telón que le impedía atisbar su porvenir. Temporalmente se encontraba abrumado por una ceguera cerebral que le hacía perder la facultad de darse cuenta del mundo circundante, al menos por un tiempo corto. La nostalgia se convirtió en su habitual compañera. Jugueteaba con sus sueños y con sus esperanzas de salir libre algún día. Sin embargo, nada de eso se convertía en realidad. Transitaba descalzo en los caminos del dolor. Nick ignoraba que se encontraba en un país marino, con bahías de arenas blancas y rosadas, corales, caracoles, peces, y colmenas de insectos que volaban sobre las límpidas aguas marinas caribeñas, albergues de pájaros y de aves de todas las clases que abrían las llaves del infinito camino.

Transformado en un fantasma, transparente, Nick pasaba los días dentro de aquel calabozo del cuartel de *Yara*, sin disfrutar siquiera un día soleado ni de luna plateada, no supo qué rumbo tomaría su vida. Por alguna excepción, en una de esas noches lóbregas que llegó a aborrecer con todas sus fuerzas, imaginariamente, retumbó en sus oídos aquel histórico grito de *Baire*. Ese grito desgarrador que alguna vez dio el pueblo cubano en reclamo de su libertad. Ese clamor le llegó a Nick como un eco lejano... Era el propio bramido sentimental con que él pedía su derecho a ser libre.

Transcurrido un tiempo sin brújula y sin norte. El terror lo paralizó y fue cuando el gringo apeló a la clemencia de sus captores. Entonces, Nick tuvo ojos de tiempo, y en tan inmaculado silencio universal, un corazón dormido. Constantemente ocurría que nadie conocía de sus quejidos y de sus lamentos. Estaba ignorado en vida. Al menos deseaba poder escribirle una carta a Dios para buscar una respuesta a tan grande y sentido martirio.

En las nocturnas horas en que él no podía dormirse, con unos murmullos quejumbrosos reclamaba su libertad. Por supuesto, no era escuchado por nadie y su adolorida voz se perdía en el aire. En cambio, más de una vez, con todas sus fuerzas interiores pudo suplicar a Dios que lo librara de todo mal y lograra su libertad. Nick se comportaba del mismo modo en que los prisioneros desahuciados esperan la muerte sin resignación dentro de las enrejadas mazmorras. Esos hombres y esas mujeres prisioneros y prisioneras, condenados a muerte, en sus locos arrebatos se atrevían a invocar a Dios para alcanzar la salvación espiritual. Muchos de ellos, reconfortados por la fe, lograron morir en paz bajo las ráfagas de los fusiles y con las sogas en el cuello. El paredón significaba una espantosa realidad en la isla de Cuba. Las cárceles eran un lugar exclusivo para el ahorcamiento no voluntario. Los milicianos esbirros "suicidaban" a los prisioneros, sin nunca dar sus caras a conocer.

Un buen día, el secuestrado hizo gala de una excelente dosis de fortaleza espiritual, y pudo intuir que en ese sitio, a diferencia de otros lugares donde anteriormente lo habían recluido, le resultaba más soportable su permanencia, hasta el punto de imaginárselo cómodo. Conformismo que le restó adivinar cuáles serían los nuevos obstáculos a vencer para ser liberado de una vez por todas. Eso dejaba entrever que había dentro del cautivo una fuerza moral capaz de derrumbar murallas, con el propósito de sobrevivir al martirio, sin caer en un desaliento total. Aunque, el *stress* lo dominaba y la mañosa muerte lo acechaba, el norteamericano no se dejaría derrotar sin batallar hasta exhalar el último suspiro. Porque no había una razón valedera para haberlo secuestrado; pasada una semana, y después de haberse marchado de Cuba, el grupo Boinas Rojas les fueron sacadas las esposas de sus frágiles muñecas. Cuando eso ocurrió, el gringo se dio cuenta de que estaba recluido en un lugar cercano al mar. Aún así, no renunciaría a su libertad y proseguiría su infatigable protesta, para lograrla más temprano que tarde, decidido a luchar contra el avance del tiempo para detener la muerte.

En hora venturosa, un día, de las manos de un soldado raso que tendría a lo sumo unos catorce años, recibió un jabón con olor a sándalo y un cepillo de dientes y un tubo de pasta dental. Después, recibió una limpia toalla blanca de tamaño mediano que portaba el monograma de esa fortaleza. Se le procuró suficiente papel higiénico. En total, al secuestrado se le proveyó de un ajuar de higiene para su limpieza personal. Por la sencilla razón que desde su arribo a esa isla apestaba por falta de un aseo corporal. Su mal olor no podía ser soportado por los milicianos que estaban obligados a darle vueltas en la celda donde lo tenían cautivo. Con todo eso, y en atención a su contextura física, se le entregó un traje de preso con un número estampado sobre el bolsillo izquierdo, con el fin de que se cambiara esa ropa andrajosa y maloliente que llevaba puesta uno dos meses. Los pies, con gran sacrificio de su parte, se los calzaron con sandalias de cocuiza, puesto que en esa celda el calor penetraba con una intensa humedad y recalentaba el suelo cubierto con una capa de grava. En un gesto de consideración, se le indicó al rehén que cuando quisiera rasurarse la barba, que tenía un poco larga, igual que sus cabellos, no tenía nada más que solicitar ese servicio al guardián de turno. Se le explicó que ese sería el único servicio que él no podía darse con sus propias manos, porque se trataba de un asunto relacionado con su seguridad personal. El gobierno cubano procuraba de ese modo evitar cualquier intento de suicidio o cualquier tipo de agresión en contra del personal de guardia que pudiera provocar el cautivo, en caso de ser dominado por un ataque de locura en el preciso momento de tener entre sus manos una navaja de afeitar o unas tijeras. En conclusión, se le dieron los aperos necesarios para higienizarse, menos los peligrosos instrumentos de uso personal.

El calabozo en donde el norteamericano se encontraba tenía un baño pequeño pulcro, para ese momento. Por cierto, la mejora de la celda se efectuó después de una queja del secuestrado, que denunció a viva voz las condiciones infrahumanas en que lo tenían cuando se disponía a hacer sus necesidades y asearse. Por ese justo reclamo dentro de la pequeña sala de baño le fue colocada una ducha con un aparato portátil para calentar el agua. Eso atendía a que Nick una vez le confesara a uno de los carceleros que el agua tibia mejoraría su deteriorada salud, porque el agua con la que se bañaba era sacada de un barril de metal y siempre estaba fría. Aprovechó las circunstancias favorables presentadas para mejorar el ambiente donde permanecía. El delgaducho rehén acotó que el agua helada le producía temblores en su desnutrida humanidad; en cambio, el agua tibia lo aliviaba de los dolores de huesos y musculares. Ese reclamo tipo lamento había sido escuchado por las autoridades del cuartel de *Yara*, que de inmediato ordenaron instalarle un termo eléctrico para darle agua caliente o tibia. Sin prisa, el rehén empezó a recibir la visita de un médico que llevaba consigo un maletín negro a la vieja usanza de los galenos de la primera mitad del siglo XX. Con unas píldoras vitamínicas dadas por ese doctor, Nick mejoró su deteriorada salud, a pesar de sufrir una debilidad física y de encontrarse hundido en la desesperación, profundamente abochornado y afligido. Sin duda, en cuanto a lo de su curación espiritual, la misma no podía estar en las manos de un hijo de Hipócrates, sino en las manos de Dios. En el cuartel de *Yara*, Nick no volvió a probar drogas o somníferos. Eso lo ayudó a aclarar su mente. Lo puso atento en cuanto a lo que pasaba alrededor suyo.

Estuvo contento en forma alguna por aquel mejor trato proporcionado por los milicianos que lo atendían y lo vigilaban. El gringo empezaba a tener un rayito de esperanza para con su vida y su libertad, pero enfrentado a la soledad él no atinaba a saber en qué lugar de la tierra se encontraba encerrado. El silencio guardado por quienes lo cuidaban lo desquiciaba sobremanera y algunas veces él sintió brotar lágrimas de sus ojos ante el temor de que los soldados pudieran considerarlo un tonto de capirote. Sintió vergüenza de que se burlaran de él. No entendía porqué no querían decirle el sitio donde se encontraba confinado. Únicamente la sombra de su propia soledad se había convertido en su fiel confidente, a pesar de la confianza que le habían dado los centinelas del cuartel de *Yara*, con el propósito de hacerlo sentir mejor; Nick nunca olvidó en que el veneno se concentraba en la cola del escorpión, para ser inyectado en cualquier inesperado momento. Lo esencial era que él estuviera atento en relación a los movimientos de las personas que lo cuidaban sin darles muestra de una familiaridad, para después no llevarse una sorpresa desagradable.

A todas esas, el gobierno cubano trató de cumplir con el compromiso contraído con los guerrilleros venezolanos en referencia al trato dado para aislar al rehén. Quedó aclarado que no habría maltratos físicos para el gringo. Solamente le proporcionarán comida, cobija, y aperos, cuyos gastos corrían por cuenta del gobierno revolucionario cubano.

Alrededor de varios meses tomó para que el norteamericano secuestrado pudiera darse cuenta que se hallaba en la isla de Cuba. Ese descubrimiento infundió al plagiado una intensa temeridad debido al conocimiento que tenía de las hostilidades entre los gobiernos de los Estados Unidos y de Cuba, y viceversa. Sin embargo, con estoicismo soportó esa ingrata noticia. Saber dónde se encontraba le costó bastante tiempo. La pista final se la dieron aquellos soldados que lo atendían y se dirigían a su persona en un regular inglés con un marcado acento caribeño. Una vez puesto en claro el lugar donde lo tenían cautivo, el gringo se puso medroso y añoró a su familia. Y mucho más allá trató de consolarse y resignarse cuando pensó en que solo era un ser humano frágil. Una suerte de profeta, que se encontraba detrás de una mampara de cristal, igual a Franz Kafka. De nuevo palpó aquella triste soledad. El cautivo con los puños cerrados se dio unos golpes sobre el huesudo pecho que resonó sobre un odre vacío. Luego, con la largura de sus dos manos se rascó la seca y descascarada piel de los brazos. Se volvió a dormir sobre una esterilla tirada en el suelo; abrasado por aquel inmenso calor de la noche.

Por no poder escabullirse de esa desesperante realidad de su vida durante su confinamiento en el cuartel de *Yara*. El rehén intentó amoldarse al áspero y difícil ambiente del lugar. En medio del pánico o de unos prolongados sustos diarios, Nick comprendió que buena parte de su destino lo podía cumplir en ese sitio por varios meses. Todo eso sucedió sin saber todavía el motivo de su cautiverio; se enteró que la decisión para ser recluido en esa isla había emanado de una coordinadora de guerrillas que funcionaba en Matto Grosso, Brasil. Se especuló que esa coordinadora revolucionaria procuraba extender un programa de adoctrinamiento ideológico y de ventas de armas en los movimientos insurgentes nacidos en los países de América. A fin de situar ese hecho y poder descubrir la verdad, si los Boinas Rojas habían consultado la citada coordinadora brasileña en relación al traslado del plagiado a Cuba, se corroboró que ésta indicó la conveniencia de llevarlo a Cuba, en tanto se aclarara el panorama político venezolano, consejo dado a esa organización en vista del apremio de la superioridad de otorgar seguridad y éxito a la operación **"camello"**.

Volviendo sobre el mismo terreno, el cautivo logró asimilar la disciplina implantada por los milicianos. Esos hombres dieron al prisionero un trato distanciado, aunque soportable. Por ese motivo, Nick tendría que ceñirse estrictamente a las órdenes recibidas, por cuanto todas esas disposiciones se encontraban ajustadas a los puntos y formalidades acordados en el documento firmado entre el gobierno revolucionario de Cuba y el grupo de los Boinas Rojas.

Los Boinas Rojas habían solicitado al comandante cubano, Urrietiño, que costara lo que costara, conservara con vida al cautivo mientras ellos volvían a buscarlo. La responsabilidad aceptada por los milicianos cubanos de mantenerlo con vida sería una decisión bastante provechosa para el rehén norteamericano. Salvándose de ese modo de convertirse en otra víctima inocente del proceso revolucionario originado en Cuba. El plagiado detractó del sistema de gobierno comunista, porque había logrado implantar la hegemonía del estado, como dueño de todos los bienes y riquezas del mismo. Estado que actuaba aplicando millares de abusos sociales, económicos, educativos, culturales, y políticos, sin dudas apoyado en el poderío armamentista poseído. El ejército y todos los poderes del estado eran vasallos del régimen socialista-comunista. Tremenda afrenta para la democracia mundial. Sistema político absurdo para la razón humana. Podría haber una revolución socialista dentro de otra revolución socialista sin cercenar la legalidad e imparcialidad de los poderes públicos.

Cada día en que incomunicada transcurría la vida de Nick, se le hacía más infeliz e insoportable la misma. Eso ocasionaba que el norteamericano empezara de nuevo a sentir fuertes perturbaciones anímicas e irritaciones nerviosas. Andaba su corazón con unos latidos a un ritmo acelerado. Las características de su salud eran variables. Sentía taquicardia y bradicardia con frecuencia. Muchas veces sus intensas emociones provocaron que sintiera el corazón salirse por la boca. Órgano del amor que sufría alocadas palpitaciones. Aunque, a pesar de sufrir fuertes emociones diarias, en algunas oportunidades, él las pudo controlar. Nick era un símbolo de la resistencia humana. No obstante, a veces daba la impresión de que sus sentimientos se habían transformado en un témpano de hielo, con el paso del tiempo. En cierta forma, Nick se encontraba libre de la tiranía del tiempo-horario. Sin olvidar la dura lección de la crisis padecida, ese hombre, como pudo, dio guerra en el ámbito de su reclusión. Lo que no aceptó fue que el tiempo se la diera a él. Siempre estuvo de pie para aguantar ese encierro, mientras experimentó un crecimiento espiritual. No desconocía que lo perseguía la fatalidad y la mala suerte, que lo había impulsado a ponerse de rodillas ante un invisible Dios. El encierro hizo que su religiosidad fuese creciendo de una manera obsesiva. La vida del rehén permanecía bajo la protección divina. Juzgó conveniente desgarrar el velo de aquel maldito calvario. El gringo se entregó en oraciones al Señor, le exigió castigo para aquellos hombres y aquellas mujeres que ultrajaron su dignidad. Suplicó a Cristo justicia mientras sus pupilas azules taladraban el techo y las paredes de aquella celda en el cuartel de *Yara*, donde el sol nunca alumbró.

Para no aparentar ser un miserable fantasma del pasado, el secuestrado cada hecho acaecido en su alrededor que ameritaba registrase a punta de lápiz, lo reseñó en una pequeña libreta obsequiada por un soldado de ese cuartel. Un miliciano de quien se había ganado su confianza. Mediante el eco de su propia angustia, Nick apuntó de un modo explícito todas esas vivencias cotidianas. Tanto sería su interés por controlar el tiempo en cautiverio que hasta llegó a construir un reloj imaginario dentro del cerebro. Eso sucedió por cuanto se cumplía a cabalidad con el horario establecido por las autoridades del cuartel de *Yara*, en relación a su persona, y en vista de que todo ocurría a la misma hora fijada. Él se acostaba a una hora determinada y se levantaba a la hora de siempre. Fijaba una misma hora para ducharse. En una misma hora hacía sus necesidades físicas y biológicas. A horas fijas diariamente ingería las tres comidas. A la misma hora (por las tardes) escuchaba música cubana grabada en un *cassette* que le había prestado unos de los vigilantes. Al norteamericano plagiado le fascinaba escuchar a un Orlando Contreras, cantor y fiel exponente del ritmo sentimental cubano y de otros países latinoamericanos. Uno de sus deleites era oír música y aprovechaba la ocasión brindada para escuchar otros ritmos caribeños y sabrosones interpretados por la orquesta La Sonora Matancera. El norteamericano poseía de contrabando un *cassette* de música afrocubana tocada por la orquesta dirigida por Mario Bauzá. Esa música pudo escucharla mientras entre sus manos permaneció ese *radio-cassette*, procurado por un joven recluta de quien el rehén se había hecho amigo personal. *Radio-cassette* que después le quitarían porque su tenencia no estaba autorizada y eso constituía un desacato a las altas autoridades de la fortaleza. En esa oportunidad la culpabilidad se la echó Nick sobre los hombros para evitar que castigaran al soldado que se lo había prestado bajo cuerda.

El empresario norteamericano secuestrado y encerrado entre cuatro paredes, en un espacio alumbrado, solamente mediante una lámpara de aceite de coco, no tenía otra cosa que hacer ni qué decir. Salvo que los fines de semana un médico cubano chequeaba su salud, a una misma hora, por exigencia del paciente. Después ese mismo domingo en que lo revisaba el galeno y bajo el rigor del horario fijado, una cuadrilla de soldados emperifollados, quienes sobre sus pieles curtidas se olía un torrente de perfumes baratos, también se acostumbraron a sacarlo de la celda para llevarlo a respirar aire puro en el matoso jardín trasero de la fortaleza. En ese lugar de esparcimiento existía una variedad de árboles frutales y ornamentales. Un arroyo natural de cristalinas aguas servía de recreación a los asiduos visitantes del lugar. Nick, con un rostro pálido y esculpido por los surcos que dan la amargura y la tristeza, mostraba la huella de una prematura vejez. Sentado sobre una enorme piedra granítica, cual filósofo griego encadenado a una mole, el rehén dejó volar su imaginación hacia el infinito horizonte. El gringo en su interior, por fracciones de segundos, se quitó las oprobiosas cadenas que lo mantenían detrás de los barrotes de hierro, imaginándose escuchar el sonido de una trompeta celestial que anunciaba su feliz retorno a la vida libre. Esa ansiedad lo llevó a pensar que igual a un trompo a su alrededor todo giraba. Eso provocó que cada fibra íntima suya vibrara. Percatado de la realidad, su desolación aumentó. De sus ojos azules escaparon unas lágrimas furtivas cuando pensó que llevaba cautivo centenares de siglos en los más lejanos lugares del planeta tierra. Distante de su patria, distante de su hogar.

Volvió en sí cuando un soldado tocó uno de sus hombros. Nick rehusó a renunciar en ese instante a la esperanza de verse libre algún día. Una mayor fuerza espiritual lo acompañaba para vencer esa fatalidad que lo atormentaba. Soñó que el cielo lo protegía de la maldad y no renunció a disfrutar lo utópico de la vida.

En el cielo, a través de acanaladas rutas, circulaban esplendorosas nubes blancas. El secuestrado, armado de un coraje admirable, añoró el amor más puro de su vida, ambicionó con todas las fuerzas de su alma volver a disfrutar de los días felices en compañía de su familia. La sublime naturaleza de su espíritu constituía suficiente herramienta para vencer la vileza humana de quienes lo habían secuestrado y arribar a puerto seguro, cuando recuperara la libertad.

Un hecho favorable se dio cuando él tuvo que cumplir con los horarios estrictamente impuestos por los comandos revolucionarios cubanos. Horarios acatados con mesurada obediencia y un cabal cumplimiento. Nick consiguió guardar en su memoria esas horas calculadas. De modo alguno, logró sin dificultad conocer los días que iban transcurriendo tras la suma de las horas anotadas. Era la única forma de poder conocer el tiempo que llevaba recluido en esa fortaleza.

El gringo, igual a Pitágoras, buscó crear una escuela filosófica y matemática. El punto de honor era sobrevivir en días, meses y años venideros. Y ese tiempo tenía que medirlo exacto para poder conocer después cuántos meses o años había soportado el calvario del encierro. Nick hacía un gran esfuerzo para no perder la razón. No obstante, los milicianos cubanos entraron en sospechas sobre el calendario virtual guardado en su memoria y se dispusieron a buscar los medios para despistarlo. Para tal propósito, ellos urdieron un plan, para lograr desconcentrarlo. Con el fin de engañarlo, las autoridades milicianas empezaron a entregarle algunas que otras revistas y periódicos en inglés con fechas atrasadas, con la firme intención de crearle una terrible confusión con los días y con los meses. Lo que ignoraban los milicianos cubanos era que controlar las fechas del tiempo con la mente significaba un importante desafío para el cautivo. Se diría, más bien, un asunto de alta estrategia para la supervivencia. El gringo desplegaba un esfuerzo sobrehumano para contar los días, los meses y los años, desde el día en que lo habían secuestrado. El cautivo hacía ejercicios para memorizar y conservar en plenitud su conciencia y su razón. Por ese motivo, los milicianos cubanos y los guerrilleros Boinas Rojas, se habían visto incapacitados de penetrar en la mente y borrar la memoria del rehén, a menos que se le hiciera un electro shock para eliminarle los recuerdos guardados en su memoria. El interés de mentalizar un calendario para Nick era conocer con claridad cuántos días, cuántos meses, cuántos años llevaba privado de su libertad. Era algo personal del cautivo, y de más nadie.

Reducido en el cuadrilátero de una celda de un piso de cemento cuarteado, y cuatro húmedas paredes de hormigón y un tragaluz en el techo. Allí, el gringo buscó la manera de seguir vivo en esa no precisamente torre de marfil. Hasta usó como un respiradero una hendija abierta en el techo. Desde que lo recluyeron en esa celda, Nick no tuvo un hálito de vida, de esperanza y expectativa de quedar libre. La anhelada libertad que constantemente deseaba parecía depender del azar. Nick agobiado por la aflicción y de tantas quejas, extenuado por una inútil espera para resolver su situación de rehén, forcejeaba con el tiempo.

Soportando sobre sí mismo un profundo resentimiento, y siendo víctima de una explosión de cólera causada por su inaudito secuestro, el norteamericano seguía conservando el ánimo para luchar y resistir. Algunas veces, el cautivo hubiera deseado hacer un singular espectáculo y gritar a todo gañote la perversidad con que habían cercenado su vida, abogar por su libertad. Sobre ese suelo cubano que pisaba, Nick buscó emprender una batalla de cuerpo y de alma, para con sus desesperados gritos de protesta conseguir algo similar a los estruendosos retumbos de los tambores afrocubanos, rompiendo los tímpanos de los hombres, de las mujeres y de los niños, quienes con la miseria y el hambre a cuestas dormitaban dentro de los bohíos cubanos. Pretendía despertar con sus alaridos al pueblo mentecato y robotizado para estimularlo a luchar contra el déspota invencible, y pronto descorrer el enorme manto de engaño con que el gobierno había arropado por largos años a ese inocente pueblo. Su ánimo no se apaciguó, lo contrario, sintió pena ajena por esa gente, sin voluntad para combatir. El plagiado comprendió que él no poseía la sagacidad ni el vigor suficientes para convencer a esos habitantes de Cuba, quienes no sabían ni supieron de libertades, luchar por sus tierras, por sus derechos constitucionales y por todas esas riquezas naturales otorgadas por una disposición celestial de Dios, que se salieran de las tinieblas para reclamar todo lo que les pertenecía por mandato divino. Nick no guardó un silencio absoluto al dar otro testimonio fiel de injusticia. Visiblemente atormentado, pensó en que el mismo pueblo de los Estados Unidos vivía en opresión, bajo una velada dictadura mercantilista. Le fue extraño pensar de ese modo, pero lo hizo.

El empresario de *"La Inois. Company"* .entendía con gran pesar que la población cubana yacía con el alma adormecida. Carecía de vida propia. Era inútil despertarla. Ya que, a juzgar por los hechos, nadie, ni siquiera el propio Jesús aparecido en la tierra, hubiera podido sacar a esas personas del largo letargo en que se hallaban a causa de un monstruoso dominio político y económico logrado mediante un adoctrinamiento comunista inoculado en las mentes de los niños, de los jóvenes y de los adultos. La revolución cubana no era la revolución de los pobres, sino una máquina de construir sociedades pobres mediante adoctrinados lavados de cerebros. En opinión del gringo, Cuba poseía un pueblo inofensivo. El alma popular había sido aniquilada al imponerse como un emblema nacional el martillo y la hoz (comunismo puro).

No hubo sonido de campana en ese atardecer ni una nocturna estrella exhalante. Allí, en la mazmorra donde Nick se encontraba recluido, pasaba el tiempo regodeado con los rayitos dorados del sol y los hilos plateados de la luna filtrados por una claraboya. Reflejos de luz que el cautivo convirtió en amigos confidentes, en su amada mujer, en sus adorables hijos, y en aquellos padres inolvidables. Se podía decir que esos filamentos brillosos formaban parte de su propia existencia. Los disfrutaba a plenitud con un alma de poeta. Los tenía como salvadores en su lucha por sobrevivir y, en cierta forma, como una excusa permanente para no enterrarse en vida en esa inmensa soledad, esos rayitos dorados o plateados estimularon a Nick en el uso de su propia lengua para no enmudecer. Con un vasto anhelo de sobrevivir, el plagiado entabló monólogos en inglés. Los soliloquios del gringo terminaban cuando la tarde languidecía y entraba la oscura noche.

Nadie podía sacarlo a palmetazos de ese letargo. Nick se sentía en paz con Dios. Lo más notorio era que en el instante de esa soledad compartida con el haz de luz, el rehén penetraba en el mundo etéreo de la precognición intentando adivinar el futuro que pudiera avecinársele. Al finalizar esa experiencia paranormal, el rehén se quedaba pensativo, un poco alelado. Muchas veces había escuchado decir que la soledad de un hombre o de una mujer estaba en la mente. Nick puso su mente a burbujear en Cuba durante los días. En aquel perpetuo encierro con ideas futuristas se rellenó el cerebro. Humanamente lo hizo para no extinguirse en el estiércol. Muchas veces el cautivo quiso fugarse al pensar que la vida le daba igual, perderla o preservarla. Entonces él recordó que no debía de morir. Todo aquello podría ser una conjura en su contra por ser un ciudadano de la primera potencia mundial.

En la época de lluvia los vientos remecían la isla de Cuba. El cruento invierno en esa isla hizo rodar miles de hojas y de ramas desprendidas de los árboles golpeados por las ventiscas. Las fuertes lluvia provocaron que el cautivo se debatiera en el ser y no ser. La piel de su agonía espiritual se incrementó con aquellos cántaros lluviosos. Nick quiso olvidar las asperezas del encierro sufrido y se decidió a no convertirse en un renegado de la profesada fe luterana. Claro, lo agobiaba la pesadilla de no ser libre como el aire, pero siguió inventándose la vida, y desechando la muerte. Constantemente convertido en un auténtico pulpo para no perder la sensibilidad de existir en el zigzagueante y tortuoso camino por recorrer. Por propia voluntad, se puso vacío de los cinco sentidos. No deseaba escuchar el eco de la soledad, ni sentirla, ni palparla, ni saborearla, ni olerla.

Siempre el cautivo esperaba un milagro del cielo a la salida del sol o al arribo de la luna. Anhelaba aprender el arte de fugarse, aunque él comprendía que eso podía ser una acción peligrosa. Se auto examinó diariamente la conciencia con el propósito de saber si podía seguir soportando aquella prisión.

Para aliviarse de las espinas que pinchaban su sufrido corazón, llegó a conocer la historia del conde de Montecristo. Recogió esa historia y la ató a las fantasiosas historias del Prisionero de Zenda o del Hombre de la Máscara de Hierro.

En sus azules ojos con estrabismo se asomó un fulgurante brillo. Rechinó los dientes. En el andar y desandar de su mente el gringo tuvo la visión de que las colinas se desmoronaron y las aguas se secaron. En aquella noche húmeda, el plagiado hizo uso del trapecio de las imágenes y siguió en la espera, lo antes posible, de lograr su liberación. En el mejor sentido de la palabra ambicionaba que pronto terminara esa tortura.

Cada día el rehén sentía miedo de perder el perfecto equilibrio de su mente. El norteamericano, con la cara cansada y unos apelmazados cabellos cenizos, después de cierto tiempo, pareció olvidarse de la funesta idea de escaparse. A toda luz daba la impresión de que de unos días para acá, posiblemente, el cautivo había perdido la razón de vivir. Quizás con un sentido realista se diría que una fuerza superior lo mantenía vivo. Eso lo ayudaba a conservar la memoria y sobrevivir a cualquier intento de muerte, porque su vida seguía en manos de Dios, construida con esperanza, fe, y sueños.

El rehén empleaba sus horas de insomnio para recapitular la vida familiar y, además, analizar su *status* de ser un ciudadano de los Estados Unidos. Pensó en su feliz vida pasada, admitiendo ser algo lejano que no podría volver a vivir. A veces, cuando los Boinas Rojas lo drogaban le sobrevenían a Nick unos cuantos baches mentales. El plagiado se daba cuenta de sus ocasionales vacíos mentales y se atemorizó ante la posibilidad de padecer una demencia senil, a pesar de no tener una edad suficiente para sufrirla. Para entonces, Nick estaría alcanzando los cuarenta y dos años. Estaba en la edad de una plena madurez.

Una noche nebulosa y fría, en la celda del cuartel de *Yara*, el gringo enfermó. Un agudo malestar respiratorio lo aquejó. De inmediato fue atendido por un médico. En medio de la embarazosa condición de salud que presentaba el rehén, los milicianos al servicio del cuartel de *Yara* empezaron a preocuparse, porque, con estupor notaron que el gringo había adquirido uno que otro gesto arisco y una alta dosis de brusquedad y de agresividad. Una poderosa razón para ellos incriminarlo de ser un chiflado. Lo cierto era que espantado por aquella oscuridad reinante en la mazmorra, el rehén había empezado a rechazar todo contacto humano. Se transformó en un neurópata, tanto, que hasta llegó a repugnarle la mano amiga del soldado que le llevaba de comer aquel plato cubano conocido como "ropa vieja" y que tanto saboreaba con placer Nick. Convertido en un ser extraño, el secuestrado empezó aborrecer todo tipo de alimento, y dio la impresión de presentar un cuadro anoréxico, preocupante. Su cerebro comenzó a minarse de taras. ¡Claro, salud y libertad eran lo que más necesitaba él! Y, con la dignidad ofendida por cuanto una vez un cabo raso sacudió con un fusil sus flacas nalgas, a su cuerpo espiritual lo invadió el *stress*. Eso lo puso al borde del abismo de contraer algunos trastornos físicos y biológicos.

Taciturno, muchas veces, Nick se hizo pasar por un cegato y un sordo para ignorar a los carceleros que rondaban aquel calabozo. De vez en cuando, le daba una crisis de estar en un aislamiento voluntario. De la atosigante realidad se trataba de evadirse de cuerpo y de alma. Se auto moría. Se transformaba en un hombre sin rostro ni corazón. En un hombre de goma que se estiraba y se encogía.

Sin sobresaltos, una vez superada la crisis de su salud, el rehén continuó manteniendo el equilibrio emocional tratando de no perder la memoria ni el temple. Quiso evitar cualquier manifestación de padecer un trastorno psicológico originado por el temor. Se asustó de que las neuronas de su cerebro comenzaran a morirse lentamente. El gringo se horrorizaba ante la idea de volverse estúpido o loco; a pesar de estar ganado de un alto espíritu de resignación, de aguante y de valentía.

Todo ese trago amargo lo pasó el norteamericano. Hasta que un buen día ocurrió algo inusual en su existencia al visitarlo en la celda que ocupaba en la Fortaleza de *Yara*, el supremo comandante de la revolución cubana, Fid. Ese legendario héroe de Sierra Maestra. El alto y barbudo comandante cubano se encontraba escoltado por seis milicianos de rangos superiores, fuertemente armados. Cuando el comandante se acercó al sitio donde el secuestrado estadounidense se encontraba tirado sobre una cama de lona cubierta con una sábana mugrienta con un olor a orines, Fid se molestó ante tan deprimente escena carcelaria. Desde luego, el comandante dueño y señor de la revolución cubana, no dejó un instante de observarlo con curiosidad. El impetuoso y adusto comandante pasó las manos por su barba negra y larga y, con un gesto de desagrado en el rostro, lanzó una severa e inquisitiva mirada sobre cada rincón de la celda donde se encontraba recluido el gringo.

Al finalizar, la inspección ocular que efectuó el comandante en jefe de la revolución cubana, se alteró y criticó la condición de deterioro físico y psíquico del cautivo. Con una voz que parecía más bien una campanada estrepitosa en el aire mandó a uno de los lugartenientes que lo acompañaban a que diera una severa orden de arresto a los responsables de cuidar al rehén por no haber mejorado las condiciones físicas y mentales del norteamericano durante el tiempo de su reclusión en Cuba. Ordenó sacarlo del cuartel de *Yara*, para ser llevado a un lugar de recreación que quedaba no muy distante de La Habana.

El propósito era lograr una mejoría integral en su salud. El comandante Fid se acercó un poco más al gringo en el momento en que hizo sonar duro los tacones de sus largas botas negras. Ese ruido llamó la atención del estadounidense, quien se levantó del lecho con un gran esfuerzo. Restregándose los ojos azules buscó aclararse la vista para observar mejor lo que pasaba allí. A pesar de tener una mirada turbia, el desdichado de Nick distinguió la alta silueta de aquel hombre que lo miraba fijamente, con unos ojos penetrantes y escrutadores. El plagiado apenas logró esbozar una sonrisa tristona al comandante Fid. En ese instante se desplomó de nuevo sin perder la consciencia. Fue un momentáneo impacto emocional. El comandante eterno dio un rezongo profundo cuando se recuperó el yanqui. Y, tocándose la ancha correa que a la altura de la cintura ceñía su chaqueta verde olivo, anunció al cautivo que dentro de unos días los camaradas compatriotas vendrían a buscarlo y llevárselo.

Con una atorrante voz, el líder de la revolución cubana, hombre fuerte de la isla, con mucha condescendencia se despidió del norteamericano. Fid mostró tener una conductual sabiduría, adquirida en sus luchas revolucionarias. Nadie más perspicaz y sagaz que el comandante supremo para controlar situaciones difíciles, comprometedoras, y peligrosas. En ese momento el estadounidense se encontraba montado en la balanza de los grandes contratiempos. Esa fue la única vez en que el rehén pudo tener cerca al carismático jefe supremo de la conocida revolución cubana. El prolongado dominio ejercido desde el poder había convertido a Fid en un hombre temido, respetado, y admirado, por sus seguidores. También fuertemente criticado y combatido por los enemigos.

Después de la sorpresiva visita del supremo jefe cubano al cuartel de *Yara,* se supo, en secretillo, en la embajada de Venezuela en La Habana, por un rumor, que el norteamericano secuestrado en su país, estaría en algún lugar de la isla de

Cuba. Como era de suponerse y ante el miedo en que algo se descubriera; de inmediato el gobierno cubano decidió redoblar la vigilancia miliciana en los alrededores de esa embajada y consulado.

Habiéndose hecho eco de ese runrún. Los funcionarios venezolanos de la misión diplomática entraron en sospecha y en alerta. El gobierno revolucionario, para evitar que esa ola de rumores sobre el secuestro del norteamericano entraran en esa misión, procedió a realizar un discreto espionaje y una permanente vigilancia al personal de esa embajada y del consulado. El propósito firme del gobierno revolucionario cubano consistía en tenerlos controlados y, de ese modo, poder alejar a los funcionarios venezolanos de cualquier sospecha y recelo que pudieran ellos tener al respecto. Todo trazo de desconfianza o de presunción que se asomara en ese sentido debía ser eliminado para preservar el cordial mantenimiento de las relaciones bilaterales entre ambos países. Después de esa inquietud, y por obra de la divina magia, las sospechas se disiparon y todo volvió a la cotidiana normalidad.

Para el gobierno de Cuba hubiera sido catastrófico que el gobierno de Venezuela se hubiese enterado de que el estadounidense secuestrado se encontraba allí. Era un asunto contraproducente para los intereses de ambos países. Con la posibilidad de que Cuba pudiera recibir una amenaza de pronóstico reservado por parte del gobierno del país suramericano y del mismo gobierno de los Estados Unidos, exponiéndose a ser acusado de desestabilizar la paz del hemisferio, y peor aún, acusado de apoyar el secuestro de un estadounidense. El gobierno revolucionario de Cuba no estaba dispuesto a "embochinchar" el continente americano, por lo menos, en aquel momento. Además, el comandante Fid temió que se armara un alboroto de marca mayor en el Consejo

Permanente de la Organización de los Estados Americanos, aunque Cuba no pertenecía a esa organización. El poderoso hombre de la revolución cubana invocó la protección de la venerada santería, naturalmente, por medio de la magia negra, para que nada sucediera en su país. Mientras, el comandante supremo hacía tal invocación, paralelamente, con los largos dedos de sus manos, se tocaba la medallita que colgaba de su cuello con la imagen venerada de la virgen del Cobre, regalo de Celina, su mujer. Ese líder revolucionario se presentaba ante sus seguidores y opositores con la cruz en una mano y el fusil en la otra, unía en sus súplicas al Divino, dios cristiano, con Marte, dios de la guerra. Nada de extrañar en un revolucionario marxista. Fusil en una mano y la cruz cristiana en la otra mano.

El gobierno cubano se sobresaltó por lo que ocurría en torno al secuestro del norteamericano. Y antes de que eso se convirtiera en un polvorín a punto de explotar, los revolucionarios cubanos tuvieron en claro que su país no podía continuar cooperando por más tiempo en la reclusión y vigilancia de Nick. En la suposición de que ese hecho se pudiera convertir en un detonante grave para estimular el ímpetu intervencionista de los Estados Unidos en Cuba. Efectivamente, eso sería sumamente peligroso porque las rencillas entre ambos países era el pan de todos los días. Sobre todo si se tomaba en cuenta que el pez grande (EEUU) se tragaría al pez chico (Cuba). Eterna pugna del más poderoso contra el más débil. En ese sentido podía acontecer cualquier conflicto. No obstante, Cuba, que era considerada como un satélite extra continental de la Unión Soviética, potencia mundial de otras latitudes que protegía y cuidaba los intereses cubanos. Potencia dispuesta a defenderla de cualquier acción bélica que pudiera destruirla de un solo bombazo atómico o nuclear. Se vivía una especie de tiempo de guerra fría.

En medio de una calma aparente, los Boinas Rojas retornaron de nuevo a la isla. El gobierno cubano les dio un recibimiento bastante peculiar al solicitar, sin pelos en la lengua, llevarse al norteamericano, por tenerse en cuenta las circunstancias presentadas últimamente. El jefe supremo de la revolución cubana recomendó a los camaradas venezolanos que antes de partir de la isla procuraran darle unos días de sol y de recreación al cautivo para mejorar su salud. Pronto sucedió que un pelotón de milicianos, quienes se hicieron acompañar por varios miembros de los Boinas Rojas y de la LS, se dirigió al cuartel de *Yara* para cumplir con el mandato dado por el comandante en jefe de la revolución Cubana.

Los revolucionarios venezolanos adscritos a la célula dos de la organización de los Boinas Rojas, en compañía de unos integrantes del comando único de la LS, quienes en sus cabezas llevaban puestas unas boinas negras, tipo plato, y vestían uniformes verdes de camuflajes sobre los cuales en sus erguidos pechos de palomas exhibían bandas con el consagrado lema "Patria, socialismo o muerte". Se dispusieron sacar al cautivo del cuartel de *Yara*.

Dos días después, esos Boinas Rojas se aprestaron conjuntamente con un pelotón de milicianos cubanos para llevarse al rehén del cuartel de *Yara*, con previa autorización de los altos jerarcas. Lo más sorprendente de todo fue que esos hombres no tenían la plena seguridad de que al secuestrado todavía pudiera considerársele, propiamente, **un ser humano con respiración**, puesto que, ellos a su suerte lo habían abandonado en esa isla caribeña, tiempo atrás, sin volver a tener noticias del mismo. Para suerte de esos hombres, si algo grave le hubiese sucedido al gringo, los hubieran obligado a rendir cuentas claras al comando superior de los Boinas Rojas. Sin embargo, en ese aspecto, los Boinas Rojas corrieron con buena leche porque todavía el rehén estaba vivo, aunque despavorido por olfatear nuevos cambios en su existencia.

A medida en que los días pasaron todo el entorno se volvía raro. Mientras se arreglaban los detalles de la salida de Nick del cuartel *Yara*, éste siguió balbuceando incoherencias, agobiado por aquel infernal encierro al que lo habían sometido contra su propia voluntad. Aun así, este hombre conservaba un espíritu indoblegable y batallador. El cautivo, desde el calabozo, presuroso vio llegar al grupo de uniformados que se presentaron armados desde la cabeza hasta los pies. Nick supuso que algo malo ocurría. De entre sus flacas piernas se escurrió un sudor frío que le mojó el pantalón de poliéster color beige que llevaba puesto ese día. El cautivo se trastornó notablemente al verlos. Experimentó una sensación desagradable que llegó hasta imantarle los testículos. El alma se le arrugó al presentir que ese sería el último día de su existencia terrenal. Al amanecer lo fusilarían en el tenebroso paredón donde los cubanos disidentes del régimen socialista caían abatidos por ráfagas de fusiles. Nick levantó el angustiado rostro en el instante en que un vértigo lo hizo trastabillar. Volvieron a humedecerse sus azules ojos cubiertos por unos amoratados párpados. El rehén transformado en un ser telepático se imaginó que su flácido y descarnado cuerpo acribillado a balazos caía ensangrentado sobre la tierra revolucionaria del comandante Fid. No gustó de esa idea. El mundo se le vino encima. Seguramente lo matarían como a un perro y no como un hombre valiente y digno. Su indomable espíritu se laceró. Nick continuaba preocupado, sin dejar de pensar en que él sería otra de esas víctimas inocentes llevadas al cadalso por ser un producto original de los Estados Unidos. Odió la idea en relación a que por ser ciudadano estadounidense lo fusilaran como un animal. En aquel difícil momento existencial, recordó la Enmienda Plat, la guerra de Vietnam, y el poderío armamentista de su país.

Pero... las desgracias nunca llegan solas. A juicio del plagiado, la privación de su libertad podía ser consecuencia del predominio imperialista que ejercía los Estados Unidos sobre los demás pueblos de la tierra. El rehén bastante aterrado maldijo una y mil veces a los Estados Unidos por haber incurrido en los despojos de tierras, de riquezas naturales, y de propiedades inalienables de otros países. También por someter al vasallaje a las economías de numerosos pueblos en vía de desarrollo y en pobreza crítica. Lo rechazaba por haber generado la masacre de miles y miles de seres humanos en guerras estériles. Por desatar el armamentismo. Por alterar la paz y la seguridad mundial. En fin, todo ese repudio por su país lo sintió Nick. A despecho y ante la preocupación que sentía de ser pasado por las armas, guardó rencor y encono profundo hacia los Estados Unidos. Ese desbordamiento de sentimientos negativos contra los Estados Unidos logró herir su sentir patriótico. Él no perdonaba a los Estados Unidos de ser en el fondo el culpable del secuestro suyo. Y menos que de una manera innoble, los cubanos, conjuntamente, con sus cómplices extranjeros, lo asesinaran, privándolo del derecho a la vida. Derecho natural y consagrado en las constituciones y en las religiones del mundo. Sabía que el ajusticiamiento en los paredones y en los llamados tribunales del pueblo estaba contraindicado y censurado en el cúmulo de leyes internacionales y de leyes nacionales, ajusticiamiento repudiado por los estamentos sociales mundiales.

Con preocupación, Nick creyó que sería de mala fe asesinarlo a sangre fría, también una herejía socialista-comunista. Finalmente, embalsamó su mente para no seguir cavilando. Sin embargo, temió que destornillaran su cabeza de los hombros, tal como los piratas con los enemigos. En aquellos momentos, el desprecio que sintió por su país le ocasionó un fuerte terror a la muerte. Sentía la muerte en la pata de la oreja, y el horror lo martirizó. Temía que le fuese negada la piedad. Lloró de impotencia al asegurarse a sí mismo que su país de origen no podía oportunamente ejercer el poder para rescatarlo de las garras de unos revolucionarios. Por ese motivo, el rehén no titubeó en acusar a los Estados Unidos de ser el principal culpable de la tremenda desgracia humana que ahora sufría en carne propia. Todo ese drama puso cabezón al cautivo, mientras cruzaba por su mente en forma de una tempestad violenta aquella maldición que una vez presagió su esposa. Quizá esas elucubraciones no eran más que una simple manera de liberarse de la frustración y del abandono. Su pensamiento deambuló. Su cerebro estaba perdido dentro de un remolino que giraba sin cesar. Convencido en que no escaparía de la roñosa muerte. Siguió atesorando angustias y miedos. Espantado, Nick maldijo su lúgubre encierro. Con un rostro sin color, transformado en un boquirroto, volvió atacar los desmanes de los Estados Unidos. Sintió que la flema se le subió a la garganta. Otra vez, Nick se hundía en el oscuro espacio de la soledad. Un hondo silencio lo envolvió. Había una especie de mirada calculadora en sus ojos. No se movió para ningún lado.

Transcurridos unos minutos, el corazón de Nick se heló cuando lo vinieron a buscar unos hombres uniformados. El cautivo otra vez se mareó por los efectos del tranquilizante suministrado. Emprendió a duras penas la marcha junto al destacamento de milicianos cubanos y los Boinas Rojas venezolanos. Algunas interrogantes se cruzaron en su cabeza a medida que avanzaba por los pasadizos de la antigua fortaleza de *Yara*. Se auto preguntó: "¿Acaso soy el secuestrado del olvido? ¿Dónde está la piedad de los hombres? ¿Dónde está la justicia divina? ¿Ahora mi destino se juega al azar? ¿Es que acaso un siglo de cautiverio no es suficiente castigo para un hombre que no ha hecho nada malo, cuyo único pecado es haber nacido en los Estados Unidos?". Para entonces, a Nick lo habían convertido en un fantasma viviente. Con una mente y un corazón esclavizados.

Arrastrando los pies en un último esfuerzo por andar la ruta señalada, intentó amortiguar su angustia desplegando una sonrisa, ligeramente esbozada, para no deprimirse más de lo debido y poder despojarse del tormento sufrido. Con dificultad siguió caminando, empujado en la espalda por un corpulento hombre armado hasta los dientes que, con unos ojos verdes, gatunos, y amenazantes, le echaba reojos, posiblemente, con aviesas intenciones. Lo que nunca supo esa ánima sola fue que el miliciano que fungía de comandante en jefe del primer regimiento del cuartel de *Yara*, de una manera accidental, alcanzó a descubrir el por qué lo habían secuestrado. Eso sería un secreto bien guardado por parte de ese militar cubano, quien observó la salida del gringo detrás de una mirilla oculta en la parte frontal de la fortaleza de *Yara*. Ese secreto quedó guardado bajo la promesa de que nadie más lo conocería, excepto el oficial que lo supo y el espía que se lo sopló. El comandante cubano pensó en que si lo difundía públicamente, el norteamericano de seguro sería hombre muerto. A su parecer, eso para nada resolvería ese caso de una manera positiva. El problema del secuestro del yanqui quedaría en los anales de la historia criminal mundial. Por fuerza mayor, el comandante prefirió callar. Entretanto, y desde esa discreta ventanilla, el comandante siguió mirando hacia la calle sin mover un solo músculo del rostro dibujado por unas líneas en los salientes pómulos y en los bordes labiales. Él mismo supo que no tenía seso de gallina y se quedó con el secreto guardado en el cerebro.

Había que irse. Un convoy transportó al grupo de guerrilleros Boinas Rojas, a los cómplices y al norteamericano secuestrado. Cuidaron de no poner en peligro los planes. En tanto, Nick se encontraba dopado con los ojos vendados por un pañuelo rojo.

El vehículo de guerra donde todos ellos se montaron tomó la dirección que conducía a un pequeño caserío de pescadores llamado Mar de Mulatos. Allí vivían unos sesenta hombres pescadores con sus mujeres y las proles. La mayoría de ellos contaba con una avanzada edad. Los pescadores (por la fuerza y bajo amenazas de recibir crueles castigos) fueron obligados a decir en que ellos no veían a nadie extraño por esos contornos, ni sabían nada de lo que ocurría en ese lugar. Indudablemente, el gobierno revolucionario cubano había amordazado las bocas de los pobladores de ese lugar. Por tal motivo, las autoridades cubanas consideraron ese caserío popular como un lugar tranquilo y seguro, para llevar adelante esos asuntos espinosos. Los cubanos habían calculado que, pasados de tres a cuatro días, Nick se repondría de la salud en aquel apacible puerto pesquero.

Efectivamente, el yanqui se sintió renovado allí. Otra vez palpó la vida al tenderse sobre las suaves y finas arenas, bañadas por aquel cálido mar. Respirar el aire puro de mar. Cuando por primera vez se despertó en el bohío donde pernotaba, Nick se dio cuenta de que todavía tenía derecho a seguir con vida. El rehén no se encontraba desmirriado por los ansiolíticos tomados antes de ser llevado a ese lugar. Durante parte de la mañana, el plagiado se encontraba metido en una hamaca tejida con pabilos de colores alegres y tropicales. Luego de captar el olor de mar, Nick mostró un mejor semblante en su cara pálida. El espíritu festivo de los pobladores del lugar amainó su melancolía. Su corazón pausadamente empezó a recobrar la serenidad. Volvió a olfatear aquella brisa suave que traía el olor característico de las especies marinas y de los hombres de mar. Pensó en su condición de luterano en que dentro de las aguas marinas había unas variedades de esencias olorosas y misteriosas que purifican los pecados mortales y recobran las fuerzas espirituales. El mar se convirtió en una panacea dentro de los intervalos de un horario establecido para el estadounidense cautivo.

Cuando los rayos del sol descendían sobre las calientes arenas, el cautivo empezó a sentir el goteo de la esperanza caer sobre su cuerpo. Aprovechó para agudizar sus cinco sentidos. Luego salió libremente a buscar adentrase en el verdoso mar. Después del chapuzón tomado en el límpido y azulado mar, Nick miró desconcertado hacia el sitio donde se encontraban sentados los secuestradores junto a varios de los cómplices cubanos. Esa vez, el norteamericano notó que ellos llevaban sobre sus cabezas boinas negras y no rojas. Le provocó risa, pero no rio. Nick pensó en que eso simbolizaba algo distinto para actuar.

Pronto Nick observó que aunque todos ellos tuvieran puestas unas boinas negras se trataba de los mismos Boinas Rojas que lo habían traído en un barco a la isla de Cuba. Enseguida se enteró por boca de esos hombres que cuando ellos se vestían de esa manera significaba que andaban en plan de paz y no de guerra. Indudablemente, eso constituía un artilugio político-militar de esa organización de guerrilla, a la cual pertenecían ellos. Un guerrillero de pelo rizado le explicó que cuando se vestían de esa forma era para poder desarrollar mejor los planes revolucionarios y alcanzar sus objetivos. En una palabra, frecuentaban alternar el uniforme de guerra con el uniforme de paz, de acuerdo a las acciones o misiones a cumplirse.

En ese pueblito llamado Mar de Mulatos al gringo se le permitió comer a su antojo todo el pescado frito y en cazuela. Se le autorizó bañarse en el mar para que absorbiera el yodo que tanta falta le hacía a su cuerpo. Se bronceó bajo el espléndido sol costanero. En un viraje permisivo dado a Nick, pudo hablar en un deficiente español con varios moradores del caserío, obviamente, bajo una vigilancia permanente, y con la advertencia de que él no podía dar señal alguna de que se encontraba cautivo. Si lo decía o lo daba a entender sus días estarían contados. Al gringo, esa advertencia le pareció una solemne birria política, que no permitía arriesgarse ni razonar al aire libre.

Sin pasar por debajo de la mesa esa advertencia, Nick optó por tranquilizarse, y procuró de esa manera recuperarse física y mentalmente para evitar sufrir otro decaimiento. Por espacios de unos pocos días él gozó de una libertad a medias, puesto que continuaba siendo vigilado de cerca por un regimiento de cubanos y los Boinas Rojas. De tarde se sentaba sobre un tablón colocado en la arena, y se ponía a observar la ficticia libertad de los pobladores de Mar de Mulatos. Se cuidó de cometer cualquier desatino. Se sintió como un pez deshecho en amargura y tristeza en medio de aquellas aguas de labios azules y dientes de espumas. Frente al mar tuvo sensaciones hermosas de sus pasadas vivencias, sintiéndose con muchas energías para seguir adelante. En los atardeceres dorados y frente al mar, el rehén estadounidense soñaba con su libertad (*freedom*).

A pesar de que el corazón le latía a una alta velocidad, el gringo observó las alboradas y los ocasos en ese lugar. Contemplaba el mar lleno de lanchitas con pescadores, arrullados por el canto de las tejedoras de redes para pescar. Ese panorama lo ayudaba a sobrevivir y a cicatrizar las abiertas heridas en su corazón de hombre esclavizado. En esos días de playa que Nick pasó, encontró un poco de paz interior. Recuperó el deseo de continuar con vida. Desenterró el hacha del optimismo para no rendirse ante la adversidad. Esas aguas tibias, en las noches acariciadas por una gigantesca luna plateada, algo idílico para recordar, lo hacían olvidar el horror de su largo cautiverio en tierras lejanas.

Al finalizar su estada en aquel lugar, Nick registró una leve mejoría en su salud. No obstante de continuar con los achaques espirituales y corporales producidos por aquella temible enfermedad llamada secuestro. Sin embargo, él no quiso vivir las tristezas del pasado para no estropear esos cambios del presente, y tampoco estropear ese nuevo día que está por venir.

Seis días después, retornó a buscarlos el mismo convoy que los había llevado a Mar de Mulatos. Para ese momento, se había dado la orden de trasladarlo a San Juan de Urabá, un hermoso lugar donde pudiera fortalecerse un poco más y recobrar el vigor del cuerpo para emprender el viaje de regreso a Venezuela.

Con una gran paciencia y mucha calma, Nick tomó la rotación que se le hizo por otros lugares desconocidos. Cuando llegó a San Juan de Urubá, el gringo no dio crédito a lo que sus ojos vieron. Los cerró por unos segundos al creer acariciar una bella pintura sacra de *Teok* Carrasco. Aquel imaginativo lienzo contenía unos suaves colores que impulsaban al Creador hacia lo infinito. En aquel lugar, el gringo llegó a pensar de nuevo en sus seres amados. Esta vez no derramó una sola lágrima. Se consoló con su propia alegría. A pesar del cautiverio canallesco, desencanto y desaliento que estremecieron sus entrañas y lo redujeron a vivir en un mundo prácticamente sin luz, ahora en aquel esplendoroso pueblo de San Juan de Urabá, Nick consiguió captar el recuerdo de un sueño infantil (se vio cuando dormía en los brazos de su madre que lo arrullaba con tradicionales canciones de cuna en su ciudad natal). Sin dejarse atrapar por la ilusión en el primer amanecer que vivió en San Juan de Urubá, el gringo sintió que había vuelto a ser un niño mimado por su madre, quien se encontraba en Ohio, suponía, para esa fecha. Nick se propuso olvidar lo malo. Una pizca de dicha lo estimulaba a seguir adelante, pasara lo que pasara. Ese sueño que tuvo despierto lo volvió a reanimar. Tomó del suelo una hoja palmeada y se abanicó para espantarse el inmenso y agotador calor de verano.

Aves marinas de todas las especies, cuales telarañas voladoras, bordaron el azul del cielo. Los milicianos cubanos encargados de su custodia lo trataron bien, no brutal como él temía. Los días en que vivió allí, los cubanos le dieron de tomar unos tragos del ron *Bacardi* y a probar un sabroso licor de guayabita (bebida exquisita, original de Pinar del Río). En cierta ocasión, el cautivo llegó a tomar el famoso **mojito**, se animó y se desprendió de toda congoja, pena, dolor y tristeza. El síndrome de Estocolmo se hizo presente, sorpresivamente, en aquel lugar hermoso, tanto, que Nick, como sus plagiarios y los cómplices cubanos se rieron al amparo de una mejor relación. Eso sucedió por la sencilla razón de que dentro de todo ser humano siempre fluye un sentimiento de bondad, excepto en aquellos seres que nacen con la bestialidad dentro de su cuerpo, espíritu, y mente.

Luego de unos días de permanencia en San Juan de Urubá, los guerrilleros venezolanos se dispusieron a partir de Cuba. Las instrucciones habían llegado desde Caracas y debían de cumplirlas al pie de la letra, para que los planes no sufrieran contratiempos o se entorpecieran por unas inesperadas fallas.

El secuestrado estadounidense se despidió en silencio de San Juan de Urubá. Una profunda nostalgia se adueñó del norteamericano al comprender que nunca más estaría en ese hermoso paraje de la isla de Cuba. Se marchó con la esperanza de continuar reforzando su fe y el optimismo para recuperar su libertad. Lo haría sin desmayar, barriendo todo tipo de dolor espiritual. Nick estaba dispuesto a dar la última batalla para ser libre. Cerró los ojos y se abandonó a la ilusión libertaria.

En el muelle de La Habana, por segunda vez, se reabasteció de combustible el *Olaf II*, dos días antes de abordarlo, los camaradas Boinas Rojas, se llevaron a Nick a Santiago de Cuba. En Santiago de Cuba, se dieron una corta tregua para poder olfatear si algo anormal ocurría en Cuba, antes de ellos partir. Eso se efectuó con mucha cautela. El gobierno revolucionario cubano había recibido varias alertas sobre una red de espionaje internacional que posiblemente había detectado el confinamiento del norteamericano en esa Isla. Cuestión de suma importancia que se debía de conocer para no caer en las redes opositoras.

Obvio durante esa corta espera en Santiago de Cuba se le aguaron los ojos a Nick, porque él aún no sabía cuál era el precio que tendría que pagar para conservar su vida. A pesar de haberse repuesto anímicamente, aún tenía una precaria salud y una menguada vitalidad. Continuaba indignado por lo que sucedía. Su deseo de libertad volvía a esfumarse con el viento bullente que soplaba en esa ínsula caribeña.

En un continuo ajetreo se mantuvieron los revolucionarios criollos para saber si el camino a seguir estaba libre de todo peligro. Esa situación de espera se hacía preocupante para los Boinas Rojas y demás camaradas que los acompañaban. En aquellos momentos y para matar el tiempo se les ocurrió a unos milicianos que cooperaban con los guerrilleros venezolanos, proponer un lavado de cerebro al gringo secuestrado, con las intenciones de que éste no recordara nada del pasado. Con la sabiduría antigua de los marxistas y leninistas, introducir en su mente los efectos positivos de la revolución cubana. Para poner en marcha ese plan, los milicianos decidieron que en el segundo día de permanencia en Santiago de Cuba pasearían al secuestrado por distintos lugares de esa ciudad. Así fue, como en un mediodía soleado lo invitaron almorzar el exquisito lechón cubano. En las sucesivas horas, le dieron a probar el famoso tamal, la deliciosa vaca frita, la masita de puerco y el típico plato de moros y cristianos. Le fue ofrecido un homenaje privado con tumbas y carabalíes. Se le permitió conversar con el segundo jefe del departamento de orientación revolucionaria, quien era un joven apuesto, dueño de una voz bien timbrada y de unos buenos modales. Aquel revolucionario cubano se esmeró en darle al norteamericano una precisa explicación sobre la revolución socialista. Obvio, el gringo quería salir del profundo túnel de terror en que habitaba desde tiempos atrás, traqueteado por los plagiarios y sus cómplices cubanos, el norteamericano con la cabeza cubierta de cabellos sucios asintió a todo lo que le informaba el joven guerrillero de nombre Carlos Luis Calzadilla, quien intentaría convencerlo sobre los excelentes resultados arrojados por la revolución cubana. Carlos Luis Calzadilla, hábilmente explicó al gringo que esa revolución había echado raíces cuando el pueblo cubano empezó a rechazar con un furor patriótico la tristemente famosa y célebre, Enmienda Platt. Impuesta a Cuba por los Estados Unidos, como una bandera colonialista. Le insinuó abiertamente al gringo en que mediante esa enmienda, el poderoso país del norte se creía único dueño de nuestra isla. El joven revolucionario frotándose una que otra vez las manos hizo saber al rehén que su país, al ser una potencia imperialista se había oprimido y privado de todas sus riquezas al pueblo cubano. Le acotó para mayor desgracia del pueblo cubano que el imperialismo yanqui había instalado una base militar en Guantánamo, para mostrar al mundo un poderío naval, y así controlar y vigilar a la Isla. Hubo un momento en que Carlos Luis Calzadilla, para atraer el interés del cautivo, tocó con suavidad el hombro izquierdo de él. Al parecer, el cautivo vagaba con su pensamiento en un vasto mundo desconocido. Súbitamente, el gringo se rio con desprecio.

Afuera, el bramido del viento sacudía la paja seca del techo del bohío donde se reunían. Fue entonces cuando Calzadilla pudo comentarle al norteamericano que, tarde o temprano, la América Latina tendría un nuevo hombre y una nueva mujer. Un hombre del tercer mundo. Y ese hombre poseería la fibra de un auténtico líder populista, puesto que él sería el verdadero intérprete de las desdichas de nuestros pueblos. Luego, ese líder se convertiría en un defensor a ultranza de una América morena, indígena, redimida, vejada, saqueada, y colonizada por los más poderosos países del mundo. Sin duda, eso armaría un enorme revuelo en América y en otros continentes. Hubo un momento de silencio entre los dos. Después, Carlos Luís Calzadilla continuó hablando de esa América que, todavía a más de setenta años del siglo veinte, no lograba alcanzar un destino propio, ni una plena independencia económica.

El sol no brilló con intensidad sino que estuvo opacado por unas densas nubes.

El sol no brilló más. Anocheció. Novilunio. Carlos Luís Calzadilla, con la obsesión de ser un doctrinario revolucionario miró directamente los entristecidos y torcidos ojos del norteamericano. Con el impulso de un cazador de hombres al servicio de la revolución cubana puso sus dos manos sobre la cabeza de pelos revueltos del rehén, para decirle que se debía interpretar que a partir de aquella revolución, la que sin duda exportarían a otros pueblos, podría alcanzarse la igualdad de clases sociales y la tan ansiada distribución equitativa de las riquezas naturales y económicas en los países americanos, africanos y asiáticos. No mencionó a Europa.

A medida que el joven revolucionario desarrollaba una envolvente oratoria, Carlos Luis Calzadilla sudaba copiosamente por todo el cuerpo como consecuencia del inmenso calor que había dentro del lugar. Después de esa emotiva arenga populista, el impetuoso revolucionario procedió a desabrocharse la chaqueta militar que llevaba puesta. Dio por terminado el encuentro con el yanqui. Antes de irse, el joven camarada le habló al gringo sobre los cañaverales, sobre los cafetos, sobre las brigadas de campesinos. En su opinión, todos los logros alcanzados en otros países serían los éxitos de la revolución cubana. Con unos ojos de mirada dudosa, Nick observó el rostro del joven líder de la revolución cubana. Puso la mente en su sitio y concluyó pensando en que lo que ese joven revolucionario había dicho era una historia apologética de la revolución cubana. Zarpazos en el aire.

La noche exhaló un denso aire. Atento por lo que había dicho aquel muchacho revolucionario cubano, Nick empezó a comprender el destino de esa otra América. De esa América indígena y morena. Esa América que hasta ese momento él desconocía. La amarga realidad de esa otra América lo conmovió. Pensó en que el mundo estaba cambiando en forma alguna. El gringo comprendió que no sabía mucho de esa América descrita por el líder juvenil cubano. Él no estaba atado a otras naciones que atendieran a los intereses de los Estados Unidos. La línea doctrinaria socialista y comunista, confesó, no la conocía.

El día en que a Nick se lo llevaron de Santiago de Cuba rumbo a La Habana, los árboles movieron suavemente las ramas. Con la angustia colgada en el delgado cuello, el gringo abrazó efusivamente al carismático joven miliciano que lo fue a despedir. Ese abrazo emotivo que ambos se dieron los unió para siempre en sus memorias. Aunque ambos hombres seguirían teniendo distintos intereses sociales, económicos y políticos, ese momento del encuentro arrojó una extraña suspicacia.

Las últimas horas en Cuba fueron de hondo pesar para el secuestrado. Todos abordaron el tanquero sin ninguna complicación a la vista. Los guerrilleros, una vez dentro de la embarcación, procedieron inmediatamente a cambiarse las boinas negras por las rojas y a quitarse las bandas negras. Con un prodigioso grito de triunfo, los revolucionarios lucieron nuevamente sobre sus cabezas las consagradas boinas rojas que simbolizaban los ideales de las luchas revolucionarias en su país.

Sin acusar una señal de relajación espiritual y de resignación, Nick viajó. Su luenga cabellera color ceniza, arrastrada por las aspas del viento marino soplado en dirección este-oeste, la alborotó. El barco al zarpar osciló entre las oleadas de esas azules aguas. Daba el último adiós a la isla de Cuba.

Convertido en un rehén sin destino fijo ni libertad, Nick retornó al país con el dolor impreso en su cautivo corazón.

VI

OPERACIÓN "ORQUÍDEA"

(Segundo traslado al exterior)

De regreso al país después de sortear las encrespadas olas de las aguas del mar Caribe, procedente de la Habana, el barco cementero *Olaf II* entraba por el Delta del Orinoco. Navegó durante varias horas a través de los ríos Orinoco y Caroní. Los pasajeros del tanquero contemplaron los mangles rojos y en las riberas los bohíos de los indios waraos. La nave ancló en el muelle principal de Puerto Ordaz. Desde ese sitio el rehén estadounidense fue trasladado al pueblo de Santo Tomé de Guayana donde sería recluido en una rudimentaria vivienda acribillada por el intenso sol del mediodía. La tradición del ideal comunista se arraigaba profundamente en la casa de don Faustino Rivera donde ocultaron a Nick. El cautivo pernotó en esa vivienda hasta asomarse la luz solar del nuevo día. Entre tanto, la búsqueda del gringo continuaba en todo el país. Búsqueda convertida en un reto político de incalculable dimensión para el gobierno de turno. Hasta entonces, los desplazamientos de los cuerpos de Seguridad del Estado habían resultados estériles, puesto que, en el curso de los meses todas las investigaciones se pulverizaron al no arrojar resultados concretos. En aquellos momentos, el gobierno nacional no tenía la menor idea de porqué ni quiénes, a ese alto ejecutivo de la empresa *"La Inois. Company"*, lo habían plagiado.

La impresión que se tenía en ese momento era en que personeros del gobierno, y otros investigadores extranjeros del caso, estuvieron a punto de tirar la toalla. Tantas serían las dificultades presentadas que en medio de las múltiples protestas callejeras y de los reclamos populares, los más conspicuos analistas políticos del país, recostados en el muro de los lamentos, pensaron en que a esas alturas del partido el norteamericano, probablemente, ya estaría muerto. La incertidumbre sobre si vivía o no el plagiado se había expandido por los cuatro costados de la geografía nacional. Las pesquisas se habían aherrojado. Se rumoreaba en los comederos públicos en que la gallinita de los huevos de oro no era tan de oro como se suponía. En contraposición a ese parecer, otros investigadores opinaron que el norteamericano secuestrado no era simplemente un muñeco de barro sino un hombre de un gran valor humano. Por esa razón, esas últimas personas se aferraban al hilo delgado de la esperanza para continuar en la creencia de que el secuestrado podía encontrarse vivo, aunque sometido a una existencia de aislamiento que no era otro asunto que estar execrado de toda sociedad. No obstante, esa gente con ilusión esperaba que algún día Nick cortara las mallas de su larga prisión. Por lo cual, todos ellos lo querían rezumando vida y respirando el aire puro. En efecto, todas esas personas llevaban una alondra de esperanza en el pecho y demandaban de Dios un milagro de último momento.

Las calles estaban agitadas por el ir y el venir de los peatones. Un vendaval de clamores y de contrapunteos de opiniones se produjo en relación al paradero del rehén y su destino final. Lo único que se sabía era que los secuestradores corrían como unas liebres para no ser atrapados por los sabuesos criollos y los detectives extranjeros. Lejos de cualquier predicción favorable o negativa, una enorme marea negra crecía en torno al plagio del gringo, lo que alcanzaba a distorsionar la verdad de lo ocurrido. Un rato largo hacía que el desprestigio del alto gobierno había originado un ambiente peligroso y de intranquilidad nacional donde imperaba la confusión, tras el desencadenamiento de unos sucesos callejeros y sangrientos. La inestable situación política del país imprimía una nefanda incertidumbre social y política. Intereses oscuros alimentaban los desordenes públicos y abonaron el terreno para las deliberadas acciones de los gatillos alegres. La presencia de armas caseras y de armas de guerras en las barriadas populares de la capital creaba un clima de desasosiego y desconcierto, hasta el punto en que las pasiones sobreexcitadas de las turbas populares originaron el bandolerismo. De noche, la gente, por pánico al robo o a una muerte violenta, no se atrevía a salir a las calles. La población ante el temor de un levantamiento militar vivía encerrada en las viviendas. En las calles de la ciudad se respiraba un espeso olor a pólvora y a gas lacrimógeno, pimientoso. La policía detenía a cuanto sospechoso se presentara en las vías públicas. De manera alguna, el gobierno en todo el territorio nacional impuso un velado estado de excepción.

En el trascurso de los meses, la no aparición del gringo secuestrado empezó a eclipsar la esperanza de conseguirlo con vida. Todo apuntaba al desaliento de los agentes de investigaciones, quienes a pesar de todo no abandonaron la intención de seguirlo rastreando aunque tuvieran que escarbar palmo a palmo todo el territorio nacional.

Existían agentes especiales, que estimulados por un sentido profundo de solidaridad humana continuaban trabajando en la sombra y sin alharaca. No deseaban ser entorpecidos en sus labores de rastreos. Sus identidades auténticas se mantuvieron incógnitas. Esos hombres sin rostros conocidos se mezclaron con numerosas personas y trataron de conseguir datos interesantes. Los agentes encubiertos agudizaron los oídos y abrieron los ojos buscando una salida al caso. Convertidos en una especie de perros perdigueros prosiguieron las pesquisas, entre gallos y media noche.

Los esfuerzos de los detectives y de los investigadores privados reclamaron un interés propio, porque se registraron fenomenales descontentos en la población a causa de la forma de llevar lo del secuestro del estadounidense. Por esa razón, y para evitar seguir trabajando en base a conjeturas, los investigadores y sabuesos decidieron no seguir dando manotadas de ahogado y pusieron los pies sobre la tierra cuando decidieron trazar un nuevo plan de búsqueda. Por inoperante, desecharon el plan inicial, al no poder desenmascarar ni atrapar a los hombres y a las mujeres que habían cometido tan abominable delito.

Al ritmo del reloj de arena se vaciaban los días y los meses. La tierra parecía haberse tragado de cuerpo entero a Nick. El gobierno nacional impotente no podía rescatar al norteamericano ni capturar a los culpables del secuestro. Siguió siendo flanco de duras críticas.

La misma amargura de un condenado a muerte la sintió el gobierno, vulnerable a cualquier tipo de exaltación popular. A nivel político y detrás de severas críticas ácidas se observó que el aliento e interés mostrado al principio del plagio por el gobierno para resolverlo se había disminuido de un modo considerable en vista de que a cuentagotas los rastreos se realizaron. Y, para el mayor de los males, varios de los investigadores contratados estaban ganados por un profundo pesimismo en relación a encontrar vivo al rehén, y consideraron algo circunstancial ese plagio, porque lo que debía de ocurrir, había ocurrido.

El clima nacional era insufrible. Por desgracia aún no se revelaba la realidad del hecho. Existía un desequilibrio de intereses y de preocupaciones entre los cuerpos del estado, y los agentes especiales encargados de resolver el plagio del empresario de *"La Inois. Company"*. Los más vivarachos agentes especiales se amparaban en aquello que dice: "En río revuelto, ganancias de pescadores". Ellos, al asumir esa forma de pensar, esperaban lograr resultados satisfactorios, quizás a costillas de los demás. Montaron el secuestro en una olla de vapor.

Bajo aquellas circunstancias adversas, los opositores del presidente andino atribuyeron un *mea culpa* al gobierno en turno. Autoridad nacional que había mostrado una ineptitud para solucionar en un corto tiempo lo del secuestro del gringo. En el espacio y en el tiempo ocurrió que el Partido Acción Social se dio cuenta que el plagio del norteamericano se había transformado en el talón de Aquiles para ese popular partido. Podía costarle el triunfo en las próximas elecciones presidenciales y del congreso. El gobierno continuó arrasado por esos virulentos huracanes de reproches y de acusaciones. A raíz de las frustradas gestiones realizadas por el gobierno en relación al secuestro del empresario norteamericano, la población hastiada del fracaso empezaba a sumirse en una peligrosa neurosis general, lo que derivó en una histeria colectiva que influiría en un saldo negativo electoral para el partido de gobierno.

Pasaron variadas lunas y la situación del gobierno se complicaba cada vez más al lanzarse una acusación contra el presidente andino por haber permitido en el país la intervención de varios agentes especiales extranjeros, quienes con suma libertad se movían a lo largo y a lo ancho del territorio patrio para cumplir con operaciones de inteligencia e investigación. Esa actitud condescendiente del gobierno era inaceptable para una mayoría de ciudadanos de la república y levantó un clima suspicaz y sospechoso. En una atmósfera enrarecida, se tuvo la sensación de estarse violando la soberanía territorial. Francamente, el pueblo estaba desconcertado ante una notoria presencia y actuación en suelo venezolano de varios agentes de la CIA y del FBI. Soberanía territorial que la población estaba dispuesta a defender hasta con los dientes, las uñas, y la vida. Un día, cundió la alarma y se levantó una corriente de comentarios poli sonoros; con nobles sentimientos nacionalistas, la gente protestó contra esa insólita injerencia extranjera en los asuntos internos del país.

No hubo duda en que el plagio del norteamericano, quien era un alto funcionario de la empresa *"La Inois. Company"*, había traído una serie de engranados problemas, a causa de la manera de conducirse las investigaciones y determinar cuáles habían sido los móviles de su secuestro. Mientras eso sucedía, los plagiarios tildados por el gobierno de "siniestras figuras", continuaron actuando hábilmente. Cuidaban a sus madrigueras, escondrijos, trincheras y refugios, de ser descubiertos por el ejército. Para despistar al gobierno, los sabuesos criollos y los agentes extranjeros, los secuestradores se movían de un lado a otro. Las brigadas Boinas Rojas no querían lanzarse al vacío, y menos atacar otra vez. Las persecuciones adelantadas por las autoridades contra las brigadas rojas se extendían por los territorios cercanos a los ríos, los mares, las montañas, las selvas, las llanuras, y por cuanto Dios puso en la tierra. Reinaba una inquietud ante esos acosos peligrosos. En vista de tantos contratiempos, en más de una ocasión los plagiarios se irritaron. Tanto fue el enojo que las presiones ejercidas sobre esa organización guerrillera rebasó los nervios de muchos de sus miembros. Con motivo de esa animadversión originada entre sus filas, el comando superior de los Boinas Rojas, para no perder la sensatez ni la cordura, mucho menos echar por la borda la operación **"camello",** con un sentido de oportunidad decidió trazar nuevos planes.

La desconfianza iba *in crescendo*. La misma se empeoraba cada vez más por las expectativas que se producían a causa de las persecuciones emprendidas por los cuerpos policíacos y militares del país contra todo lo que oliera a guerrilla. En vista del panorama desalentador que perturbaba los objetivos planeados en el escenario seleccionado, a los plagiarios les llegó el momento de tomar decisiones de defensa y de contraataque. Con el olfato de una leona recién parida, el comando superior de los Boinas Rojas, propuso entre bambudales reunirse en secreto en algún sitio con el fin de no ser husmeados por los enemigos. Allí, ellos acordaron por segunda vez sacar al rehén del país. ¿A dónde?

El riesgo que ellos corrían siempre lo percibían de un modo alguno. No querían en vano manotear en el aire. Necesitaban algo más preciso. Exactitud en la acción. Para ese fin programaron un nuevo plan estratégico. Admitieron que ellos no podían clavarse con el rehén en un mismo sitio por un tiempo largo, puesto que corrían el peligro de ser ubicados. Y eso sería un contrasentido que conllevaría la aniquilación de la organización. De modo que el comando que capitaneaba el plagio del gringo decidió de nuevo llevárselo lejos del país.

Sin derrumbar el construido muro de tan guardado silencio, de momento el silbar del viento golpeaba la muralla que guardaba el secreto del plagio. El cautiverio de Nick seguía herméticamente sellado en el planeta tierra. Y el trasfondo del fracaso de no poderse rescatar a Nick era producto de las numerosas interferencias que entorpecieron las investigaciones. Ciertamente, en las primeras de cambio se había puesto en acción un plan indulgente y poco efectivo para desenmascarar y atrapar a los indiciados del plagio. Nadie daba verdaderos argumentos y válidas pistas en cuanto a ese plagio. Al parecer la tierra se había tragado en cuerpo y alma el empresario norteamericano.

En un globo plateado, en plenitud de la noche sembrada de estrellas se esfumó la esperanza de encontrarlo vivo.

En pie de monte estaba ubicada la guarida donde los plagiarios se ocultaron. En aquellos días las conversaciones entre ellos se realizaron hasta la puesta del sol de un nuevo amanecer. Los Boinas Rojas para asegurar sus planes y salir airosos, asumieron conductas salomónicas, prudentes, sin equívocos.

La célula de esa organización guerrillera que comandaba las acciones del secuestro del industrial de *"La Inois. Company"*, en varias ocasiones dio indicios de un agotamiento físico y emocional; la misma no dormía tranquila ni andaba sosegada ante el terrible acoso desplegado por las autoridades en contra de todas aquellas organizaciones que tuvieran un matiz subversivo. Eso implicaba que los jefes superiores de los Boinas Rojas se dispusieran a hacer el papel correspondiente, asignado para sacar adelante la operación en cuestión. Los comandantes Boinas Rojas y de la LS: Douva, Porto, Marcos, Beta, Landaz, Julio, Davisón, George, Sotoroyal, entre otros, se dieron a la tarea de preparar los próximos pasos a cumplirse con el propósito de lograr despistar a los cuerpos de seguridad y de inteligencia del estado, mientras se daba un mejor ambiente para negociar la entrega del cautivo, en un futuro no lejano.

El secuestro se convirtió en un ovillo. Nick quedó expuesto a las dificultades. El plagio no era una saludable garantía de honorabilidad, y mucho menos, significaba una inagotable fuente de dinero para quienes lo habían cometido, por supuesto; el secuestro era una acción riesgosa y peligrosa, que tendría que hacerse entre la oscurana y la luz.

Horas tras horas de conversaciones y después de una convincente conclusión, los comandantes Boinas Rojas optaron por no continuar levantando más suspicacias. Aseguraron que sería razonable seguir con la buena fortuna de no ser localizados en parte alguna. Nada en sus cabezas dudaban. Estaban firmes. En ese momento, ellos pusieron a caminar el nuevo plan de sacar al cautivo del país. En ese tiempo, el comandante Porto se encontraba al frente del primer comando de la organización. Completamente seguro de lo que se planeaba, se dispuso a solicitar la colaboración de Guyana, a fin de trasladar al gringo a ese país. Aprovechó la ocasión en que todavía se mantenían excelentes contactos con el primer ministro guyanés; por cuanto, desde los tiempos del campo *Steven*, algunos de los guerrilleros venezolanos habían logrado cosechar lazos de amistad, jurando lealtad.

Una centella luminosa en el cielo apareció tras esa petición formulada al premier guyanés. Por jugarse en Guyana intereses políticos y económicos con Venezuela, la respuesta que dio al comienzo el primer ministro guyanés fue discreta en cuanto a la petición de los Boinas Rojas. En realidad, el gobernante guyanés trataba de evitar comprometer oficialmente a su gobierno en ese asunto. El compromiso propuesto nada tenía que ver con su gobierno. Después de sopesar bien la solicitud de los Boinas Rojas el premier aceptó un poco reticente el traslado de Nick a Guyana. De hecho, requirió a los guerrilleros Boinas Rojas guardar un silencio sepulcral.

Los Boinas Rojas **"ex cabezas calientes universitarios"** decidieron trillar ese nuevo camino. En el complejo círculo donde ellos se movían intentaron salvar el pellejo. El viaje de traslado del norteamericano cautivo hasta Guyana no podía demorarse por ningún motivo. La nueva operación a emprender se llamaría "Orquídea". Avanzada la operación, el trazado plan se concibió en Punta Cacao en la Península de Paria, sitio donde los más altos jefes del grupo guerrillero Boinas Rojas y de la LS se habían citado para discutir y definir las estrategias a poner en marcha. Esos rebeldes se encontraban armados hasta los dientes y portaban subametralladoras, así como también fusiles de fabricación soviética. Ellos estaban plenamente convencidos de que cada segundo transcurrido valía oro puro. Preparados y dispuesto a jugarse el todo por el todo, sin acobardarse o usar la bandera de la rendición, pronto unos cuantos de esos guerrilleros, se convertirían en los protagonistas de una acción temida y espeluznante.

Igual que cuando el viento devora todo a su paso, así ocurrieron algunas situaciones disonantes entre los Boinas Rojas antes de partir a Guyana. En circunstancias críticas, algunos de ellos estuvieron a punto de provocar una algarada. Varios de esos plagiarios aspiraban a llevar el fuego purificador en esa misión. Y en más de uno de esos rebeldes invadió una angustia extrema, tanto que llegó a proponer a los demás camaradas que sería una buena solución dejar libre al gringo en algún sitio que bordeara la orilla de cualquier río guyanés. Apuntalando que, de ese modo, ellos podrían zafarse con honorabilidad de tan enorme paquete cuando las venas de las aguas atraparan entre sus redes el rehén. Otro miembro, un poco más prepotente y excéntrico que su anterior camarada, opinaba que lo más acertado era aniquilarlo para no dejar huellas de naturaleza alguna. En esa competición de opiniones la mayoría de los Boinas Rojas aconsejó que lo más sensato era esconderlo en otro país, entretanto se desarrollara la próxima contienda electoral nacional. El cruce de las distintas opiniones era disímil, en forma y en fondo. Ese palabrerío desacertado molestó enormemente a los jerarcas de la organización. Nada grave sucedió al respecto porque no pasaba de ser un teje y maneje de ideas y de opiniones complejas. Al final, esos hombres se rieron y coincidieron en que si dejaban escapar a Nick, ellos jamás podrían cantar el himno universal que recoge el ideal y sentir del comunismo. Única canción ideológica que hablaba de la igualdad entre los pobres y los ricos. Eso hizo suponer que el caso de Nick, no era ni del ayer ni del hoy. En ese próximo viaje continuaría estrangulado su secuestro entre ideas y opiniones.

Ese intercambio de opiniones había sido una manera providencial de convalidar la intención de trasladar el rehén a Guyana. El plagio de Nick entraría de nuevo en la oscuridad de un juego político, plagado de altibajos.

Cumpliéndose de un modo estricto las instrucciones de la llamada operación "Orquídea", con los ojos vendados por una cinta adhesiva de color negro, flaqueándole las piernas por haber sido obligado a tomar un brebaje indígena, que servía de relajante muscular; con un peso corporal semejante a las plumas de un pajarito, Nick fue cargado hasta una lancha de motor que tenía una pequeña cabina y un radio transmisor. Ese radio trasmisor serviría para comunicarse con los comandos superiores de su organización en caso de presentarse algún inesperado contratiempo durante la travesía. La orden dada por el comandante Porto contemplaba navegar en primer tiempo por los lados cercanos del océano Atlántico, cuidando siempre de no distanciarse de las costas que se avizoraban. La travesía podía presentarse un tanto escabrosa por las tormentas eléctricas que azotaban frecuentemente esa región. Disimulando sus ancestrales temores, los tres guerrilleros Boinas Rojas, con las lenguas bien guardadas dentro de las bocas, suplicaron a los dioses paganos y al Dios de los cristianos, para que esa frágil nave no fuera remecida por los fuertes vientos que soplaban de norte a sur. Estaba bien claro que esos individuos temían quedarse varados o naufragar en alguna umbrosa encrucijada del azulado piélago. Sus excitaciones no eran más que un pajonal incendiado. Quizás el asunto que de veras los aterraba era sufrir alguna clase de escaramuza que pudiera causar cualquier emboscada tendida por los narcotraficantes o los bandoleros de oficio o aquellos consagrados piratas del mar y de río. Por demás, ellos se sentían nerviosos con la imagen de la muerte grabada en la mente. Exteriorizaban el pánico, pensando en que por más valientes que ellos fueran pudieran tener una difícil situación si enfrentaban las requisas de los vigilantes fluviales guyaneses que recorrían en lanchas veloces las adyacencias de los abiertos espacios acuáticos y marinos. Al cabo de un momento, el motor de la lancha produjo una molestosa bulla. Los tres guerrilleros subidos sobre la pequeña nave estaban armados con metralletas de largos disparos, y un arsenal de proyectiles. Todos esos guerrilleros habían sido entrenados en Moscú, también en el campo *Steven*. Manejaban esas armas con destreza y certera puntería. Ellos pertenecían a uno de los comandos de asalto. Podían accionar las armas con rapidez y garantizar el éxito de la misión encomendada. Con una indeclinable decisión partieron invocando al diablo en su papel de aliado, aunque ellos temían más a Dios que al mismo Lucifer.

La lancha "Marta-Ven" arrancó el motor con una rauda velocidad, en el momento en que la reluciente luna acariciaba con sus hiladas plateadas las tibias y azulosas aguas de aquel océano. Un espumado dejó el motor propulsor de la lancha, cuando se orientó a la Guyana. Los guerrilleros vestidos con franelas a rayas, unos pantalones de algodón, blancos y cortos, con los pies descalzos, se dispusieron a navegar. Cada uno de ellos tomaría posesión de sus respectivas tareas. Traían consigo instrucciones precisas entre las cuales se encontraba relevar en la conducción de la lancha al camarada que frente al timón cumpliera cuatro horas seguidas. Las primeras horas serían de vigilancia y de mucha atención. Los Boinas Rojas debían tener los ojos bien abiertos para observar los espacios navegados. No pareció nada fuera de lugar que entrada la madrugada uno de ellos llevara la misión de espantarle el sueño a sus compañeros, alumbrándolos con una lamparita de aceite. La luna brilló en el firmamento. En ese instante y avanzada la noche uno de los Boinas Rojas leyó las intrépidas hazañas de los piratas, Morgan, Drake, sir Walter Raleight, bravíos corsarios de los mares. Los rostros de los guerrilleros sonrojaron de emoción. Soñaban emular las fantásticas odiseas de esos portentosos lobos de mar. A partir de entonces, esos hombres aspiraban con unas hazañas similares desafiar el presente y el futuro.

El primer amanecer se abrió a sus anchas mostrando la inconmensurable belleza del océano Atlántico. El hermoso despertar de ese día concitaba a la alegría y a la paz. En ese extenso territorio acuático podía percibirse el cauteloso nado de las especies marinas. Nada rompía las armoniosas ondulaciones de las aguas. Soplaba un viento tórrido. Desatadas las ligaduras que apretaban sus muñecas, el rehén norteamericano viajaba contrito. Un mohín dibujado entre los labios expresaba su resignación. Se sentía derrotado, como un buey cansado. Despojado de su libertad, con el alma vacía, tan vacía, como el desconocido espacio que lo rodeaba. El rehén poseía heridas físicas y morales irreversibles e incurables. Con el cuerpo doblegado dentro de la lancha se dio cuenta que como un cautivo llevaba una vida catastrófica.

Un nuevo día llegó. El sol relumbroso hizo brotar unos granos purulentos en las piernas, y en las plantas de los pies del gringo. Después de navegar horas, tras horas, Nick tenía la piel escocida, lastimada. Estaba hecho un estropajo. Con el rostro descarnado y los ojos ahuecados, emitió un agudo grito plañidero, luego manifestó sentir sed.

Sus plagiarios procuraron calmarle esa necesidad y lo obligaron a tomar del agua contenida en un termo refrigerante. Sintiéndose un ave prisionera dentro de la pequeña embarcación, Nick se puso a pensar en que esa travesía sería la última que haría en vida. Supuso que el próximo transporte a tomar sería el barco de la muerte.

Con una dificultad ocular el cautivo norteamericano contempló las errantes aguas oceánicas. Tenía sus energías mermadas y los ojos hundidos, más que perdidos en aquel espacio ilimitado. Unas horas después, con el deseo de dar sentido a su vida, el taciturno rehén suplicó un mendrugo de pan. El estómago lo tenía estragado por haber permanecido completamente vacío al no comer durante largas horas. El rehén estaba al borde de la locura y de una posible muerte por inanición. La temperatura de su cuerpo cambiaba con frecuencia. Se estremecía de frío en pleno calor o de calor en pleno frío. Con semejantes cambios de temperatura corporal el gringo cayó enfermo a causa de ese inacabable peregrinaje.

Los secuestradores lo llevaban a otro lugar desconocido. Ellos eran distintos a los que antes él había conocido en Cuba. Hubo un momento de silencio tras bambolearse la lancha. En ese instante, llamó la atención de los guerrilleros el patético cuadro del estado de salud del secuestrado. Bajo la luz del atardecer, los tres Boinas Rojas estaban conscientes de que si Nick moría por falta de alimento y de hidratación, la operación "Orquídea" se desintegraría. Fue entonces cuando el guerrillero que tenía una mediana edad sacó una merluza cocida que se encontraba guardada en una cava con hielo para preservarla. A duras penas, el Boinas Rojas pudo calentarla en una cocinilla eléctrica enchufada a un tablero. Con la esperanza de recibir algo de alimento, y a pesar de su agravada debilidad corporal, el rehén pudo medio abrir la boca.

Estuvo a punto de vomitar los pequeños trozos de pescado ingeridos. La repugnancia provocada por tal alimento fue motivo suficiente para que uno de los guerrilleros introdujera un par de dedos en su garganta en el intento de que el rehén tragara una pequeña porción del mismo. El desinterés mostrado por la comida abatía y desesperaba al mismo Nick, quien creía que su aura-alma emprendería un viaje astral sin retorno. Se mortificaba al pensar que cada vez más se transformaba en un esqueleto andante. El estadounidense verdaderamente estaba convertido en una calavera viviente en el mundo de los gordos. Con inmensa amargura, él mismo se desahució.

Con el carácter irritado, el estadounidense, privado de libertad y separado de la familia, los amigos, y los compañeros de trabajo, comprendió que nadie podía aliviarle ese inmenso dolor del alma. Se desbordó en pesares por no poder cicatrizar las heridas del pasado. Golpeado en lo más íntimo de su ser, él no sabía cuánto tiempo sobreviviría en esas condiciones. Sin embargo, el gringo todavía poseía un espíritu valiente, pues en cualquier rincón de la tierra buscaba la vida. Aunque, en una condición mucho más dramática, se sentía un árbol muerto. Esa noche empezó a respirar el aire miserable de ese otro destino. Evidentemente, Nick suponía estar viviendo el final de su tiempo terrenal. Sentía profundamente la soledad de la carne y del espíritu. El punzante dolor del olvidado. Ningún ejemplo de sufrimiento superaba el sentido por él. Sin embargo, fieramente enojado por el ultraje recibido, odiaba las pesadas cadenas de su encierro. Detestaba a quienes habían cercenado su libertad. Derrengado se acostumbró a dormir junto a su propia sombra, sin esperanza de un mañana distinto. Observó los variantes colores del abierto cielo y pensó que solo vivía una aventura de pesadillas.

Distante de las selvas madereras, aquella larga ruta oceánica transitada por la lancha "Marta-Ven" hizo suponer a los Boinas Rojas que tardarían más tiempo de lo calculado para llegar al destino final. Llevaban varios días en que ellos habían dejado atrás Yaguaraparo, también la Boca de la Serpiente. En esa jungla marina, sentado en el bordillo de la lancha "Marta-Ven", uno de los guerrilleros ejecutaba el mismo papel de Rodrigo de Triana, pero todavía él no avistaba la tan ansiada tierra firme.

Desesperado por tomar aire puro y pegárselo en las costillas sobresalientes de su piel delgada, Nick lanzó una mirada sostenida sobre las aguas oceánicas. El prisionero sufría en carne propia aquella terrible orfandad trasmitida por ese lejano mundo acuático. La soledad del mar gravitaba nostálgicamente en su mente. Entre tanto, sus captores cuidaban de evitar asaltos de animales marinos. El peligro los mantenía alerta de día como de noche. Ellos debían cuidarse para no ser atacados por tiburones. A lo ancho y largo de esa zona transitaban escualos con dientes feroces. El temor obligaba a los plagiarios estar en perenne vigilia cuando navegaban en aguas saladas plagadas de numerosas especies marinas exuberantes y raras. Sumergido en ese extraño universo, el efecto armonioso de las aguas fue tan extraordinario que llegó a ahogar el resentimiento de Nick. Milagro de esos espacios marinos sugestivos, y misteriosos.

En esas junglas dadas a las peligrosas sorpresas junto a las remotas aguas dulces y saladas de los ríos y de los mares reflotaba un triste sentimiento de abandono. Aguas con imagen de soledad que daban la sensación de aislamiento, destierro, y desconsuelo. Aquel dorado color del sol que perpendicularmente caía sobre esas abundantes aguas, ayudó a inocular el virus del olvido a Nick. Cada día y cada noche que él pasaba en ese territorio de aguas se convertía en un imaginario poema de libertad. Era una obra maestra de Dios. La superficie del agua reflejaba omnipresentes contornos azules y verdosos que matizaban los colores de los ojos de los navegantes. En especial, los ojos del rehén.

La suerte hasta ese momento los había acompañado a todos ellos. Por motivo del riesgo corrido, esos hombres reflexionaron y crecieron en su interior. Los Boinas Rojas se estremecieron al pensar cuánta amargura sentiría ese ciudadano de los Estados Unidos, víctima de un secuestro. Ellos lo tenían cautivo a causa de una sicosis de venganza.

Con la conciencia aplastada por el remordimiento, los Boinas Rojas presentían la inevitable muerte del norteamericano. En un arranque inusitado de piedad, esos hombres voltearon los ojos hacia donde se encontraba el cuerpo maltrecho del gringo, quien gemía por su desgracia. No esperaba algo peor.

La brisa de la tarde arrulló las palmeras. El clima cambió. Las aguas se aquietaron, y entonces los tres guerrilleros, plagiarios del gringo, se compadecieron de éste, porque, sepultado, seguía con vida. De inmediato pensaron en la forma de hacerlo respirar la libertad. Los jóvenes Boinas Rojas tuvieron ganas de dejarlo abandonado en un lugar de la ex colonia inglesa, para que, él, sin limitaciones volara o corriera al encuentro de sus seres amados. Sin embargo, ellos poniendo las cosas en claro se detuvieron al reflexionar en que si eso ocurría de ese modo, seguramente, ellos serían castigados con torturas o asesinados.

Los Boinas Rojas minimizaron aquellas buenas intenciones que tuvieron para con el rehén. Y, la noche continuó renaciendo y extinguiéndose. Se sabía que aquella región accidentada que poseía grandes reservas de bauxita y de otros minerales era propicia para esconder gentes de origen tribal o infiltrarse trasnochados guerrilleros, contrabandistas y cualquier clase de forajido. Allí no era posible lograr un ritmo de respiración tranquila. Como las plantas sembradas por dondequiera, allí se cosechaba un activismo rojo. Una mirada circular sobre aquel lugar recién descubierto los advertía del inminente peligro que ellos podían correr si se adentraban sin conocer la seguridad del lugar. Cuando llegó el momento de buscar en el mapa el sitio señalado para anclar la lancha con intención de abastecerla de combustible, proveerla de alimentos, y de garrafas de agua potable, bruscamente el timón de la pequeña nave cambió de rumbo. Ese lugar visto no respondía a nada bueno. Sitio equivocado. Durante la travesía continuaron deslizándose sobre aquellas rituales aguas. La atmósfera expelía bocanadas de aire frío al caer la tarde. De alguna manera, y después del primer susto recibido, los Boinas Rojas avistaron con unos binóculos otra isla en, cuya costa norte, de pie se hallaba un grupo de hombres de raza negra, quienes hablaban un inglés no comprensible a sus oídos. Los nativos de Guyana, desde la orilla del playón levantaron los brazos en señal de que los esperaban allí. Los Boinas Rojas se acercaron con cautela, pues temían el estampido o el fogonazo de cualquier tipo de arma. Atemorizados, bajaron a tierra firme bañada por el sol. Los guerrilleros Boinas Rojas recibieron de los habitantes del lugar espontáneas ayudas en relación a las quemaduras de sus pieles; éstas fueron curadas por los nativos, quienes usaron pomadas elaboradas con hierbas exóticas y hojas de plátanos y untaron en las espaldas, en las piernas, en los brazos, y en los rostros.

En ese remoto lugar consagrado a una deidad desconocida, se presentaron unos hombres negros que levantaron los brazos hacia arriba y mostraron un contento tribal. Los guerrilleros estaban en una isla de antiguos misterios curativos. Mientras, un remolino dibujaba piruetas circulares sobre el agua, en la cercanía donde estaba anclada la lancha; un hombre de pelo crespo con afilados dientes blancos, de tez color azabache, sin apartar sus dormidos ojos de las aguas colorinas, extendió sus gruesas y ásperas manos para dar a cada uno de los guerrilleros un collar de peonías, símbolo de la tribu Caripanagua. Según los ritos de esa tribu ese collar era un ensalme para la buena suerte.

Desdichadamente el cautivo gringo no pudo ser aliviado de las quemaduras sufridas a causa de los tizones solares. Él se encontraba en un profundo sueño dentro de la pequeña cabina de la lancha. La insolación cobró venganza sobre su reseca y pálida piel. El rehén había traspuesto el lindero de la luz de su propia conciencia. Simplemente, el plagiado se encontraba desconectado del mundo real. Entretanto, el cielo exhibía sutiles venas azules, un balde de agua fría fue lanzado sobre el sucio cabello del gringo. De esa manera, se rescató del sopor sufrido a causa del inmenso calor. Despertó. Media hora después a duras penas lo alimentaron.

Antes de partir del lugar para continuar navegando aguas adentro, los guerrilleros pidieron café para llevar y una totuma labrada con una simpleza artística, repleta con un café colado y caliente les fue obsequiada. El café tenía un fuerte olor aromatizado. Era de un buen grano y de excelente calidad. Cosechado en las fértiles plantaciones de cafetos de esa región.

Atrás, ellos dejaron esa población desheredada de las grandes riquezas explotadas en las selvas. Los Boinas Rojas reiniciaron la ruta trazada en el mapa. Pronto irrumpió la noche columpiada por el tradicional y milenario viento. La luna arrancaba los últimos fulgurantes destellos del sol. La lancha "Marta-Ven" se encontró fuertemente empujada por las ondas acuáticas que emitían unos agudos silbidos, y auguraban una marea alta.

Los Boinas Rojas prosiguieron las andanzas al mejor estilo de *Robinson Crusoe*. En esos momentos los jóvenes guerrilleros eran los únicos dueños de esas aguas. La profundidad misteriosa de aquellas aguas saladas o dulces espoleó una serie de interrogantes que arrojó a la confusión del pensamiento a los plagiarios del ejecutivo de la empresa *"La Inois. Company"*.

Al anochecer, el clima se enfrió. Separados de la tierra por una gran extensión de agua, los tres quijotes rojos, mojándose las caras y los torsos, para humedecerlos, experimentaron temores sobre el final de la operación "Orquídea". En esa latitud todo era posible. La incógnita surgida en sus cerebros no era la mejor opción para ellos.

Sin ninguna otra señal de tierra, en alta mar una pesadez tormentosa en sus cabezas los invadió cuando la brisa trajo el olor de los cetáceos. Ellos vieron zambullirse a un tiburón blanco en el momento en que el firmamento se oscureció. Todo quedó en las tinieblas. El viento zumbó con fuerza. Un sorpresivo turbión cayó sobre la lancha "Marta-Ven". En aquel instante surgió de nuevo el peligro a lo desconocido. Esa noche de copiosa lluvia se dio un acertijo de buena o mala suerte, como quisiera verse, cuando en la esfera paisajística que circundaba la lancha, cayó la sangre de una gaviota herida sobre la cabeza de Nick. Abruptamente, el gringo se despertó. El rehén se encontraba tembloroso por encontrarse con ropas mojadas a causa del chaparrón caído. No obstante, él escuchó el vuelo a ras de aquellas aves marinas que lograron derramar alegría, desde el célico espacio. Eso acendró su espíritu. Volvió a dormitarse tiritando de frío. Esa vez no pudo reconstruir las piezas faltantes del sueño entorpecido por la gaviota.

La pequeña embarcación continuó abriéndose paso entre los cristalinos pliegues de las aguas. Los días se alargaron y el vagabundeo de la lancha se acentuó sobre el océano. Esa demora en el tiempo de navegación intranquilizó a los tres Boinas Rojas. La monotonía de aquel viaje empezaba a desesperarlos. Ellos solo veían lo azul y lo verde del manto acuático. Era tanto el silencio imperante que ellos temían un destino final dramático. Entre tanto, el cautivo con los ojos cerrados seguía ignorando los cambios del tiempo, y los fragores de la navegación.

El más joven de los guerrilleros llamado Arturo Luís, que apenas contaba con veintitrés años, empezó a dar muestra de un síntoma nervioso. Tempestuoso, fanfarrón y pendenciero, Arturo Luís reaccionó feo una noche. Tomó aire de sus pulmones envilecidos por el cigarrillo, y gritó: "¡Nick apesta!". Palabras lanzadas como fuegos artificiales a la intemperie. Ataque verbal arrojado al calor de un impulso emotivo atraído en alguna forma por la tentación de querer tirar al gringo por la borda de la lancha y, de ese modo acabar con aquel sacrificio humano que ellos mismos activarían en cámara lenta. En el fondo de su alma, Arturo Luís no quería ser cómplice de la desgracia del estadounidense. Posteriormente, el benjamín de los guerrilleros alcanzó a sosegarse cuando bebió un ron criollo, madurado en las añejas bodegas de una conocida estancia en el estado de Aragua. Desde tiempo atrás, Arturo Luís bebía para animarse cuando se sentía deprimido o inútil. Mientras Arturo Luís sufría de una nueva crisis existencial, sus otros dos camaradas se alternaron el turno que a éste correspondía en cuanto a la conducción de la lancha. Conservando estables sus humores, con claridad y responsabilidad, esos Boinas Rojas conocían a perfección las reglas de la organización. Ellos no podían tener flaquezas so pena de ser severamente castigados o aniquilados por el consejo de guerra de la organización. Ninguno de los tres deseaba tan fatídico destino. El hecho radicaba en que a veces creían que ellos pasaban por una situación lastimosa. En su fuero interno todos los tres renegaban de lo que pudieran estar haciendo con ese débil empresario de la compañía de vidrio *"La Inois. Company"*. Deseaban salirse del "asunto del secuestro". No querían permanecer en las mentiras tejidas alrededor de ese plagio. Empero, ellos habían asumido responsabilidades y compromisos que no sería tan fácil dejar en el aire, además de faltar al juramento y lealtad prestada ante sus comandantes superiores.

Durante el noveno día de travesía, las agitadas aguas por un tris rebasaron la altura de la lancha. En ese ir y venir, gigantescas olas se levantaron y amenazaron con dar al traste con la lancha. Con un temor calado en los huesos los Boinas Rojas presintieron que la lancha se hundiría, lo que finalmente y felizmente no sucedió. No había transcurrido una hora del furor desatado por aquella tempestad cuando el tiempo se despejó tras la varita mágica del Creador. El aclarado horizonte hizo que los dos camaradas de Arturo Luís se pusieran a considerar como una falta grave lo dicho por él en referencia al cautivo. Supieron que el espíritu de Arturo Luís se encabritaba de vez en cuando, por ese motivo, aquellas palabras suyas las consideraron como unas bufonadas y majaderas. Una conducta corriente en el duro oficio de un guerrillero en acción. Ninguno de ellos era cazurro, sino abierto a los demás.

Luego de la tempestad vino la calma. Para entretenerse durante las tediosas horas de la madrugada, los Boinas Rojas conversaron de diversos tópicos de la revolución. También se contaron aventuras amorosas. Cualquiera hubiera creído que ellos eran musulmanes por la cantidad de mujeres que se habían cogido. Continuamente buscaron satisfacer sus instintos sexuales con la imaginación, para que el gozo no se fuera al pozo. Por su parte, el rehén no escuchó palabra alguna en ese nocturno coloquio. Fingió dormir. Los días siguieron moviéndose, tal y como una bailada de urna. El susto en los espíritus de los tres Boinas Rojas y del propio Nick se dejó colar en aquel ambiente de tiempo inmemorable.

La lancha "Marta-Ven" se desplazó nuevamente sobre el salado y lustroso lomo de aquellas aguas verdosas, reflejos de la selvática región, circundante. La pequeña embarcación se hallaba lo suficientemente alejada de la tierra, y en cuanto al otro lado del horizonte no se divisaba isla alguna. Como era ya la costumbre se siguieron realizando las tertulias diurnas y nocturnas entre los tres Boinas Rojas. También el cautivo se acostumbró a afinar los oídos para escuchar lo que hablaban sus secuestradores. En varias oportunidades, Nick logró captar alguna que otra conversación que sostenían sobre asuntos políticos. De esa manera, se enteró de que en sus luchas revolucionarias la organización Boinas Rojas prefería como aliados a los chinos maoístas y a los soviéticos leninistas. El norteamericano al enterarse de tal monstruosidad no le quedó otra alternativa sino sentirse espantado. Eso causó que a cada segundo de su existencia temiera ser asesinado por aquel grupo de bárbaros guerrilleros, que al parecer no guardaban respeto religioso. En el silencio de su mente el gringo maldijo una y mil veces el sistema de gobierno comunista por considerarlo la más grande falacia en contra de los pueblos necesitados. Tenía la cabeza llena de dudas y en un intento por protegerse guardó para sí aquella maldición que echaría anteriormente. Podían cortarle la cabeza en caso de que esos plagiarios descubriesen su actitud al rechazo del extremismo comunista. De su absoluta postura condenatoria a la doctrina marxista-leninista-maoísta. El temor a ser descubierto lo estremeció de cabeza a los pies. Con frecuencia los tres Boinas Rojas no cruzaban palabra alguna con el secuestrado. Por lo contrario, ellos lo trataban con destemplanza. Los plagiarios se ocupaban del gringo cuando mediante el lenguaje de la mímica Nick manifestaba tener hambre, sed, frío, calor, o quería hacer sus necesidades fisiológicas. De resto, Nick era un trasto viejo tirado sobre el piso de la lancha que los fastidiaba a ellos creándoles horas tensas y sacrificadas de vigilia. La realidad era que esos tres jóvenes Boinas Rojas que formaban parte de la operación "Orquídea" todavía no conocían cómo se batiría el cobre en tan descabellada acción. Apenas si conocían de órdenes y de instrucciones, pero nada más sabían.

Los revolucionarios meneaban las cabezas de un lado a otro porque no lograban conocer la auténtica verdad del secuestro del norteamericano. Sospechaban que el sentido común y el buen proceder no eran la punta de lanza de ese plagio. Por supuesto, el secreto del secuestro permanecía guardado en las altas esferas de la organización guerrillera.

Continuando con la operación, los tres intrépidos hombres sabían en que el fin del viaje no era otro sino llegar a la isla señalada en el mapa geográfico. Durante la ruta, los Boinas Rojas quisieron dar marcha atrás a esa misión. Hasta tuvieron tentados de abandonar la lancha y dejarla a la deriva. No se animaron ni tuvieron la valentía suficiente para desertar. Cesaron en ese empeño al presentir que ellos zozobrarían con la lancha en piquete. Para no amargarse más, los jóvenes rebeldes, a partir de entonces, necesitaron no sembrarse más dudas o ideas locas en sus cabezas. Pensaron en que si ellos fracasaban eso sería un ultraje para el resto de miembros de la organización Boinas Rojas, también de los camaradas de la LS. En forma alguna, ellos querían quitarse "ese muerto de encima".

Los Boinas Rojas llevaban unas dos semanas navegando en las agitadas crestas de las olas; se protegían de la violencia de los vientos y tormentas eléctricas, capeando las dificultades climáticas. Por fin, avistaron una isla y se aproximaron a tierra para desembarcar. Lograron fondear la lancha "Marta-Ven" en Punta Mariusa, un lugar paradisíaco que poseía playas de arenas doradas capaces de henchir el corazón de cualquier náufrago, sobreviviente. Allí acamparían sin un tiempo definido.

Punta Mariusa era una isla con un oxígeno no contaminado, puro, natural, y con un olor a fruta. Una isla enclavada entre las fauces de la tierra. Como una criatura sin voluntad, el secuestrado fue bajado de la lancha para que disfrutara de la agradable temperatura climática que había en ese sitio. Los Boinas Rojas permitieron a Nick, quien se sentía mugriento y maloliente, bañarse en aquellas aguas frías de cambiantes oleajes espumosos. En ese momento se compadecieron de la desgracia del gringo. Fue de ese modo que Nick obedeció las órdenes de sus secuestradores y sacó fuerza para poder asearse en medio de los bramidos del viento. Se regodeó en el agua fría del océano. Antes de meterse en la verdusca agua, el rehén con el cuerpo lastimado y magullado sintió la lluvia caerle encima. Con los pies lacerados por las llagas se introdujo lentamente entre las bamboleadas olas blancas. Ya dentro del agua, Nick fabricó con su mente un mundo de ilusiones. Una larga hebra de melancolía flotó en el horizonte marino mientras chapuceaba dentro de aquel extenso espacio acuático. En parte sobrecogido por el miedo, sintió ahogo en cuanto a las esperanzas de quedar libre. El incontenible ruido de las aguas turbaba sus oídos. Se cargó de emociones pasajeras y admitió su predestinada desdicha. Momentos después se atolondró cuando unas heladas olas chocaron contra su frágil cuerpo arrastrándolo hasta las húmedas arenas de la playa. Momentáneamente, ese baño de mar mitigó el trauma del *stress* padecido hasta entonces. Sus harapos se lavaron ese día, por lo menos recobró la elegancia del espíritu.

Aunque, los plagiarios no tenían programada una demora larga en Punta Mariusa, bajo una carpa de lona levantada sobre la mojada arena, los tres Boinas Rojas, pernoctaron en ese sitio alrededor de varias horas. Después se marcharon descansados, contentos, con unos mejores ánimos. En cuanto al gringo, luego de bañarse sintió en su espíritu abrirse un abanico de múltiples sensaciones. Sin menoscabo de ese sitio se lo llevaron más aliviado de todas sus humanas miserias.

En ruta el viento soplaba de este a oeste en dirección favorable. Las siguientes y reglamentadas paradas de la lancha "Marta-Ven" serían en Punta Baja y en isla Cangrejo, navegando sobre esa masa de agua extensa, más allá de un cielo azul cargado de nubes, los guerrilleros divisaron a Punta Macomo en la isla Corocoro. En esa última isla reabastecieron de combustible la lancha. Revisaron el motor para detectar si había o no algún desperfecto. Una vez realizada esa inspección mecánica, y después de comprobar que todo andaba bien, los revolucionarios decidieron tomarse unas horas de descanso. Aprovecharon de repasar la carta de navegación. En una nueva parada playera los tres revolucionarios acostados sobre las coralinas arenas de la isla Corocoro se imaginaron navegar en un oasis de ilusiones en medio de las tranquilas aguas. En tanto, Nick quería huir de allí al sentirse desamparado y navegar atado por las cadenas del ultraje. Semejante paradoja de la vida, puesto que, ambas partes tenían puntos distintos de opiniones; a los plagiarios les parecía ese sitio un paraíso; en cambio, para el cautivo, todo aquello significaba un infierno ardiendo en llamas. En la siguiente mañana, un palpitante viento trajo el sonido caracoleado del agua. Las olas barrían las huellas de los pies dejadas por aquellos visitantes temporales. Sin pensar en aventuras circunstanciales, se presentó una sorpresa nada desagradable para los Boinas Rojas cuando se encontraban charlando a orillas de la playa. Al encuentro de ellos fueron unas jóvenes muchachas. La mayor de ellas tendría unos dieciocho años. Las chicas confundieron a los Boinas Rojas con otros hombres que esperaban venidos de la isla San Simón. La confusión se aclaró para que no hubieran malos entendidos. La realidad no se pudo camuflar ni ocultar. Era menester que los revolucionarios disfrutarán de los coqueteos de aquellas mujeres graciosas y apetecibles por donde se las mirara. Los jóvenes guerrilleros golpearon las puertas del deseo y éstas se abrieron. Entonces los tres pudieron mantener alegres escarceos amorosos con esas lindas doncellas. En vista de marcharse una vez terminada esa aventura pasional, los Boinas Rojas pretendieron saber por qué ellas esperaban con tantos deseos a ese grupo de hombres que llegarían de otra isla.

La muchacha que lucía una cayena roja sobre su largo pelo endrino y poseía una figura escultural con una piel bruñida manifestó que ellas se volvían locas por los hombres de la isla de San Simón, porque eran unos mocetones guapos y fornidos que se inspiraban para hacerles el amor como unos potros salvajes. Eran unos auténticos machos que desarrollaban sus potentes virilidades sobre sus blandos y hermosos cuerpos, haciéndolas inmensamente gozosas y felices. Al oír tamaña confesión, Juan Francisco, un poco asustado por las veleidades eróticas descritas por esa mozuela dio media vuelta y alocado echó a correr hasta alcanzar la lancha fondeada en el mar. Los otros dos camaradas lo imitaron. A todas esas, dentro de la lancha se encontraba dormido el rehén, después de ingerir un somnífero. Eso revelaba una forma de escape para Nick, puesto que estaba transformado en un náufrago en el mar de su existencia.

El tiempo apremió. La lancha arrancó a toda máquina. El sol apareció como un cinturón de fuego sobre esa tierra. Los Boinas Rojas, con los diez dedos de sus manos, lanzaron ligeros besos a las damiselas, quienes con sus cuerpos bañados de esencias pasionales, se quedaron en isla Corocoro. Allí, todos ellos, disfrutaron de esos amoríos banales. Satisfechos sus instintos sexuales. En esa oportunidad los tres renacieron como hombres, algo para recordar toda la vida.

Rodolfo Sebastián miró con fruición y placer los círculos espumosos trazados por la lancha. Ese era el más gallardo y romántico de los tres Boinas Rojas. Inspirado por el brillante resplandor del sol, comenzó a entonar la canción "*Only you*". Recordó la época de los *platters*. Riéndose con la boca abierta desgranó la letra de la canción. Lleno de fe y de esperanza ese guerrillero intentaba construirse un porvenir prometedor. Rodolfo Sebastián vivía entre un mundo de fantasía y un mundo de realidad. Le gustaba siempre interpretar la vida a través del canto y del buen humor. Desde niño escuchaba canciones de modas. Y estimulado por el gusto a la música, no había baladas, *blues*, *rocks*, vallenatos, boleros, y rancheras que dejara de tararear o de cantar. Era un hombre joven de silueta delgada, dueño de una personalidad avasallante. Los ojillos mundanos que poseía traslucían su amor por la música. Con una voz de barítono él formaba parte del orfeón de la universidad central de Venezuela. Después se vio obligado alejarse de esa natural vocación cuando se convirtió en un idealista y un tenaz luchador izquierdista bajo la influencia del sarampión comunista de los años sesenta, que imperaba en el recinto universitario. No obstante, su vocación musical se complicó, sin jamás dejarla de sentir. Rodolfo Sebastián siempre se consideró un músico frustrado. En sus ojos tristes se descubría oculta una honda frustración por no haberse desarrollado a plenitud como cantante. En ese aspecto se sintió derrotado, fracasado e inconforme, a causa del giro que su existencia tomaría años después.

La pequeña embarcación se deslizaba a sus anchas por esa extensión oceánica. Y eventualmente el cerebro del rehén barajaba el tesoro de los recuerdos pasados. En ese mental y subterráneo hogar, Nick movía a su antojo su propio universo. Hizo un esfuerzo y se arrastró para acercarse al sitio donde Rodolfo Sebastián estaba sentado, guitarra en manos, con el propósito de oírlo cantar. El rostro del secuestrado se tornó melancólico. Nick placentero escuchó aquella vieja canción, llamada *"Want you. I need you"*. El estadounidense se arrulló con aquel canto. Volvió a recordar a su esposa Dola, sus tres hijos y sus padres. Añoró la lejana patria. Vuelto a arrebujar en la lancha pensó en lo calamitoso de su destino. Se preguntó: *"Where is my family?* ¿Dónde está mi familia?". Fue entonces cuando un desfile de episodios felices y otros ingratos se agolpearon en su memoria atrapada entre virtuales rejas. Contempló la calma de la oscura noche. Escuchó con interés aquellas canciones. El cautivo tuvo una secreta revelación, pero no la manifestó ni la comentó nunca con persona alguna.

Media hora más tarde en plenitud de la noche un ventarrón arrastrólalanchaylahizotambalear. Tomadaslascorrespondientes precauciones para no hundirse, frente al timón nuevamente se encontró el joven Arturo Luís. Ese pintoresco rebelde sin causa y connotado amante de las bebidas espiritosas. En el momento del remezón, continuaba cantando Rodolfo Sebastián, con la misma exquisitez del trovador romántico. Saboreaba la vida con excesiva emoción. Arturo Luís no era precisamente un modelo de hombre a seguir, tampoco él practicaba la hipócrita caridad y menos gozaba de una intachable reputación. Era una persona díscola, reflejo de su manifiesta rebeldía. No se consideraba un hombre, justo para ocupar un lugar prominente en cualquier sociedad. Menos sentía un santo temor de Dios. Se declaraba agnóstico. De carácter agrio cuando se enfrentaba a cualquier contratiempo. Un corrido en los cuatro patios, con las mujeres.

Sin embargo, era un hombre deductivo, capaz de sacar sus propias conclusiones, razón por lo cual, se sintió impaciente al querer buscar una explicación convincente sobre el plagio del estadounidense. A causa de la largueza del tiempo empleado en la operación "Orquídea", el joven plagiario no tenía la menor idea de cómo iría a acabar todo eso.

Pesimista, pronosticó que quizá lo del secuestro terminaría en un desenlace desastroso, y rechazó la idea de considerar a Nick un hombre torturado por una brutal venganza política. Nervioso, se pasó las manos por la abundante cabellera larga. Continuó escuchando las canciones brotadas de la atiplada y potente voz del camarada Rodolfo Sebastián. Sin dudas, las aguas revolucionarias se encontraban revueltas esa noche con estrellas. La luz de la luna había declinado y se había tornado amarillenta en medio de la oscuridad. Arturo Luís reviró sus penetrantes ojos hacia la maltrecha humanidad del rehén. Sintió repulsa al mirarlo. Tembloroso, Nick trató de evadir aquella mirada diabólica que lanzó sobre él. Después de vivir esa mala experiencia, el plagiado norteamericano se hizo el dormido. En hora mala, el guerrillero quiso molestarlo. Toda aquella engorrosa situación acabó saltando por los aires.

El cautivo no estaba exento de padecer esa clase de agresión. Tomó conciencia del mundo extraño que lo circundaba y golpeaba de un modo atroz. Lo tenían en un círculo donde las intrigas se tejían a diestras y siniestras. Nick mantenía la mente y el cuerpo prisioneros desde bastante tiempo atrás. Manifestó íntimamente su deseo en que las tempestades pudieran dar al traste con todo aquello y hundir la lancha. Anhelaba que expirara toda esa inmundicia que lo rodeaba y lo despreciaba. Presintió que la horrenda muerte volvía a salpicarlo. Esa eterna y fiel compañera de viaje. Alzó los hombros con dejadez para mostrar que le daba lo mismo una u otra cosa. Ya él no tenía fuerzas ni para sostener con sus manos un vaso de plástico. Transitaba por difíciles momentos, amedrentado, acorralado, postrado, inválido. Para las cruzadas mentes de los tres plagiarios, él era tan solo un bicho humano gringo. La prolongada sombra de su cautiverio mordió la fe de Nick. Aniquiló su esperanza de libertad. Lejos de ser salvado, no aguantaba más las ignominias y las maldades de sus plagiarios. Sin duda ellos eran sus enemigos mortales.

La lancha "Marta-Ven" siguió navegando sin contratiempos, aunque se pronosticaban cambios de temperaturas que podían modificar la presión del viento, con riesgo a que la lancha fuera desviada de la ruta a seguir. A golpe de medianoche, los Boinas Rojas, usando el radio trasmisor instalado en la pequeña nave, recibieron una orden del jefe de la operación "Orquídea". Esa orden traía una recomendación temeraria en cuanto se debía de sortear los laberintos que eran refugios de los asaltantes del mar. Esta orden llegó a sorprender la buena fe de los Boinas Rojas, quienes se sintieron a punto de gritar a todo gañote, hasta estremecer la fauna marina.

Al frente de las decisiones a tomar se colocó Juan Francisco Alcántara.

Ese guerrillero-plagiario poseía una mente audaz para comandar acciones fuertes. No podía desconocerse que Juan Francisco sufría una aguda irritación cerebral cuando se alteraba. De todos modos, él mismo sabía que un ataque de histeria en cualquiera de ellos podía acarrear las consecuencias de pretender lanzar por la borda los planes del secuestro del alto ejecutivo de *"La Inois. Company"*, y consciente se hallaba de que podían ocurrir torrentes y extrañas situaciones en torno a la operación "Orquídea".

Transformados en unos avezados navegantes, los tres hombres conocían los altibajos de la energía del océano. Razón por la cual estaban en capacidad de interpretar las señales del cielo sobre las aguas marinas. Bruscamente, la lancha viró a la derecha, orientada al este. Los guerrilleros navegaron unos cuanto días más sin calendario. Repentinamente, desde el interior de esa pequeña embarcación, los tres Boinas Rojas alcanzaron a avizorar un lugar señalado en el mapa llamado Punta Playa. Guiaron la lancha por esa ruta. Empero, Dios había dispuesto otra cosa, pues, al comenzar a descender el sol, los tres guerrilleros a una distancia cercana observaron ese lugar bajo un panorama nada prometedor. A orillas de Punta Playa se observaba una hilera culebreada de hombres de raza negra, vestidos con uniformes militares idénticos a los que usaban las guarniciones de las selvas. Esos individuos en los cintos llevaban una cantidad de balas de diversos calibres. De sus hombros anchos colgaban fusiles de fabricación china. Con asombrosa cautela los Boinas Rojas se desplazaron por esa ruta desconocida, miedosos de pensar en que se habían tropezado con uno de los más temibles escuadrones de la muerte. Escuadrones que merodeaban esos solitarios parajes en busca de víctimas. En tanto, la marea amenazó con subir los niveles del agua.

Habiéndose templado los nervios, los plagiarios hubiesen podido acercarse a ese lugar y haber disfrutado de aquel majestuoso paisaje. Solamente los Boinas Rojas se atrevieron desde la embarcación a entrecruzar saludos con las manos. Saludos que fueron correspondidos por aquellos hombres armados, quienes con postura de martillo alzaron los brazos y con las manos agitaron unos pañuelos rojos. Entonces se escurrió aquel pavor que dominaba a los tres Boinas Rojas. Prosiguieron navegando corriente abajo con algo positivo que agradecer a la divina providencia, por cuanto, esos individuos no los detuvieron para requisarlos. Eso ocasionó que a cada uno de ellos le volviera el alma al cuerpo. Aquella jauría de soldados con figuras de bestias hicieron las cosas más fáciles. Esa vez los jóvenes revolucionarios habían actuado con moderación, tal como se lo indicó la orden recibida. Se les había instruido primero ser buenos ojeadores porque debían de tener los ojos bien abiertos, como si unos palillos sostuvieran sus párpados. Segundo, tener las lenguas afiladas y cortantes como las hojillas. Tercero, poner los oídos de un tigre para captar el más leve sonido producido. Una corriente de aire tibio hizo que ellos se percataran que esos hombres negros uniformados hablaban un inglés mezclado con el hindi y el urdu. Una vez salvado ese escollo sin ningún trastorno de fondo, los guerrilleros con su rehén a cuestas continuaron el viaje con mayor confianza y seguridad. No hubo boicot, ni asalto, ni detención. En adelante, la situación pareció mejorarse, sin peligro en los alrededores de ese lecho acuático. La lancha había pasado el primer puesto militar guyanés de vigilancia. Mientras el desventurado rehén se encontraba tirado sobre el piso acanalado de la lancha, y encima tenía una capa pesada de plomo, cubriéndolo, dopado para que no osara gritar en demanda de auxilio o pudiera arrojarse al agua con intención suicida.

En la ruta correcta orientada, se desplazó la lancha dejando a sus espaldas las doradas trenzas del sol. Los Boinas Rojas se creían ángeles flotando en aguas bíblicas. Ahora se enfilaron hacia el destino final. El océano Atlántico se abría sin límites. Reinaba un clima templado, un viento favorable.

Llegaron al amanecer cuando el rugido de las olas reventaba sobre las tibias arenas de las playas de **Waini Point**. La lancha "Marta-Ven" ancló en un malecón azotado por fuertes remolinos. Al pisar tierra, los tres Boinas Rojas exhibían trajes de campañas, con unos pasos aligerados se acercaron a quienes los esperaban en un terraplén. De inmediato, un grupo de hombres con guayaberas y pantalones blancos solicitaron los papeles de propiedad de la lancha y las identificaciones personales.

Las aguas verdosas corrían con los rumores incesantes. La cadenciosa brisa de la aurora movió de un modo armonioso las espigadas palmeras africanas. Un grupo de personas curiosas de esa isla, mojándose los pies, se acercaron hasta la lancha para observar el hombre que dormía acurrucado dentro de la pequeña cabina. Se mostraron atemorizadas y arrugaron sus caras al mirar en las condiciones en que se encontraba aquella criatura humana, convertida en un despojo de huesos. No pronunciaron palabra alguna de reclamo ni de protesta. La superficie de la isla estaba convertida en un hermoso santuario de aves. Multitudinarias especies sacudían las alas en formas de ritos sagrados. Una sinfonía misteriosa brotaba del profundo ruido de las olas, chocadas contra las arenas de las playas. Hasta se diría que cualquier aventurero podía soñar en aquella tierra encantada.

Con displicencias, fatigados, y sin ganas de hablar después del largo viaje, los tres guerrilleros-plagiarios procedieron a dar las contraseñas exigidas. En la lejanía se oía un helicón cuyo sonido angustioso trasmitía el viento. Después del chequeo migratorio rutinario ante las autoridades locales, el grupo de empleados guyaneses que servía de anfitriones a los recién llegados, con unos pasos firmes se pusieron a caminar junto a los tres Boinas Rojas. Anduvieron por la ruta de tierra que se dirigía al interior de un edificio de dos plantas construido con bloques de concreto, techos, puertas, de madera. Allí en el interior de ese recinto los esperaba un coronel del ejército guyanés. El militar, cuando los vio, desplegó un leve gesto de cortesía en su rostro y se levantó de la crujiente silla de madera para darles la bienvenida a **Waini Point**. Por unos segundos, los Boinas Rojas se quedaron en silencio, preocupados, por no saber cuales serían los siguientes pasos a darse. Un escalofrío se metió entre las piernas de los tres cuando se sintieron atrapados por la inquisidora mirada de aquel guyanés gigantesco. El corpulento hombre parecía ser el administrador de la justicia en dicha isla. A ese individuo lo embriagaba el poder que ejercía en esa región. Pronto, los Boinas Rojas se dieron cuenta de que a pesar de la gentileza mostrada para con ellos, ese individuo era un coronel de montonera que se comportaba de una manera déspota con los subalternos. Daba cada orden gritando a todo gañote. Ruidoso, pulsaba el bastón de mando, cada vez que lo necesitara hacer. Desde luego, ese hombre era uno de esos soldados a los que les gustaba mandar con excesivo y enfermizo celo. El fornido jefe tenía un gesto inexpresivo en su rostro como si arrastrara sombras de un pasado no muy sano y nada justiciero.

En **Waini Point** se percibía una galopante marginalidad que rayaba en la pobreza por culpa de los incompetentes gobernantes de esa región. Allí se vislumbraban los estragos dejados por la miseria que sufría la población nativa. Los guerrilleros venezolanos al adentrarse en aquel sitio experimentaron sensaciones desesperantes. Sin destapar sus orígenes raciales y con sus rostros a medio ocultar, aquellos hombres, mujeres, y niños, siguieron a los Boinas Rojas. Esa gente nativa eran miembros de una gleba de siervos. Iban detrás de sus pisadas. Esa muchedumbre con signos de vejación y pobreza mostraba sin ambages el hambre y la miseria sufrida.

Las necesidades humanas se dibujaban en los enjutos rostros de los moradores de esa región. Mucha de esa gente padecía fiebre palúdica, disentería, y de otras enfermedades endémicas. Se encontraban al borde de la muerte. Eran esas mismas personas que seguían en silencio los pasos de los Boinas Rojas, también, de los gobernantes amos. Como siempre, esa gente buscaba en el fondo de sus ulcerados corazones el asomo de un rayo de esperanza que los librara de tan oscura y maldita pobreza. Los Boinas Rojas caminaban al lado de ellos disimulando no darse cuenta de la miseria que sufrían esos infelices. Indudablemente, los revolucionarios Boinas Rojas sabían que estaban en una tierra donde la miseria se reproducía a granel. Toda esa situación era tan horrible para ellos, puesto que se encontraban en un territorio plagado de riesgos.

Meses atrás había llegado la estación de verano. Desde el embarcadero principal salían pocas canoas transportando gentes a otros lugares. En ese ambiente bañado de necesidades elementales y primarias, una inmensa amargura dominaba a los nativos. Todo había comenzado cuando los habitantes se enteraron de que el gobernador de ese lugar sentía desprecio y repulsión por algunas etnias que llevaban vida común. En **Waini Point**, a los pobladores se les notaban unas feas cicatrices entre los pliegues de sus pieles oscuras, cobrizas, y amarillentas, pues estaban marcados como las reses. En la rueda de la gran maquinaria humana se detallaba que en ese lugar había un desprecio racial proveniente del gobernante en turno. Desesperación sentida por la mayoría de la gente pobre. Extrañó que esa gente no reaccionara ante el desastre en que vivía, quizá, sus angustias y necesidades no tenían bases para sustentarlas, ni asidero en el gobierno local de su jurisdicción.

Y sucedió que en un nefando día el poblado se dolió por la actitud del primer mandatario de la isla, cuando ese coronel se atrevió con ínfulas de un monarca grosero y déspota a conceptuar al negro como un sirviente nato y adulador de los amos. En el criterio de ese gobernador cuarterón, la raza negra era la más despreciable de todas. Por añadidura, como un soplo de viento, el maligno coronel dejó correr ese repugnante sentimiento innoble. Sentía un frenesí bestial cuando establecía diferencias raciales y discriminatorias entre los pobladores del lugar. Con sus inimitables y maléficas actitudes tan presuntuoso hombre, quien parecía poseer una masa encefálica oxidada, se atrevió menospreciar a todo hombre y a toda mujer, igual a todo niño y niña de piel oscura. Los calificaba de "puras basuras y desechos humanos". Personalmente, él aguardaba en que esa gentuza se pudriera en vida por causas del hambre y de la penuria. Terribles epidemias habrían de azotar a toda esa gente. La indoblegable conducta del gobernador provocó odio entre los pobladores. Eso tradujo en que en más de una ocasión los negros tuvieran intenciones de matarlo a palo. Asesinato del que no se hubiera salvado el gobernante si no hubiera sido por la fuerte protección militar. El gobernador vivía protegido por un centenar de soldados armados desde las coronillas hasta los pies. Como quiera, él se enfrentaba a una población desarmada y enfermiza. Sin embargo se presentía en la isla como si de pronto el pueblo se alzara con piedras y palos en defensa propia, en contra del fuego de los fusiles y de las ametralladoras, en posesión del estamento militar. De ser posible, eso hubiera sido una conmovedora lucha con palos y piedras contra las armas automáticas. Una masacre humana.

Eso no es todo, porque el pueblo se crispaba cada vez más, tras los desmanes del gobernador; lo que ocasionaba que día tras día creciera más la violencia en la comuna **Waini Point**. Lo primordial era averiguar el porqué de esa discriminación racial. En respuesta a esa terrorífica actitud del coronel gobernador, trémulas de rencores, las etnias despreciadas no veían la hora de poner en marcha la venganza. Esa violencia era alimentada por el odio implantado por el malvado militar, coronel a quien sus súbditos hubieran deseado linchar en la pequeña plaza que se encontraba rodeada de chabolas. La plebe deseaba castigarlo, bien ahorcándolo o decapitándolo. Mientras, tanto, el coronel gobernador se burlaba abiertamente de las actitudes cobardes de los marginales. Quería implantar el **apartheid**. Los nativos bailaban con la muerte. El hambre los mataba.

En una vivienda rústica rodeada por un denso follaje, los vendavales diurnos y nocturnos remecían las puertas, las ventanas y los techos de pajas y también levantaban montículos terrosos. Los acontecimientos siguieron precipitándose. Los visitantes extranjeros alojados en esa casa tomaron un poco de agua de las cantimploras. Entretanto, ellos en el umbral de esa vivienda hablaban con los soldados guyaneses, sopló una suave brisa impregnada del frescor de la hierba húmeda. Los guerrilleros Boinas Rojas continuaron charlando con las autoridades del lugar durante prolongadas horas. Nada ocurrió que los hiciera temer sus vidas.

A merced de la buena de Dios, todos ellos se quedaron a pasar la noche allí. En cuanto a la situación del rehén, ésta era más compleja: sin comer y sin beber agua en todo el día, Nick permaneció tirado sobre el piso de la lancha Marta-Ven. Una maldición satánica pareció controlar su existencia. Tenía la mirada vaga. Reseca la boca por la cual botaba un verdoso y espeso esputo. Unas costras negras en sus delgados labios. Con la mente en blanco. Orinado. Alumbrado por un farol de gas, estaba vivo Nick.

Del profundo letargo lo intentaron sacar dos fortachones negros que tenían dientes duros y mandíbulas pronunciadas tal cual similar a los simios. Los dos mastodontes de pieles negras lustrosas movieron el cuerpo desgonzado de Nick. El gringo se encontraba vagando en un espacio poblado de fantasmas siderales cuando fue cargado por esos hombres. Nick se moría de inanición y sed. El cautivo seguía aplastado por los sedantes administrados hasta el punto de no darse cuenta que había caído en las redes de un pueblo empobrecido y de raíces inglesas.

El corazón le dio un vuelco cuando lo tocaron para levantarlo. Friolero y frotándose sus dos manos, con ojos brumosos, pudo mirar a esos dos tipos. Respiraba con dificultad. Aguardaba el auxilio de sus semejantes. Lo iban a zafar de esas largas horas que había pasado tirado dentro de la lancha. Fácilmente, esos negros pudieron cargar el flacucho cuerpo del rehén. El infeliz prisionero fue colocado sobre las espaldas vigorosas de uno de esos sujetos que lo trasladó a otro lugar donde por espacio de unas horas quedó hundido en una montaña de heno, escondido de las miradas curiosas de los pobladores.

Con una amargada decepción, extenuado, desnutrido, el secuestrado soportó el candente sol de esa tarde. Nick permaneció tirado sobre aquel pajal, sin destino resuelto, por cuanto él no sabía cuál era la estratagema de sus captores a seguir. Casi todo el tiempo conservaba los ojos cerrados. Sobre entendía que cuando su cuerpo enflaquecido dormía, su alma velaba; era la única manera de escapar de las cadenas que lo ataban.

A veces él pensaba que no existía. Nadie lo reclamaba ni para bien ni para mal, tolerante consigo mismo y con un sentimiento erosionado, no podía ocultar lo absurdo de esa existencia suya. Pensó que ya había pasado la edad para comenzar una nueva vida. Sintió que no había más razón para vivir ni coraje para defenderse de los maltratos a lo que era sometido. Alrededor suyo todo estaba en suspenso. Daba la impresión que metido en el pajonal el cautivo experimentaba sensaciones ocultas. Todo marchaba sin pena ni gloria cuando de pronto en un arrebato el gringo fue sacado del heno y lanzado de bruces dentro de un carretón de madera crujiente. Carreta arrastrada por famélicos y lunancos caballos. Animales enclenques que movían las patas para espantarse los moscardones verdes que los picaban. Sin rehacerse de esa sorpresa, se quedó petrificado, tieso, tanto que ni los murmullos de las plantas ni los gritos de los cargadores, pudieron hacerlo recobrar el sentido. Nick se desmayó. De todo modo, de haber estado despierto, a Nick le hubiera importado un bledo a donde lo llevaran. La droga suministrada ese día lo mantenía fuera de circulación. Era un rehén acostumbrado a los bruscos e intempestivos cambios de lugares. Inconsciente, Nick tenía una congelada sonrisa en sus resecos y cuarteados labios y sus dedos eran del color azulillo.

Después de recuperarse del desmayo, por enésima vez, el cautivo se sintió atrapado por una inquietud desesperante. Ignoraba la suerte que podía correr en aquel desconocido territorio, ni siquiera se imaginaba que empezaría a vivir otro tipo de calvario, con un alto riesgo de morir. En esas tierras selváticas transcurriría su existencia en condiciones deprimentes y nada humanitarias. Seguramente algo le dolía por dentro, sin saber qué era. Ahora se encontraba envuelto en un drama fantasmagórico. Había perdido la noción de la realidad. Se indignaba consigo mismo por la vida que llevaba. Su deplorable estado corporal impedía que pudiera caminar y por esa razón se arrastraba en cuatro patas. Su fuerza física decrecía en gran magnitud. Deshidratado, Nick estaba convertido en un hombre herrumbroso. Carnes escoriadas y huesos lesionados, y aunque latía su corazón, ciclópeo, el cautivo era incorpóreo de forma alguna.

Los latigazos propinados sobre las ancas de aquellos caballos lograron que movieran con furia las patas. Se escuchó el relinche como una forma de protestar. Por angostos caminos de tierra, tapiados con costras de fango, los famélicos equinos siguieron arrastrando a duras penas aquel pesado carretón de madera donde desmadejado se trasportaba al secuestrado. Los caballos dejaron atrás las miradas curiosas de las gentes, entre nubes de polvo que se levantaron. Con lentos trotes, los caballos siguieron caracoleando la ruta. Ahora, la carga llevada era un hombre moribundo que daba muestra de sufrir espasmos en la garganta por falta de líquido. Un ser humano expoliado y destruido bajo la asfixiante atmósfera de ese territorio guyanés.

Con un lento trotar y un jadeo espeluznante, los jacos tiraban de la carreta. El aire se notaba denso. Tiempo de un calor insoportable. Durante el trayecto realizado rebotaba en los caminos el cuchicheo de la gente. Unos alaridos de dolores quebraban el funesto silencio de aquellas personas mugrientas, cubiertas de moscas verdes, que padecían horrendas miserias y enfermedades. Numerosos nativos de esa región, con simpleza humana curiosearon el paso del carretón que transportaba el cuerpo extenuado de un desconocido forastero rubio. Los hombres y las mujeres de todas las edades, impasibles y mudos, contemplaron aquella escena extraña. Nadie se atrevía a protestar. El camino se llenó de incitantes preguntas que nadie podía contestar. Puntualmente, la carreta iría a un lugar con la entrada prohibida para los moradores. Una vez adentrado el carretón en aquellas tierras cubiertas de montañas, riachuelos, felinos, pájaros, y de otras clases de aves canoras y silvestres, el rehén pudo recibir las sombras necesarias para aliviar su magullado cuerpo. Con animosidad fría lo trasladaban hasta ese lugar, pero, en medio de ese grotesco espectáculo montado por las autoridades locales, pugnó por salir con unos extraños gritos subterráneos de rebeldía, clamor, piedad. Nada sucedió. La tropelía continúo.

Después del lento andar de los sufridos animales, se arribó al lugar escogido. El secuestrado fue bajado a empellones de la carreta. Su cuerpo delgado rodó como una pelota ligera sobre la marrón y húmeda tierra. Nadie pudo contener a esos hombres en su descuido y dosis de maldad. El golpe provocado por esa abrupta rodada en el suelo logró despertar a Nick. El cautivo no llevaba vendados los ojos, y pudo a duras penas mirar la maltrecha puertecilla que servía de entrada principal a la casuca con paredes de greda y un techo de hojas de iracas, techumbre roída por ratones y murciélagos. La patética vivienda confundió al secuestrado, quien no entendía una "j" de lo que pasaba. Nick no tenía valor para enfrentarse a esa nueva realidad. Tuvo la impresión de que aquella casucha era un sepulcro frío donde reinaba la oscuridad. No dudó de que allí habría un arsenal de murciélagos, cucarachas, ratas, alacranes y otras alimañas. Preso de una crisis, Nick fue obligado a entrar de cuclillas en tan tenebroso lugar.

Ese sitio de reclusión ofrecía un aspecto no acogedor. El piso de tierra rojiza olía a porquería. Había un retrete desvencijado y una cama con un colchón despedazado y mugriento. Con unos ojos vidriosos, igual a los de un moribundo, Nick ojeó el lugar. Esperó que alguien lo alimentara. Daba escozor tanta indiferencia de las autoridades, porque el norteamericano había sido abandonado allí, sin una atención humanitaria adecuada. Las horas transcurrieron sin ninguna novedad. El hambre y la sed seguían matándolo tras el prolongado desvanecimiento sufrido. Extrañamente, se moría sudoroso y con la piel helada, por no haber ingerido un bocado de alimento ni agua en más de veinticuatro horas. Nadie se lo suministró. Aguardaba una ayuda que nunca llegaba. Era una situación terrible para un hombre como él.

Había un aire frío en ese lugar. Con una entonación misteriosa, la plena luz solar se fue apagando. Sobre un taburete chorreó la luz violeta de una vela encendida que derramó una lánguida claridad en la ratonera donde yacía medio muerto el estadounidense. Poco después, en secreto, alguien entró en ese cuartucho, que olía a una pintura aceitosa. Lo cubrió la oscuridad. Nick no pudo escuchar el eco de los ligeros pasos del nocturno visitante. Dio señal de existencia y de fuerza cuando levantó la cabeza y, con una mirada turbia pudo darse cuenta de la presencia de una mujer cerca de él. Después de recibir de las manos de esa mujer un pedazo de pan embadurnado con miel de abeja y de beber sorbos de agua fresca contenida en una tapara curada, se alivió de la fatiga. Luego de alimentarse, el secuestrado no se sintió tan pachucho porque todavía manifestaba una aguda debilidad. Volvió a entrar en un profundo sopor que amenazaba con hacerlo desfallecer, otra vez. Acometido por una fiebre repentina se deshizo en quejidos. Le dolían las yemas inflamadas de los dedos de los pies, que parecían albóndigas fritas en aceite caliente. El brevísimo encuentro entre los dos terminó. La mujer desapareció sin dejar rastro alguno. Indiscutiblemente, Nick se quedó solitario esa noche, librando la eterna batalla para sobrevivir.

De momento, los tres Boinas Rojas que trasladaron al cautivo hasta **Waini Point** no fueron informados del lugar donde por encargo del coronel confinaron a Nick. Ellos un tanto preocupados comprendieron que esa decisión formaba parte del compromiso contraído con los camaradas guyaneses cuando se establecieron las reglas del traslado. Los guerrilleros Boinas Rojas prosiguieron gozando de la hospitalidad de las autoridades del lugar. Por consiguiente, desde allí, se comunicaron por radio con uno de los comandantes Boinas Rojas con el propósito de informarle que el rehén estaba recluido en **Waini Point**. Sin escatimar en detalles informaron al superior que el empresario norteamericano se encontraba delicado de salud y mostraba estrías sanguinolentas en la piel, estaba corto de vista, aturdido, desorientado, y espiritualmente destrozado. También informaron que el rehén se encontraba alojado en un sitio donde ellos mismos no podían visitarlo, por lo menos hasta que se recibiera una orden superior. Con un dejo de contrariedad, uno de los guerrilleros informó al superior comandante de los Boinas Rojas que probablemente a esa hora el rehén estaría convertido en una macabra calavera. Noticia pesimista. Para no dar más tumbos en la conversación con su superior, lo advirtió de que se corría el riesgo de perderse todo el esfuerzo hecho si la sospecha del posible deceso de Nick era una realidad. Por demás, esa noticia fatídica cayó como un balde de agua helada sobre los cabecillas de la operación "Orquídea". Todos quedaron turbados en Venezuela a la espera de otras informaciones más alentadoras. Ciertamente, los Boinas Rojas aspiraban actuar unidos en la desgracia y unidos en el triunfo.

Waini Point se devastaba durante la estación de verano. La inclemencia del caluroso clima mostraba la furia calcinante del sol que arrebataba las vidas de numerosos pobladores. La prolongada sequía causaba la muerte de ancianos y menores. En el estío, los árboles y los animales morían por falta de agua.

Allí, el tiempo de reclusión que llevaba el empresario plagiado se quedó impreso en las sombras de las noches. Su suerte o su desgracia estaban en las manos de los Boinas Rojas. Y esos secuestradores arrojaban la pura nada, es decir, sin ninguna esperanza de salir libre con vida. No dejaba de inquietarlo pensar que, encerrado en esa terrosa chabola las veinticuatro horas del día, él saldría con los síntomas de la locura. Sin poder dormir, pasaba las noches a causa de las picadas de mosquitos y de los zumbidos de las moscas. El inmenso calor derretía su piel que se pegaba como lámina fina y opacaba su esquelético cuerpo. En esa especie de caverna prehistórica, se avistaban densas nubes de mosquitos que agujerearon su reseca epidermis.

Las pulgas, las niguas, las garrapatas, las hormigas, las cucarachas, y las ratas, no permitían que el cautivo descansara tranquilo. Temía que lo mordiera alguna culebra venenosa, o cualquier animal rastrero, portador de cualquiera de las pestes. En ese grotesco lugar, todos los males parecían cabalgar sobre el debilitado cuerpo del norteamericano prisionero. Aunque, resignado en que su reino no era de este mundo, en sus sueños recurrentes se veía libre y de vuelta al hogar. Hubiera en la eternidad deseado refundirse en un beso con Dola. Deseaba amarla en las umbrías de los bosques. Despertaba con el rostro inexpresivo y con la certidumbre de que era tarde para volver a empezar. Estresado, el secuestrado; la muerte lo acogía como alguien que lo acompañaba de día y de noche.

Los días, meses y años transcurridos en cautiverio le sirvieron al empresario de *"La Inois. Company"* para darse cuenta de que el tiempo por venir no era inmaculado. Los pájaros no cantaban en aquel lugar. En plena madrugada el gringo escuchaba voces extrañas con unos sonidos de lamentos. Un día, en plena efervescencia de la sequía de verano, se produjo una algazara descomunal. El norteamericano intentó hacerse el loco con lo que acontecía en los alrededores. En el aire flotaban voces salmodiadas que se adentraban en sus oídos. Tal vocerío humano se filtraba por las grietas de las paredes de la casucha. Con un rostro desanimado y mortificado él se imaginó mucho dolor y mucho tormento en aquellas víctimas; con una ajustada sensibilidad se sintió un hombre desgraciado e inútil ante la imposibilidad de poderlas defender en un ambiente indefendible. Una madrugada, a duras penas, pudo arrastrarse hasta el único portoncito de la rural vivienda, lo empujó y lo abrió, y pudo fisgonear con el horror estampado en su rostro aquella tremenda paliza que con un tolete de madera propinaba un verdugo amerindio a una mujer de la misma raza. Castigo que daba a esa mujer por traer escondida un poco de comida para él. Notó que, falto de piedad, ese hombre azotaba a la samaritana que lo había alimentado en ocasiones anteriores. Era aplastante la crueldad ejercida contra tan infeliz mujer. Lo dominó el ansia de liberarla del yugo del castigo. Eso provocó nuevamente que despertara en él ese odio albergado en su corazón. Enseñaba un pálido rostro igual al de la muerte. Con desdén respiró la envenenada y cruel atmósfera. Encolerizado como si fuera un perro rabioso a punto de morder, hirvió de enojo. Los lamentos de esa mujer se escurrieron por los laberintos verdosos circundantes, estupefacto el rehén cerró los ojos. Aborreció aquel bruto golpeador de mujeres. Una llovizna empezó a caer en ese nuevo amanecer.

En aquella ocasión el yanqui secuestrado hubiera deseado escuchar liras de cristales rodar desprendidas de las maravillosas fuentes de aguas montañosas. No se quitaba de su mente los alaridos de esa pobre mujer que había extendido sus manos para darle de comer y de beber. Ella había hecho posible el milagro de Lázaro en su persona. No obstante la tremenda golpiza dada a esa pobre fémina, el rehén guardó un hosco silencio que lo afectó sobremanera. Después de esa escaramuza, el infortunado empresario norteamericano comprendió que los negros y los amerindios no conocían la piedad ni la caridad y menos aún se arrepentían de sus cobardías. Firmemente, él creía que el demonio lo llevaban metido por dentro esos sujetos, salvajes y analfabetas que no sabían leer ni escribir. Camorristas y pleitistas. Como muestra, bastaba un botón. En una oportunidad, los hombres que cumplían el papel de vigilantes amarraron a Nick, por los brazos y las piernas, a los extremos de unos barrotes de hierro clavados en la superficie del piso.

Por supuesto, el rehén dormía y despertó. La intención para con él era que botara la fiebre que lo consumía. Usaron magia negra. Un exorcismo. Hechizo. Brujería.

Posteriormente a la ceremonia de sacarle el diablo, esos hombres desamarraron a Nick, y luego, lo expusieron de cuerpo desnudo al viento de la noche espantándole los malos espíritus para que se fueran al mismísimo infierno. Jubilosos esos brujos celebraron un aquelarre alrededor del cautivo. Danzaron hasta cansarse.

Ese grimoso hecho cometido contra la dignidad y la hombría del secuestrado, lo lastimó íntimamente. La brujería era una genuina expresión de la barbarie que imperaba en **Waini Point**; tierra habitada por gentes analfabetas e ignorantes, donde se practicaba la magia negra. Hasta se podía pensar en que los hombres fieros se comían a los hombres débiles, estimulados por aquel ancestral canibalismo heredado de los esclavos, traídos de África. En Guyana, la brujería crecía a expensa de la ignorancia y de la miseria. Todo era distinto, igual que una nube en el sol. Despertaba la atención que aquellos hombres creían ganar las indulgencias de sus dioses paganos comiéndose unos a los otros. Nick se salvó de ser devorado por no ser un negro, ni un indio, tampoco, un amarillo. No era lícito comérselo a él. En **Waini Point** se tenía muy claro que las gargantas de los montes, las altas y bajas laderas, las prolongadas costas playeras, los riachuelos, las inmensas piedras, los tupidos árboles, los fogosos animales, las inaccesibles selvas, y cuantas cosas Dios creó en el mundo, todo eso tenía amo, sin excepción.

Buscando rumbos y soluciones nuevas para resolver el secuestro del estadounidense, y calculados los meses en que se hallaba el rehén en aquella incolora casucha, un día por la mañana el cautivo recibió la visita repentina de *Joseph,* un hombre de un metro noventa y cinco de estatura, flaco como una larga vara de bambú africano. Espeluznantemente feo, y con un baño de carbón en la piel. Este hombre vestido de blanco y sandalias de cuero, sin atreverse a alzar los amarillentos ojos, saludó al prisionero. Luego desconcertado observó con interés al enfermizo hombre que estaba cubierto por un fétido cobertor. El cuerpo desmañado del rehén presentaba síntomas de agonía. Joseph era un oficial delegado del gobierno guyanés, enviado a fiscalizar las condiciones en que se tenía al rehén. Tanto era lo que este hombre veía que se indignó, y de inmediato mandó a relevar y castigar a los guardias que a diario cumplían turnos para cuidar y atender al extranjero cautivo. *Joseph* era intendente de Georgetown y amigo personal del primer ministro Guyanés de quien recibía instrucciones. Entre esas órdenes estaba la de velar por el buen estado de salud del plagiado. Cruzó los brazos y pensó sobre la importancia de entregarlo vivo a los camaradas venezolanos. De esa forma lo contemplaba el trato firmado entre las partes comprometidas.

Trémulo y molesto, *Joseph Cunnig* mandó a azotar a los hombres que habían cuidado al gringo. Y, de una vez, los mandó a meter en la chirola, una cárcel rural. Después de un minuto de reflexión, ordenó cumplir ese servicio de custodia a otros hombres exigiéndoles responsabilidades en sus deberes. Esa contundente orden estremeció a los hombres que suplirían a los anteriores vigilantes. Ofuscado, Joseph dio a entender que el premier guyanés no quería tener muerto al secuestrado norteamericano, lo quería vivo y saludable. El delegado gubernamental parecía leer en los ojos semiabiertos del rehén, la palabra *"freedom"*. Lo conmovió esa súplica, y cuando el aire sopló con fuerza, se abrió un cielo sin estrellas. Después de la benefactora visita que prodigara el intendente guyanés al cautivo, empezó a cambiar favorablemente su situación. En consecuencia, el cautivo recibió un trato más adecuado para preservarlo. No temió la profanación de su dignidad. Desde ese instante, Nick logró alejar de su mente la sensación de abandono. Procuró ver las cosas en blanco y negro para no engañarse. Desechó cualquier dilema existencial. Rehusó convertirse en un hombre paranoico o hipocondríaco. Pero, no pudo quitarse del corazón la espada que lo amenazaba con abrirle una ancha herida mortal. Sin exponerse a su propia compasión, el secuestrado estadounidense trató de pasar la hoja de su profundo y sentido pesar, buscando consuelo con dos o tres chicos que iban a una cercana escuela, quienes a hurtadillas pasaban a visitarlo cada tres o cuatro días. Nick se llegó a entender en un inglés ameno con los muchachos. Ellos hablaban el inglés machacadito, de un modo gracioso. Lo curioso era que Nick no conocía la historia del país donde lo tenían secuestrado, si no, se hubiera dado cuenta de que el lugar donde vivía en cautiverio se trataba de una de las tantas ex colonias británicas en América. Su aflicción se alivió, y sus mejillas cobraron vida después de sostener varias charadas con aquellos adolescentes. ¡Al fin y al cabo esos jovencitos hablaban inglés también!

Pasados más de quince días no aparecieron más los chicos. Desde entonces, su alegría se diluyó. No obstante, el cautivo siguió recibiendo una mejor alimentación a base de pescado y de frutas frescas. Recuperó peso. Su enfermiza delgadez aminoró. Aunque su cuerpo lo sentía como una roca desgastada. Lo atendieron unos soldados que usaban el mismísimo uniforme militar británico.

Aunque Nick respiraba aire fresco todas las mañanas, no estaba libre. Quería derribar el muro de esa prisión. Lo obligaban a sentirse como un perro dormido. Con mucha atención él supo aceptar que en el sistema planetario la su tan ansiada libertad, se había esfumado, para él.

La sempiterna claridad de la luna y del sol lo ayudaba a no morirse, a no entregarse fácilmente sin luchar, aunque sufriera un profundo dolor espiritual como consecuencia de la orfandad en que vivía, el extraordinario poder de su mente no permitía que se abandonase a la buena de Dios. Su razón era combatir las adversidades y salir airoso del atolladero. Debía de sacarse ese sentimiento de olvido ganado en su corazón. A toda costa mantener ese sueño inmortal, y ¡ser libre!

Con un rostro que dibujaba su amargura, el estadounidense sintió un profundo malestar porque no captaba señal alguna de que aún lo buscaban. Largo tiempo llevaba sin tener noticias de su familia, del gobierno de los EEUU y, de nadie en particular. Se había convertido en un noctámbulo, y al menos que ingiriera uno que otro somnífero podía dormirse. Fatigado por aquel desamparo en que vivía, trastornado por su inmensa soledad, pensó en que a su familia le importaba un rábano la suerte de él. Cuando se sentía deprimido y neurótico reprochaba no haber tenido suerte en la vida. Mostraba muchas ansiedades personales. Ataba la vida y la muerte en un solo pañuelo. Para el cautivo, la muerte significaba una viuda o una solterona que lo perseguía. Imaginó con velada malignidad que la "Pelona" buscaba abrazarlo y llevárselo al tálamo caliente del infierno, para mutilar su alma. Se sentía atado a la muerte, puesto que ésta quería remolcarlo y conducirlo al enigmático averno donde Caronte lo metería en su barca. La muerte era una ridícula caricatura para él. Una burla intangible. Al final, terminaba botándola de su lado.

Transcurrida una semana y media desde que habían salido los tres Boinas Rojas de **Waini Point**, rumbo a *Georgetown*, con la idea de conversar sobre el secuestro del estadounidense con los demás camaradas guyaneses designados por el primer ministro de ese país, y aprovechar para tratar ese espinoso caso. Después de una larga espera, los Boinas Rojas se reunieron con unos camaradas, quienes eran rápidos en cálculos matemáticos, en programaciones del control mental y de estimulación del cerebro. No se iban aventurar sin comprender por qué el más alto mandatario de su país se metía en tan delicado asunto. Sin querer meter las narices más allá de lo necesario, esos emisarios guyaneses cuestionaron aquel compromiso con los guerrilleros Boinas Rojas, en vista de que el gobierno guyanés mantenía normales relaciones diplomáticas y comerciales con el gobierno de Venezuela. Había que ser un aprendiz de brujo para saber la verdad de ese "compromiso".

Temerosos los Boinas Rojas en que algo pudiera tramarse a sus espaldas, estaban lúcidos de que, calzando zapatos con buenas suelas, para no resbalarse, ellos con pies de plomo pisarían el terreno donde habría de dirimirse el caso del secuestro del norteamericano. Saltaba a la vista que esos tres guerrilleros-plagiarios estaban ganados por la desconfianza. No aspiraban a que eso se transformara en una desventurada operación. Y mostraron mucha avidez para que todo eso se terminara lo más pronto posible. Embriagados por una ansiedad, los Boinas Rojas desearon que se les proporcionara una información con una ayuda correcta, de primera mano. No querían que todo aquello fuera una pobre experiencia. Con espíritus escépticos, los Boinas Rojas sabían que sobre sus hombros cargaban demasiadas responsabilidades. De viva voz solicitaron una claridad abierta en la cooperación y no imprecisiones. Nada estaba luminoso en derredor del plagio. Deseaban adiestrarse en la aplicación de las energías del entendimiento para comunicarse y unirse con todos los camaradas de América y de África.

En el supuesto negado en que fracasaran las reglas acordadas para ocultar al gringo secuestrado en ese territorio, lo más posible sería que los plagiarios dieran un viraje de cien grados en relación al compromiso contraído con ese país vecino. Con un sentido común los Boinas Rojas siempre tenían una baraja escondida para jugarla en caso de ser necesario. Si acontecía algo extraño ellos buscarían la manera en que el rehén se quedase en Guyana, para asegurarlo. Aunque el gobierno guyanés podría desaparecer al rehén sin dejar rastro alguno, por si algo salía mal. Esa decisión tuvo efecto tranquilizador para los Boinas Rojas. Los plagiarios aseguraron que pronto llegaría la hora cero.

Parecían empeñados en no ver la realidad presentada por los emisarios guyaneses. Arturo Luís, Rodolfo Sebastián y Juan Francisco pensaron en que todo iba a cambiar a favor de la operación "Orquídea". De haber una decisión sorpresiva, ellos habían preparado un plan B, alternativo. Sin rodeos de palabras exhortarían al premier guyanés para que personalmente se encargara de aniquilar el rehén. El primer mandatario de ese país cuando oyó tamaña petición se puso las dos manos sobre la cabeza, y entornó sus ojos de pupilas marrones hasta casi brotarles las escleróticas. Un gesto de contrariedad apareció en su negro rostro. Mostró asombro por lo que acababa de escuchar y contestó: "Esa exterminación mediante un ahogamiento, un tiro certero en la nuca o en el corazón, es un asunto imposible de realizar". Una respuesta ingrata y descarnada que sorprendió a los Boinas Rojas. Todos ellos estaban excesivamente nerviosos. Podía decirse que la operación "Orquídea" se encontraba al borde del derrumbe.

Los revolucionarios Boinas Rojas se avergonzaron cuando se dieron cuenta de que la decisión del premier guyanés posiblemente constituía una brusca despedida para ellos. Tendrían que marcharse de ese país con el rehén a cargo. De eco en eco corría la última decisión tomada. Todo aquello podía significar el desquicio del secuestro, por el devaneo del gobernante local.

El interlunio oscureció la noche. Entre tanto, los hombres responsables del secuestro de Nick continuaron analizando a la luz de sus conciencias aquella respuesta dada por el mandatario, quien se opuso a prestarles más colaboración en el caso del plagio del norteamericano. Vulnerado el propósito de la operación "Orquídea", no les quedó más remedio a los guerrilleros que regresar a **Waini Point** para buscar a Nick y llevarlo de vuelta a Venezuela. A todas esas, Nick no conocía lo acontecido en *Georgetown*. Continuaba desarraigado de todo sentimiento humano. Convertido en un hombre espiritado. Carente de sus derechos civiles, sociales, políticos, y económicos. Lo del secuestro de Nick era una locura aberrante. Un crimen de la vida real. Sin explicación válida. Mientras los buitres lo acechaban.

En el teje y maneje del secuestro del estadounidense no hubo una opinión dialéctica entre las partes comprometidas. Los emisarios guyaneses acusaron a los Boinas Rojas de secuestrar a un hombre inocente por culpa de un capricho banal o de una venganza para descabezar el imperio yanqui. De ser cierto eso sería una gran desventaja para los plagiarios, porque a juicio de los camaradas guyaneses eso sería lo más descocado, desatinado, y errado que pudiera ocurrir. Nick, el hombre frustrado por una vida que no tenía que llevar. Hubiera pensado igual que ellos. Flota en el aire la incertidumbre, y Nick, golpeado por la adversidad y aferrado a la idea de continuar vivo dentro de la muerte; negado a fallecer atado a una cama en un sanatorio psiquiátrico. Mientras, su aliento se mezclaba con los minúsculos hilos del viento, la lucha lo confortaba, por cuanto sus malditos secuestradores no habían podido prostituirlo pisoteando su dignidad humana, y mucho menos, vencerlo, y tratarlo como un cobarde. ¡Honor a la familia, y honor a la patria! ¡No quería una libertad arrodillada!. Se sintió siempre un estadounidense por los cuatro costados. Con una angustia palpitante en su pecho siguió en la espera del regreso de sus captores. Afuera, en los alrededores de la casucha donde lo recluyeron, se escuchaba el silabeo del viento remecer las copas de los árboles. El cautivo continuó aislado en su impenetrable cárcel mental y física.

Deliberadamente a Nick lo mantenían aislado del resto de las gentes, so pretexto, de quien se le acercara hablarle corría peligro de ser atacado por él. Se estresó, sobremanera. En su rostro ajado y pálido asomó el tormento persiguiéndolo en forma de sombra. Se sintió más solo que nunca. Jamás, Nick gozó de la ternura de un ser extraño durante sus diversos encierros. Esa villana soledad lo afligía.

De *Georgetown*, los tres Boinas Rojas llegaron a **Waini Point**; con la intención de llevárselo lo más pronto posible. Comunicarían al comandante Porto del inmediato regreso. Sin sensiblería y remilgo informaron al superior jefe de la decisión tomada por el primer ministro de ese país de suspender la ayuda otorgada en relación al confinamiento del estadounidense. Por tal motivo esperarían instrucciones al respecto. Los jóvenes Boinas Rojas sentían malestar y hastío. Aquella situación presentada no los animaba para continuar con aquella patraña montada por la organización revolucionaria a la que ellos pertenecían. Casi estuvieron a punto de transformarse en unos renegados porque no sabían si nadaban contra la corriente. Por medio de un radiotransmisor y con desgarrada sinceridad comunicaron la noticia mala al jefe de la operación "Orquídea". En conocimiento de los hechos ocurridos el comandante Porto, nada cauto, y sí altanero, con un mal talante dio la autorización para que se regresaran al país en breves días.

En el cielo, con un sol bermejo un nuevo día se asomó. No se registraron fenómenos naturales ambientales. Perplejo se quedó

Nick cuando le dieron un puntapié en su maltratado trasero, con el propósito de que se despertara. Sin darle la oportunidad de ponerse en pie, dos mulatos lo agarraron por los brazos y lo lanzaron al patio, fuera de la casa, para que con un balde de agua fría se lavara el apestoso cuerpo. Olía a heces y orines. De la cabeza a los pies sintió el flujo de la vida correrle por todo el cuerpo, mientras se bañaba. Enseguida descansó desnudo recostado de un árbol hasta que apareció una mujer que trajo consigo un pantalón y una camisa amarilla limpia. Ella lo ayudó a ponérselos. Esa mujer se apiadó de la mala leche del hombre de cabello rubio y apelmazado. Cuando terminó su tarea, dio un beso mariposeado en la jipata mejilla del cautivo. Con ese beso, ella quiso reflotarlo del naufragio de las penas y de las amarguras. El secuestrado se lo agradeció, sintiéndose menos infeliz que antes.

Cosas fuera de lo común pasaron en **Waini Point**. Los acontecimientos tomaron un nuevo giro cuando un grupo de sujetos sudorosos con olor a fango y con unos movimientos de cazadores de reptiles, muy rudos de aspecto y de educación sacaron al norteamericano del lugar donde lo tenían. Esos hombres vestidos con pantalones raídos, camisas desteñidas y sin botones lo arrastraron tirando de los húmedos cabellos largos. Para entonces se tenía la impresión que la mayoría de la soldadesca guyanesa eran xenófobos. Hasta el extremo que con un filoso cuchillo pretendieron desprenderle el cuero cabelludo al norteamericano. Como no pudieron hacerlo, lo golpearon en las piernas con un palo de escoba hasta hacerlo caer de bruces sobre la tierra. Al rodar, éste lanzó un aullido como el lobo estepario. Siguieron martirizándolo. Con ensañamiento amarraron sus muñecas con un cortante hilo de plástico para que él mismo se hiriera al realizar cualquier movimiento. Los golpes recibidos comenzaron a producir efectos sobre el rehén. Fue entonces cuando Nick no pudo contener el dolor y débilmente gritó. Pasaron unos quince minutos y el rehén estremecido por el sufrimiento continuó encerrado en aquel mundillo de dolores. Forcejaba con la muerte e intentaba librarse de ella nuevamente. Ese día lo volvieron a encerrar para entregarlo al siguiente.

Nadie podía saber lo que fueron esos días terribles para el secuestrado. Muy temprano de mañana los guerrilleros Boinas Rojas prepararon el regreso, con cierto cuidado. Luego, en pocas horas esos hombres emprendieron el retorno al país. Una vez en marcha, Nick iba tranquilo porque tenía un mínimo conocimiento del lugar donde él había estado tanto tiempo. No supo el nombre del país, pero sí de ese sitio donde había vivido. Aunque lo sospechaba, sin embargo no le interesaba saberlo. Cualquier lugar para él no significaba nada. Había perdido el interés por conocer a dónde lo llevarían sus secuestradores. Sabía que él había vivido allí una guerra de desgaste. Se consoló una vez más al pensar cuánto habría sufrido aquella arqueóloga francesa secuestrada durante siete años por la tribu Tubú en el Chad, posteriormente rescatada. Rememorar esa liberación le servía de consuelo. Puesto, que, ese rescate de la francesa le inyectaba una buena dosis de fe y de esperanza en el corazón. Paciente y esperanzado, Nick pretendía correr con esa misma suerte. Lo de la liberación de esa mujer lo animaba a seguir luchando por su supervivencia, guardando la aspiración de ser encontrado y puesto en libertad en cualquier momento. Entre tanto, proseguiría fabricando nubes en el cielo. Soñando y pintando castillos en el aire.

La lancha zarpó. Con el entrecejo fruncido, y los ojos libres de vendas, el gringo, cautivo, comenzó otra de las andanzas a las que lo tenían acostumbrado. Transformado en un sempiterno nómada, similar a los **Tuareg** del desierto de Gobi.

A medida que la lancha Marta-Ven se alejaba de **Waini Point**, Nick se volvía una mancha en medio de las verdosas aguas del océano Atlántico. Con la cabeza vuelta atrás y el rostro lánguido, el rehén norteamericano miraba fijamente las espumas brotadas de los remolinos de esas esplendorosas aguas oceánicas. La pequeña nave empezó a navegar corriente abajo. El trazado de la ruta contemplaba recorrer varias millas náuticas hasta alcanzar las orillas de unas playas trenzadas por múltiples colores reflejos de un hermoso arco iris. Allí se debía de abandonar la lancha por cuestiones de seguridad. En tierra, todos ellos fueron internados en ese sitio hasta toparse con una tienda portátil donde los esperaban otros camaradas. Luego de allí fueron transportados en un camión militar camuflado. Viajaron varios días y alcanzaron cruzar el límite entre Guyana y Venezuela, por el lado de la serranía de Imataca. En ese lugar acamparon cerca de dos semanas. Nick se mantenía alelado a causa de los somníferos suministrados. Obligado a ponerse más de una vez a la intemperie donde recibía lo caliente de una fogata alimentada con leña cortada. Cuando en la madrugada se apagaba la fogata, Nick se moría de frío.

Aunque vuelto un miriñaque con un dolor apretándole el corazón. El plagiado en cada amanecer se daba a la contemplación de aquella majestuosa naturaleza. Escuchaba el prodigioso trinar de los pájaros en su hábitat. Con la nariz limpia aspiraba la fragancia de la serranía, los aromas tan peculiares y exuberantes que arrojaban las flores y otras especies silvestres. Milagrosamente seguía sobreviviendo bajo un cielo verde color manzana.

Después de un tiempo encastrados en esa intrincada región montañosa, los secuestradores no volvieron a levantarle la voz ni tampoco maltrataron a Nick. El norteamericano estaba preparado para las emociones sorpresivas. Los cambios favorables lo llevaron a pensar, en que Dios aprieta pero no ahoga. Ya no sufría de interrogatorios malolientes, ni de un conjunto de acciones ruines. Abrigaba la esperanza de una pronta liberación. Daría tiempo al tiempo, mientras veía volar las golondrinas por los senderos del aire.

Hubo un momento de expectativa cuando en aquella serranía un toque de agua cayó del cielo el día en que los tres Boinas Rojas se reunieron con cinco soldados negros guyaneses y conversaron sobre la manera de continuar el camino de regreso. Bajo la calma absoluta del lugar; el rehén norteamericano escuchó a uno de los Boinas Rojas mencionar *Georgetown*. De inmediato recordó que esa ciudad era la capital de Guyana. En ese instante, fue que supo que lo habían ocultado en ese país. El fortuito nombre escuchado fue la pista de ese descubrimiento. Saber ese nombre del país donde había estado prisionero no le produjo ni frío ni calor. Continuó imperturbable.

Además de los soldados guyaneses, también los acompañaban unos milicianos cubanos, empuñando armas largas. Uno de esos camaradas cubanos aspiró el humo del habano que sostenía entre los mojados labios, habano fabricado en su isla natal. Quebrando el muro del distanciamiento personal, ese jocoso miliciano cubano comentó que el gringo rehén le recordaba a *Gufi*, aquel esclavo africano que se rebeló contra los holandeses en 1763 y que después de tanto batallar por lograr su libertad, fue inmolado en *Berbice*.

Allí, en el pleno corazón de la sierra de Imataca, Nick tuvo suerte por cuanto la condición de su secuestro empezó a mostrarse diferente. No tuvo que hacerse el remolón con sus plagiarios. Se esperanzó cuando pensó que él valía más que un condenado a muerte. El norteamericano estaba relativamente contento con el cambio de actitud de sus plagiarios. Y, con aquel paisaje tocado por las manos de Dios; aunque, todavía él vistiera ropas andrajosas y padeciera de una precaria salud. Sin embargo, Nick no ignoraba que se encontraba secuestrado. La operación "Orquídea" concluyó.

Esa misión arrojó una pobre experiencia, la cual no brindó una salida al caso del secuestro del norteamericano. Los tres guerrilleros Boinas Rojas que se encontraban en la sierra de Imataca, recibieron las instrucciones de trasladar al rehén hasta Ciudad Bolívar. El comando superior de los Boinas Rojas no estaba dispuesto a conceder tregua al gobierno en cuanto a dar por terminado el plagio del empresario de *"La Inois. Company."* En adelante, el ambiente político se caldearía y se deslizaría por una pendiente escabrosa y peligrosa.

La plataforma electoral obligaba a la organización Boinas Rojas a mantener oculto y con vida el rehén. Pero… con un plazo mortal a sus espaldas.

VII

BORBÓN

(Último escondrijo)

A media distancia de Ciudad Bolívar, en la cercanía del caudaloso río Orinoco se hallaba un caserío que desde su fundación guardaba el secreto del nombre dado. Sugestivo nombre vinculado a la estirpe de una antigua nobleza europea. El diminuto y pintoresco pueblito oculto entre árboles gigantescos estaba circundado por las aguas raudas de varios ríos. Su topónimo: **Borbón**. En ese bucear de la historia, gentes de épocas lejanas y cercanas comentaban sobre el motivo de haberle puesto ese nombre a tan escondido lugar. Se especulaba que quizás podía haberse debido al capricho de un audaz explorador español, oriundo de Castilla, quien sintiéndose dueño de una fantasiosa mente y de un temperamento inquieto, con las plantas de sus pies tocó tierras en el nuevo mundo y realizó un rosario de aventuras. De modo alguno, ese sagaz conquistador español, en atención a unos vínculos sanguíneos, buscó en aquellos tiempos perpetuar la dinastía de Beatriz, heredera del Señorío de Borbón, dama casada en obligadas nupcias con Roberto de *Clermont*, hijo de Luis IX. En el curso de los centenarios años esa leyenda del nombre de Borbón se expandió en aquellas descubiertas tierras bucólicas, indígenas, ricos territorios que cubrían de gozos los corazones de los aventureros europeos, en especial, de los españoles. Para una mayor notoriedad esa región daba inmensa felicidad a los aventureros, trashumantes, venidos de otros confines del mundo. Se dieron numerosas y variadas versiones sobre el origen del nombre de Borbón. Las clarinadas de las leyendas tejidas corrían con los innumerables vientos, y se dejaban escuchar al despuntar un nuevo día. Las distintas conjeturas y opiniones sobre el mencionado nombre de Borbón, cuales furtivas gotas cristalinas se escurrían entre los resquicios de las colinas, se espaciaban en los intrincados caminos de los indios desplazándose entre las saltarinas fuentes naturales de las aguas que desembocaban en el mar. Desde un tiempo inmemorable, el enigma del origen del nombre de Borbón en el siglo XX todavía perdura.

Muchas veces, disímiles y sugestivas voces se escucharon en cuanto a quién había puesto el nombre de Borbón a ese pequeño terruño. No obstante, ningún poblador de las pasadas centurias supo con seguridad cuál era la verdadera procedencia de tan ilustre topónimo. Con obstinación, los cronistas criollos se empeñaron en encontrar la génesis del mismo. A partir del adivinado año en que ese caserío probablemente se fundó, los cronistas regionales continuaron investigando y hurgando en todas las clases de fuentes históricas. Acuciosos, los cronistas no cesaron de examinar el legado histórico del descubrimiento, la conquista, y la colonización de esas tierras de indios. Transcurridos centenares de años, estallaron en mil pedazos las leyendas, los relatos populares, y los comentarios reales, difundidos en relación al origen del nombre de Borbón.

En el devenir de los siglos, entre suposiciones y verdaderas historias hubo una de ellas que podía ser la más acertada de todas. Era un reflexivo relato contado por un viajero con acento extranjero. Ese aventurero castellano dejó sentado en que uno de los descendientes de Antonio Pascal de Borbón, infante de España e hijo de Carlos III, quiso dejar la huella de su noble sangre en algún pedazo de esas tierras conquistadas por España. Para poder hacer de ese sueño una realidad solicitó a uno de los más cultos expedicionarios españoles que osó pisar esas tierras indígenas e inexploradas que diera por nombre "Borbón" a un fértil terruño, y con su versátil pluma lo describiera en sus epístolas o comentarios reales. Así nació Borbón, una comarca enclavada en tierras selváticas de aguas mágicas. En una región que al desgranarse los años, y con el paso inclemente del tiempo, luego se conocería con el nombre de Guayana. Tal referencia histórica-legendaria retocada con una pizca de fantasía provocó que los cronistas de las pasadas épocas, compenetrados en esa historia, tuvieran menores dudas y aceptaran ese origen mencionado sobre el nombre de Borbón.

De ese modo pudo haberse originado el nombre de Borbón, de ese caserío rodeado por una exuberante vegetación tropical, que al nacer la alborada es una comarca donde a la par tanto el hombre como la mujer se trenza en las faenas cotidianas del arreo y del pastoreo de ganado, en la labranza de la fértil tierra, en la pesca de río. Si bien, el autóctono poblador hace uso de las flechas, de las lanzas, de los cepos, y de las cerbatanas en las cazas de los animales salvajes, muestra igual destreza en las habituales labores que cumple mientras su familia aguarda la ilusión de un nuevo amanecer.

A partir de la aceptación del nombre de Borbón esa tierra pasó a significar algo más que una humilde aldea indígena ubicada en ese extenso territorio de lo que años después se conocería como el Estado Bolívar. En la segunda mitad del siglo XX, ese poblado, rodeado por una jungla, ríos, riachuelos, lagunas, pozos, tepuyes, y por una diversidad y multiplicación de animales salvajes, con el paso de los años se transformaría en un centro agrícola y ganadero de primordial importancia. Numerosos hatos y fincas crecieron en los alrededores de

Borbón. Los hatos "Josué", "El Divino" y "Agua Profunda" marcarían la prosperidad de esa región. Sin dejar de reconocerse que en esos establecimientos ganaderos y agrícolas los dueños de los mismos eran los hombres más poderosos del contorno. Al extremo en que los antojos, los caprichos, los mandatos de cada uno de ellos, lograban manejar y dirigir a las autoridades representativas de tales caseríos y de otras zonas circundantes. Tal sería el dominio ejercido por los ricachones ganaderos y los portentosos agricultores que cada palabra pronunciada por cualquiera de ellos se tomaba como una orden sagrada y se aceptaba sin derecho a protesta. Éstos poseían una numérica descendencia. Nadie tenía derecho a chistar y mucho menos a oponerse a las decisiones de los mismos. Esos individuos actuaban como unos "tiranillos", guardando la debida distancia con los perversos tiranuelos. Aunque la sencilla naturaleza humana y generosa de esos hombres los hacía compartir sus dineros y bienes materiales con sus hijos, esposas, concubinas, y también con los demás pobladores necesitados de la región. En especial los más ricachones, eran hombres generosos en el amor con las mujeres y con sus numerosas proles. El desarrollo y la prosperidad en esas tierras circundadas de selvas, tierras regadas por las venas marrones del soberbio río Orinoco, derivó en el acrecentamiento de aquellos hatos ganaderos y de las fincas agrícolas lo que permitió la fundación de los caseríos Maripa, La Mata, Papaguire y Mayagiu. Villas proyectadas para ser desarrolladas de un modo productivo bajo el influjo y desarrollo de Caicara del Orinoco. Esas tierras fértiles y productivas se desarrollaban con una marcada autonomía. Sin sorpresa a una corta distancia de Borbón, progresaban las ricas zonas diamantíferas y mineras del país. Mucho tiempo después, las personas que deseaban ir desde Ciudad Bolívar a Borbón tenían que desplazarse en transportes rústicos y atravesar una región escabrosa un tanto peligrosa hasta alcanzar el ramal vial del Caura, para luego tomar la ruta de Aroa hasta Caicara del

Orinoco. De allí debía de tomar una ruta montuosa hasta toparse con Borbón. Pueblito protegido por el escudo de una densa vegetación. En medio de esa fértil tierra se levantaba el hato "El Divino", que al ojo y al oído del nativo, conocedor de las faenas del trabajo de la ganadería, se podía saber que a mediados de los años sesenta ese hato se había transformado en uno de los hatos más desarrollados mediante una productiva tecnología ganadera en aquella región. Unos años atrás, en ese hato se habían aplicado las mejores técnicas ganaderas importadas de Texas, con miras a lograr la reproducción del ganado con carne de primera calidad. Aunque transcurrido el tiempo y debido a la mala administración de los recursos económicos se dio al traste con tan eficiente desarrollo ganadero, el propietario de ese hato se llamaba don Rafael, uno de los *"papaupas"* del lugar; quien en compañía de don Pomón, el flamante dueño del hato "Josué" elaboraron varias normas públicas convenientes a sus intereses, obvio, valiéndose de aquel respeto reverencial profesado por los moradores del pueblo.

En sus años mozos ambos hombres habían levantado murallas de amores y se atrevieron a enamorar a cada mujer joven y virgen con la firme intención de procrear verdaderas dinastías criollas. Esos dos hombres fueron los principales responsables de numerosos embarazos de mujeres en la comarca de Borbón. Por ser ellos los mejores padrotes de ese caserío a don Rafael y a don Pomón los llamaban "taita" o "pa'e". Los dos ganaderos eran los más venerados y queridos machos en todo ese lugar. No existía un solo ser nacido en Borbón que no tuviera un parentesco directo o indirecto con ellos.

Las llamas de sus antepasados ardían en los cuerpos de don Rafael y de don Pomón. Ambos individuos estimulados por el fuego de la inspiración ancestral mostraban una fortaleza espiritual y corporal. Con las maderas de un roble y de un cedro, ellos pudieron haber sido construidos por las manos de Dios con el propósito de nunca podrirse. Ninguno de los dos se amilanaba cuando tenían que enterrar a algún miembro de sus largas familias o cuando las reses de sus propiedades sufrían las consecuencias de cualquier inundación causada por los ríos o por cualquier quemazón de la selva. Profundamente, ambos ciudadanos se impresionaban o condolían cuando el ganado vacuno o el caballar o el ovejero se ahogaba en las agitadas corrientes de los ríos o perecían por las descargas eléctricas generadas por los gimnotos peces moradores de las rías. Don Rafael y Don Pomón eran unos verdaderos bizarros con unos indoblegables temples como el acero, sobre todo, esto lo mostraron cuando ellos enfrentaban las adversidades deparadas por la naturaleza. Ya entrados en años de edad esos hombres exhibían unos caracteres indómitos y recios. Libres de los pecados de conciencia, ese dúo de ganaderos se mostraban como unos viciosos mujeriegos, pero, también, como unos religiosos voluntariosos. En el intento de difumar sus pecadillos tanto el "taita" como el "pa'e" se presentaban como unos hombres santos y bondadosos. Los nacidos en Borbón consideraban a los dos viejos unos personajes míticos y venerados. El vejete de don Pomón era un empedernido vicioso que se la pasaba mascando tabaco negro; mientras, don Rafael mascaba chimó. Éste último presentaba un rostro salpicado de verrugas. Sin embargo, a decir de muchas personas, don Rafael era un hombre "más bueno que el pan de piquito". Aunque, él era de costumbres resabiada. Don Rafael acostumbraba pasar la soga por el hueco abierto de la nariz del buey. Era un hábil soguero. Sometía el ganado a su exclusivo dominio. Destreza del eficaz arriero que daba testimonio de tener unas buenas condiciones físicas. Durante las diarias faenas don Rafael se sentía un hombre joven y vigoroso casi igual a cualquier mancebo descendiente suyo. Bien conocida era su fama de "mandamás". Un día, don Rafael, bajo una ráfaga de centellas luminosas producida por una fuerte tempestad que caía sobre los techos de troncos secos, en Borbón, fue contactado por un grupo de hombres desconocidos que trataban de instalarse en ese lugar. Sucedió entonces que en aquellas recónditas tierras de Guayana, los Boinas Rojas decidieron hablar con ese ganadero. El reservado y desconfiado dueño del hato "El Divino" aceptó sostener con ellos una prolongada conversación dentro de su propiedad, sin ser vistos. Mientras a distancia una yunta de bueyes araba la fértil tierra. Y en vilo la soledad se escapaba entre los árboles. Ese día, una vez terminada la conversación, los forasteros se marcharon sin que nadie supiera a dónde se dirigían.

Una semana después de haber sostenido esa misteriosa reunión, se vio a don Rafael construir con sus propias manos una casita de bahareque a una distancia no tan lejana de la casa grande donde él vivía con su mujer. La construyó con suma rapidez. Colocó un techo de bambú sobre una plataforma de asbesto con el fin de aguantar los más devastadores chaparrones de la temporada de invierno. Posteriormente, en esa improvisada casita llevarían al rehén norteamericano para ocultarlo. Para dar una mayor seguridad alrededor de esa vivienda se levantaba una cerca con alambres de púas y una montaña de troncos. Es decir, era un verdadero muro de contención. Pasados unos días, hubo un segundo encuentro, y sería cuando definitivamente los Boinas Rojas elegirían ese lugar para quedarse el tiempo necesario, por cuanto, ese sitio reunía varias ventajas estratégicas. Era un lugar inserto en una selva tropical, no tan lejos de los cursos de los ríos y de las trochas. Ese sitio era magnífico para asentarse temporalmente, pues conectaba con otros lugares mediante diversos caminos de tierra y de grava, por donde los secuestradores pensaron en que sin apremios ellos podían escabullirse en caso de cualquier persecución. De antemano, todo lo habían planeado de ese modo. Ese era el lugar más apropiado para los Boinas Rojas cuidarse el pellejo. El nuevo escondrijo se encontraba a la vera de una selva. Un bosque tropical poblado de animales donde en las noches se escuchaban los rugidos, los balidos, y los siseos de numerosos animales. Hasta se percibía el ruido silencioso de las pisadas de los felinos, como también el culebreo de las serpientes y el arrastre de otros reptiles. Hasta se escuchaban los pasos cuidadosos de los cazadores nocturnos. En ese sitio, en el día se escuchaba el trinar de los multicolores pájaros trepados en las ramas de los árboles frutales, ornamentales y madereros. Auténtico espectáculo de la naturaleza. Con inimaginable osadía esos Boinas Rojas, miembros del comando número cuatro, se instalaron allí. Obvio, Nick fue encerrado en esa casa rústica sin que autoridad alguna del entorno conociera ese hecho. Sobrecogido por el sufrimiento a causa de su calamitosa vida, el estadounidense se enfermó de los nervios afectado por la incertidumbre que lo aguardaba en aquel desconocido paraje donde se halló encerrado, de nuevo.

Nick volvió a sentirse como si estuviera abandonado en un barco pirata desplazándose en medio de una tempestad sobre aguas turbulentas. Para entonces, el cautivo estadounidense se tornó menos confiado y más impotente. Prácticamente aterrado. De ánimo bajo. En aquel desconocido lugar, el gringo se sintió arrastrando pesadas cadenas igual a un esclavo del imperio babilónico pronto a ser vendido al mejor postor o a un cristiano arrojado en un circo romano pronto ser devorado por unos hambrientos leones. Nick no tenía buen color. Su rostro mostraba pómulos pálidos y huesudos. En sus ojos azules con estrabismo se notaba la melancolía. El martirizado rehén presentía que su liberación se alejaba cada día más de la realidad. Agotadas sus esperanzas de poder salir con vida de ese atolladero, sintió la voluntad debilitada. Soportaba un *stress* galopante a causa de consumir tantos narcóticos, suministrados con intención de abobarlo. El industrial norteamericano pensó que tal vez cuando la policía lo ubicara estaría hecho un cadáver putrefacto, para esa fecha. Vivía entre el tiempo y el contratiempo. Sin hora, ni minuto, ni segundo. Con el cerebro flotando en aquel espacio del nunca morir. De súbito como picado de culebra, Nick se reanimó. Fue entonces cuando armándose de guáramo, le vino la idea de fugarse, lo que no sabía era cómo lo iba hacer. Lo único que él tenía en claro era que rogaría ayuda divina a Dios para llevar adelante su intención de fugarse. Estaba presto a escabullirse para alcanzar su libertad. El norteamericano necesitaba que Dios le diera suficiente energía y sabiduría para cumplir tan difícil proeza. De esa forma, deseaba dar término final al terrible drama del cautiverio sufrido. Mientras llegaba la hora de escaparse sintió un húmedo y demoledor calor infernal. El rehén se dispuso a permanecer silencioso. En tanto encontraba el momento de huir. Prometió sellarse los labios durante el tiempo que necesitara para urdir un plan de fuga. Consciente en que esos torturadores no podían domeñar su pensamiento ni doblegar su espíritu, esos dos elementos etéreos que circulaban en su interior como un ser humano, por supuesto él sabía, que: "echar piernas para fugarse era la única salvación". No había otra opción de escapar.

Mientras tanto, la facción número cuatro de los Boinas Rojas que tenía a su cargo la responsabilidad de ocultar al gringo continuaba ojeando los distintos rincones del pueblo de Borbón y de los caseríos levantados en los alrededores. El propósito era saber el terreno que se pisaba. La idea era que no los consiguieran. Los plagiarios indagaron sobre sí algún habitante de Borbón había descubierto la presencia de ellos en aquel sitio, o si alguien estaba enterado de lo que ellos tramaban. Los plagiarios no deseaban que cualquier imprudencia cometida pudiera arrastrarlos al peligro y menos que alguien diera un pitazo o un silbatazo y revelara que el gringo se encontraba cautivo en ese lugar. Los Boinas Rojas en su papel de plagiarios estaban temerosos de que alguna persona pudiera denunciarlos o delatarlos como consecuencia de las torceduras extrañas que depara la vida. No querían ser atrapados con las manos en las masas. Por ese motivo, ellos buscaron asegurarse de que todo marchara normal. Los Boinas Rojas tomaron precauciones para no vivir con miedo ni en zozobra. Estaban dispuestos a protegerse de los riesgos imprevistos. Comprendieron que la prudencia era una conducta apreciada para triunfar o fracasar. En conocimiento de esa situación, esos hombres actuaban con habilidad y destreza, tanto en la posición de vanguardia como en la retaguardia. El fracaso no sería la sopa del día. La derrota para los Boinas Rojas significaba cavar una tumba colectiva que guardaría todos sus huesos, para *secula, seculorum*. Por esos días, el comandante Padi junto con Sotoroyal se encontraban dirigiendo la facción número cuatro del grupo BR. Era un hombre astuto que mostraba entereza y disciplina, veterano en las actividades guerrilleras. Sabía cuidarse las espaldas. Ese revolucionario se enteró de que la V Guarnición de la Selva no tenía el más mínimo conocimiento sobre el lugar donde ellos se guarecían. El superior comandante de los Boinas Rojas entendió que la inoperancia o la apatía mostrada por los soldados del V Regimiento Militar, apostados en Ciudad Bolívar, en forma alguna, no se debía a la falta de control o de interés de los soldados, sino a la ignorancia o el desconocimiento que se tenía en aquellos sitios sobre el asunto del secuestro del norteamericano de la empresa *"La Inois. Company"*.

Evidentemente, la situación de los Boinas Rojas se presentaba comprometida y enrevesada. El comandante Padi junto con Sotoroyal, estaban en cuenta que los soldados de la V Guarnición de la Selva en su mayoría eran unos jóvenes imberbes que desconocían los graves acontecimientos del país. Por supuesto, también ellos ignoraban los pormenores del secuestro del estadounidense. El comandante Padi frunció el seño y pensó en que esos muchachos uniformados de verde eran marionetas manipuladas por los jefes. Ese destacamento vivía en las nubes porque los jefes superiores lo usaban para otros fines inconfesables. Por si no fuera suficiente, el comandante Padi había logrado la información confidencial en cuanto un buen número de generales y de coroneles obligaban por las fuerzas a los subalternos soldados, bajo amenazas de muerte, de convertirse en encubridores de sus guarradas privadas. Obvio eso sucedía en contra de la propia voluntad de los soldados, que debían encubrir las infidelidades y otras conductas bochornosas y amorales del generalato o del coronelazo. Los sargentos, los cabos, los reclutas, los maestres y los suboficiales, prestaban una ciega obediencia a sus superiores de rangos. Los ardientes generales y los fogosos coroneles del ejército y de la armada realizaban actos lascivos con mujeres que no eran sus propias esposas. Por ese motivo, los soldados rasos, los cabos, y los sargentos, en contra de sus voluntades se encontraban involucrados, sin querer, en las redes amatorias de los jefes superiores. Inescrupulosamente, todos los subalternos eran sometidos a los caprichos veleidosos de los altos jefes militares mediante las amenazas, para que no chismearan o divulgaran aquellas interioridades inmorales que ellos cometían. Situación irregular y nada moralista, que desde el inicio de la carrera militar haría que los militares de bajos rangos desarrollaran una inapropiada conducta resquebrada y enfangada. Debido a esa impúdica conducta de los comandantes superiores, se registraba un profundo malestar en el personal de tropa obligado ha cumplir el triste y celebre papel de celestinos. Lo hacían en vista del miedo espantoso que sentían de ser severamente castigados. Fieles a una obediencia castrense esos jóvenes soldados representaban ese triste papelucho de "alcahuetas". Tanto era el temor que ellos sentían, que hasta parecía que las órbitas de los ojos pugnaban por salirse de las cuencas, ante la posibilidad de ser asesinados a quemarropa o lanzados al río o al mar desde cualquier helicóptero militar o desde cualquier lancha de la marina. ¡Claro!, ese crimen aparentaría ser un casual accidente. Había que recordar que los subordinados militares, si no cumplían con ese rol, no descartaban el temor de que los pudieran ahorcar o estrangular. Los jóvenes soldados sabían que todo eso podía sucederles si se atrevían a soplar alguna de las cosas feas y desagradables que conocían de los jefes superiores. En esas circunstancias, los soldados permanecían atrapados dentro de un círculo vicioso. Para colmo y humillación, se les obligaba a capturar contrabandistas, narcotraficantes, criminales comunes, y penados fugitivos, en los territorios selváticos, amedrentándolos con que si ellos no cumplían con ese deber los mandarían a la cárcel. Lo repudiable y grave de todo era que tanto los generales como los coroneles conminaban a las tropas, escuadrones, pelotones, y batallones, para que los sujetos apresados fueran unos malhechores o unos trabajadores mineros, se les sacaran las más grandes de las mascadas en dineros o en lotes de piedras y de metales preciosos, oro o plata. En pocas palabras, obligaban a los soldados a extorsionar a los delincuentes comunes, a los contrabandistas, y hasta los propios mineros. De esas altas ganancias monetarias, no le quedaba ni un solo centavito a la soldadesca. Ellos, después de exponer sus pellejos se quedaban con las manos vacías y el honor desintegrado, por cuanto, todo lo recaudado iba a parar en los bolsillos de los peces gordos militares. Por los favores prestados, ni siquiera esos oprimidos soldados recibían las gracias de sus jefes. Con toda seguridad, cuando un subordinado se atrevía a protestar o a reclamar una recompensa salarial o un ascenso por los favores hechos, sencillamente, salvajemente, lo desaparecían arrojándolo al agua de los ríos y de los mares, o en plena selva, para que se lo devoraran los animales feroces. Y, nada pasaba. Morían como unos pendejos, sin nada en los bolsillos. Después de consumada la desaparición forzada de cualquiera de esos soldados se veían las madres y los padres llorar por aquel hijo caído en desgracia sin recibir alguna palabra de consuelo brotada de la boca de algún jerarca militar o de recibir una pensión vitalicia por la muerte o la desaparición del vástago a causa de la misión cumplida. Eso constituía una gran falta de honor a la patria y al soldado caído en el cumplimiento del deber o de las obligaciones militares. En los cuarteles a veces daban un trato atroz a los soldados. La mayoría de los soldados eran de origen humilde, poco leído. Los altos jefes castrenses los trataban como si fueran unos seres inferiores, carentes de razón, y de alma. En los cuarteles se vivían dos mundos. Uno de esos mundos era el agobio de una pesadilla originada por la cara oculta de los jefes superiores, quienes desfiguraban la moral castrense al no tomar en consideración la obediencia prestada por los soldados que exponían sus vidas en beneficio de la patria y del interés personal de sus propios jefes. Paradoja castrense imperdonable ante los ojos de Dios y también ante los ojos de la Virgen del Carmen, la patrona espiritual de los ejércitos de América.

Había transcurrido algo más en el mes desde que Nick se encontraba recluido en una casita ubicada en el hato "El Divino", a poca distancia del pueblo de Borbón. Cuando de sus vacaciones retornó el jefe civil de ese caserío, el señor Florentino Chimarás, quien además, era un hombre de un carácter templado, aunque, tolerante en algunas cosas. Chimarás desde su llegada comenzó a otear el desplazamiento de ciertos hombres a quienes no conocía, a pesar de contar con un amplio círculo de conocidos. Notaba que esos hombres se paseaban con tranquilidad por las callecitas y laderas de Borbón. A sus pasos ellos arrojaban destellos de simpatía y de gallardía. El jefe civil en los rostros de esos sujetos reparó muchas sonrisas a flor de labios. Hizo gala de una aguda percepción al notar que "aquellos extraños visitantes" vestían igual a los paisanos de ese terruño. Los Boinas Rojas se mostraban corteses y complacidos. Recibían los saludos amigables de los residentes de Borbón. Frecuentemente los Boinas Rojas se reían de las carantoñas y las coqueterías prodigadas por las mujeres de todas las edades. Eran unos expertos en el arte amatorio. Así, de día y de noche, ellos se establecieron en aquel pueblito que aparentaba ser una jaulita vibrante de sanas emociones.

Una vez oculto el sol entre los cirros, nacida la noche. En la cabeza desconfiada del alcalde Chimarás burbujeó la curiosidad. El alcalde consideró que la nocturna soledad no era una buena compañera en esa aldea. Ningún deseo de íntima soledad podía él abrigar en aquel momento. Por ese motivo se animó a buscar conversación con uno de esos forasteros sin saber en el fondo con quién trataría. El encuentro se produjo en uno de los bancos de cemento colocados en la Plaza Bolívar. Ambos hombres coincidieron en sentarse allí, para contemplar la espigada luna de cristal asomada por el negruzco balcón del cielo. El alcalde Chimarás, un patizambo feo de cara, explicó al desconocido que él se conocía al dedillo la topografía de esa región. Por tanto, él sabía hasta el lugar donde las culebras se escondían entre las espesuras de los montes para atacar con sus poderosos y venenosos colmillos al más valiente de los mortales. Contó al forastero que él conocía mejor que nadie el oficio de arriero, puesto que, con frecuencia cumplía con la tarea de llevar el ganado de su propiedad a pastorear y al bebedero en los tajamares. Atento y tranquilo, el Boinas Rojas lo escuchó; pero, al mismo tiempo comprobó que el alcalde de Borbón no tenía ni la menor idea sobre el caso del secuestro del norteamericano de *"La Inois. Company"*.

Hasta altas horas de la madrugada y bajo el esplendor de la luna, el alcalde Chimarás sostuvo un diálogo cordial con aquel desconocido sujeto. Conversación vacua que mostró que Chimarás solo prometía ser un funcionario público hablachento y no un soplón de oficio. El guerrillero Boinas Rojas corroboró de ese modo que el alcalde ignoraba qué tan cerca de Borbón se encontraba el gringo secuestrado y buscado en todo el territorio nacional. Por supuesto, no era que el alcalde Chimarás fuera un completo ignorante en cuanto a lo que pasaba en el país, puesto que él se leía las noticias aparecidas en los escasos periódicos que se vendían en Borbón. En cierto modo. Chimarás había convertido en un hábito suyo escuchar los programas radiales y ver las noticias por televisión. Ahora sucedía que lo del secuestro del norteamericano había pasado tiempo atrás y el suceso no estaba de moda ya en ninguna parte del interior de la república, porque casi no se hablaba del plagio del norteamericano. Por esa razón y por otras el jefe de esa comarca no lo recordaba. Cuando llegó la hora de dormir al avanzar la noche, el alcalde Chimarás se retiró sin sospechar que a escasas horas y en sus propias narices lo picaría una enorme boa (imaginación). El Boinas Rojas tuvo la impresión de que el alcalde era una persona desmemoriada. Más adelante, la memoria de Chimarás se descongelaría ante la posibilidad de que la candela ardiera en algún predio cercano a Borbón. Siempre se había dicho que el hombre de campo, mal llamado "pueblerino" tenía una desarrollada capacidad para ojear y olfatear de lejos toda clase de inconveniente por aparecer. Días atrás había sucedido un hecho que mostró que nada oculto había sobre la tierra. En Borbón apareció un lugareño cuyo rostro bruñido por el sol y surcado por cascadas de arrugas. Ese sujeto puso la nariz por encima de las sábanas y curiosamente olfateó en los alrededores del hato "El Divino". Se dio cuenta de que en ese hato se ubicaba enclavada una casita de bahareque, medio sospechosa y de precaria construcción. Era una especie de casita humilde a medio construir con un techo de bambú colocado en forma de dos aguas. Pero, bien, en el interior de esa casucha ese fisgón observó a un hombre flaco de ojos glaucos que poseía una larga cabellera de un color cenizo y que vestía ropas mugrientas. El soguero descubrió al norteamericano plagiado desde el momento en que lo bajaron de un camión blindado. Le había llamado la atención ese tipo de vehículo usado solamente en el transporte de dinero a las bóvedas de los bancos. El hecho de haber notado un automotor de esa característica no le dio una buena espina porque en Borbón nunca había estado uno de esos vehículos, y menos estacionado en un lugar cercano al hato "El Divino". Ese extraño suceso hizo suponer al curioso hombre en que pronto fuertes tempestades caerían sobre ese caserío. En ese momento el arriero balanceó nerviosamente los brazos. Era el encargado de guiar la punta de ganado a pastar y beber agua en un lugar vecino. Llevaba a los bueyes a arar terrones para lograr unas buenas siembras. Dos días después, ese individuo tomó en serio ese extraño y peligroso descubrimiento y decidió marcharse de Borbón antes de que algo terrible sucediera y pagaran por igual justos y pecadores. Por consiguiente el veterano jinete para salvar el pellejo montó su caballo y se fue galopando bajo el inclemente sol del mediodía, hasta perderse en la lejanía. Él actuó de ese modo para no verse de testigo comprometido en el futuro de aquel desastre que estaba por venir. Azorado el sujeto huyó sin dejar rastro alguno, con la sana intención de no delatar a ninguna persona, aunque conocía sin tapujos la verdad sobre el escondite donde tenían al gringo secuestrado. Desde entonces, no cupo la menor duda de que se avecinaba un acontecimiento fuera de lo común en ese poblado. Aunque los días y las semanas siguieron transcurriendo sin registrarse alguna inquietante novedad. En aquel pueblito de Borbón, cada día se repetía la monótona danza del sol. Los hilos dorados del astro rey caían sobre los cuerpos sudorosos de los habitantes de esa villa. En el inmenso territorio del estado Bolívar, el pueblo de Borbón era un botón de tierra difícil de localizar. Por sus callecitas corrían densas nubes de polvo a causa de la sequía del caluroso verano. En ese pueblo, tanto las mujeres como los hombres, cumplían sus faenas diarias con responsabilidad y devoción. Los hombres arriaban hasta los establos el ganado vacuno, ovejero, y caballar. Las gallinas, los gallos, los pollos, y otras especies de aves, los metían a los corrales para la crianza y recolección de huevos. Igualmente, trabajaban duramente en la cría porcina para el engorde, y posteriormente la venta de la carne. A la lumbre de esa comarca, los trabajadores en los hatos con las manos ordeñaban las vacas, las ovejas, y las cabras, y elaboraban quesos. Para robarle tiempo al tiempo y las horas al reloj, todas las mañanas, los peones de los hatos seleccionaban las reses a sacrificarse en el matadero. A menudo el ganado iba a apacentar en tierras cubiertas con mantos verdes, plantados de hierbas. Cuidaban de los caballos y de los toros sementales. Con sus pisadas trazaban sus sombras en los charcos de agua. Mientras tanto, las mujeres se afanaban en las tareas del hogar. Aparte en ese pueblo nunca hubo un conflicto o una guerra que comprometiera la paz del lugar. Borbón era un pueblo solaz. Ni siquiera sus habitantes se interesaban en la política. Vivían de espaldas a los acontecimientos violentos registrados en el país. Como todo pueblo aislado de la civilización, se tenía la costumbre de gozar de los placeres mundanos, amor y bebidas espirituosas.

En las largas y cálidas noches de verano, aunque amenazados por los peligros de la persecución, los insurgentes Boinas Rojas aprovecharon la reinante tranquilidad en la región para sin obstáculos desplazarse desde las cercanías del hato "El Divino" hasta el casco central del caserío de Borbón. En ese sitio, los Boinas Rojas sostenían largas chácharas con los moradores. Visitaban los rústicos bares para observar como escanciaban los licores extraídos de la caña de azúcar. Lo asombroso para ellos fue observar cómo en aquel pueblo se cumplía la ley de no transgredir de noche la hora en que debía de cerrarse toda suerte de botiquín. De esa disposición ciudadana veló el alcalde Chimarás. En ese poblado, como cuerdas vibrantes de una guitarra andaluza, las sonoras gotas de las lluvias caían sobre los techados de pajas, cincs, cañas, tejas, bambúes, y cartones de las casitas rurales y de los ranchos. Desde luego, la luna de noche, y el sol de día, se reflejaron en las charcas que dejaron los grandes chaparrones, caídos. En tanto el inexorable tiempo transcurría, los forasteros seguían siendo bien recibidos en algunos humildes hogares donde ellos se entretenían con los cuentos de caminos de los lugareños. Con unos buenos propósitos, esos guerrilleros, en busca de reconfortarse bebían unos brebajes de hierbas, que les habían brindado. Se pusieron cada vez más amables, y buscaron alguna forma de matar el tedio. Era un modo de sentirse ellos que eran unos hombres jóvenes y potentes sin abusar de hembra alguna.

Ese recibimiento de buena fe se lo dieron los nativos porque todos ellos ignoraban que esos individuos eran los secuestradores de un extranjero buscado en todo el país por las autoridades nacionales y los agentes especiales estadounidenses. Las gentes de Borbón no tenían motivos para sospechar de esos hombres. Los secuestradores del alto ejecutivo de *"La Inois. Company"* se habían ganado la confianza de casi toda la juventud de Borbón, aunque los más ancianos recelaron de ellos.

En miras hacia el futuro y en un plano amistoso y campechano, los Boinas Rojas prodigaron sus habilidades para entablar amistades de confianza. Por las tardes, los Boinas Rojas jugaban dominó para pasar el tiempo y no aburrirse. Tampoco ellos despreciaban jugar bolas criollas con los trasnochadores del pueblo, aunque, cuales cenicientos asustadizos, ellos desaparecían de la noche a la mañana sin que nadie supiera dónde se guarecían. No por eso los más desconfiados pobladores de Borbón dejaron de sospechar en que esos hombres se escondían en algún hato vecino. Para el colmo, algunos nativos empezaron a dudar de la conducta de uno de los hombres más respetado y querido del pueblo. Sin desconocer que ese venerado "pa'e" o "taita" en su juventud había tenido los cojones bien puestos para convertirse en un tenaz luchador contra la dictadura militar del general Juan Vicente Gómez. Lo interesante sería que ese lugareño por naturaleza era un hombre macho y rebelde de corazón, que aún seguía metido en esos menesteres. Por esa razón no era de extrañar que don Rafael pudiera ser el bienhechor y protector de esos extraños visitantes, aunque, la auténtica verdad sobre eso se conocería en la largueza del tiempo, traducida en semanas o meses.

Los forasteros visitantes de ese caserío, con sus innobles armas ideológicas, mostraron sus abrigadas pretensiones comunistas proyectadas a convencer a los pobladores de Borbón en que el capitalismo era el sistema económico, político y social, más detestable del mundo para el desarrollo de los países de menor desarrollo. Por supuesto, los Boinas Rojas siguieron con sus ideologías afianzándose en esas tierras húmedas y cálidas. Continuaron adelante con la operación **"camello"**. Siempre pendientes de cualquier ruido extraño que pudiera asordar tan apacible lugar. Los guerrilleros-plagiarios con sus tertulias caseras o sus arengas en los espacios públicos alcanzaron a embelesar a más de un morador de Borbón. Tal sería la confianza que generaron los guerrilleros secuestradores entre los habitantes de ese pueblo que hasta el mondongo criollo cocinado por misia Jacinta de los Reyes se convirtió en uno de los platos favoritos demandados por ellos, y qué no decir del sabroso hervido de rabo preparado por la vieja *mamachurria*. Esas comidas eran todo un festín gastronómico criollo donde para degustarlo los plagiarios concurrían al lugar y alternaban con los nativos del pueblo. A pesar de esa alegría compartida, varios de los tradicionales clientes de las tan populares y queridas cocineras no miraban con buenos ojos a los visitantes forasteros. Los Boinas Rojas a pesar de ser bien tratados en el pueblo, algo decía de ellos a los ojos de los pobladores más zamarros, quienes se ponían nerviosos, sin atinar porqué los trastornaban las presencias de esos hombres. Así los días y las noches continuaron transcurriendo. En Borbón cada cierto tiempo en el firmamento aparecía un lucero solitario. Un lucero convertido en un canto de sirena para los enamorados. En un abrir y cerrar de ojos, al dormirse los hombres, las mujeres, y los niños, un éxtasis milagroso se adueñaba de ellos. Lo curioso de todo eso era que hasta entonces y literalmente observados los pobladores de Borbón vivían ajenos a la tragedia del gringo cautivo. Al parecer ese drama del secuestro a los lugareños les mojaba los pies en tierra seca. Por supuesto, el tiempo de permanencia en Borbón lo aprovecharon los Boinas Rojas, quienes sin perder la perspectiva de la especial y delicada misión encomendada como el grupo número cuatro de esa organización siguieron desplazándose en cada rincón del caserío. Los plagiarios-guerrilleros acuciaban los oídos, por si acaso algún rumor se levantaba que pudiera gravitar sobre el secuestro de Nick. Transcurridos unos meses en aquella comarca barrida por los vientos selváticos, habitada por gente sana y sensible, no acostumbrada a desandar los devastados abismos causados por los engaños, por las mentiras, por las maldades, en cualquiera sociedad rural. Se buscaba formar un conglomerado humano sano transformado en una activa y pequeña sociedad donde el impío diablo no entrara ni con trampas armadas desde el averno.

Borbón era una aldea habitada por personas impregnadas de amor hacia el prójimo. Un terruño fértil y húmedo rodeado de una virginal naturaleza nutrida por millares de árboles y arbustos de coloreadas hojas y de ramas rizadas y lisas, capullos en flor. Especial refugio del soguero, del labrador, del domador de caballo, y de multiplicados hombres y mujeres que cumplían faenas en los establos ganaderos, bajo los árboles de gruesos troncos, iguales a los cipreses del pantano en California en donde los pájaros de siete colores anidaban sus crías. Los Boinas Rojas conocieron que en ese lugar donde no se permitían equívocos humanos, ellos lograron con artilugios cambiar el giro de algunas costumbres y tradiciones en ese pueblo. Un tiempo después, surgió una novedad entre los aldeanos jóvenes. Sin darse cuenta, los muchachos y las muchachas empezaron asimilar la ideología marxista-leninista alimentada por una enérgica y hábil oratoria puesta en marcha por esos individuos con pieles de corderos y procedentes de otros foráneos lugares. Lo trascendental fue en que esos moradores a ciegas y sin entender de qué se trataban esas enseñanzas dogmáticas recibidas de los Boinas Rojas, comenzaron a odiar el sistema capitalista y a detestar el imperialismo norteamericano atribuyendo al capitalismo las responsabilidades de ser el causante principal de la pobreza padecida en los barrios marginales. Con una asumida y bien pensada actitud, los Boinas Rojas aprovecharon la credulidad de los pobladores más jóvenes para estimularles los instintos revolucionarios. Los plagiarios decidieron no perder más tiempo en vagancias y nimiedades, y continuaron inculcando las doctrinas comunistas a los más ingenuos e inocentes habitantes. Para una mayor desconsideración, los plagiarios sembraron dudas sobre las creencias cristianas, lo que desconcertó a numerosos lugareños. De por sí, todo el pueblo profesaba la fe católica, pero, desde entonces, muchos de los residentes habían empezado a cavilar o a dudar en relación a la doctrina de Jesús, "El Cristo".

Pronto, numerosos moradores adultos mayores de Borbón se dieron cuenta de que esas ideas comunistas danzaban en el aire cuales antorchas encendidas tiradas en el firmamento. Lo cierto era que el adoctrinamiento comunista recibido cautivó a los jóvenes. Y, después de oír las arengas de los forasteros, aquellos imberbes del pueblo, aspiraron de otro modo el olor de la tierra mojada. Cada uno de esos jóvenes, fuesen hombres o mujeres, interpretaron a su modo lo enseñado, y parados en un umbral peligroso, una vez catequizados por las ideologías marxista-maoísta, creyeron entender que desde un tiempo atrás los adultos habían ejercido el derecho a elegir un presidente sin saber por quién votaban. Cuántas veces el pueblo eligió a ciegas un candidato a la presidencia de la república y un candidato al congreso de la república. Más de uno de los lugareños admitió dar el voto en los distintos comicios presidenciales en atención a la tradicional política familiar y, no a otra razón. Todos confesaron que ellos nunca votaron animados por convicciones ideológicas. Desde entonces, esos electores populares maullaron sus protestas. Se dieron cuenta en que al depositar sus votos en las urnas electorales con intención de elegir un nuevo presidente de la república o un nuevo congreso de la república, lo único que habían recibido fue el desencanto y la frustración. Al final de cada contienda electoral lo expresado y lo ofrecido por los candidatos se transformaba en un torrente de mentiras y de engaños. En conocimiento de ese desacatado de las promesas de los triunfadores de las contiendas electorales, al hacerse los sordos, los ciegos y los mudos, ante el reclamo popular de las masas, para dar cumplimiento de las mismas, entonces, por esa razón, los crédulos jóvenes de Borbón pondrían sus esperanzas y la fe bajo el dominio de aquellos desconocidos forasteros con miras a cambiar en el futuro las tácticas y las reglas en las contiendas electorales. Por supuesto, esas actitudes de los más jóvenes del pueblo, atendían a un espíritu de justicia y de respeto de la palabra dada por cada uno de los candidatos. La creencia de los jóvenes era ayudar a los mayores a despertar y protestar por los derechos humanos. Bajo el lema: "Pueblo dormido, pueblo muerto".

En medio del mayor de los asombros se notaba que en el caserío de Borbón los jóvenes se hallaban ampliamente adoctrinados hasta el punto en que los mismos comenzaron a sentirse enfadados con el sistema capitalista. Sin perder tiempo, a toche y moche, los Boinas Rojas, con numerosas argucias y destrezas hicieron entender a un número notable de habitantes de ese caserío, en que a causa de una crasa ignorancia se habían acostumbrado llevar al poder a numerosos políticos, quienes pronto se olvidaban de las promesas ofrecidas en las distintas elecciones. Tras del oculto adoctrinamiento marxista y maoísta, una parte del pueblo sintió un profundo desaliento político y social de carácter electoral. Empezó a esgrimir la espada de la protesta callejera en defensa de los derechos políticos, sociales, civiles, humanitarios, educativos, culturales, y económicos. Bajo la óptica común de los más resabiados del pueblo, esas luchas reivindicativas eran hábilmente instrumentadas y manipuladas a imagen y semejanza del adoctrinamiento dado por aquellos extraños individuos. Los Boinas Rojas pusieron sobre el tapete las doctrinas socialistas y comunistas, y ocurrió que en algunas familias integradas por jóvenes esposos, sin refrescar en sus memorias el pasado bolchevique soviético, ni los dogmas del socialismo-comunismo, bajo las batutas de *Marx, Lenin, Mao, Stalin, y Trotsky*, ni sin discernir sobre la división política, social, y económica, que impuso el muro de Berlín en Alemania, de inmediato esa juventud procedió a aceptar ese adoctrinamiento sin un análisis de fondo. Algunos núcleos familiares, confiados, comenzaron con deleite y veneración a pronunciar los nombres de *Lenin, Stalin, Marx, Engels, Mao, Fidel, y el Che*. La admiración por esas figuras revolucionarias de estatura mundial comenzaba a germinar en las mentes ingenuas e ignorantes de numerosos habitantes. El fenómeno del adoctrinamiento fue de tal magnitud que podía notarse en que a los niños recién nacidos sus padres los bautizaron con los nombres de esas personalidades extranjeras. Eso ocurrió muy a pesar de la insistencia del cura párroco de Caicara del Orinoco, quien en los sermones religiosos o en cualquier fiesta de la iglesia católica celebrada en Borbón, advertía a los feligreses que *Lenin, Stalin, Marx, Engels, Mao, Fidel, y el Che*, no eran nombres cristianos, y mucho menos, católicos. Eran nombres herejes. El sacerdote aconsejaba a los padres dar a los recién bautizados nombres cristianos y no profanos. Nombres que no se divorciaran de los santos de la iglesia de Cristo. En medio de esa insólita situación, los niños pequeños jugueteaban en las calles polvorientas de Borbón y gritaban: "¡Viva el tío *Lenin*! ¡Viva el tío *Stalin*! ¡Viva el tío *Marx*! ¡Viva el tío *Federico*! ¡Viva el tío *Fidel*! ¡Viva el tío *el Che*!". En esa comarca, numerosas personas jóvenes llamaron *compaes* a esas figuras mundiales. Solamente esa juventud conocía mediante ligeras enseñanzas recibidas a Karl *Marx* como un defensor de los humildes y de los explotados trabajadores en los imperios económicos y financieros del mundo, consagrado como el héroe de haber propagado la idea de la abolición de la propiedad privada y de los medios de producción. En cuanto a *Vladimir Lenin*, conocían la versión de haber proyectado la socialización de la economía en favor de los pobres y la destrucción del estado capitalista burgués, así como la implantación del capitalismo de estado. A *Federico Engels* lo conocían porque sostuvo que hasta el presente todas las desigualdades se habían basado en las luchas de clases, y, éste, en colaboración con *Karl Marx*, había escrito el libro "Socialismo utópico y Socialismo Científico". *A Mao Tse-Tung*, lo conocieron por ser el padre de la revolución cultural, por su llamado a una revolución permanente basada en la lucha de clases. Además, por fomentar el derecho de los pueblos a rebelarse contra todo tipo de opresión. Lo cierto era que aunque esos mentores comunistas-socialistas estaban muertos desde hacía mucho tiempo atrás, los crédulos jóvenes de Borbón los acogieron como unos grandes maestros políticos contemporáneos. Los jóvenes de Borbón, también conocieron de las andanzas del tío *Fidel* y del tío *Che*, revolucionarios y radicales opositores del imperialismo estadounidense. Una perfecta inoculación de odio contra los Estados Unidos, fue el resultado final.

Sin dudas, los Boinas Rojas, plagiarios de Nick, lograron aguijonear las cortezas de los cerebros de aquellos jóvenes ignorantes pobladores, quienes eran unos seres sin malicia que vivían en ese caserío. Los obcecados y adoctrinados pobladores parecían tener pico de loro al repetir una y mil veces un rosario de sandeces pro comunistas enchufadas en sus mentes. La muchachada del pueblo no sabía quiénes eran esos individuos a los que ellos alababan con tanta vehemencia. De los asuntos comunistas poco o nada sabían. Todo ese cambio de mentalidad y de actitud se debía a que los secuestradores del industrial norteamericano los pusieron sonsos al inocularles esas revoltosas ideas. Equivocados o no, en medio de las mortecinas luces callejeras del caserío de Borbón y de los agolpados ventarrones estrellados sobre los frágiles techos de las casitas del pueblo, esos jóvenes continuaron zarandeando tan descabelladas ideas, las que además eran unas auténticas enseñanzas herejes, divorciadas del cristianismo y del capitalismo.

En las escuelas y en los trabajos los muchachos y las muchachas, con una perspectiva peculiar, a hurtadillas atacaban el imperialismo yanqui sin saber en el fondo lo que eso significaba para el mundo económico, financiero, político y social, en todos los países del planeta tierra. Al recibir ese adoctrinamiento socialista-comunista la juventud que habitaba en el caserío de Borbón empezó a vivir entre la luz y la sombra. Entre el claro y lo oscuro. Entre la duda y la certidumbre. Entre la verdad y la mentira. Entre la creencia y la herejía. Entre el odio y el amor. Paralelamente a esa labor adoctrinadora llevada a cabo por los Boinas Rojas, no todo se presentaba color de rosa. Hubo un vacío cuando los plagiarios de Nick no convencieron y mucho menos lograron enraizar la doctrina comunista en las mentes de las personas de avanzada edad. Esos venerables ancianos llevaban en la epidermis grabado el apego fiel a los dogmas católicos. Una débil claridad dibujaba aquel poblado, y los mayores continuaron profesando las antiguas creencias y costumbres, cumpliendo las encíclicas del Vaticano. Desde un principio, los adultos entrados en años sospecharon que esos hombres ajenos al pueblo no eran tan santos como aparentaban serlo. El óbice de ese rechazo se centraba en que los forasteros fueron catalogados por el cura de Caicara del Orinoco de haberse convertido en una especie de presencia satánica en aquella región enclavada en la selva venezolana. Eso dio paso a que las almas roídas por una profunda congoja anímica rompieran ese silencio reverencial y se decidieran a protestar. Los más longevos ciudadanos de Borbón en el intento de salvaguardar la integridad moral y espiritual de sus familias; más que temerosos del comunismo, del socialismo, y del sansimonismo, decidieron renegar todas esas ideologías y mantener cerradas las ventanas y las puertas de sus casas, con el propósito de que ningún hijo de diablo pudiera curiosear hacia el interior de sus viviendas. Los más viejos pedían misericordia a Dios, oraron por la salvación de las almas de aquellos muchachos a quienes esos individuos habían embrujado a raíz de las peroratas escuchadas. Con tesón, voluntad, y aplomo, los viejos del pueblo rechazaron las sibilinas ideas que aspiraban inculcar aquellos hombres venidos de otras partes. De tal modo, que, los guerrilleros-plagiarios al percatarse de la manifiesta renuencia de aquella longeva población decidieron no echar más leña al fuego ni levantar nubes polvorientas, para evitar que pudiera arrojarse cualquier tipo de sospecha sobre ellos. Comprendieron que no podían convertirse en un enjambre de hombres hostiles al medio. Los Boinas Rojas debían disimular sus intenciones, conscientes de que su labor catequizadora se había proyectado a la gente joven. En ese lugar, abonado por sus ideas socialistas-comunistas, los plagiarios pensaron en que ellos habían avanzado suficientemente en el adoctrinamiento. Notaron como las chicas y los chicos daban loas a *Engels, Lenin, Stalin, Marx, Mao, Fidel, y el Che.*

Distante del pueblo de Borbón, en el Estado Bolívar, en el palacio arzobispal de Caracas, se tenía noticias de los acontecimientos religiosos y sociales que sacudían a Borbón. Oportunamente, no se dio alguna importancia a esa novedad. Y como muchas veces ocurre, el tratamiento de ese asunto religioso se aplazó para otra ocasión. Los más altos prelados católicos se mantuvieron indiferentes ante el clamor de los feligreses de Borbón, quienes pedían ayuda y consejo a fin de impedir que la población juvenil se transformara en comunista- socialista. La iglesia católica se hizo la ciega, la sorda y la muda, en tanto, se convertía en una iglesia débil y poco respetada por la mayoría católica del poblado de Borbón. Esa indolencia afectó a la iglesia del Cristo Redentor. En silencio, la curia había aceptado el ultraje de permitir bautizar a niños y a niñas con nombres herejes. La única voz disidente y no escuchada en el episcopado venezolano fue la del cura de Caicara del Orinoco; quien trató por todos los medios de hacerse sentir su autoridad de párroco cuando asumió el reto de protestar contra el adoctrinamiento comunista para con un buen número de mozuelos y de mozuelas. Una semana después de ese preocupante episodio religioso, los responsables de la facción número cuatro de los Boinas Rojas se reunieron en la plaza principal del caserío. Según el registro llevado en la municipalidad, para esa época, Borbón contaba con una población de alrededor de mil cuatrocientas ochenta y dos personas, incluido el alcalde Chimarás, quien intentaba imponer el orden sin dejar de fumarse al día cuarenta y cuatro cigarrillos, con que pretendía matarse el agobiante tedio que sentía. En una ocasión, los guerrilleros y plagiarios de Nick, vestidos de un modo formal, se atrevieron asistir a una verbena para celebrar el día de la virgen María. Ellos acostumbraban trasladarse desde las cercanías del hato "El Divino" al centro de esa comarca, en una vieja camioneta *Cherokee*, o a veces usaban bicicletas, o una que otra moto alquilada. Los Boinas Rojas en el transcurso de su permanencia en ese caserío, con una inteligencia y una lógica programada contrataron a un experimentado baquiano para que los ayudara a huir en caso de presentarse un inconveniente de última hora. El hombre elegido como tal era un conocedor de los caminos rurales, de las calles asfaltadas, de las rutas escabrosas, de las trochas selváticas y montañosas. Toribio era un mozo desenvuelto en ese oficio y una persona de confiar. A decir de los demás, Toribio era uno de los más duchos exploradores de aquella región. Andaba por aquí y andaba por allá. El zamarro de Toribio fungía como cómplice silencioso de los Boinas Rojas, gozaba de una fama bien ganada como castrador de toros y domador de potros salvajes, también como capador de cochinos, para el engorde y la venta. Era propietario de un rústico establo de vacas y de becerros. La actividad ganadera le producía un sustento diario para mantener a su mujer Teresa y a sus pequeños hijos Juancito y Pedrito. Toribio, cuando mozuelo había llegado a conocer palmo a palmo la inmensa geografía y la orografía guayanesa. Con una mente rápida y unos ojos de águila, ese baquiano aprisionaba las rutas asfaltadas y los caminos verdes en las espesuras boscosas e intrincadas selvas que se hallaban rodeadas de fuentes naturales de agua. Toribio tiraba hacia atrás su cabeza ensombrerada cuando cabalgaba sobre un caballo negro de origen árabe. Ese mozuelo poseía las mágicas llaves para abrir y cerrar los múltiples caminos y los atajos más escarpados. Su profundo conocimiento de esas tierras era la mejor opción de los plagiarios para poder salir ilesos en caso de verse en peligro, si fuesen emboscados por las fuerzas militares o policiales nacionales. Los Boinas Rojas pensaron en que Toribio era una sólida garantía para que ellos pudieran escaparse sin contratiempos. Con preocupación los guerrilleros-plagiarios hablaron con Toribio sobre la manera por dónde huir en caso de ser descubiertos de una manera subrepticia. De ese modo, Toribio quiso asegurarles una vía viable y expedita para correr y huir al galope. Los plagiarios confiaban plenamente en la destreza del baquiano para cualquier eventualidad presentada. Ellos se sintieron seguros con ese aliado a quien pagaban buen dinero. El baquiano era un hombre de torso corpulento. Un infatigable soñador. La mente sana de Toribio dio ventaja a los secuestradores de Nick para lavarle el cerebro y formarlo como un creyente comunista. En forma alguna ellos lograron ese objetivo, en vista de que Toribio llegó a creer, devotamente, con ciega fe, en que el capitalismo era un sistema explotador y que daba riqueza a los más poderosos y miseria a los más necesitados. En tiempo record y por la influencia ideológica de los guerrilleros, Toribio alcanzó a defender a ultranza los derechos de los más desposeídos. La ignorancia lo llevó admirar al Che Guevara por encima de Simón Bolívar, el padre de la patria. Contrario a lo esperado no se entendía la admiración de Toribio por el Che Guevara, un guerrillero argentino a quien nunca él conoció personalmente y de quien desconocía su historia de revolucionario. Nunca se enteró de que era un médico guerrillero de dudosa actuación y reputación en América del Sur. Menos sabía que lo había asesinado un pelotón de militares bolivianos.

Sorpresivamente, hubo una alteración en la tranquilidad del pueblo de Borbón. Una noche la luna relumbraba sobre los débiles tejados de las casitas del pueblo, cuando el baqueano Toribio se dio cuenta de que él había sido desleal al máximo héroe de su patria, el Libertador de Venezuela, don Simón Bolívar. Con cierto remilgo reconoció su desfachatez. Por supuesto, el fortachón domador de caballos no era ignorante del todo. Toribio era como un pájaro solitario montado sobre un raudo caballo. Siguiendo la historia de su vida, se reveló su intelecto de cuando era un adolescente de trece años. Al cursar el primer año de bachillerato mostró afición por la lectura. Y, ahora siendo un leal aliado de los guerrilleros alcanzó a leer "El libro rojo" de *Mao Tse Tung*. Libro prestado por uno de los Boinas Rojas. El baqueano con interés dio lectura a esa obra sin interpretar correctamente el fondo de la misma. Las ideas revolucionarias de *Mao* nadaron asidas al flotador de su cerebro. La mascarada del socialismo se metió por sus ojos cuando leyó "El Capital" y "El Materialismo Dialéctico". Ese materialismo se oponía a las enseñanzas cristianas y negaba la existencia del alma. Pero... Toribio poseía alma. Él lo sabía. Inesperadamente, Toribio llegó a convencerse de que, *"Marx y no Bolívar"* había sido el personaje que lo inspiró a dar rienda suelta a esa nueva lucha por los derechos igualitarios del hombre y de la mujer, del niño y de la niña. Él estaba dispuesto a luchar con todas sus fuerzas para sacar del hoyo a esos seres humildes, desamparados, y desangrados, por la explotación de los amos del valle, dueños de las aguas de los ríos y de los mares, poseedores de todas las clases de fuentes de riquezas terrenales. Por supuesto, Toribio se armó ideológicamente como un comunista dispuesto a combatir a los amansadores de fortuna, a los usureros, y a los explotadores de los pobres. Los agrios amaneceres de Toribio lo hicieron sentir una fuerte sensibilidad social. Por ese motivo, se sentía lastimado cuando escuchaba las noticias de que algún capataz o caporal o patrono o desquiciado mental violaba a cualquier niña o muchacha con los senos en flor. En posesión de esa convicción justiciera y con el látigo en las manos y el machete en la cintura, Toribio empezó a desafiar a los abusadores de mujeres indefensas. Convertido en uno de los más tenaces defensores de los derechos sociales y humanos en Borbón, Toribio creía que había llegado la hora de poner fin a los maltratos dados a las mujeres más pobres y desamparadas de ese lugar, sobretodo, cuando muchas de ellas eran obligadas a parir como animales sin miramiento piadoso de naturaleza alguna, por parte de los gobiernos y de la iglesia católica.

El baquiano, atormentado por la suprema y divina idea de la justicia social, aún sin que el viento provocara el llanto de las hojas de los árboles, se puso a cabalgar al galope su caballo negro de origen árabe. Montado sobre el lomo ensillado del noble y fiel animal, Toribio pensó en que el mismísimo diablo andaba suelto por esos lugares y daba de comer lombrices a los niños mendigos cuyos parásitos abultaban sus barrigas. Con ojos tristes, el baquiano vio morir de mengua a numerosos infantes y fallecer de partos a demasiadas mujeres. Morir de mengua era una manera exclusiva de los pobres en esas tierras. Morían desasistidos, echados al abandono cuando éstos se encontraban enfermos o moribundos. La Cruz Roja o la beneficencia social o el gobierno jamás se ocuparon como debía ser de esos seres humanos.

La tierra de Borbón y sus alrededores se quedó aplastada bajo los cascos del brioso corcel negro durante las andanzas solitarias de Toribio. El día en que Toribio cumplió treinta años, y siendo un buen jinete, espoleó con furia las ancas de su caballo y cabalgó a campo traviesa por aquellas tierras fértiles que lo vieron nacer en la mayor de las pobrezas. Desde la madrugada hasta el anochecer, con el firme propósito de enterrar sus pesares y con la fe de alcanzar un destino más prometedor, convencido de que habría de llegar un nuevo tiempo, Toribio pensó que aliarse con los Boinas Rojas sería encontrar esa verdad que demandaba su propia existencia. Ese hombre estaba dispuesto a rendir su vida para alcanzar los propósitos de justicia y de igualdad para el goce y disfrute de los autóctonos de esas regiones.

Por el momento ante los diáfanos ojos marrones de Toribio esos tales guerrilleros camaradas se habían presentado como unos luchadores políticos y perseguidos por el gobierno nacional. Al principio, esos camaradas ocultaron a Toribio lo del secuestro del gringo. Eso condujo a que el trepidante baquiano no conociera la existencia de Nick, y mucho menos se enterara de la reclusión de un yanqui en un rancho levantado en el hato "El Divino". Toribio no conocía ese secreto. Después sucedió lo inevitable. Con el cuello contorsionado por la furia, un día fortuitamente, Toribio se enteró del plagio del gringo sin gustarle para nada ese asunto. Era un hombre de conducta limpia y recta. Cauteloso como siempre acostumbraba serlo, reprochó el cautiverio del gringo, nada más.

Otra alborada asomó en Borbón. Un rayo de luz matinal penetró el vidrio de una de las ventanas del dormitorio de don Donato. Era una mañana fresca con claridad solar. La fuerte luminosidad del sol lo despertó. Con una de sus manos arrugadas, Donato se restregó los ojos. Alzó los brazos y se desperezó. Con los dedos largos de sus manos, entrelazó sus retorcidos bigotes blanquinegro que gustaban tanto a su mujer. El anciano, imitando a un joven imberbe dio un brinco de la cama, levantándose prontamente. Puesto en pie se calzó unas botas de cuero de vaca. El bondadoso hombre de pelo blanco empezó a caminar alrededor del patio de la vivienda. Con ánimo, posó su mirada en un árbol de ramas frágiles donde se anidó un jilguero con una mancha roja brillante sobre la cabecita y un collar blanco en el pescuezo. Un pardo plumaje cubría su pequeña anatomía. Era un pájaro amiguero y por ese motivo el anciano don Donato se regocijaba cada vez que alcanzaba a verlo. Don Donato era un disciplinado trabajador. Fogueado en numerosas batallas de la vida. Cuando joven había sido uno de los guardaespaldas del general López, y era susceptible a toda clase de lucha reivindicativa de carácter humanitaria. Lo más sorprendente de ese hombre era la amistad y la confianza que había logrado con los Boinas Rojas desde el día en que se encontraron por primera vez en el centro del pueblo de Borbón. De inmediato, don Donato se congració con ellos y se alió sin reparos ni preguntas. Tan estrecho fue el vínculo que tuvo con los guerrilleros que hasta llegó a mentirle a su esposa, la vieja y agraz Casimira cuando él tenía que salir de su casa para encontrarse con aquellos revolucionarios. En su rol de marido, cuidaba que esa excusa no sonara falsa y a traición, puesto que constantemente él le decía a su mujer que iba al pueblo para hacer diligencias personales. Cuando llegaba demorado a su casa se justificaba con su compañera de vida diciéndole aquella archi conocida disculpa: "Me encontré con unos amigos y me invitaron a tomar una cervecita, por esa razón me demoré un tantito en regresar". A misia Casimira, su esposa, una mujer flaca, esmirriada, a decir verdad, poco o nada le importaba a dónde su marido se dirigiera, por lo contrario, más bien a ella le gustaba que Donato no estuviera tanto tiempo encerrado en la casa porque se aburría con sus cuentos y sus manías de antaño. Esa sencilla mujer con Donato se había unido en santo matrimonio unos cuarenta y cinco años atrás, y habían procreado trece hijos, que un buen día se marcharon a trabajar en distintos lugares del extenso territorio nacional. Entonces serían otras las verdades que daban cuentas de los constantes ajetreos de don Donato. Ese día, después de librarse de su mujer y en los próximos cinco minutos, Donato con un gesto de picardía apresuró el paso y se marchó al centro del caserío. Después de evadir la curiosidad de los vecinos, el longevo aldeano cabalgó a "Gavilán", un caballo zaino y bien cuidado, brioso animal que se había ganado en buena lid durante una carrera de caballos habida durante una fiesta patronal celebrada en la cercanía del hato "El Divino". Sin vacilación y montado en su caballo tomó el sendero que lo llevaría al poblado de Borbón. Ese tranquilo y equilibrado hombre que tenía fuego en la sangre, revolucionario de pura cepa. Encaramado sobre su caballo "Gavilán" acostumbraba recorrer los caminos que se abrían como venas terrosas en los alrededores de Borbón.

Don Donato efectuaba maniobras temerarias sobre la montura del zaino. Mostraba acciones pizpiretas sobre el lustroso lomo del equino. No alzaba los ojos hacia el cielo por miedo de perder los estribos y rodar por el suelo, consciente de que, por ser él un hombre entrado en años, no podía darse el lujo de caerse y morder la húmeda tierra. Jamás en su bendita larga vida de jinete a ese lugareño lo había derribado un jaco. A causa de su avanzada edad, él debía de ser prudente. Evitó siempre caerse del caballo porque se podía romper algún hueso de las piernas o de los brazos o, peor aún, se podía destrozar la columna vertebral. Lo aterraba quedarse parapléjico o inválido por el resto de su vida. No quería morirse tieso en la cama. Sentía horror. Donato era descendiente sanguíneo de sicilianos. Al cinto llevaba un puñal y un machete. En los trabajos que realizó apostó siempre a la suerte, y la conseguía.

Un día en que el sol desnudaba el brillo magnético de las piedras colocadas en las orillas de los caminos, de la silla de montar puesta sobre su caballo don Donato se desmontó para encaminarse a pie hasta la casita donde estaba confinado el gringo. Con un simple saludo pirueteado de buenos días dirigido a los hombres que vigilaban el rehén, el simpático aldeano penetró en aquel sitio donde entre malos olores se encontraba recluido Nick. El cautivo se encontraba desparramado y sudoroso sobre una esterilla de paja seca. Resignado a cualquier cosa, y con el rostro extenuado, en espera de que la podredumbre se lo comiera vivo, a duras penas el rehén levantó la cabeza. Sus amoratados y pesados párpados pudieron abrirse y, por fin vio más claro. En ese intento, sus ojos azules trasparentaron una mirada opaca. Con mucha ansiedad Nick sintió llegar a aquel samaritano que le daba de comer. Tembloroso de cabeza a los pies, el rehén extendió sus huesudas manos para recibir lo que ese gentil hombre le traía, naturalmente, siempre dispuesto a devorarse la comida y beber agua de un tarro grande. Nick, en contra de su voluntad había sufrido una prolongada abstinencia de alimentos y de líquidos.

En las reiteradas visitas que Donato dispensó al cautivo le llevó arepas de maíz pelao rellenas con lechón y carne mechada. Una que otra vez, le trajo arepas rellenas con caraotas o queso blanco guayanés. Antes de marcharse de ese lugar, el bondadoso Donato, sobre una caja de cartón ponía una lata de cerveza para que el gringo se la bebiera y se hidratara. Cada vez que don Donato entraba a la casita tiraba a un lado su ancho sobrero goajiro de paja tejida que siempre llevaba sobre su cabeza cubierta de canas para resguardarse del intenso sol. De inmediato y reverencialmente, el lugareño miró con ojos de piedad el rostro descolorido y avejentado del rehén. Se dio perfecta cuenta de que ese hombre enflaquecido solo esperaba el momento de morirse. Sin embargo, su emoción estalló en su corazón al verlo desaforado alimentarse. Después de Nick comer, con un inglés balbuceado habló a su benefactor para expresarle: *"That's all"*. A lo que don Donato, con una despierta inteligencia, le respondió: *"That's that"*, al mismo momento de sonreírle. El caritativo hombre, con una suerte de bondad y de amabilidad, había aprendido algunas palabras en inglés cuando prestó servicio de chofer a un presidente de la república, y él también contaba con frecuencia a sus amigos que cuando era chofer de la familia del general Locontre había sido alojado en la casa presidencial, ubicada en Caño Amarillo. En el desempeño de ese oficio pudo aprender a decir algunas palabras en inglés. Acotó que no era precisamente que hablara inglés, sino que podía defenderse en esa lengua y conversar hasta con los propios gringos. Recordó que el general-presidente tenía contacto con personeros del gobierno de los Estados Unidos, y como chofer de ese primer mandatario se ocupó de trasladar al aeropuerto cuantos invitados oficiales se marchaban del país una vez terminadas las reuniones, motivo por el cual él podía soltar la lengua en inglés. Eso último lo comentó con donaire y con un tono de burla en la voz. A Donato le gustaba bromear y hacer diabluras criollas.

Ese día, la vianda o la fiambrera que contenía alimentos se vació. El hambre del rehén se calmó. Era una costumbre que Nick después de almorzar se movilizara a rastras por el sucio suelo para buscar encaramarse en la hamaca colgada con unas alcayatas en las paredes. Nick acostado en el chinchorro terminó de ingerir la cerveza. Luego, sobre la barriga se colocó un radio portátil prestado por uno de los secuestradores con el propósito de no morirse de aburrimiento y desolación. Al menos por esa radio él escuchaba música criolla. Las emisoras radiales que Nick sintonizaba estaban controladas por los plagiarios. En un dos por tres el cautivo escuchaba por esa radio lo que querían sus captores que supiera. Sin embargo el estadounidense a veces oía noticias oficiales cuando se descuidaban sus custodios. Por hablar un español deficiente, el rehén tenía dificultad para entender a don Donato y entender claramente las noticias. Pero ocurrió que, en una mañana en que oía la radio, se enteró en que el presidente andino no ocupaba más la silla de Miraflores y que otro ciudadano nacido en el llano, a quien los periódicos describían como un hombre de contextura gruesa y de rostro redondo, unos ojos achinados, y una cabeza grande, que cubría con un sombrero de pelo e guama era el nuevo presidente de la república. Al escuchar tamaña noticia en la radio, el rehén introdujo el dedo índice de su mano derecha en uno de los oídos para aclararse lo que acababa de oír. El cautivo no daba crédito a la información sobre el cambio presidencial. Olfateó que había un nuevo giro en relación a su secuestro; pudo darse cuenta de que largamente el tiempo había goteado desde la noche en que lo secuestraron. Inconsolable, creyó que no estaría a salvo en los próximos días. El empresario norteamericano pensó que tras esa nueva noticia, seguramente él seguiría sufriendo aquel insondable vacío de olvido. Se sobreexcitó con aquella noticia que calificó de apocalíptica. Ya no le interesaba si salía el sol o la luna. Había en él un cóctel de variadas emociones. Esa información lo sobresaltó. Nick, de corazón, hubiera deseado nunca haberla escuchado. El miedo se coló entre los pliegues de su maltratada piel, mientras ladeaba la cabeza de un lado a otro buscando una repuesta a ese cambio. Después de todo, nada cambiaría respecto a él. Con una lacrimosa expresión en el rostro, exclamó: "¡Cuántos años han pasado!". Y después de escuchar la noticia se limpió los ojos legañosos. Con la vista más clara volvió a mirar lo lúgubre y hediondo del lugar donde lo tenían encerrado de por vida. Disminuida su fortaleza espiritual por el hacinamiento donde se hallaba, Nick no supo ciertamente cuánto tiempo más estaría secuestrado allí. Confinado en una pocilga sin recibir alguna palabra de aliento o de esperanza o de consuelo, sintió el alma mutilada. Mermada su fuerza corporal. Incapaz de superar ese brutal encierro. La creencia de no tener dolientes en el mundo laceraba su espíritu. Sintió que todo cambiaba a su alrededor, aunque no su situación como un cautivo. No podía deshacerse de esa profunda soledad que le mermaba su deseo de continuar viviendo. Hundido en la desesperación, rechazó la locura de estar prisionero. Ante los ojos del que todo lo ve y todo lo sabe, Dios, Nick protestó la perversa acusación en contra suya de haber tenido las manos metidas en el derrocamiento de un presidente extranjero. Con los ojos semicerrados, el gringo tuvo la sensación de estar largos años privado de libertad. Cuánto importante era saber la verdad de su secuestro. Algo andaba mal. Y aborreció en ese instante al gobierno de los Estados Unidos y al gobierno de Venezuela por permitir que esos hombres armados y violentos lo lanzaran a un abismo sin salida. Un susto de muerte latió en su corazón. Se sintió espantado, otra vez. Con una mueca irónica dibujada en sus labios, y su garganta apretada por la angustia, el rehén norteamericano se estrujó el desgreñado y sucio cabello cenizoso. Luego se tapó con las manos su desencajado rostro. Durante los días que le restaban por vivir no deseaba otra cosa que pasarlos en la incógnita. No hacia otro asunto que aguardar la muerte para evitar caer en una esquizofrenia. El trasnocho arruinaba su salud mental y física. Lo pulverizó el cambio de presidentes en el país. En su rostro tenía una expresión tensa. Preocupado y asqueado hasta la coronilla por la mala suerte. Después de pasar la primera impresión causada por el cambio de gobernantes en Venezuela, en su mente nació la terrible duda en cuanto a que el nuevo gobierno pudiera desistir de su búsqueda. Con una suerte igual a la de un toxicómano se sintió arrojado al abismo del averno del cual no sabía cómo salir algún día. El desconsuelo y la desesperanza volvieron a martillar su cerebro y acelerar los latidos de su corazón. Toda aquella absurda situación le pareció una inagotable pesadilla sin fin. En su cuerpo explotó el nerviosismo. Se puso a reír y a llorar. Desesperado y abochornado buscó descansar. Volvió a enroscarse en la hamaca tras lanzar un estridente chillido que estremeció la crujiente madera de la puerta de entrada a la casucha donde él se encontraba. Intentó dejar de pensar en la fatídica tragedia que lo envolvía. De ese tormento arrollador lo sacaría el errabundo vuelo de un pájaro sararí. Nick hizo un esfuerzo sobrehumano para abandonar aquel devastador pesimismo que lo dominaba. Inmerso en un agotador dilema. Entendió que no tenía a nadie para protegerlo ni salvarlo. Desdeñoso, se llevó las manos a la cabeza. No deseaba hundirse en un mar de agonía. Estuvo a punto de volver a estallar en sollozos, pero se sobrepuso, y de forma benévola aceptó la noticia escuchada. Se consoló. Finalmente, el cautivo alcanzó una media tranquilidad emocional. Logró borrar de su mente esa noticia.

Todo su secuestro era un problema de tiempo. Por las noches, Nick soñaba con su tierra natal, Ohio. Reordenaba su pensamiento negativo y el pesimista también. Aunque no controlaba del todo su temperamento nervioso, no deseaba ser seducido por la idea del suicidio. Con la mirada ausente sentía inmensas ganas de escaparse. Lo agobiaba aquel encierro que sufría entre cielo y tierra. No comía ni bebía lo suficiente. Ni siquiera podía amar a la mujer que un día había dejado en un mar de llanto. Evidentemente, él era un ser humano desprovisto de aquel ropaje social e hipócrita. Carente de cariño se hallaba por culpa del prolongado y monstruoso cautiverio padecido en carne propia. Vivía igual a cualquier fantasma del pasado. En ese ambiente de desamor, el cautivo nunca puso la cara risueña. La adversidad que confrontaba no lo dejaba actuar con un adecuado razonamiento. Hasta bombeó aire por la nariz cuando se sintió prisionero en esa tierra de nadie, alejado cada vez más de su familia y de sus compatriotas. El cautiverio lo indujo muchas veces a querer morirse, y lo tomaba como si eso fuera una tabla de salvación. Pero... logró sobreponerse a tan macabro deseo. Volvió a estar dispuesto a desafiar toda clase de obstáculos para recuperar el tesoro de la libertad. Juró derrotar con coraje y tenacidad aquella abrumante adversidad.

Transitaba con razonamiento el camino espinoso y tortuoso que le habían trazado los secuestradores. Debía actuar con un buen sentido y un gran saber ante las intimidaciones que recibía cada día para de ese modo evitar la amenaza del tan cacareado bautizo de sangre del que hablaban sus captores. Buscó recuperarse emocionalmente y hasta sostuvo soliloquios con el lenguaje de su corazón. El cautivo se daba cuenta de su terrible situación. No dejó de sentirse amargado aunque pudo sobreponerse al infortunio para no perder los estribos. Durante ese bestial cautiverio sufrido, y en los momentos críticos, no se inmoló ni bajó la guardia, desplomándose. Aunque la cabeza le daba vuelta sin encontrar una solución a ese martirio suyo.

Afuera, en las adyacencias de la casita, la turbulencia de un ventarrón de verano hizo volar por los aires múltiples hojas secas desprendidas de los frondosos árboles. Nubes cimarronas ensombrecían el cielo. Fuertes trombas empezaron a gestarse. Con un impetuoso caracoleo, el viento se desplazaba entre las malezas, los matorrales, y los herbazales, filtrándose entre las arboledas y los altos montes. Más allá, en el sombrío horizonte, los ríos comenzaron a crecer bajo el influjo de la indoblegable tormenta eléctrica. Cual relámpago tronador, un mal presagio sacudió de pronto la mente del cautivo. Le resultó difícil permanecer en cautiverio. Hasta sintió el deseo de que ese vendaval lo arrastrara lejos del mundo terrenal, y de ser posible a lo infinito. Deseaba un espacio sin fondo en el universo galáctico donde nunca pudiera padecer pena o dolor. Hubo un silencio tenebroso en medio de aquellas cavilaciones. Un largo silencio… Entonces el secuestrado estadounidense se sintió un ser humano flotando en el espacio de la nada.

En el dinamismo del tiempo, entró la noche acompañada del característico ruido de los grillos. En las frescas noches brillaba el baile de las luciérnagas. Fue entonces cuando el caritativo don Donato intentó escaparse de la tempestad que en pocos minutos caería. De la casucha salió contento y caminó por la estrecha vereda de tierra que empezaba a mojarse. Tomado por las riendas logró hacer caminar su caballo; encabritado, el corcel relinchaba asustado por los truenos y las encandiladas centellas. Don Donato después de haber recorrido a pie cerca de quinientos metros se dispuso a montar el caballo. En el sendero de regreso a su hogar se encontró con dos de los guerrilleros custodios del norteamericano secuestrado, con Wilfro y Aquilino. Los Boinas Rojas, cuando lo vieron lo saludaron amigablemente y lo invitaron a quedarse unos minutos para platicar y libar una cervecita criolla. Don Donato se los agradeció excusándose de no poder hacerlo porque la tormenta pronto caería, y siguió rumbo a su casa. Las huellas húmedas de sus zapatos de arriero quedaron en el camino. Distante iba quedando aquella vivienda-cárcel cercada por una alambrada de púas para resguardarla de los intrusos. En el jardincito de esa casucha había un fogón construido con ladrillos donde con leña se atizaba el fuego. Los guerrilleros usaban troncos y ramas secas caídas de los árboles, que daban candela. Los Boinas Rojas cocinaban sus alimentos en ese fogón rústico, naturalmente, si el buen tiempo los acompañaba. Pero…, en esa umbrosa noche cayó del cielo un chaparrón que impediría a los revolucionarios cocer unas perdices y unos conejos cazados en días anteriores. Un crespón de luto cubrió aquel deseo de alimentarse con las carnes de esos animalitos. No obstante, los revolucionarios se mofaron de su mala suerte en esa ocasión. Aquel rancho asentado entre follajes y malezas crecidas, en su interior tenía una farola que medio alumbraba. En las afueras se palpaba las penumbras. Alrededor de la casucha se veían espacios terrosos abonados por desperdicios y deyecciones de animales, que, según el plan de seguridad montado por los Boinas Rojas, esos desperdicios servían como un alerta. Probablemente era conveniente que ese patio estuviera sembrado de estiércol, por cuanto eso ayudaría a marcar las huellas de las personas que intentaran curiosear sobre lo que había adentro de esa vivienda. Eso desembocaba en una trampa montada por la misma naturaleza.

El día siguiente acampó, y don Donato aprovechó para hacer su tradicional recorrido hasta el hato El Divino. En la ruta terrosa de nuevo encontró a los fraternos y cabezudos camaradas Wilfro y Aquilino. Los advirtió de cuidarse mucho porque en el pueblo se corrían ciertos rumores peligrosos. No quiso verlos entrar en pánico y buscó la manera de alertarlos en relación a un posible rastreo en los alrededores del pueblo de Borbón por parte de agentes civiles y de miembros del ejército. Con el rostro preocupado, el viejo ítalo venezolano les puntualizó: "Acuérdense, muchachos de que guerra avisada no mata soldado". Posteriormente, selló sus labios y no pudo ni siquiera esbozar una ligera sonrisa que tapara su mortificación. Alertó a los guerrilleros aconsejándolos que había que destapar esa "olla de grillos" antes de que fuera demasiado tarde. Tan ligero como un ave rapaz y en busca de una solución se montó sobre el lomo de su caballo zaino con crines abrillantadas y montura andaluza, y se alejó en el polvoriento camino para cumplir una misión. Ese día, Don Donato llevaba el diablo metido en el cuerpo. No podía suprimir de su mente los comentarios hechos por algunas personas que anunciaron una pronta razzia en los alrededores de Borbón. Con su habitual sonrisa bonachona, don Donato salió disparado de allí pensando en que cuando el agua corre con fuerza vence todos los atravesados obstáculos.

Desde luego, pasados unos tres días del encuentro con el viejo Donato, más que sorprendidos por lo rumoreado en los alrededores de Borbón, los dos plagiarios de Nick, Wilfro y

Aquilino se dispusieron a visitar el principal centro comercial del caserío. Irían averiguar si lo que había dicho aquel amigo camarada tenía algún fundamento válido o por lo contrario tan sólo eran rumores para turbar la paz y la tranquilidad del poblado.

Sin esperar un poco más de tiempo, ambos Boinas Rojas llegaron al galpón donde funcionaba un club de billar y de bolas criollas, donde se celebraban también peleas de gallos. Allí se encontraron con Toribio, el baquiano de su confianza. Los dos guerrilleros se reunieron con algunos mentores de la causa revolucionaria, opositores a los tradicionales partidos políticos del país. Uno de ellos era el catire Torreblanca, y el otro, Lorenzo Méndez. Discretamente los Boinas Rojas llamaron a esos dos confidentes y les preguntaron si ellos habían notado algún movimiento extraño por esos días en las zonas vecinas. Los amigos contestaron que no podían asegurarles en forma afirmativa o negativa sobre el posible arribo de un pelotón de soldados. En cambio, señalaron que algo como que se estaba tramando. Podían ser chismes de pueblo o noticias ciertas. Cuando se escuchó esa respuesta, hasta el baquiano Toribio sintió un miedo cerval. Toribio tenía la costumbre de hablar poco, sin embargo, pensó en que si ese rastreo se realizaba tendría que escaparse junto al grupo guerrilleros para no ser atrapado o asesinado a mansalva. Su inquietud se aplacó cuando le aseguraron que hasta ese momento nada sucedía fuera de lo común. Sin constatar contratiempo alguno y después de unas horas de indagar sobre ese asunto, tanto Aquilino como Wilfro, preocupados y desconfiados se marcharon del club, dirigiéronse al hato "El Divino", sin haber podido obtener clara información sobre los comentarios que se corrían en Borbón y en los alrededores. A partir de ese instante, los dos Boinas Rojas decidieron agudizar los oídos y escuchar el ronroneo del lleva y trae de los moradores, conscientes de que "camarón que se duerme se lo lleva la corriente". Ese dicho se lo grabaron en las mentes como un alerta que los obligaba a batallar hasta las últimas consecuencias, en caso de que los sabuesos y los militares localizaran la madriguera donde ellos tenían cautivo al gringo. Los custodios de Nick solicitaron a sus "aliados de Borbón" a tenerlos al corriente de cualquier acontecimiento que pudiera presentarse. Temían ser descubiertos por las autoridades nacionales. Conturbados los secuestradores, analizaron la situación y sacaron en conclusión que todavía no se negociaría la liberación del estadounidense. Por lo tanto, ellos tendrían que estar mosca ante el mínimo movimiento realizado en la cercanía de aquella casucha. Si algo llegaba a suceder repercutiría de un modo negativo en la planeada operación. Por consiguiente, y de inmediato, a partir de entonces ellos estarían vigilando con ojos de pez cualquier movimiento extraño. Tendrían que dormir con los ojos abiertos para observar y no sucumbir ante un eventual asalto del lugar. Los guardianes de Nick estaban convencidos de que si ellos corrían peligro, sus jefes detectarían esa grave amenaza y sin pérdida de tiempo, con antelación se les emitiría una señal o un pitazo para que ellos pudieran escaparse pronto. Un alerta anticipado podría salvar sus vidas. Por supuesto, se tomó en consideración que algunos de esos revolucionarios sabían qué hacer porque se habían adiestrado en la guerra de guerrillas en el campo *Steven*. Ahora, y de inmediato, una de las decisiones a tomar y sin remordimiento sería aniquilar a Nick en el supuesto negado en que a ellos los cercaran las fuerzas militares y policiales. Eso sería el precio a pagar en caso de no poder superar con éxito la planeada fuga a través de las rutas escarpadas y sinuosas presentadas en aquella geografía selvática. En una atmósfera de inquietud y de preocupación, sin abandonar los objetivos ni el plan estratégico de defensa y de ataque acordado, el comando superior de los Boinas Rojas decidió relevar a varios de los custodios del rehén, quienes por un largo tiempo habían permanecido en ese sitio. Desde un comienzo ese comando había observado que aquellos hombres que cumplían las tareas de vigilar al gringo con frecuencia sostenían parloteos con los aldeanos; quizás eso era una terapia para matar el aburrimiento, lo que hizo suponer que esos hombres podían descuidarse y no darse cuenta de cualquier asedio de las tropas militares, mientras en sus pensamientos los atenazaba el temor de producirse una rápida maniobra de asalto. Por ese motivo, ellos tuvieron que reforzar el cerco de protección del lugar en que se encontraba asentada la humilde casita donde recluían al empresario. Se prepararon con fúsiles en manos para en una relampagueante acción repeler a los enemigos que intentaran cruzar la línea divisoria del hato donde se hallaba cautivo el gringo.

El comando superior de los Boinas Rojas de ninguna manera permitiría que los perros les ladraran dentro de su propia guarida. Lejos de toda clase de realidad, aquellos Boinas Rojas que cumplían el papel de cancerbero creyeron de buena fe que estaban ante una próxima y definitiva negociación para liberar al cautivo estadounidense. Lo pensaron de esa manera. En vista de esa presunción, los plagiarios habían recibido órdenes de mejorar las condiciones físicas y mentales del cautivo. Por esa causa, ellos habían empezado a darle una alimentación balanceada. Se trataba de cambiar su mal aspecto físico y mental. Así, el estadounidense comía con exceso de entusiasmo aquellos deliciosos platillos, igual que el mejor ortodoxo sibarita. Se devoraba entre comidas los bagres preparados de cualquier modo. Se tragaba los sancochos de rabo y de gallina, también gustaba de los frijoles y del casabe. Una vez por semana, don Donato le traía asado negro y lomo de cerdo, queso guayanés, caraotas negras, plátanos maduros, dulce de lechosa y de guayaba; conservas de ajonjolí con papelón, jalea de mango y buñuelos de yuca. Esos alimentos formaron parte de una dieta diaria. A partir del momento en que lo alimentaron, el norteamericano cautivo subió de peso y pudo recuperar un tanto su energía corporal.

No podía subestimarse que algo raro giraba en el ambiente de Borbón y en sus alrededores. El bien guardado secreto sobre el relevo de los guardianes de Nick no fue lo suficientemente aclarado de porqué se realizó. De todos modos en medio de numerosas explicaciones vagas se dio ese reemplazo. En aquella ocasión, tanto Aquilino como Wilfro no fueron relevados en sus puestos de custodios; ellos, con disciplina, prometieron cuidar al gringo para que no se escapara. Un cúmulo de buenas intenciones tuvieron esos dos hombres para conservar con vida al norteamericano. Aunque, pocos días después se dio la paradoja de que el rehén caía en un desánimo que hacía trizas sus nervios. De nuevo, comenzaba a alimentarse menos, desfallecía. Aunque los plagiarios pensaron en que Nick se quería morir; en cuanto a ellos, no veían la manera de sacarlo de esa depresión. Habían recibido instrucciones de mantenerlo con vida en las mejores condiciones de salud. Había una ruptura en el tiempo desde que fue secuestrado. El vacío existencial, apuntalado por una aguja relojera era evidente. Sin aclararse lo que le pudiera pasar al rehén, en esos momentos resultaba conmovedor y preocupante que Nick se transformara en un hombre cerril y ermitaño, de aspecto menesteroso. No obstante, Nick conservaba una mirada fulminante. Su corazón era una máquina solitaria y desierta. Su cuerpo, un cascarón vacío. Los secuestradores lejos de afligirse por el estado de deterioro en que se hallaba el cautivo concluyeron en que eso los favorecía a ellos, pues observaron que aún ese hombre no se había convertido en un demente incontrolable. El estadounidense se encontraba maltratado, aunque con vida, conciencia y razón. De nuevo se activó el plan para mejorar la salud del rehén. Así fue cuando en una clara mañana de primavera sus custodios permitieron a Nick dar un paseo alrededor de la casita. Era la primera vez en casi un año que él llevaba recluido allí, que sus guardias lo dejaban salir a tomar aire fresco. Perplejo ante tanta bondad de sus secuestradores, el estadounidense no sabía a que diablo atendía esa benevolencia para con él. A pesar de tener enlutada el alma y el cuerpo en ruina, Nick presintió que ese cambio de actitud podía ser el inicio de un posible arreglo de su caso. Probablemente, se ponía de manifiesto una pronta libertad suya, aunque él sabía que no corría con la misma suerte de la que tiene cualquier tahúr.

En la búsqueda de una respuesta sobre lo que acontecía en Borbón y en los lugares cercanos, se tenía la sospecha de que en secreto se estaba cocinando una redada. El peligro se olfateaba; por ese motivo había que emprender nuevas acciones defensivas y ofensivas.

No podía haber una interpretación errónea en ese sentido. Torreblanca, un descendiente de canarios, hombre orgulloso e idealista, que llegó a Borbón sin un lugar donde caerse muerto, prácticamente desnudo de ropas. Aunque una vez establecido en Borbón, y con base en sus esfuerzos realizados con el trabajo, había alcanzado hacerse de un buen dinero. Ese hombre de tez blanca y de cabellos amarillos claros, presentía un terrible suceso que afectaría ese pueblo. Y, para ñapa ese hombre era el dueño de la única ferretería instalada en Borbón. Tras un momento de reflexión, Torreblanca frunció el entrecejo. Nervioso, empezó a sudar tras la sospecha de lo que pudiera acontecer en los próximos días en el caserío de Borbón. El ferretero aseguró a sus amigos que de su yo interior emanaba un mal presentimiento. Aunque seguía abrigando una ligera duda que lo obligó a encogerse de hombros. Temía en que posiblemente se estuviera montando una confabulación o una fea traición en contra de los Boinas Rojas. Perturbado por aquel posible rastreo que vendría de la noche a la mañana, el catire Torreblanca entró en sospecha en cuanto a la presencia de un Judas Iscariote entre ellos. El próspero comerciante era fiel a esos hombres con quienes compartía comunes ideales. En aquel momento de estupor y preocupación, Torreblanca exhaló un largo suspiro. En cuanto a Lorenzo Méndez, boticario de las mil bribonadas, comerciante exitoso en el negocio de la salud y simpatizante de la causa revolucionaria de los Boinas Rojas, quien por ser soltero tenía centenares de mujeres a elegir, ante el eventual rumor prometió hacer averiguaciones sobre ese difundido comentario. Para estar a la altura de las circunstancias asumió una postura inteligente y sagaz. Ese individuo miró alrededor del club para luego con un amable gesto prometer a Aquilino y a Wilfro que él tendría unos ojos avizores y un oído de perro cazador a fin de enterarse de los comentarios que circulaban en Borbón. En caso de que fuese necesario, prometió dar una sonora alarma para que ellos pudieran huir sin contratiempos. Ciertamente, el temor se instalaba entre los plagiarios, aunque ni siquiera podían creer que eso de la redada fuera una verdad.

Se presentaba un juego de alternancia no muy comprensible. Devastado y sistemáticamente destruido, con una inmensa amargura apretándole el pecho, deshonrado en su honor y dignidad, Nick iba a volver a retemplar su espíritu de lucha dispuesto a enfrentarse a lo que desde ahora en adelante pudiera venir. Había tenido una vida medio muerta por no querer antes vigorizar su mente y su fuerza corporal. El cautivo gringo a pesar de esa fatídica reacción suya de no querer hacer nada pudo percibir que durante sus caminatas en el hato "El Divino" sentía la necesidad de ejercitar su voz. De repente se puso a dialogar con los árboles, con los pájaros, con los bueyes, con las cabras, con las gallinas, con los perros, con los gatos, con los caballos, y con cuanto animal apareciera en su recorrido. Contemplaba las nubarrones de insectos, mosquitos, zancudos, cigarrones, abejas, avispas, bandadas de aves y de mariposas desplazarse en el aire. A pesar de presentar un rostro espectral, Nick entendía que todavía la batalla por su vida no había terminado. Desde luego, inconforme por el trato recibido por todos los sujetos que lo vigilaban, Nick los calificó de ser unas personas bahorrinas y bastardas por haberlo secuestrado y transformado en un hombre harapiento y antisocial. Nadie imaginaba lo que vendría en un futuro no muy lejano en esa región. En los primeros días transcurridos del mes de junio en el hato "El Divino" pudo el gringo disminuir su lenguaje triste y melancólico.

Nick rompió con ese sentimiento de desprecio que sentía hacia sus celadores y secuestradores. Eso trajo un cambio notable para él, por cuanto Wilfro y Aquilino lo invitaron a conversar con ellos. El rehén dio muestra de estar menos extenuado a pesar de tener la apariencia de un sonámbulo perdido en el universo de la incomprensión. En ese encuentro con sus captores, el empresario norteamericano se atrevió a sostener sus puntos de vista sobre la política mundial y la actuación de los Estados Unidos en la esfera internacional. En conocimiento de hechos relevantes, el cautivo manifestó por primera vez su abierto desacuerdo con el tratamiento dado por los Estados Unidos a los países del tercer mundo.

En tanto el martillado cerebro del gringo alcanzaba un punto alto de ebullición con su sorpresiva opinión, se descubrió que el rehén se encontraba en condiciones óptimas de razonar. En el vasto cuadro de la reflexión, él mismo se mostró conforme en aceptar que su país de origen había dado un injusto trato comercial y político a los pueblos de menor desarrollo relativo en el mundo.

En medio del batiburrillo armado por los cambios operados, a los contertulios que con interés y paciencia lo escucharon, el rehén manifestó su indeclinable rechazo al chantaje impuesto por los países productores de petróleo a las potencias mundiales para quebrar las economías neoliberales. En ese preciso momento y con las agallas bien puestas, Nick aclaró a sus secuestradores que varios de los países exportadores de petróleo utilizaban los recursos petroleros como instrumento de dominios políticos, financieros, y comerciales. De pronto una taquicardia estremeció su corazón. Su cuerpo pareció flotar en el aire cuando tuvo la osadía y la suficiente valentía de condenar la centenaria guerra petrolera desatada en el mundo sin escrúpulo de naturaleza alguna. Con una crítica sincera el norteamericano, expresó que esa soterrada guerra petrolera equivalía a la desintegración del progreso humano. A lo anteriormente dicho agregó el rehén que esa perniciosa guerra petrolera era peor que cualquier guerra atómica, nuclear o bacteriológica lanzada para exterminar la humanidad. Ante los argumentos del norteamericano los secuestradores se sintieron descontrolados y sin ánimos de discutir tan escabrosos temas. Estupefactos se limitaron a escucharlo. Una extraña sonrisa afloraba en los labios de los dos Boinas Rojas. Con un buen sentido de oportunidad, Nick con su deficiente lenguaje español prosiguió la plática. Los rostros de los dos guardianes cambiaron de color. Acto seguido el plagiado dio un golpe de electrochoque y fabricó una montaña de expresiones en español para no cerrar esa conversación. Intercaló una que otra palabra en inglés con una que otra palabra en español. Así pudo señalar a los secuestradores que no obstante los Estados Unidos era un país que hacía valer su hegemónico poder sobre los pueblos del planeta, no dejaba de ser la víctima número uno del chantaje de la OPEP y también del poder económico y financiero de varios países del mundo. Durante esa conversación, el industrial estadounidense había confesado a sus captores el odio que él profesaba a los magnates petroleros árabes, porque en el fondo esas personas eran unos extorsionadores que, sin vivir en un mundo civilizado y moderno, siempre con unos fines no pulcros, ambicionaban tomar el sartén por la manga en los débiles países del mundo para someterlos a los intereses de sus expansiones comerciales, y territoriales. En opinión de Nick, los ricachones árabes y chinos al dar riendas sueltas a numerosos negocios petroleros impusieron explotaciones desmesuradas porque ambicionaban adueñarse de las economías y de las finanzas de otros países, especialmente, de los países africanos, de los países latinoamericanos y de uno que otro país asiático y europeo. Con una amplia sonrisa rebosada de ironía y una mirada aguda acerada lanzada sobre los rostros no tan risueños ni complacidos de sus plagiarios, el norteamericano esgrimió que el petróleo lo habían convertido en un arma mortal de destrucción y de chantaje en el siglo XX. Desafiante como las palmeras sedientas y batidas por los fuertes vientos de las playas tropicales, el cautivo norteamericano con coraje alzó la voz y aprovechó para acusar a los rusos de ser más imperialistas que los Estados Unidos, puesto que las cúpulas gobernantes leninistas-marxistas, horrendas e insaciables plagas de poderosos explotadores de los pueblos de la órbita comunista y de la órbita socialista, abrigaban pretensiones terrófagas y pretendían extender sus hegemónicos dominios políticos, militares, armamentistas, económicos, comerciales, y tecnológicos, sobre esos países. En ese momento, el norteamericano experimentó una pena profunda en su corazón por estar privado de libertad. Con un lenguaje en español medio entendible, Nick logró despertar ciertas inquietudes ideológicas en aquellos guardianes que más bien parecían unos dóciles conejitos creyentes de sus opiniones y criterios.

En un respiro de descanso, Nick miró las vetas blancas dibujadas en el cielo, aunque, convertido en un náufrago de la vida pudo enfatizar a sus cancerberos que, por más difícil que fuera, debía de ser exterminado por cualquier medio posible ese poder comunista implantado a base de engaños populares. Después de la marejada de consejos dada sobre el exterminio del comunismo hubo un instante en que su bajita voz se elevó e inundó aquel lugar donde se encontraban todos reunidos. Los dos secuestradores, con unos rostros de asombro y unas almas devoradas por la ansiedad continuaron prestando atención a lo que decía el gringo sin considerar que su opinión fuese una blasfema capitalista. Esas palabras aclaradoras pronunciadas por el rehén explotaron como activas granadas en los tímpanos de sus captores. Sin un solo rasgo en la cara que asomara un tormento, sin escamotear palabra alguna. Esa noche brotó por sus venas y arterias la sangre gringa del rehén. Eso no dejó de provocar recelos en los plagiarios. Bajo aquellas circunstancias el cautivo incitó a los Boinas Rojas a rectificar ese equivocado camino que los conducía a un comunismo exacerbado, productor de temores mundiales, de numerosas esperanzas truncadas. Desde luego, el gringo sabía que estaba trazando una delgada línea de reflexión en el cerebro límbico de aquellos dos Boinas Rojas, con una lógica elocuente el cautivo reiteró que el comunismo era un sistema subordinado al autoritarismo de los gobernantes. Una sostenida y defendida manera de gobernar por parte de los estratos militaristas y civiles con una vocación dictatorial, porque numerosos hombres y mujeres dispersos en el mundo no poseían una filosofía política, humana, social democrática. La tarde se hizo clara y fría enseñando una mueca estereotipada de recelo. Nick recalcó que la clemencia y el perdón eran ignorados tanto por los comunistas como por los autócratas. Ese sistema de gobierno comunista trataba a las personas como si fueran animales que no poseían espíritu ni razón.

Sin querer provocar una tormenta en un vaso de agua, encogiéndose de hombros, el cautivo, sin miedo ni angustia ni hipocresía, y eternamente desafiante, afinó su verbo e intentó que lo expresado por él surtiera efecto en los cerebros de aquellos guerrilleros, a quienes consideraba como unos desorientados ideólogos marxista-leninista-maoísta-fidelista.

Esa inusual conversación que no dejó al modelo comunista-socialista bien parado ni indemne en cuanto al mundo industrial, social, y humanitario, fue de carácter sentenciosa al lograr desarticular el ideario marxista-maoísta, en cierta manera, de las mentes de los Boinas Rojas, quienes sintieron una profunda vergüenza cuando con interés lo escucharon decir al cautivo puras verdades y realidades. Lo dicho por el rehén golpeó las convicciones ideológicas de los guerrilleros-secuestradores. Se produjo una incompatibilidad de creencias políticas.

A juzgar por los resultados de esa improvisada reunión entre los dos guerrilleros con el empresario estadounidense secuestrado podría decirse que los plagiarios admitieron que el modelo capitalista no era tan desastroso para el desarrollo integral de los pueblos. Les resultó evidente en que lo opinado por el gringo atendía a una dialéctica humanista y realista. La noche avanzó con una resplandeciente luz lunar. Después de todo, Nick creyó que lo podían calificar de un majadero imaginativo. El norteamericano, con una voz entonada, dijo: "El socialismo o el comunismo buscan amarrar la lengua, el alma, la libertad de expresión, el libre tránsito, la libertad de cultos, las plumas de los libres pensadores, y controlar la existencia y los bienes de todas las personas. En ese tipo de gobierno, los poderes públicos son controlados por el buró político. El estado administra y se apodera de todo lo que significa propiedad privada, bienes materiales, producción de alimentos, y hasta pretende controlar el bien espiritual. Somete a un vasallaje a la población. En la educación crea continuo tormento al pueblo al adoctrinar a su imagen y semejanza a niños, niñas y jóvenes, con el propósito de enseñarlos a prestar obediencia ciega a los marxistas dictámenes autoritarios de los gobernantes".

Un pequeño punto de luz lunar atrapó el pequeño espacio donde todos ellos conversaban. La madrugada en la selva se heló. Nick fue introducido en la casucha. A oscuras, el rehén se arrastró hacia la hamaca y se acostó para dormir hasta la salida del sol.

Los plagiarios indulgentes lo observaron dormir tranquilo. A decir verdad, esos Boinas Rojas admitieron que era cierto lo expuesto por el gringo. Lo que conceptuó el norteamericano secuestrado no fue en ningún momento refutado por aquellos dos Boinas Rojas. Insólitamente reinó un mutismo espeluznante entre los guerrilleros. Casi podría decirse que ambos se hallaron atónitos por los apotegmas escuchados de los labios del rehén. Mientras tanto, nada ni nadie interrumpió el silencio del amanecer. Por cierto, que unos días después de haberse efectuado aquella atípica conversación entre el cautivo y sus cancerberos, otro grupo de guerrilleros llegó al lugar con el propósito de estudiar la situación presentada. Entre las nuevas personas que vinieron para custodiar a Nick se encontraba una mujer llamada Clarisa Permar. Una joven revolucionaria que poseía un rostro moreno y regordete con una ancha nariz. No era agraciada. Se trataba de una socióloga con una bravura inoculada en sus arterias y venas, que pertenecía a la Federación de Estudiantes Universitarios de la Central. Con sus brillantes ojos, ella no dormía tan profundo como la marmota. Los recién llegados guerrilleros eran unos fusileros de primer orden. Su labor sería reforzar las barras de esa madriguera poniéndolo todo en orden y en estricta disciplina.

El arribo del nuevo contingente de los Boinas Rojas probablemente podría ser el preludio de algo importante por acontecer. Por mil razones y cada vez más, Nick sentía la necesidad de saber cuándo el sol iluminaría el día de su liberación. Cansado de ese largo peregrinar al que lo sometían, había estado en diferentes lugares. Abochornado, el rehén sintió el mundo hundirse a sus pies. Durante mucho tiempo había luchado para no rendirse. Sin dar un paso falso atrás y uno adelante, Nick poseía mucho orgullo, que no le permitía bajar la cerviz, para solicitar clemencia cuando era humillado por los desafueros de los Boinas Rojas, a quienes consideraba como una auténtica réplica de los milicianos cubanos. Desarraigado de su medio natural, ahora bien, tras haber sido raptado por más de tres años, Nick sintió arder el rencor dentro de su pecho. No deseaba ser agua turbia estancada ni desecho fecal; por ese motivo, deseaba enterarse si él se encontraba en vísperas de ser liberado. Inquietud que dominaba su mente y su espíritu mientras el goteo de una pertinaz llovizna rebotaba en el techo frágil de aquella casucha. Nick imaginaba que de algún modo su suplicio estaba por terminar. Desplegó los labios y musitó una oración.

Aunque en silencio el cautivo norteamericano berreaba su lenta destrucción moral. Ciertamente, su corazón estaba mortalmente herido por el suplicio dado por aquellos sujetos malhechores. Nick vivía en lugares donde solamente era acompañado por los fantasmas del pasado. Una profunda angustia se había apoderado de él. Con el rostro desencajado y ligeramente enrojecido por la conmoción sentida de ver llegar a unos desconocidos hombres y a una mujer. Se disgustó con la presencia de ellos, atemorizado de que esas personas a la fuerza se lo llevaran de nuevo a otra parte. Sospechaba que esa gente recién llegada no sabía de ética humanitaria sino de la concentración de la violencia, por medio de la tortura psicológica y de la física. El cautivo vivía en un ambiente embrutecedor y no gozaba de una ventana abierta hacia el mundo exterior. Entonces, Nick se dio cuenta de que hasta el recuerdo de su esposa e hijos desaparecía de su memoria de forma alguna. A pesar de todo, sin escamotear ilusiones sintió alivio cuando en el borroso mundo que abrigaba su cerebro volvía el recuerdo de su esposa y de sus tres hijos. Ya no tuvo miedo de perder la vida o la memoria. Circunstancialmente, el empresario estadounidense hubiera preferido que sus seres amados desaparecieran del recuerdo suyo porque él no quería lastimarse más, solo dolor le traía su involuntario distanciamiento de ellos. En una perspectiva particular, una misteriosa visión interior le hizo presentir que en cualquier momento en forma súbita su vida iba a dar un vuelco favorable. Por el momento, la hazaña para él era rechazar cualquier pensamiento negativo y continuar aguantando los altibajos del cautiverio. Aunque no dejaba de pensar en asfixiar toda esperanza de ser libre, sin obnubilarse, Nick conocía que la vida se le escapaba de su delgado cuerpo, más obstinado de ver aparecer y desaparecer la luna cada noche y el sol cada día. ¡Claro! Se hallaba en un mundo que no era el propio. Muchas veces con su mente huía sin rumbo fijo. Hasta quería ser un paranoico, porque al quedarse loco conseguiría un modo original de desaparecer de tan amarga realidad. Eso lo anhelaba bajo una intensa aflicción.

Sin aparente esfuerzo y acostado en la hamaca, Nick estiró sus flacuchentas piernas; al cabo de un momento se meció con desgano dentro de la misma, mientras colgaba una de sus venosas manos y tocaba el machacado piso de tierra. Somnoliento, sintió una sensación de impotencia. Un desconsuelo infernal lo estremecía. Sobresaltado, el norteamericano no dejó de sospechar que lo mantenían con vida porque su persona valía una fortuna en dólares sonantes y constantes. Estaba hastiado de seguir viviendo de ese modo, aunque todavía él no se había transformado en un animal salvaje; sin embargo, estaba a un tris de serlo. Constantemente la rabia oprimía su garganta y su pecho. Deseaba zambullirse en aguas profundas y heladas para alcanzar ese estado amnésico originado por la apnea, nunca despertar. En cierta forma seguía con el ánimo decaído por no saber la clave ni la razón del misterio de su plagio y por no haber podido conocer los motivos por los cuales habían cambiado a varios de los custodios. Enjaulado el rehén pasaba los días, los meses, y los años, en un silencio desabrido, inseguro y nervioso.

En un amplio sentido de su existencia, el norteamericano pensó en su condición de plagiado haber soportado un siglo. Su vida transcurría en una forma anormal, obligado a llevarla disparatada, sin pies ni cabeza. Temía que pronto lo canjearían como un objeto de interés comercial y no como un ser humano de sangre y hueso. Preconcebía que esos secuestradores lo trataban como una valiosa mercancía yanqui, no como un hombre con valores propios. Todo eso significaba un golpe suicida para su propia existencia. Su libertad era una mentira cruel y satánica que tarde o temprano acabaría con la esperanza de salir con vida. En su opinión, cambiaba todo a su alrededor, menos, el curso de su vida.

Muchas veces, el rehén norteamericano se auto mentía para sobrevivir. El rugido del viento de la selva bamboleaba sus más caros anhelos de libertad. Una fuerza vital lo hacía pensar en que todo lo de su secuestro era una simple entelequia, sin transparencia, forjada por unos hombres y unas mujeres con mentes enfermas. El cautivo ganado por un espíritu *sui generis* y azuzado por un aparente olvido de la familia y de los amigos, deliraba de noche. Igual a un trapo sucio sintió que lo trataban sus captores, luego comprendió que nadie lo reclamaría en cualquier aeropuerto ni en cualquier estación de autobuses o en los andamios de trenes o en los puertos marítimos o fluviales. Después de todo estaba a la sombra del mundo, aunque su mente seguía hilando el regreso a la libertad.

Tuvo la personal sensación de no poder comprender lo que le sucedía. A veces una brumosa nube bloqueaba su cerebro y le impedía en su memoria recordar los pormenores del plagio. No sabía si vivía en un círculo cerrado de depravados sociales o en un manicomio rodeado de agresivos locos. Incesantemente, Nick se encontraba inmerso en un enorme vacío de afectos, con el agravante de no poder olvidar a su esposa Dola, y a sus tres hijos, por más que deseara hacerlo. Enfurruñado, le resultaba largo el día y pesada la noche. Sentía que había entrado por una puerta falsa conectada directamente con la muerte. Después de todo, ahora, con el toque divino del Supremo Hacedor, aquellos cálidos aires de los atardeceres en el hato "El Divino" lo reanimaron de modo alguno, despertaron su conciencia y su fuerza interior. Eso sucedió a pesar del infausto ritmo de vida que lo habían obligado a llevar. Con el rostro ligeramente demacrado, una mueca extraña dibujada entre las comisuras de sus lívidos labios, el cautivo no se dio por vencido. Nick detestaba sucumbir ante la muerte y, mucho menos, deseaba en negativo fallecer. Detestaba ser caldo de cultivo de sus facinerosos plagiarios. Aunque, muchas veces, y de un modo atemorizante, dejó correr la muerte entre sus arterias y sus venas. En el humano ciclo de la existencia el gringo se debatía entre la vida y la muerte.

Pasados unos días un nuevo panorama se presentó en el ambiente del hato "El Divino". No era del todo claro, pues había un mar de confusiones. Significativo y preocupante era que esa mujer que había tomado el turno de centinela con el propósito de mantenerlo a raya, parecía actuar con una suerte de malvada torturadora. Esa singular revolucionaria llevaba puesto un cinturón forrado con balas de fúsil. Su cuerpo rellenito de carne lo cubría con un uniforme de campaña deshilachado en el cuello y en los puños. Entretanto, Nick, encerrado entre muros de recelos y desconfianzas, miraba a esa hembra que actuaba como una carcamana. Bajo esa otra mortificación de inmediato lo sacudió un agudo dolor en la nuca. Desde que la vio se dio cuenta que a los dos los separaba un árido desierto. El rehén divagó, en cuanto a las pretensiones que tenía aquella mujer para con él. La nueva guardiana llegó a ese sitio junto con otro grupo de revolucionarios. Nick no sabía que esa mujer era capaz de mover el cielo y la tierra para lograr sus propósitos malsanos. Ella enseñaba un fuerte y dominante carácter de un verdugo. Mostraba mucha experiencia en el teatro de la fechoría. Nick reprocharía una y otra vez la actitud grosera y descortés de esa fémina, a la que miraba con espantosa frialdad. En el fondo de su corazón detestaba tenerla cerca de él. El cautivo se encontró en un atolladero frente a esa secuestradora al no conocer con claridad cuáles eran las verdaderas intenciones de ella. Se quedó pensativo. Y con una entrecortada respiración y acostado en la hamaca procuró dormirse durante el tránsito de las horas en esa noche oscura. Después, otro día nació en el mes de junio de 1979. Toda la noche anterior llovió a cántaros. Cuando cesó ese torrente aguacero y el tiempo se aclaró, se disiparon los nubarrones. El cambio de clima trajo una fresca mañana. Una honda melancolía y una amargura envolvieron al cautivo, que se sumía en la paradoja de continuar vivo o de morirse.

Al despuntar ese día, don Rafael, con unos pasos cautelosos entró en la casita donde tenían recluido al estadounidense. Allí se tropezó con don Donato. Ambos hombres cruzaron algunas palabras sobre los últimos acontecimientos sucedidos en Borbón. Al rato, los dos lugareños se marcharon y se perdieron de vista. El mundo de los vivos volvió a cerrarse para el gringo secuestrado. En vano el gringo imploró a Dios para que le abriera las puertas de su santa morada y lo aceptara como uno más de sus rebaños sacrificados en la tierra.

Con su drama acuestas y un tanto atolondrado a causa de los somníferos ingeridos a diario, el gringo sintió en su boca un sabor a hiel. Clarisa se colocó cerca de la hamaca y lo meció para fastidiarlo. Nick observó de cerca aquella mujer de la que deseaba desembarazarse lo más pronto posible. Por su parte, aquella mujer despreciativa y belicosa, con unos ojos achinados, fijamente lo miró. Esa indómita mujer llevaba un arsenal de balas encima y un fúsil que aplastaba sus voluminosos senos, con una postura de jarra se plantó desafiante frente al indefenso rehén. A Nick, para incomodarse más con aquella fémina, le faltaba que ella le pronunciara un sermón sobre las múltiples virtudes del comunismo-socialismo. Con una actitud testaruda y de mal genio el gringo la miró despectivamente. Para instigarlo a que se pusiera el rehén de mal genio, ella lanzó un "Carajo" por la boca. Descompuesta de ánimo, Clarisa Permar arrojó un aluvión de duras palabras y se apretó la cacerina repleta de balas. La mujer meneó la cabeza con cierta fiereza y arremetió contra aquel hombre transformado en un guiñapo. La revolucionaria frunció el ceño cuando pudo darse cuenta de la precaria salud del yanqui. Creyó más bien que el cautivo estaba tuberculoso. Obviamente, quedó alarmada por aquella debilidad del rehén, pero ahora ella no podía echarse para atrás sin antes cumplir con el mandato dado por el comando superior de la organización Boinas Rojas. Más tarde, Clarisa pensó que del trecho al hecho no había más que un paso en cuanto a resolver lo del canje y lo de la libertad del plagiado. La mujer con unos ojos de inquisidora escudriñó el físico de Nick. El cautivo era el *leitmotiv* del envío suyo a ese lugar. Pronto, la noche entró con una arrebolada luna llena. Noche que descorría el cerrojo de su techo oscuro para que la luna reflejara su plateado cuerpo. Al cabo de un momento y por todos los cuernos del diablo, Clarisa Permar decidió romper el silencio amarrado a su lengua. En conocimiento de la conversación que sostuvo el rehén con los guerrilleros, la anterior noche, reprochó al secuestrado ese discurso politiquero que diera a sus dos camaradas. Cuidadosa como una pantera en acecho, Clarisa entornó sus ojos marrones y echó una rápida mirada alrededor del sitio. Parada cerca de la hamaca donde el rehén se bamboleaba, con una implacable voz ronca, recriminó a Nick que nunca él debió mezclar la leche con la magnesia cuando habló del aborrecible papel del buen vecino que cumplió los Estados Unidos. Enojada, con la rabia subida a la cabeza, Clarisa Permar lanzó unos agudos alaridos como si fuera una yegua preñada en postura de parir. Sin la menor sombra de duda, y menos ofuscada que al principio, la guerrillera apuntaló al infeliz gringo a que entendiera que su secuestro no era por puro gusto o por un simple goce sádico, sino que se trataba de una protesta política contra el imperio capitalista de los Estados Unidos. Con unas intransigentes y torpes palabras le explicó que el sistema capitalista era explotador de las clases asalariadas, del proletariado. Luego, sin cortapisa, expresó que la burguesía capitalista lastimaba a los más empobrecidos hombres y mujeres de la tierra, poniendo en marcha una forma oprobiosa de apoderarse del mundo. No había un tierno y suave tono en su voz. No se tambaleó, ni vaciló, aunque ella corría el riesgo de ser protestada por el secuestrado cuando lanzó tal perogrullada. Clarisa fue dura y desagradable para con el rehén. Desde luego, esas amenazadoras frases reventaron en la quietud de la casa. Tanto sería el ruido que, a una distancia no muy lejana de allí, bajo el intenso calor, también pudieron escucharse los rugidos de la selva.

Después de retar al cautivo, con unos pasos apresurados, en un intento por salirse de aquel lugar, Clarisa se dirigió a la puerta de la casucha de bahareque, y desde, allí, gritó: "La carne del cordero solamente la comieron los ricachones católicos del siglo XX". Sin arrepentimiento, modeló simétricamente su regordete cuerpo, en el momento en que enfatizó que los pobres habían comido cordero en tiempos de Jesús. Siendo ella una acérrima atea en esa ocasión en un derroche de suspicacia la guerrillera alzó los brazos en ruego al Señor. Quiso apagar la ceniza de un fuego que nunca se disipó. Otra vez, se lanzó cuesta arriba para aseverar que alimentarse con cordero tierno dependía más del bolsillo abultado del tragón o del comelón. Hizo un movimiento negativo con la cabeza, e indignada recalcó que ahora el cordero no era almuerzo ni cena de pobres, había pruebas fehacientes que demostraban que unos pocos católicos adinerados en Semana Santa podían darse el lujo de comprar tiernos corderos. En cuanto a los menos pudientes, a esos que se levantan en la madrugada sin haber probado un bocado de alimento en la noche anterior, Clarisa comentó, que sin ser una falsa situación esas gentes harapientas y sucias iban a las iglesias con los estómagos vacíos para cumplir con los preceptos católicos que debían de guardarse durante y después, de la Semana Santa. Nada extraño sería que esa guerrillera se expresara de esa manera pese a sus no creencias religiosas. En el lineal fluir del tiempo, Clarisa se unió a Mandinga y negó a la Santísima Trinidad y, por si fuera poco, negó la resurrección de nuestro Señor Jesús Cristo. Su bravura provocó que por sus ojos salieran destellos rojizos, que podían ocasionar un susto en cualquier persona que oyera tan grave blasfemia. Con desdén, la mujer volvió a mirar al inquieto y nervioso gringo que se mecía dentro de la hamaca, mientras palpitaban rápidas las venas en sus sienes en señal de un tormentoso momento y su desesperación por tener un desventurado destino.

Durante el acoplamiento de la estrella Sirio con el sol, el calor se desparramó con una intensidad voraz sobre aquellas húmedas tierras no del todo explotadas por el hombre. Clarisa, abrasada por el calor, transpiraba copiosamente. Una extraña visión del futuro se apoderó de ella. Una sonrisa mordaz afloró en las comisuras de sus carnosos labios. Pensó en que ella no sentía ilusión por la vida que llevaba, aunque de inmediato ella trató de sacudirse de la mente ese pensamiento endemoniado e hizo rechinar los dientes blancos, y se ventoseó. A la postre, ella misma no entendía el rol que cumplía en esa operación. Para esa mujer la auténtica verdad de su vida era que se desenvolvía en un medio rudo, sin femineidad, ni amor de pareja, ni una buena y sincera amistad. Todavía ella no había vivido un romance bajo el fuego de las pasiones. Ahora, se encontraba en aquel lugar rodeado de un paisaje variopinto, contemplando el trabajo de los guardabosques y de los arrieros de ganados. Clarisa volvió a entrar en el interior de aquella casita, y volteó sus rabiosos ojos para mirar al peculiar rehén. Observó que más que un ser vivo era un cautivo sin suerte; algo semejante a una planta seca y sin flor. La mujer estrujó sus callosas manos en señal de descontento. Luego manifestó un cansancio extenuante y exhaló una bocanada de aire. La guerrillera buscó serenarse en presencia del gringo. Con unas razonadas palabras quiso explicarle de nuevo que nadie lo quería asesinar, que eso jamás ocurriría. Mientras, tanto sobre el hato caía una ligera garúa que refrescaba el ambiente. A sabiendas que el gringo no era un sordo oidor, Clarisa le dijo, como único camino, para que Nick la entendiera, que a él no le sucedería lo mismo que le había pasado a un político italiano llamado Aldo Moro, secuestrado en 1978, quien perdió la vida a causa de un mal manejo de la situación por parte de los camaradas de ese país, quienes pertenecían a las Brigadas Rojas. Dio a entender que su muerte no estaba programada y que eso no le acontecería si él obedecía al pie de la letra todas las instrucciones dadas. Nick permaneció impávido por cuanto no lograba comprender el significado de aquellas palabras. Sobre todo, porque, él nunca supo quién era Aldo Moro. Con su habitual agresividad y sonrojada como un cangrejo, con el pecho forrado de balas, Clarisa se dio cuenta de que el rehén no había comprendido lo advertido por ella. Montó en rabia. Por último, resignada, decidió no explicarle algo más sobre ese asunto. Tal cuestión la sacó de quicio porque había sido inútil todo el esfuerzo hecho para amedrentarlo y, así, poder sacarle una buena confesión, hasta lograr una rendición moral.

El tiempo corría a una velocidad vertiginosa. Ese día no hubo movimiento de ninguna naturaleza, solo el ruido del viento sobre la frondosa selva. En el seno de la organización revolucionaria, Boinas Rojas, algunos inconvenientes se produjeron. Uno de los jefes de los Boinas Rojas resolvió regresar de nuevo a Borbón con el propósito de ultimar los detalles de la entrega del estadounidense. El comandante Douva actuó bajo la supervisión de los comandantes Landaz, Porto, Solorno, Padi, George, y Sotoroyal, y partió para el pueblito de Borbón. El jefe de esa organización. al llegar al hato "El Divino" mostró un desencajado rostro tan pálido como una vela de cera blanca. A causa del largo viaje sentía un molestoso agotamiento. En esa oportunidad, lo acompañó un grupo de hombres que llevaban consigo armas ocultas, empecinados en luchar para vencer. Durante el viaje los colosales cuerpos de esos hombres copiosamente chorrearon sudores y mojaron sus chaquetas milicianas. Una vez asentados en el hato "El Divino", en la casa principal, se asearon los cuerpos con agua fría tomada de un estanque. Al parecer, la masa no estaba para bollo en ese momento. Luego se trasladaron al lugar donde tenían recluido el rehén. Ya arreglados, acomodados, y con ropas limpias, todos ellos pusieron los oídos atentos a lo que les diría su comandante.

El ruido orquestado de los pájaros y del resto de las aves voladoras obligó al comandante Douva a dirigirse con gritos al norteamericano. Era un ex combatiente de la guerra de Vietnam. Puntualmente, con una sangre fría y un manifiesto cinismo, por demás, enseñaba galanura y engreimiento, el comandante Douva buscó intimidar al rehén al decirle que su plagio no era el capricho de unos cuantos locos revolucionarios como se elucubraba en el mundillo de los chísmenes, sino más bien, ese secuestro atendía a un objetivo definido, pues se cobrarían por su rescate unos veinte millones de dólares, o en todo caso, una millonada en bolívares para invertirlos en las luchas guerrilleras en América. Con ese dinero su organización combatiría a los opresores imperialistas. De pronto, en las afueras y sobre el techado de paja y de bambú de esa vivienda, se sintió el golpe seco de un fuerte ventarrón. Un torrencial aguacero empezó a caer. El recio comandante Boinas Rojas hizo gala de su desbordada teomanía. Acto seguido, el comandante Douva garrapateó sus palabras para poner en conocimiento del abochornado rehén que ese dinero que se recibiría como pago por su liberación sería depositado dentro de unos días en un banco de un país árabe. Nick lo miró despectivamente tras ponérsele los pelos de punta. En esa ocasión, se reveló el secreto de que el presidente libio estaba presto a actuar de intermediario para depositar en un banco de su país el pago del rescate. Dinero que se pensaba usar para comprar armas y municiones, y proseguir la buena marcha de la revolución socialista en el mundo, especial en América, proyectada en contra del esclavizante imperialismo yanqui.

Entonces, se suscitó que sin guardar la adecuada discreción, y usando un tono chillón en la voz, el comandante superior de los Boinas Rojas puso al rehén en conocimiento del plan trazado por su organización, sin ningún remordimiento. En tanto las nubes arrebujadas en el cielo descendían en millones de gotas de agua sobre el pueblito de Borbón. El comandante estaba seguro de que el cautivo entendería esa información. Le aclaró que la organización BR programaba crear células coordinadoras en todos los países de América con el firme propósito de efectuar múltiples acciones revolucionarias para desestabilizar al poderoso gigante del norte. La guerra de guerrillas buscaría destruir el armamento bélico almacenado en varios lugares estratégicos de los Estados Unidos, pues muchas de esas armas bélicas estaban escondidas en lugares desconocidos de ese país norteño. El comandante que dirigía docenas de guerrilleros abrió desmesurados los ojos en el momento de dar a conocer al empresario norteamericano cuáles eran los objetivos principales puestos en marcha. Expuso el aniquilamiento del control y del dominio estadounidense en el canal de Panamá; el bombardeo de la base de Guantánamo en Cuba; ambos serían blancos de ataques. El comandante de Boinas Rojas quiso arrancarle toda clase de mal sana sospecha al yanqui. Buscaba meterlo en la candela para después acusarlo de traición a su país. Mientras el alma volvía a su cuerpo, Nick no quería sentirse intruso en un embrollo diabólico de esa naturaleza. El secuestrado con una mermada voluntad a causa del largo encierro sufrido, se sintió desconcertado por aquel palabrerío que parecía un detonante en la boca del comandante Boinas Rojas. El rehén tuvo la impresión de haber descubierto un plan malévolo para destruir a su país. Una vez más comprobaba que los guerrilleros y secuestradores Boinas Rojas rezumaban puro odio hacia los Estados Unidos. Un irrefrenable sentimiento maléfico de esos hombres y de esas mujeres que los conducía a intentar bombardear el armamento de la potencia más poderosa del mundo.

¡Querían aplastar al coloso! Mientras, a Nick lo martirizaban con la pesada cruz de un secuestro.

Al resguardo de esa declaración intencionada presentada por el comandante superior de los Boinas Rojas, el norteamericano se mantuvo tranquilo. No turbado. Con unos riñones bien conservados, en apariencia, una reacción apática. Observando la actitud apacible e indiferente del gringo, Douva corcoveó de ira. Completamente asombrado y confundido por la impavidez del rehén, tuvo la intención de no permitirle a Nick tal desaire. La cabeza pareció darle vuelta al guerrillero. La actitud pusilánime del cautivo le produjo un abatimiento moral. Con una jadeante respiración el comandante prosiguió arremetiendo contra el imperio yanqui. Se sobreexcitó cuando en el patíbulo de los acusados colocó al imperialismo de los Estados Unidos. Hollar la tierra de *George Washington* estaba contemplado entre los inmediatos objetivos a cumplirse por parte de esa organización de camaradas.

Tras esa tremenda resolución tomada por la organización Boinas Rojas, el comandante Douva le afirmó al cautivo norteamericano que todos los países de la órbita comunista estaban dispuestos a preparar un contingente de alta tecnología militar estratégica, con miras a exterminar y desactivar radares, satélites, misiles, bombas nucleares, armas pérfidas, bacteriológicas y químicas, hasta las antiguas minas de guerra, en fin toda clase de armas letales. De ese modo, los centros de guerras socialistas-comunistas controlarían y mediatizarían los centros atómicos, nucleares y espaciales del imperio yanqui. ¿Ilusiones de un tísico? Hubiera dicho un genio, como Albert Einstein. Eso era una misión tan imposible como la de buscar una aguja de coser perdida en medio de un océano. El encuentro se había transformado en una agitada arenga de amenazas. Tras secársele la garganta, y apurar un vaso de agua fresca, Douva expresó que la promesa de la mujer y del hombre revolucionario era ayudar a cooperar para el exterminio del avance nuclear, atómico, químico, espacial, entre otros, de los Estados Unidos.

Con la presunción de ser un buen jefe guerrillero, el comandante Douva asumió la misma actitud de aquel temible caco que se transformaba en un medio hombre y en una media fiera para devorar todo lo que se presentara a su paso. Lo informado por el comandante Boinas Rojas, en cuanto a lo que se pretendía hacer a los EEUU, causó una temible impresión en Nick. Su cerebro se entenebreció y procuró guardar un hermético silencio. Nick pensó en que esa programada persecución contra su país era inmerecida y desatinada. No ignoró que los sueños y las aspiraciones de las izquierdas latinoamericanas y de las europeas eran ver destruido el gran poderío de los Estados Unidos de América. Su reacción fue un mero acto de fidelidad hacia su país, porque él tenía forjados los valores enseñados en su infancia, en su adolescencia y en su madurez, de guardar lealtad a los Estados Unidos de América.

El comandante superior Douva atacó a la potencia del norte con la misma fuerza con que un tanque de guerra arremete contra todo lo que se le presente por delante. Esas amenazas planteadas contra su país, sobremanera, afectó al rehén norteamericano, quien respiró hondo y exhaló, aire. El jefe guerrillero estaba convencido de que el triunfo de las armas rebeldes impondría la revolución socialista-comunista. Se enorgulleció de ser un hombre de armas al servicio de la justicia popular. Aunque, plenamente consciente en que si las cartas de las derrotas tocaban las programadas batallas revolucionarias, ellos preferirían morir con las botas puestas antes de ser arrastrados por la humillación. Guerrillero sin dignidad no es guerrillero. Posteriormente a esa arenga que dio, Douva y los subalternos que lo acompañaron, procedieron a replegarse. Salieron de la casucha a tomar el aire que traía el olor terroso de la lluvia por caer. En cuanto al rehén norteamericano éste nunca acabó de comprender del todo lo que expresó el guerrillero por no entender perfectamente el español. No hizo conjeturas sobre lo expresado por el jefe Boinas Rojas. Sin embargo, algo de lo planeado por el jefe de la facción número cuatro se quedó en su memoria. El cautivo apretó los puños de las manos con el deseo de evadirse después de haber oído los argumentos para atacar a su país. Lo que escuchó era algo devastador para los Estados Unidos. De nuevo y metido dentro de la hamaca Nick se lanzó otra vez en los brazos de Morfeo. Se durmió con el sentimiento de que todo se enderezaría en el futuro. Con la esperanza de volver amanecer con vida.

El "ki, kiri, ki" del madrugador gallo anunció una nueva alborada. Grácil como una pantera negra en busca de alimentos el comandante guerrillero se levantó a primeras horas del amanecer. Los demás camaradas al sentirlo despierto también se pusieron de pie. Se reacomodaron las barbas negras y los enredados largos cabellos negros. Se asearon en un baño provisional construido con latones e instalado en el traspatio de aquella casita de techo de bambúes donde permanecía cautivo el alto ejecutivo de la empresa *"La Inois. Company"*. Posteriormente, todos ellos, con vestimentas de paisanos, salieron del hato, no sin antes, despedirse del resto de los camaradas que se quedaron vigilando al secuestrado. Desde la puerta de la casita, Clarisa los despidió con un saludo desganado. Les hizo la señal del adiós con los dos brazos levantados. Los camaradas se retiraron con suma discreción; sin que nadie se percatara de sus presencias por esos lugares. Otra vez emprendieron el regreso a Caracas.

Montados en un camioncito pintado con unos resaltantes colores tropicales, con unos vidrios ahumados en las ventanas, los Boinas Rojas pasaron frente a la vivienda de don Rafael, vieron al camarada aliado enviar saludos desde una ventana de su dormitorio, enseñando una amplia sonrisa con sus labios cuarteados por los años. Con unos ojos con incipientes cataratas, don Rafael seguía observando con dificultad a los visitantes camaradas, hasta que el camioncito con las tapas de las ruedas pintadas de rojo y de azul, se perdió en el sendero. Pronto, el automotor se convirtió en una mancha polvorienta en la ruta que conducía a Caicara del Orinoco.

En esa mañana en que se marchó el grupo especial de los Boinas Rojas, nada sucedió. Fue una mañana normal y rutinaria. Empero…, las piedras en el camino comenzaron a rodar estrepitosas y a producir ruidos raros. Algunas veces, dentro de los zaguanes y de los salones de las viviendas de Borbón, se comentaba que don Rafael visitaba con frecuencia a esos forasteros desconocidos, los que se pasaban horas enteras moviéndose en el centro del caserío. Hubo comentarios malsanos que sostenían que esos sujetos habían pagado una buena lana a don Rafael, por los favores concedidos. Con malicia, uno que otro lugareño soltaba la lengua para comentar que así sería la cantidad de plata recibida por el viejo don Rafael para convencerlo en que los ayudara en asuntos de sus intereses. Lo cierto era que lo de la paga nunca se llegó a comprobar. En cambio, se supo que don Rafael había arriesgado el pellejo al convertirse en un fiel confidente de esos individuos. Hecho que produjo un malestar colectivo en la población porque se estimaba y se respetaba, y a quien se consideraba, junto a don Pemón, una columna vertebral en el seno de esa comunidad rural. Ellos dos eran aquellos consagrados *"papaúpas"* del caserío de Borbón.

Con un temblor en su mandíbula y todavía sostenido por el fino hilo de la esperanza, el norteamericano ordeñó las vacas en el corral del hato después de que se le permitiera salir a pasear alrededor de la casucha de bahareque habitada por él, obviamente, vigilado por los guardianes, aprovechó de acercarse al hombre que estaba en plena faena del ordeño y le pidió un poco de leche pura y calientita extraída de la ubre de la vaca.

Bajo las severas miradas de sus cancerberos, Nick bebió la leche con una ansiedad. El hecho de estar vigilado conjugó la crueldad envolvente de esa mediática generosidad.

En un intento por fortalecer su ánimo y de sobrevivir en aquel espantoso encierro de años, en el umbral de un nuevo amanecer el gringo como pudo se montó sobre un caído y desconchado tronco de un árbol maderero. Con sus huesudas manos, el rehén tironeó su larga y cenizosa cabellera mientras esperaba la acostumbrada visita del viejo Donato, una especie de protector que le había prometido llevarle unas arepas de maíz blanco rellenas con un queso guayanés para desayunar. Entre tanto, su ángel protector se presentaba, el gringo aprovechó su libertad condicionada para meditar sobre los futuros días. Concluyó en que su "destino" estaba trepado en el lomo de una gigantesca montaña terrosa, pronto a desintegrase bajo un detonante movimiento sísmico. Desesperado, hizo un esfuerzo mental para buscar la puerta franca por donde escapar y no la halló. Lo jorobaba la maligna realidad de la falta de su libertad. No podía menos que pensar en la sordidez de lo que le ocurría. En el momento en que una brisa mohosa azotó su rostro melancólico, el cautivo en silencio imploró a las divinidades del cielo que lo ayudasen a salir de ese calvario que mermaba su existencia cada día transcurrido. Rogó que lo libraran del martirio que lo oprimía y lo traumatizaba. Montado a horcajadas en la deshilachada corteza del tronco muerto, puesto en aquel patio, Nick esbozó una sonrisa tristona que decía mucho de su tristeza. El cautivo se quedó abstraído hasta el momento en que don Donato apareció con la vianda de alimentos. Luego de comer bien, el rehén se puso de pie para dar varias vueltas por ese lugar. En rededor se trepó en un montículo de tierra habitado por un ejército de hormigas y de bachacos culones. Desde allí también al trote vio pasar una manada de caballos y de yeguas. Desde una distancia cercana, observó los rebaños de vacas, toros, becerros y bueyes, que pastaban en los verdes y húmedos matorrales y herbazales. Ese espectáculo visual lo hizo olvidar por momento la cruz de martirio que llevaba sobre sus espaldas. En pensamiento, Nick rechazó las crueles cadenas de la opresión, en los lugares donde había permanecido desde el día en que lo plagiaron. Se quedó un rato más en ese sitio. Más allá del tiempo cronometrado para su descanso, el gringo pensó en que ahora era que había fortaleza espiritual en él; porque solo se las había arreglado para poder sobrevivir. Regresó a la casucha donde estaba recluido, y con desgano se tiró sobre la inmunda y maloliente hamaca tejida por los indios guajiros de la Venezuela, hermosa, y productiva. Cerca del mediodía, Nick dormitaba. La bilirrubina se le había subido. Se sobresaltó al escuchar las recias pisadas de aquella mujer fornida y forrada en balas. Ella se plantó a su lado y se le ocurrió la idea de querer al *yanquicito* propinarle un puntapié en sus enflaquecidas nalgas asomadas entre el ralo tejido de la hamaca. La guardiana recomenzó a molestarlo y le hizo la vida más difícil. Ahora, él otra vez estaba solo frente a ella. Temió que esa tipa se convirtiera en Medusa y con su mirada lo petrificara. El rehén no sabía de qué manera actuar ante ella, sobresaltado, abandonó la hamaca. Clarisa se sentó en una silleta de lona plegable colocada en un rincón en la casucha, con una cara inexpresiva pero haciendo gala de ser una perturbadora boquirrota dio al rehén un sermón parecido al de las siete palabras de la Semana Santa. Ella, con una media paciencia logró sacarlo de su retraimiento. Esa mujer de labios carnosos extendió sus manos hasta el cautivo para darle una bolsa de yute; con un buen cuidado en dársela, porque contenía unas cuantas frutas frescas recogidas en un vecino huerto. Amohinado, el rehén agarró con dificultad la bolsa sin mostrar interés alguno en comerlas. Ni siquiera levantó los ojos para mirarla. Molesta por el desaire recibido del gringo, la custodia no vaciló en tomar entre sus manos el rostro mustio y frío del cautivo y, sin mediar palabra alguna, le estampó un sonoro beso sobre su mejilla. Clarisa comprobó que la pálida faz del gringo era tan fría como una panela de hielo. Con un desenfrenado arrojo y sin guardar un mínimo pudor, ella se auto censuró por su loco arrebato. Luego pensó en que si su rostro era tan frío, cómo tendría de congelado "aquello". Por primera vez en su vida, a Clarisa Permar se le ocurría coquetearle a un hombre desahuciado. El conturbado rehén con los nervios crispados la miró de reojo en aquel instante. Mientras el verdor de la selva se agitaba tras el recio silbido del viento. El gringo se sintió intimidado y trastornado de mente y corazón. El norteamericano consideró una patochada el beso que recibió de su celadora, puesto que en su opinión ella no tenía motivo para dárselo. Se indignó. La creyó una cretina revolucionaria que venía a consumar alguna venganza en contra suya. Aún cuando en el fondo de su corazón, como un varón que era, sintió un cosquilleo en su mejilla al recibir ese ósculo que precisamente no se lo daba una santa sino los labios de un demonio vestido con ropa femenina, una mujer de dudosa reputación. Al cabo de unos cuatro días y después de haber ocurrido el episodio del beso, el plagiado empezó a sentir algo raro dentro de sí. Un escalofrío viral recorría su magra piel y lo alteraba. Perturbado se enrojeció cuando sintió el llamado de la tentación. Con rapidez trató de quitarse de la mente aquella pecaminosa sensación erótica que sentía. Aquello había sido tan insólito que lo hizo recordar que profesaba la religión luterana. Se batió con las manos un mechón de pelo largo para despejarse la cara. Nick se resistió a admitir en que todavía él pudiera sentir algo por una mujer. Solamente un milagro podría estimularlo para apetecer a una mujer en las condiciones deplorables en la que se encontraba. Su conciencia dio testimonió de lo acontecido. Sin embargo, ese milagro empezó a surtir efecto cada vez que ella (fusil al hombro) se le acercaba para brindarle una bebida refrescante o traerle cualquier cosa de comer. El rehén sentía cercanamente el aliento floral de Clarisa, cada vez que ella pegaba sus labios carnosos sobre sus oídos para susurrarle zonceras. No obstante, en horas solares el norteamericano secuestrado no mostraba ningún entusiasmo cuando Clarisa se acercaba para fastidiarlo. El tiempo corría. En una perpetua mañana de olorosa frescura, Clarisa, suavemente, tocó los cachetes del desventurado hombre, quien, sutilmente lleno de gozo sintió su hombría despertar. El deseo carnal resurgió de los escombros de su cuerpo. Nick estaba preocupado, muy preocupado, por lo que sentía por esa desconocida mujer. Tanta era su apetencia sexual que en la medianoche hubiera deseado aliviarse aquellas locas ganas de tener un coito. Ese deseo impúdico consiguió inquietarlo. Estuvo a punto de lloriquear como un niño. Todo iba de prisa. Se prometió, así mismo, que dejaría de un lado ese apetito sexual. Buscó alejarse de esos malos pensamientos, motivo por lo cual, él actuaría con prudencia ante la mirada tentadora de la guardiana. Claramente, la tentación y la conducta erótica de Clarisa Permar, lo perturbaban sobremanera. Sin escrúpulos, ella lo seguía seduciendo. Las cosas no iban viento en pompa como ella quería, puesto que había cierta resistencia en aquel hombre. Empero con el ímpetu que tienen las mujeres cuando se meten a guerrilleras, sucedió que una mañana con un cielo despejado de nubarrones, un día domingo, Clarisa Permar aprovechó las circunstancias en que ninguno de los otros camaradas que fungían de centinelas, se encontraron, en el hato "El Divino". Y tampoco la peonada trabajaba ese día. Desafiante y zamarra como de costumbre, Clarisa pensó que ese día era el más propicio para llevar al rehén a un cercano pozo de aguas dulces y cristalinas. Ese pozo se encontraba a unos trescientos metros de distancia de la casita. Clarisa Permar insistió en que Nick la acompañara a tomar un chapuzón en aquellas templadas aguas y bajo un clima espléndido. El norteamericano sin oponer resistencia se dejó arrastrar por la guerrillera. Por nada del mundo él dejaría de ir con ella. Sacó fuerzas suficientes para dar trancos largos (pues sus piernas flaqueaban) y así poder transitar las veredas estrechas que daban hacia el escogido lugar. Nick estaba hecho un gallito de pelea, aunque lo afectaban la fatiga y la debilidad. El cautivo de Borbón tenía los ojos brillosos bajo un resplandeciente sol que matizaba los colores de los moriches y de las palmeras de cinturas cimbradas. El canto de los pájaros arrullaba la naturaleza circundante. Clarisa, con un morral en las espaldas, exhibía una sonrisa pícara y un buen humor. En el sendero transitado, ella miraba de reojo al desgarbado yanqui. La expresión del semblante de la mujer era indescriptible cuando empezó a maquinar que tendría sexo con él, en cualquier lugar, donde nadie los viera, donde nadie los perturbara. Se tocarían los cuerpos. En un arranque de emoción la guardiana dijo al rehén que no se preocupara porque ella lo enseñaría hacer esa "cosa tan rica".

Ese dominical y matutino paseo sería una tremenda complicación amorosa para Nick. Se mostraba entusiasta con la intención de divertirse. Por supuesto, él no olía una trampa montada por ella. Como una gacela asustada, el cautivo permaneció dócil al lado de esa mujer y sin conocer en el fondo lo que luego sucedería. La escena se montó en un ambiente bucólico donde sinfónicas cascadas de aguas nutrían aquel pozo de aguas verdes, reflejos de la tupida vegetación. La mirada atrevida de Clarisa se clavó en el rostro tristón de Nick. Que absorto con la boca abierta contemplaba ese paradisíaco y hechizado lugar escondido entre murallas de árboles y de altos hierbazales. Una policromía de errantes aves canoras esparcidas en el brillante cielo azul puso a volar la imaginación fantasiosa del cautivo, aunque temió que esa mujer fuera capaz de sentir sentimientos nobles para con él.

El lugar donde estaba el pozo era toda una esencia vital en medio de la virginal naturaleza. Clarisa con suave voz rogó al gringo despojarse de sus ropas. En un avance de locura y ante la vergonzosa mirada de asombro y consternación de Nick, Clarisa se desnudó tal como Dios la había traído al mundo. En ese instante, con desmesura el rehén abrió los ojos azules, impresionado por la desnudez de la mujer; los exuberantes senos de Clarisa lo excitaron. Aquella guerrillera se presentó con todo el esplendor de una hembra en celo. De inmediato al gringo cautivo le sobrevino una calenturienta pasión para con ella. Su delgado cuerpo tembló cual hoja estremecida por las gotas de las lluvias y sintió deseo sexual, a sabiendas de que esa mujer era otra guerrillera socialista de los grandes culpables de su desgracia. Ese domingo del mes de junio el rehén se convirtió en un ejecutor del amor lascivo. En aquel momento pasional, si Nick hubiera sido criollo, seguramente, a los cuatro vientos hubiera gritado: "¡Vida, nada te pido! ¡Vida, nada me debes! ¡Vida, estamos en paz!". En aquel inaudito momento de confusión emocional. El gringo dejó de considerar a esa mujer como la secuestradora causante de su profundo martirio. Un súbito dolor en el pecho oprimió su lastimado corazón varonil. Y, con el alma en vilo, más que impulsado por una desbordada pasión se imaginó a Clarisa como un ángel caído del cielo, revoloteando a su alrededor para darle placer. Ella era el símbolo de la pasión. Por esa razón, el cautivo ni siquiera pudo recordar el nombre de su esposa y menos pudo contener el deseo de tener sexo con su cancerbera. Bajo una conmoción sentimental, Nick ardía en deseos por la secuestradora. Junto a ella se dispuso a sumergirse en un mundo de lujuria, estimulado por la tentación de la carne. En los apremios amatorios creyó que el sol sonreía con alegría y desnudaba su alma para nadar entre aguas mágicas, entre sueños, fantasías eróticas, verdades y mentiras idílicas. El gringo vivía un ilusorio romance con su centinela y secuestradora. Entonces fue cuando el rehén pasó a ser un hombre que curó el desprecio sentido por cada uno de los plagiarios. Con ojos de perdón el norteamericano miró a Clarisa. Dejó volar la mente e imaginó aludes de arpegios colarse entre las vibrantes claridades de los árboles selváticos. Atrapó en las aguas un mundo de felicidad. No un mundo de oquedad. Pudo alejarse de los oscuros pensamientos albergados en su mente. Si a él le quedaba la sombra de alguna duda para entrar en una batalla amorosa con Clarisa, esa sombra se disipó al respirar el aire puro de la naturaleza. Aunque no dejó de estar compungido, en cierta forma, no le importó el cotilleo ni la critica que pudiera originarse en cuanto a su acercamiento personal con su secuestradora. En aquel momento, Nick creyó andar por los caminos del cielo. Era el momento de inmolarse, motivado a ese fuerte deseo sexual. Y, atraído por aquella mujer, nada hermosa por cierto, cual varón domado obedeció el ruego de la secuestradora y procedió a quitarse la andrajosa y sucia ropa. El norteamericano se desnudó sin poder zafarse de ese "pudor virginal varonil". Se halló reprimido por no haber tenido relaciones sexuales durante un largo tiempo. Nick, arrebatado por la locura del placer puso en marcha su parte íntima para un goce profundo con la guerrillera. Un glosario de ideas pasó por su mente. Ante los ojos de aquella amante de ocasión cuidó de no aparentar ser un fiero león.

Clarisa Permar chapuceó las frescas aguas dulces del pozo encantado. Era una mujer despreocupada, desnaturalizada, pecadora, insolente, delirante, y hasta perversa en sus intenciones. En su momento de locura, ella lanzó estridentes gritos para que la oyeran hasta los peligrosos animales que merodeaban esa zona selvática.

El cautivo expelió diversos humores por la blanca piel mientras se bañaba en las aguas templadas del pozo. Ese baño en aquel pozo nutrido por un río era un experimento viviente para él, puesto que aminoraba el dolor de sus heridas físicas y espirituales causadas por el largo encierro. Disfrutó de las claras aguas e intentó huir de la fatídica realidad que lo envolvía. Por momentos se olvidó que esa mujer era cómplice directa de su crucifixión. Por lo pronto, al gringo solo le importó lo que sentía por ella. Clarisa se introdujo dentro del cuerpo y de la mente del rehén. Eso lo liberó en cierto modo del prolongado sufrimiento vivido. Nick se notó sediento de afecto y de compañía. Refrescada por los finos e invisibles hilos que forman los vientos y, so pretexto, para complacerlo, la socióloga revolucionaria de los Boinas Rojas se portó como una auténtica ninfómana, que más que enloquecida de pasión ella buscaba poseer la virilidad del gringo. Una lujuria desbordada dentro de su piel morena. En ese trance voluptuoso ni la cortesana Aspasia, ni la Bella Otero, ni Naná, hubieran podido competir con ella en las artes amatorias, bajo el esplendor y la intensidad del sol tropical. La mujer logró varias veces hacer suyo al rehén. Incontenible e insaciable era su furor uterino. La pasión cabalgó sobre esos dos cuerpos de mujer y de hombre. El cautivo sollozó bajo el embrujo de su secuestradora. Las cristalinas y templadas aguas del pozo arrullaron a Clarisa y a Nick. Macho y hembra habíanse unido en un solo y único acto. Pero... con el agravante de ellos estar desunidos en ideales y en propósitos de vida. El punto negro de la discordia sería qué tanto Nick como Clarisa se encontraban separados por una disímil e irónica percepción de concebir el mundo político y financiero. A pesar de esa barrera u obstáculo ambos estuvieron conscientes de que cuando la pasión se manifiesta en lo más íntimo de un hombre o de una mujer ésta se convierte en un sentimiento supremo, y en una razón de ser. Sin resentimientos, Nick perdonó a esa amante casual. Quizás ella sería la última hembra de su vida.

Los dos formaron un círculo cerrado e impenetrable ese día. En ese tiempo sobrante y disponible atrapada por un desvarío pasional, Clarisa se entregaba al gozo del placer carnal con su rehén, gringo, aunque, ella cargara un fusil al hombro dispuesta a matarlo si se interpusiera en su camino. No obstante, de querer hacerse la loca con la obligación que le fue asignada, Clarisa sintió remordimiento por no cumplir a cabalidad con la misma. Ella sabía que rozaba el límite de la traición para con sus camaradas y su propia organización guerrillera a la que pertenecía, ya que había jurado obediencia. En cuanto al gringo, sin dudas a éste le asistía la necesidad de contar con una compañera que lo ayudara a poder continuar resistiendo los embates del calvario causado por el zarpazo de su secuestro. Se olvidó por un momento que seguía secuestrado. Disfrutaba una relación sexual atípica y pecaminosa con la guerrillera. Ese insaciable acto sexual obligó a los dos amantes a no seguir mintiéndose en cuanto a sus verdaderos deseos. Sólo Dios sabría cuáles serían los mismos.

El norteamericano compartió una íntima relación sexual con su plagiaria. Empezó a no sentirse una piltrafa humana. Después de transcurrir más de dos horas de estar gozando del agua y del sexo; Nick no sabía si aquello era una verdad o una ilusión. O simplemente una fantasía. En buena parte, a él no le pareció que ese acto amatorio fuese pecado o un grave error cometido. Juró nunca borrar de su mente y de su corazón lo vivido con la plagiaria. Eso sucedió mientras la pasión lo dominaba. Entre tanto, aquella desaforada mujer lo acechaba con sus labios carnosos y sus manos callosas. Bajo el éxtasis del placer, Clarisa Permar brindó al rehén una trepidante emoción sexual nunca antes sentida por él. Nick castañeó los dientes y bramó con delirio en medio de aquella extraña aventura amorosa. Después, experimentó una sensación de alivio y de tranquilidad. Recordó aquel libro titulado *"Las confesiones de un Pecador*

Arrepentido". No se sintió aludido ni arrepentido porque había vuelto a nacer ese domingo de junio de 1979.

En medio de ese delirante entusiasmo sentido, Nick no pudo alcanzar un instante de cordura y de razón. Aunque ese sorpresivo goce carnal lo puso nervioso y temió que esa mujer lo hubiera seducido para después asesinarlo. Separándose con suavidad del cuerpo de su plagiaria, el gringo continuó nadando en las aguas templadas del pozo, un tanto, embriagado por aquel bello y estimulante paisaje natural. Miró el brillo del sol que a distancia parecía burlarse de su estupidez. El norteamericano intentó con sus ojos azules aprisionar con la mirada todo lo que había en derredor. Respiró profundo para inhalar el sutil aroma de las flores silvestres. De nuevo en un arranque emocional, el cautivo tuvo la sensación de querer morirse de amor atrapado por el caliente cuerpo de aquella secuestradora. El gringo disfrutaba en demasía de las aguas del pozo y de su pasión por esa mujer. Reiteradamente, el cautivo sumergió la cabeza con una luenga cabellera que había adquirido un color azafranado de tanto mojarla en el agua y exponerla al radiante sol. Sentía la plena sensación de que su espíritu se había liberado por siempre de las amarras de una opresión y de los maltratos psicológicos infringidos por sus captores; pero la realidad era otra, porque, él vivía en un mundo catastrófico donde la palabra libertad no existía. Aunque en medio de su euforia, Nick podía distinguir, y eso lo hizo meditar un poco, sobre en que todo lo vivido ese día era solo una quimera, un sueño nada más. Consciente de que la casucha donde lo habían recluido sus captores era un campo de tirios y troyanos. Sin causa justa y una razón válida lo habían sacrificado a un enjambre de hombres y de mujeres con ideas políticas erróneas; dispuestos a atacar el sistema capitalista, neoliberal, y democrático de los Estados Unidos A causa de esa equivocación ideológica, los Boinas Rojas lo habían reducido a existir en un mundo de sombras, siendo él un hombre inocente de culpas. Contra su persona se había desplegado una fuerza bruta. Lo torturaron en forma física y mental. Singularmente el norteamericano se encontraba privado de su libertad, capturado por una banda de revolucionarios comunistas que demostraban amar más la violencia que la paz y libertad. Despreciaban hasta sus propias vidas.

Nick había quedado sin aliento después de los reiterados orgasmos que tuvo con la secuestradora. Con una mirada aterciopelada se quedó contemplando a aquella mujer de temperamento rebelde, con unos ovarios caprichosos. Nick con ella había disfrutado las maravillosas bondades del sexo femenino. En ese sitio placentero en donde la consabida confrontación ideológica de ambos ocasionalmente se convirtió en nula. Los dos sonriendo con alegría, por momentos creyeron ser libres, sin ninguna especie de atadura. Libres de los tabúes políticos y sociales. Grande fue la emoción de ambos que hasta sintieron las palpitaciones de sus corazones en la orilla de aquel pozo, nutrido de agua, tal vez por el río Tapaquire, hermano del soberbio Orinoco. Ese día, Clarisa y Nick resquebrajaron todas las normas disciplinarias, pues ninguno de los dos había tenido buen cuidado en cumplirlas.

Aunque ambos se mostraron tranquilos, como si todo estuviese en orden, se dieron cuenta que habían tocado un fondo peligroso; no obstante, entendieron que los momentos vividos no volverían a repetirse durante el resto de sus vidas. No sabían si ellos se volverían a encontrar y amar en algún otro lugar del planeta tierra.

De regreso al hato "El Divino", a la casita de bahareque levantada allí, sucedió que Nick despertó de un sueño tras un latigazo recibido en su memoria que lo devolvió a la realidad. Se metió en su propia piel y despertó su conciencia al recordar a su esposa Dola y a sus tres hijos. En ese flash mental, recordatorio, fue cuando le pareció que Clarisa no tenía el *glamour* de su mujer. La fidelidad conyugal prometida a su esposa quedó amputada al concebir satisfacción sexual con otra mujer. Había rebasado los límites permitidos en el matrimonio. Nick lo sabía. Se enfurruñó aunque no había pasado nada. En seguida ambos terminaron de ponerse cada uno en su sitio. Una vez instalados dentro de la humilde vivienda, el rehén tiritó de frío. Su mojada y larga cabellera la escurría en una ponchera de peltre; mientras Clarisa calentaba un guiso de carne en una cocinilla de kerosén. En aquella soledad comieron ese guiso acompañado de una porción de torta de almidón de yuca. Tomaron varios vasos de agua, para calmar la sed.

Después se alimentó. El rehén volvió a la hamaca. Nick aprovechó que aún no habían aparecido los otros custodios, y con una voz agringada, sorprendió a Clarisa, cantándole una estrofa de *"La Sapoara"*, una típica canción de esa región, que don Donato le había enseñado por las noches, cuando lo visitaba. Jocosos, rieron los dos. Después, juntos se quedaron en espera de la caída de la noche. Los besos continuaron acariciando los rostros. Y sus corazones retumbaron. Otra vez relamieron sus pasiones en silencio. Nadie se enteró.

Entrada la madrugada ambos decidieron descansar, aunque Clarisa no podía conciliar el sueño del todo. Ella se auto recriminó su actitud veleidosa para con el secuestrado. Sintió un *mea culpa*. La noche traía silencio. La luna se escurría en el firmamento; en tanto, Clarisa, sentada en una estera puesta sobre el piso de tierra, volvió a jurar fidelidad a los ideales socialistas. Se le notaba una inquietud al no saber si lo sucedido le pesaba o no. Concluyó que todo era un asunto personal. Sin embargo, no dejó de parecerle inadecuado ese amorío suyo con el rehén. El hecho golpeó duro su conciencia y trastornó su responsabilidad. Mientras, Nick se acostaba cómodo en la hamaca con la convicción de que Clarisa estaba confundida en sus ideales. Aun así, no dudó en considerarla una centinela de cuidado. Sintió agradecimiento para con ella; pues, no obstante llevaba un fusil colgado de sus hombros, la guerrillera se lo zafó esa noche del cuerpo para dar mayor bienestar emocional al gringo. En su papel de una cazadora furtiva, esa guerrillera aceptó que su relación sexual con el gringo había sido un placer que logró calmar su ímpetu femenino. Clarisa cerró los ojos en el momento en que consideró al estadounidense un trofeo suyo, ganado en una buena *lid amatoria*. Un idilio que permaneció envuelto en el más profundo de los secretos. Y, como si nada hubiera sucedido por esos contornos, al día siguiente la rutina continuó en Borbón. Las faenas diarias llevadas a cabo en hatos, en huertas, en mataderos, en mercados, en comercios, en escuelas y en cualquiera otro lugar de trabajo se realizaron bajo el ardiente sol tropical. Esa mañana, había irrumpido con una frescura agradable. Hombres, mujeres, niños, niñas, se alistaban para cumplir con sus actividades cotidianas. Las mujeres con sus faldones de colores alegres y pañuelos en las cabezas pusieron leñas sobre los fogones donde colocaban los budares para cocinar las arepas con aquel peculiar sabor criollo guayanés. En ollas de peltre, cocían los frijoles y las caraotas negras. Entre tanto, otras mujeres se dedicaban a sacar los tarros de aluminio para poner la leche de vaca, y en otras vasijas de gredas la leche de cabra. Con ambas leches se elaboraban ricos quesos que luego eran vendidos en Borbón y en otros sitios de mayor densidad de población. La gente marchaba sin contratiempo o novedad. Por los momentos, la tranquilidad reinaba en el caserío. Paz que nunca había sido interrumpida abruptamente por la aparición de ningún inesperado acontecimiento. Los Boinas Rojas seguían en contacto con los jóvenes del pueblo, ahora convertidos en apóstatas de la religión católica. Y, aunque parezca extraño, los guerrilleros se hallaban radiantes de felicidad por la misión cumplida en ese sentido. Mientras tanto, los ancianos de Borbón consideraron sacrílego tal adoctrinamiento comunista dado a la juventud. Finalmente, los mayores no pudieron impedir que sus hijos, nietos, bisnietos, sobrinos, y ahijados, se quedasen incorporados dentro de esa corriente ideológica de carácter político. En una situación llena de peligro e incertidumbre los mayores no conocían del todo la dura realidad de lo que acontecía en Borbón. Incluso el alcalde desconocía de antemano que al pueblo lo habían intoxicado con esas ideas para encubrir el cautiverio de un hombre rubio en un hato cercano a Borbón. El tiempo pasó sin levantarse la más mínima sospecha en cuanto al plagio cometido por subversivos disfrazados de forasteros. Cerca de unas seis personas en Borbón conocían el secretillo, sospechaban que en un hato cerca de Borbón había una casita cercada por una alambrada y protegida por una verde espesura donde al parecer se alojaban los forasteros junto a otro hombre de pelo cenizo y bizco. Gracias a las argucias y a las destrezas de esos plagiarios casi nadie se enteró de que allí tenían secuestrado a un desdichado estadounidense.

Don Rafael, don Pomón, don Donato, Toribio, Torreblanca y Lorenzo eran los únicos habitantes de Borbón que conocían del cautiverio del ciudadano estadounidense en el hato "El Divino". Todos ellos bajo un solemne juramento guardaron ese secreto. En medio de todo, Florencio Chimarás, alcalde de Borbón y máxima autoridad del pueblo, ignoraba lo que ocurría. Desconocía que en el hato "El Divino" estaba oculto un hombre obligado a vivir como un cartujo, cautivo de los Boinas Rojas. Un norteamericano buscado por los cuerpos de seguridad del estado por haber sido secuestrado. Eso lo desconocía Chimarás, porque, a decir de las malas lenguas del pueblo, lo único que le interesaba a ese alcalde era tomarse más de una docena de latas de cervezas los fines de semana, para después dormir la mona hasta el amanecer del nuevo lunes. Donato, quien conocía como un buen amigo a Chimarás, siempre en un tono dicharachero, le decía: "Borracho con ojos cerrados no ve delitos ni crímenes, ni impone autoridad". Al alcalde eso le importaba un bledo. Sólo se inquietaba cuando se encontraba sobrio y no cumplía con su deber en el momento requerido. Su costumbre era emborracharse cada fin de semana y en días feriados, porque de lo contrario se aburría como una ostra en su concha.

El agradable paisaje pastoril del hato, "El Divino", prometía ser una pintura de Pedro Brueghel, conocido como "El Viejo", era una casona de varias ventanas, tragaluces, ojos de bueyes colgados en las paredes usados como mirillas. Casona antigua rodeada por un corral para guardar gallinas, pollos, gallos, patos, gansos, y perdices; con un corralón para criar cochinos, jaulas de pájaros, estanques con agua; un establo para el ganado vacuno y otro establo para los caballos; un corral con carneros, cabras, y chivos. Unas rutas polvorientas circundadas por una frondosa vegetación. También veíase una que otra vaca holandesa o bretona destilando por la ubre una espesa y espumosa leche, unos becerros amamantándose de las madres, unos patos graznando, unos pájaros revolotear entre las copas de los árboles. Una pareja de morrocoyes. Unos perros callejeros. Un corralón repleto de cochinos, dos fogatas con leña, un parrillero rústico para montar carne de res o de pollo o de cerdo; un cobertizo para acampar la peonada, y sobre todo, lo más admirable era la belleza de la flora y de la fauna de aquel lugar. Eso transformaba el hato "El Divino" en un lugar mágico, hijo de la madre naturaleza. Una linda creación de Dios. Pero, más allá, a cierta distancia, había una casucha de bahareque que nadie veía, como si el mismo diablo tapara los ojos de los habitantes de Borbón. Esas tierras olían albahaca y a mastranto. En los alrededores cercanos de esa casita de bahareque se hallaban conversando los tres guardianes del secuestrado: Aquilino, Wilfro y Clarisa. Permanecían despreocupados, mientras, cada uno de ellos, tomaba sorbo a sorbo una tacita de café negro y calientito. Engullían arepitas dulces, que contenían un poquito de ajonjolí. Gracias al singular y bienhechor don Donato, que se acostumbró a llevarle un desayuno criollo a los guerrilleros Boinas Rojas y también al rehén.

Era imposible encontrar otro lugar seguro para ocultar el estadounidense, secuestrado. Pero, un día sucedió que sin esperarlo, el comandante Porto arribó al hato. Era otro jefe del grupo número uno de la organización Boinas Rojas. Cerca de las once de la mañana el recio guerrillero pudo reunirse con los camaradas que vigilaban al secuestrado. Antes de que Wilfro quisiera brindarle un desayuno guayanés preparado por la mujer de Donato, el sagaz y experimentado comandante había tomado un baño ligero. Usó para tal propósito una tapara curada con la cual recogió agua fresca dentro de un barril de madera añeja. Una vez puestas ropas limpias y las botas lustrosas, el jefe de los Boinas Rojas atrapó entre sus dedos un habano marca Cohíba. Con unos ojos penetrantes e inquisidores miró de frente al resto de los camaradas quienes en cuclillas lo escucharon. El quisquilloso y hábil comandante en un momento inesperado extendió la vista al cielo y detectó un avión bimotor que sobrevolaba ese hato a una mediana altitud, en posición de vigilancia aérea. Eso le pareció sospechoso a él. Con un gesto disimulado de cabeza, ordenó a los demás camaradas entrar de inmediato en la vivienda para no despertar curiosidad o sospecha alguna. En el interior de la casita estaba dormido Nick (*broken down*), a causa de las drogas que le habían suministrado en la anterior noche. El gringo, por momentos era un muro silencioso. No tenía la suficiente energía para levantarse de la hamaca, ni para comer, ni hacer sus necesidades. Estaba hecho un estropajo ante la mirada tímida y lastimera de Clarisa. El plagiado se encontraba ajeno a lo que sucedía en aquellos instantes de tribulación para los revolucionarios-secuestradores.

Adormitado, Nick se dio media vuelta sobre la asquerosa hamaca, como si el mundo no existiese. La verdad era que el norteamericano estaba transformado en un fantasma con la piel pegada a los huesos, en espera de expirar. Los custodios no tuvieron la precaución de alimentarlo lo suficiente en los últimos días, aunque Clarisa insistía en que había que reanimarlo para que comiera bien. Siempre lo expresaba mostrando un gesto de impaciencia. Le desagradaba que la miraran a ella con ojos malintencionados, interrogadores.

En el interior de la casita todos los custodios se sentaron sobre unas banquetas de cuero de vaca. El comandante Porto, en una silla giratoria. Luego, todos asintieron que ese sobrevuelo del avión bimotor no era algo usual por ese lado. Uno de ellos argumentó que cabía la posibilidad de ser más bien un vuelo de espionaje para detectar si algo anormal sucedía por allí. Los Boinas Rojas presintieron que las autoridades ya estaban sobre las pistas del secuestrado. Preocupados ante el hecho de que, si se llegaba a realizar una razzia en ese lugar, lo más seguro era que los emboscaran si ellos no se movían con rapidez. El comandante Porto frunció el entrecejo y alertó sobre la probabilidad de haberlos descubierto. Los mandó a estar atentos en cuanto a cualquier movimiento extraño que pudiera suceder en Borbón o en sus alrededores. Sus manos hicieron un movimiento circular en el aire, y recalcó que no se descuidaran por nada del mundo. Esa tarde, el silbido del viento pareció traer un presagio de mal augurio. Una vez terminada la conversación con los subalternos, el comandante Porto se marchó con un rumbo desconocido. El resto de los camaradas quedó a la zaga y en una pronta espera de las nuevas instrucciones. Antes de irse, el comandante Porto prometió a los tres custodios del rehén que volvería a comunicarse con ellos. Solicitó a los mismos estar atentos a su próxima comunicación, porque ésta podría ser el último llamado después de cerrarse la negociación. Posteriormente, se procedería a liberar al estadounidense. Los centinelas tomaron esas palabras como un reto enorme, por supuesto, siguieron confiados en que todo saldría a pedir de boca. Guardaron esperanzas en que el éxito de esa operación estaba a la vuelta de la esquina. Y pronto todos ellos se irían a casa, a descansar por un tiempo largo.

Dos días después de haberse marchado el comandante Porto. La guerrillera Clarisa partió del hato "El Divino" hacia el caserío de Borbón. Conducía una motocicleta recién comprada. Iba distraída. En el camino se encontró con un muchacho un poco zángano de nombre Juan, a quien apodaban "El Peludo" por nunca cortarse su larga cabellera negra. Ese joven de mirada viva y de unos movimientos rápidos, de una corta edad, por tener a lo sumo trece o catorce años, solicitó a la mujer que lo llevara hasta el centro de Borbón. En el trayecto, con un desenfado y un atrevimiento, trepado en la parrillera de la moto, con un desafío juvenil, empezó a contar los rumores de los pobladores de Borbón. Lo dicho por el chico lo aprovechó la guerrillera para enterarse del acontecer diario de esos habitantes. Tan ocasional confidente estaba bastante informado de los chismorreos ocurridos en ese pueblo; por supuesto, se trataba de un atorrante jovencito. Lo que dijo el muchacho le interesó sobremanera a Clarisa. Con habilidad, la guerrillera buscó sacarle hasta el último rumor que había escuchado. Pero a pesar del esfuerzo realizado no logró que el adolescente vomitara por la boca todo lo que sabía; poca cosa fue lo que pudo sacarle en claro. El imberbe se bajó apresurado de la moto y corrió alejándose de la mujer. Clarisa nunca lo volvió a ver.

Aunque ella no sabía de qué se trataba, intuyó que algo se estaba tramando por esos lados. De nuevo sus hormonas femeninas se alteraron. Montada en la moto, en su recorrido por las angostas y polvorientas callecitas de Borbón, encontró que muchas de esas vías las inundaba un penetrante olor a cochino frito. Clarisa saludó a la gente que conocía. Sonrió con derroche de cortesía. Así las cosas iban pasando extrañamente. La guerrillera presintió que había una situación rara en Borbón y no descartó que algún temporal cayera en el caserío. Aunque un tanto melindrosa siguió confiada en que nada pasaría en ese pueblo ni en los alrededores. En su acostumbrada andanza matutina en moto, Clarisa buscó encontrarse con el viejo Donato para entregarle un mensaje escrito metido en un hermético sobre cerrado. El propósito era que ese fiel aliado se lo llevara personalmente a uno de los jefes guerrilleros acantonado en la isla del Venado. No obstante, por una de esas malas jugadas del destino un tipo desconocido empezó a perseguir al anciano sin que éste se diera cuenta del hecho. En un muellecito rústico colocado a orillas del río donde se anclaban los botes, don Donato se embarcó en una de esas lanchas alquilada por uno de sus compadres. Se dirigió rumbo al sitio escogido para entregar la encomienda. El extraño individuo que lo siguió luego de que lo viera partir tomó un atajo por tierra y regresó al centro de Borbón donde una persona lo esperaba. Sin conocer los intríngulis de ese posible espionaje, Clarisa se dirigió tranquila al hato "Josué". Ella estaba ajena a lo que se tramaba a sus espaldas. Montada sobre la potente motocicleta llegó al hato, y se apeó frente al enrejado de hierro que protegía la entrada del hato. Desmontada de la moto, Clarisa tuvo la sensación de que algo no estaba marchando bien. Quiso despojarse de ese presentimiento negativo, sin poder lograrlo. Por unos segundos, recordó al norteamericano que luchaba por su liberación. Despreció sentirse acongojada por él. Sintió en que algo aguijoneaba su corazón en cuanto al futuro destino de quien una vez de ocasión, fuera un amante. No tuvo el valor de compadecerlo ni tampoco de rechazarlo. Ese día, Clarisa había programado pasar en el hato "Josué" unas cuantas horas para lavar un bojote de ropas sucias de ella y de los otros dos camaradas. Dos días a lo sumo le llevaría estar allí lavando ropas y los enseres domésticos.

Ese mismo día, en el hato "El Divino", Wilfro y Aquilino, se quedaron vigilando al rehén. En el ambiente se respiraba un envolvente silencio de ultratumba. Algo extraño se movía entre las numerosas hileras de árboles y en los peligrosos territorios marcados como un dominio de los feroces animales. Era evidente que un poco antes de que se marchara el comandante Porto, los revolucionarios Wilfro y Aquilino, recriminaron al jefe en cuanto a que prácticamente la organización los tenía abandonados en ese sitio, sin suficientes armas de fuego ni cómo poderse defender. Peor aún, sin medios de transportes disponibles para cualquier eventual huida. Solo contaban con unos equinos jamelgos y no con unos caballos briosos y veloces para desplazarse entre los matorrales y los caminos de tierras, o las vías asfaltadas, en caso de ser perseguidos. Con excepción de la moto de Clarisa, todos ellos andaban a pie. Se quejaron de estar a la buena de Dios. De ese modo, ellos estaban expuestos a la muerte. Y quien no diría de ser explotados sus cuerpos por una granada, una bomba molotov, lanzadas, o de recibir un tiro de gracia en la cabeza. Imploraron seguridad. Ácidamente le reprocharon al comandante Porto que ellos todavía no habían visto ni por casualidad un solo centavo de los millones que se habían cobrado o estaban por cobrarse para liberar al gringo. No sabían si los altos jefes Boinas Rojas habían o no cobrado ese dinero. Aquilino y Wilfro intuían que ellos podían ser traicionados o eliminados en el instante menos esperado, de modo que una trampa montada contra ellos no era descartable. Lo que no tenían claro era que ellos pudiesen ser traicionados por los propios camaradas de la organización Boinas Rojas.

Wilfro y Aquilino siguieron en la espera de aquella "orden" que tardaba en llegar.

VIII

POR UNAS SETENTA RESES

(Tras el paradero)

Bajo el olor de los naranjales, los limoneros, y los guayabos, transcurrieron los días sin novedad en los alrededores de la villa de Borbón. Nadie se encontraba suficientemente informado en relación al destino final del estadounidense secuestrado. En los círculos del gobierno crecía un sentimiento de culpabilidad por cuanto a más de tres años de haber desaparecido el norteamericano, todavía no se detectaban ni unas visibles huellas. El Gobierno Nacional no manifestaba la suficiente preocupación por resolver ese acto delictivo; sin dudas, esa conducta negligente gubernamental estimuló aquella presunción de hacer creer que el gringo había sido olvidado por su familia, sus amigos, y sus compañeros de la empresa, al suponer que él estaba muerto. Aunque en el ambiente imperaba ese fatalismo, no todos los mortales cerraron los ojos y abandonaron el interés por encontrarlo vivo y sano. En el país, numerosas personas se mostraron interesadas por saber qué había pasado con el rehén norteamericano, por cuanto todo marchaba desfavorable a más de tres años. El panorama era igual que al principio. En el complicado ambiente nacional, se daba el caso de que hombres y mujeres, obsesionados por ese secuestro, juraban ante la cruz de Cristo haberlo visto pasar de madrugada, convertido en duende, y de haber oído el eco de sus lamentos y de sus atroces gritos. Incluso, bajo los efectos de un cúmulo de depresiones y de angustias, muchos de esos duermevelas afirmaron haber percibido el espíritu errante del cautivo. ¿Alucinación o pesadilla? ¿Trasmutación de energía? Afortunadamente, esa manifestación de esperanza de los trasnochadores del país en creerlo vivo, logró que esa búsqueda siguiera latente. Un incalculable número de personas esperaba que se encontraran las huellas de sus zapatos. Por lo visto, con sus habituales ánimos y entusiasmo, esos ciudadanos continuaron dando la batalla para que ese secuestro no se quedara en un total olvido. En esos días ocurrió que, procedente de los Estados Unidos, arribó a Caracas un investigador circunspecto, perspicaz, de costumbres finas, un temperamento audaz, y una aguda inteligencia. Luego, también vino a dar y a buscar valiosos testimonios para cumplir un trabajo especial y delicado. De cualquier modo, ese hombre, siendo un agente especial encubierto de la CIA, tenía la misión de ubicar las guaridas de los plagiarios y de lograr rescatar al norteamericano raptado en condición de rehén. Con toda claridad en la intención, una vez instalado en el hotel capitalino, ese agente secreto de un semblante cerúleo, trajeado con elegancia, se dispuso a llamar por teléfono a un contacto importante para iniciar el trabajo. La persona con quien debía de comunicarse era un general de las fuerzas armadas, de nombre y apellido inglés. El propósito de esa llamada era solicitarle una entrevista con carácter de urgencia. Se trataba del comandante *Kanav*, jefe de la V División de la Guarnición de la Selva, centro de operaciones estratégicas militares con asiento en Ciudad Bolívar. Atento a una llamada que recibió, el jefe militar se mostró bastante espontáneo y receptivo; con una aptitud elocuente para cooperar en lo atinente al caso del plagio de Nick. Por supuesto, el general *Kanav* aceptó con beneplácito aquel próximo encuentro que sostendría con ese agente especial. Después de colgar el teléfono, el militar enseguida tomó medidas de seguridad a fin de que nada ni nadie pudiera arruinar esa reunión. El general *Kanav* estaba entrenado en operaciones de búsqueda y rescate de las personas desaparecidas. Por la vía telefónica informó a mister *Lieng* que ese encuentro programado se efectuaría en su despacho, a más tardar, después del mediodía, en el siguiente día. Al colgar el auricular, mister *Lieng* buscó abrirse la chaqueta para respirar mejor. En medio de aquel panorama circundante y novedoso, el agente secreto movió de un lado a otro su achatada cabeza para intentar sacudirse el cansancio provocado por tan largas horas de vuelo.

No era la primera vez que mister *Lieng* pisaba el territorio nacional. Esa vez, después del viaje, sintió fatiga, que sobrepasó su capacidad de aguante y, por último, lo venció el *jet lag.*

Se trasladó de ese lugar al hotel. En la habitación del hotel y después de haber descansado del ajetreo del viaje, el comisionado especial tomó nota del día, hora y lugar del encuentro, por si acaso algún detalle pudiera olvidársele. A media mañana del siguiente día, mister *Lieng*, se dispuso a viajar a Ciudad Bolívar. Iría acompañado de una secretaria privada. Mujer joven, primorosa, y sensual. Antes de abordar la aeronave, el enviado especial junto a su asistente tomaron la decisión de comportarse cautos en cualquier situación difícil que se le presentara y pudiera comprometer el resultado de la gestión a cumplirse. Ambos cruzaron opiniones. En pleno vuelo los dos viajeros guardaron silencio. Sobrevolaron el majestuoso y épico río Orinoco. Los ojos de ambos descubrieron el Salto Ángel, también, contemplaron los misteriosos *tepuyes*, asentados en la plena selva de Canaima.

El programado encuentro entre mister *Lieng* y el general Kanav se celebraría bajo las doradas espigas solares de una tarde hermosa. En la guarnición militar la brisa corría impregnada de variados olores frutales y florales, esparcidos, a lo largo y ancho en la sede de esa guarnición, olores que penetraron suavemente en el despacho del comandante, donde se observaba colgado de una pared el retrato de Simón Bolívar, Libertador de Venezuela. En el recinto de la V División de la Guarnición de la Selva, entre los soldados que montaban guardia, la presencia de la asistente de mister *Lieng* causó un alboroto de marca mayor. En el cuartel, el coqueto de su caminar consiguió alegrarles los ojos y los corazones a los jóvenes oficiales y los imberbes reclutas. Consciente del rebullicio que ella originaba con su larga cabellera tironeada por el viento y el contorneo de su cintura de avispa con el suave movimiento de sus caderas redondas, la secretaria no sentía prurito en continuar despertando las reprimidas pasiones en aquellos hombres de tropas que trabajaban en diferentes áreas. La pelirrubia, con un provocativo y sensual caminar, y con un intenso desenfado, enseñaba sus piernas bien torneadas. Convencida de que ella era una monada de hembra, y un bocado apetecible para los hombres. Su delgada silueta la exhibía con *glamour.* La joven secretaria ejecutiva llevaba puesto un vestido estampado veraniego, cuya larga falda a rayas se le metía sensualmente entre las piernas a causa del fuerte aire que soplaba en los alrededores de la guarnición, y que producía al mismo tiempo, el bailoteo de los centenarios árboles de gruesos y delgados troncos. Su tersa y dorada piel exhalaba el aroma de un perfume floral filtrado por todos los rincones del recinto militar, sutil fragancia olfateada por aquellos embelesados soldados. Tal vez eso era lo que la mujer deseaba que sucediera, porque su presencia en esa guarnición militar había despertado la droga de la pasión. Pero... the *stablishment* prohibía cualquier tipo de deleite pasional dentro de ese recinto castrense.

No estaba claro siquiera qué iría a pasar en ese vasto territorio militar. En la antesala del despacho del comandante los dos visitantes esperaron a los guardias que los llevarían al encuentro del general *Kanav*. Una vez ingresados en la oficina del jefe militar, se apresuraron a tomar cómodos asientos. Mister *Lieng* tuvo la imperiosa necesidad de asumir un comportamiento cortés y prudente, mas siendo él un excelente y un hábil negociador, en esa ocasión portó en un sobre cerrado un informe confidencial elaborado por la CIA, documento relacionado con el caso del secuestro del empresario de *"La Inois. Company."* Por esa razón de peso, mister *Lieng* buscó la ocasión propicia para dar a conocer dicho informe. En el dosier que debía de entregar al jefe militar se señalaban datos interesantes del caso en cuestión. El agente abrigó la esperanza de que el castrense, después de leídos esos papeles no divulgara su contenido. La temática guardaba relación con "el proceso de pacificación en el país". Durante la conversación con el general *Kanav*, el agente secreto de la CIA, había manifestado que el Departamento de Estado , también , aspiraba a que se rescatara el estadounidense secuestrado, y de ser posible, que dicho rescate no se efectuara bajo el "dum-dum" de los fusiles, ni ráfagas de ametralladoras o pistolas automáticas, y mucho menos, que se utilicen armas devastadoras tales como morteros, granadas, bombas molotov o cualquier otro tipo de explosivo. Mister *Lieng* sostuvo una mirada fija sobre el rostro preocupado del general. Perseverante en la propuesta, el agente privado acotó en que el rescate debía de realizarse mediante una acción rápida y sorpresiva por parte del comando de liberación con el fin de evitarse muertes inútiles de un lado y del otro lado.

Mister *Lieng* con las manos sudorosas metidas en los bolsillos del pantalón de lino claro, que en esa ocasión llevaba puesto, de inmediato intentó bloquear todo tipo de emoción en su mente y en su corazón. Procuró rebuscar algunas palabras en español con el propósito de prorrogar aquella conversación y lograr del jefe militar una respuesta afirmativa a lo planteado por él. Sin alterarse de ánimo recomendó al general que durante la planeada operación de rescate que se pensaba llevar a cabo colocara al frente de la misma a un comandante superior del ejército para recibir instrucciones y dar órdenes al entrar en acción. Quedó claro en que un pelotón del ejército actuaría en conjunto con varios policías criollos y de ser posible uno o dos agentes encubiertos. Cuando el agente estadounidense concluyó su exposición se levantó de su confortable silla, para luego abrocharse la chaqueta de lino blanco, al mismo tiempo de lanzar una bocanada de aire fresco, que hizo vibrar un vaso de cristal con agua purificada, sostenido entre sus manos. En ese recinto rugieron los poderes ocultos. No obstante, los antivalores humanos acudieron a su memoria, y el agente extranjero pensó en que el hombre era el lobo del hombre. Desde ese momento, él supo que la vida era solo un pasatiempo y nada más que eso. Que somos una ráfaga de carne y hueso en el tiempo. Después se asomó por una de las ventanas para contemplar un haz con un triple colorido que matizaba el cielo. Una vez concretados los planes para hallar al gringo secuestrado y localizar la guarida de los plagiarios (se suponía, en esa región), la reunión culminó cerca de las cinco de la tarde. Bajo un mundo de razonamientos y de experiencias interesantes. Con un cielo de colgantes nubes colorinas, mientras caía el atardecer, solariego. Un soldado que enseñaba un pecho vigoroso y una lánguida mirada de cordero degollado interrumpió unos minutos la charla para ofrecer café. Fue cuando los dos visitantes extranjeros pudieron degustar el exquisito y apreciado "café negrito" venezolano. Ese receso lo aprovechó el general *Kanav* para contar sus vínculos directos con los Estados Unidos. Sus ademanes pausados y su voz clara daban certeza de estar tranquilo y mesurado. Abrió un espacio para aclarar la rama paterna de su abuelo, oriundo de Boston. Eso daba cuenta a que por sus venas y sus arterias corrían la sangre del imperio del norte. De una manera jovial ató y desató los hilos genealógicos de sus ascendientes, sin parar de hablar, como si él quisiera atrapar con la lengua su ilustre pasado familiar. En grado progresivo narraba esa historia de familia. Con una ardiente pasión, el general explicaba en forma detallada sobre quiénes eran sus antepasados en los Estados Unidos. En medio de ese relato le sobrevino una entrecortada respiración, que finalmente pudo superar. Inicialmente, a mister *Lieng* no se le escapó ningún detalle de ese relato, para luego dar muestra de una abierta indiferencia por esa adocenada historia de familia. Se mostraba desinteresado en la misma. En cuanto a la asistente privada del agente especial, ella estaba fastidiada de cabeza a los pies. Con sus cuidadas manos se acarició la hermosa, lacia y dorada cabellera. Apretó los brazos contra el cuerpo y en forma picara entornó sus largas pestañas, por lo menos, para evadir el tedio. Con su habitual manera de comportarse, el militar se ajustó el grueso cinturón de cuero de vaca que sujetaba su desarrugado pantalón verde oliva, y siguió contando que su abuelo había sido un próspero comerciante de pieles en Boston.

Invocó al *Spiritus Sancti* para seguir contando otras etapas de sus orígenes. Sin negar algo de ese pasado castrense, visiblemente emocionado, agudizó su mirada, en el momento de levantar el dedo índice de una de sus dos manos y señalar el retrato de su madre, colgado en una pared del despacho.

Su rostro se tornó melancólico. El militar no desaprovechó la oportunidad para comentar que por el lado materno pertenecía a una de las familias más rancias de Caracas. Esa rama familiar había sido la propietaria de una próspera industria textil en el país a principios del siglo XX. Con un marcado acento caraqueño en la voz, con entusiasmo, el general *Kanav*, procuró impresionar gratamente a esas dos personas visitantes. En procura de un incentivo, él prosiguió diciendo que la producción y la manufactura de algodón, a principio del siglo XX, había engrosado las riquezas de la familia. Por último, el militar cansado de tanto hablar un inglés deficiente, y con miras de hacer más fácil el cuento familiar, se tiró de un lado la gorra colocada sobre su cabeza y contó que en su niñez y en la adolescencia se interesaba en ser un militar, alucinado por cargar armas y asesinar a los enemigos. Finalmente, apuntaló en que no había en el fondo otra motivación para incorporarse en tan comprometedora carrera de las armas. La historia personal del general *Kanav* alivió el clima de tensión que podía haberse presentado durante el encuentro. Con el rabillo del ojo, el agente privado lo remiró para luego sonreírle.

En los últimos minutos del encuentro, mister *Lieng* desembuchó todo lo que tenía que decir. Se atrevió a preguntarle al general si él tenía plena seguridad de que al norteamericano no lo tenían cautivo en esa región. Ante aquella incomoda pregunta, el general *Kanav*, con un vigoroso acento de voz, y una piquiña en el cuello, manifestó sorprenderse por lo informado. Una espesa saliva corrió por su garganta. Carraspeó. El rostro se le cuajó de más arrugas. Para colmo de todos sus males, un zumbido circular perturbó la sensibilidad de sus oídos. Pareció no escuchar, pero escuchó. Tan sentida y abrupta reacción químico-biológica en su cuerpo lo obligaba a pensar en que a lo mejor él sufría de un desequilibrio hormonal o psíquico. Se sentía frustrado, porque, por su hábil e inteligente cabeza, nunca había pasado la sospecha de que un americano pudiera estar cautivo en esa región. Ante esa suspicaz pregunta lanzada por mister *Lieng*, el general tuvo la sensación de que una bomba de hidrógeno acababa de explotar cerca de sus oídos. Un vértigo momentáneo desarticuló su equilibrio y trastabilló. Bajo un tic nervioso, y por duodécima vez, el general *Kanav* se abrochó la guerrera cubierta de insignias. Se dio cuenta de que él tenía una papa caliente entre las manos. Por supuesto, el militar no quería parecer indolente ante los ojos inquisidores del agente extranjero, emocionado y turbado se mostró orgulloso. Ya sin abrigar ninguna esperanza para quitarse ese problema de encima, con una voz aflautada contestó, que de vez en cuando, él había escuchado unos vagos rumores sobre la presencia de un grupo de hombres extraños en las cercanías de Caicara del Orinoco, en un caserío de nombre Borbón. Retorció los ojos. Desconcertado, tuvo temor y, molesto por las dudas que él mismo se alimentaba en cuanto al paradero del gringo, le pareció estar movido en un mundo de contrastes políticos y militaristas. Ante lo inexplicable dijo que hasta ese momento él no tenía la seguridad de que aquellos hombres extraños fueran los secuestradores del norteamericano. Mostró una conducta convincente y responsable. Se dispuso nuevamente a retomar la postura como comandante en jefe de la V Guarnición de la Selva en Ciudad Bolívar. Por último, obstinado se puso de pie y se disculpó por no ser tan veraz en cuanto a esas sospechas. Con esa actitud intentó ganar tiempo, dejó pasar unos breves minutos y después volvió a contestar sin apremio que, por esos lados se escuchaba un constante rumor salido de las bocas de los mismos habitantes de Borbón, en cuanto a que algo no andaba bien. Por supuesto, algunos de los moradores de esos lugares tenían la impresión de haber visto a un hombre desgarbado, de piel blanca, largo pelo y de ojos azules bizcos, asomarse una que otra vez en los alrededores de una casa de bahareque levantada en terrenos de un hato ganadero situado en las inmediaciones del pueblo de Borbón. El militar no quiso pasar por un sonso. Ya un poco más tranquilo y concentrado, debía de hacer bien su papel de jefe de la V Guarnición de la Selva, por eso lanzó una mirada recelosa sobre los dos personajes visitantes, quienes se mostraron interesados en la desaparición de Nick. En aquel momento el militar terminó expresando, que él no podía actuar contra esos sujetos únicamente por estar señalados de sospechosos. De ser así, en modo alguno no los podía detener tan solo por el hecho de tejerse rumores o una serie de chismes en las calles. Tan solo por principio dominó su exaltación. El corpulento militar advirtió que una tropa nunca se mueve si no existe una realidad por delante. Entonces negó tener conocimiento de en dónde podía estar secuestrado el empresario estadounidense. Enfatizó que no perdieran el tiempo porque todo lo que se decía por allí era una simple suposición o sospecha. Sorprendido, mister *Lieng* escuchó con atención lo que expresaba el alto jefe militar. Por añadidura, se preocupó por la incertidumbre que rodeaba el caso del plagio. Por supuesto, él había viajado desde Caracas hasta Ciudad Bolívar, porque la CIA había sido informada de que el estadounidense, presuntamente, se encontraba cautivo en esa región. El agente encubierto era un excepcional negociador y un sutil escrutador de las reacciones en los rostros humanos. Concluyó en que algo andaba mal y se auto preguntó: "¿Acaso el general esconde algo?". Ante la engorrosa situación y la evidencia presentada, el general *Kanav* prometió a mister *Lieng* que, a partir del siguiente día, se desplegaría un pelotón de soldados a fin de llevar adelante un intenso operativo de rastreo por esas zonas, que buscarían al rehén y a los secuestradores hurgando casa por casa, viendo rostro por rostro, registrando hato por hato, hasta descubrir y atrapar a los verdaderos culpables de tan abominable delito. Prometió que sus soldados rastrearían bosques, selvas, caminos ocultos, ríos, montañas, y cuánto lugares hubiera por allí. Aseveró que el regimiento militar actuaría unido a la policía regional.

Inicialmente, todo ese asunto resultó enojoso para el general *Kanav*, quien estuvo dispuesto a asumir sus deberes militares pero sin asegurar que las operaciones de rastreos a llevarse en los próximos días en esos lugares señalados pudieran arrojar los resultados esperados. Con ponderación, hizo saber a sus interlocutores extranjeros que no obstante trataría de comunicarse con un general de inteligencia militar para que lo respaldara en la búsqueda del industrial estadounidense y diera apoyo logístico. Por cuanto, se necesitarían refuerzos armados. El general de la V Guarnición de la Selva, consciente de que esa tarea quedaba bajo su única responsabilidad a partir de ese momento, naturalmente, no podía dar a entender ninguna duda al respecto. La promesa del castrense tenía mucho peso por cuanto era un hombre pundonoroso y disciplinado. Garantizó que si encontraba al rehén procedería a rescatarlo, que informar de los hechos era un deber patriótico. El compromiso contraído por el general *Kanav* con mister *Lieng*, literalmente dio por terminada esa reunión. Mister *Lieng*, en compañía de su atractiva secretaria, se dispuso abandonar ese destacamento militar. En un automóvil blindado, ambos fueron trasladados al aeropuerto de Ciudad Bolívar. Allí, abordaron un avión comercial con destino al aeropuerto nacional de Maiquetía.

El general *Kanav* entornó una mirada penetrante, cual si fuera un lince en acecho. En la rambla del aeropuerto se quedó de pies mirando hacia la pista en la espera de que despegara el avión, pronto a remontar el colchón de nubes blancas en el cielo abierto. Después de despegar el avión y conociendo el plan de ruta a seguir, el jefe militar con el ceño contraído por la preocupación que sentía se fue a una pista peatonal que existía en ese sitio, y se puso a trotar y dejar la estela de su azafranado perfume. De ese modo, el general quiso desprenderse del *stress* sufrido esa tarde. Una hora después, el militar regresó a la V Guarnición de la Selva.

El jefe militar era un hombre de conducta recta y de un carácter fuerte, que siempre cumplía el deber militar ajustado a las leyes. Con alarmante preocupación pensó en que tendría que actuar rápido a fin de evitarse un mayor problema en el futuro. El corazón le latía acelerado mientras trataba de poner en orden sus ideas. Se sintió trastornado al reconocer su descuido como jefe militar en el caso del secuestro del estadounidense. Eso lo abrumó. Tuvo el temor en que fuese señalado de negligente por tratarse del plagio de un ciudadano de los Estados Unidos. Se tornaba difícil la situación para él por no haber conocido y perseguido a los autores del plagio. Todo era tan confuso y desconcertado por la circunstancia en que se presentaba ese caso delictivo. No desestimó en que el desconocimiento de ese secuestro pudiera causarle una amonestación. De pronto, con el puño cerrado se golpeó las rodillas, y de inmediato se dio un sopapo en la barbilla. Se auto recriminó la ignorancia. Pensó que ahora ya era posible actuar y se arrojó de bruces en el sofá de cuero marrón, colocado en esa oficina. Cerró los ojos para descansar y calmarse. Antes de quedarse adormitado estuvo meditando en cuanto a su desconcierto, pues no lo iban a inhabilitar en la tarea de buscar al gringo, en caso de estar oculto por esos lados. No correría un riesgo de grave consecuencia. Por eso, el general recordó que la patria la hicimos a caballo, y ahora, salvaremos el honor en automotores, y también a pie. Registraremos, palmo a palmo, las montañas, las selvas, los montes, las serranías, y todo tipo de parajes escondidos, casa por casa, hasta cumplir la misión de rescate.

La ciudad de Santiago de León de Caracas gozaba de un reverberante sol. En esa ciudad y en otros lugares del país, el caso del plagio de Nick se replegó como una noticia periodística y radial. Por su parte, el gobierno del presidente Herrero con una calma chocante continuaba realizando diligencias con el fin de dar algún día con el paradero del alto ejecutivo de la transnacional de vidrio.

Mientras en el sur de Venezuela eso acontecía, en un sitio amurallado por unas hileras de verdosas, montañas bañadas en el día por un inapreciable sol reluciente, y en la noche por clara luna con una visión naturalista. También se visualizaba una flora y una fauna espectaculares. Se observaban encrucijadas para el andar de los animales feroces y mansos, donde el animal más poderoso imponía la ley. Y un sinfín de riquezas naturales motivadoras para el desarrollo del hombre y la mujer. En ese amplio espacio terráqueo se encontraban atrincherados los miembros del grupo número uno de los Boinas Rojas, quienes se encontraban atareados preparando una nueva embestida guerrillera en complicidad con los activistas de LS. Nadie podía sospechar que otro episodio guerrillero se estaría cocinando montaña adentro. No tan lejos de la ciudad capital.

Entre los miembros de los Boinas Rojas del grupo número uno, se encontraban unos jóvenes comprometidos con los dogmas revolucionarios bolcheviques. Acampados en el corazón de unas hermosas colinas de visos celestes salpicadas por incontables gotas cristalinas, desprendidas de las densas nubes del infinito firmamento. Esos hombres se encontraban dirigidos por los comandantes: Davisón, Julio, Douva, Marcos, Porto, Landaz, Apolinar, Solorno, Sonz, y Pad, quienes eran duchos instructores en las operaciones subversivas. El primer comando de los Boinas Rojas se situó en un escondrijo de difícil acceso. Para encontrar esa madriguera se necesitaba sortear numerosas cuestas escabrosas, despeñaderos, pantanos, y tremedales, en donde se atollaban los viajeros que transitaban el lugar. Allí se desataban peligrosas tormentas eléctricas. Fulminantes rayos caían sobre la baja y alta vegetación, quemándola, muchas veces. Hacía unos tres días que los jefes revolucionarios estaban entregados en cuerpo y en alma en el arreglo de otra nueva arremetida guerrillera. Obvio, sin descuidar y echar al olvido el plagio del estadounidense. A la vista de cualquier persona, no dejaba de percibirse que bajo la sutil transparencia de aquel aire azulado de montaña se esfumaban los miedos. En cada uno de esos guerrilleros se notaba una personalidad sosegada aunque a veces se mostraran insolentes. Con unos ojos fulgurosos, semejantes a los candiles encendidos por el fuego de una pasión revolucionaria, esos rebeldes socialistas sobrevivían tranquilos allí, aunque al anochecer, sentían una pegajosa humedad y los atormentaba la soledad del solitario. Otros miembros de organizaciones guerrilleras los acompañaron como los de la FALN y la ORPRV. Sin duda, llevados por el entusiasmo de alcanzar los objetivos, secundados por el optimismo de proseguir buscando la mejor manera de dejar libre, sano, y salvo, al rehén norteamericano. Lo que sí estuvo claro entre ellos fue que jamás pensaron en serio en asesinarlo, aunque siempre lo amenazaron. La meta propuesta era cobrar el anhelado pago del rescate. Con certeza, los guerrilleros querían negociar pacíficamente lo del secuestro de Nick, sin ocasionar un enfrentamiento armado. Era evidente que ellos deseaban salir airosos y sin contratiempos. Sin embargo, ciertas conductas oscuras se movían alrededor del secuestro. Lamentablemente, los intereses creados sobrepasaban la buena voluntad de esos guerrilleros. Un tiempo después en un día cercano a la Semana Santa sucedió que la célula número uno de los Boinas Rojas bajó de la montaña donde tenían levantado uno de sus mejores cuarteles clandestinos, con el ánimo de irse a las Bonitas, un pueblito del Estado Bolívar donde pretendían reunirse con el grupo número cuatro, que en ese momento tenía a cargo la custodia de Nick, en el pueblo de Borbón. Pero aconteció que durante el viaje y en plena ruta, los guerrilleros tuvieron que torcer el rumbo cuando por medio de un radio portátil recibieron el pitazo de que en la vía por donde ellos pensaban transitar se encontraba fuertemente vigilada por soldados de la V División de la Guarnición de la Selva. Tras esa advertencia captada mediante un equipo transmisor, los guerrilleros se vieron obligados a alejarse de aquel lugar. Posteriormente, y después de haberse recibido tal alarma, en Caracas, el comando general de los Boinas Rojas recibió un mensaje urgente. Ese nuevo mensaje fue recibido por el brazo armado de la organización, en un escondite secreto, cercano a

Guarenas. Aquel mensaje bien escrito en español traducía el interés de un supuesto empleado de *"La Inois. Company"*, que deseaba entrevistarse con algún jefe superior del comando.

Los guerrilleros se pusieron en alerta tras sospechar que esa sorpresiva petición pudiera ser una celada montada por el propio gobierno nacional para atraparlos. También pensaron con desconfianza que tal mensaje podría ser un ardid planificado por cualquier agente encubierto de la CIA, que tal vez, se hacía pasar por un funcionario de la transnacional de vidrio. Los Boinas Rojas antes de responder en forma afirmativa o negativa al peticionario procedieron a revisar de inmediato las armas disponibles por si acaso fuese una estrategia organizada para capturarlos. Esa vez la unidad táctica número dos de la organización sería la encargada del chequeo de todo el arsenal del armamento disponible. Una vez revisado, ellos comprobaron que contaban con una ametralladora *Madsen*, una subametralladora *Uzi*, veinte granadas, cuarenta revólveres Colt, treinta *Smith* y un buen número de pistolas: Baretta, Turus, Walter, PPK, y Glock. Ese armamento lo complementaban dos fusiles "dum-dum" y decenas de morteros. Con optimismo los guerrilleros verificaron que disponían de un fusil *Mauser*, histórico y antiguo. Una que otra arma de guerra de origen chino y vietnamita. Ese armamento lo habían escondido en un almacén abandonado en Monte Piedad, un barrio popular de Caracas, imposible de localizar y de atacar a tiro de ojo. Impresionaba el depósito de armas con que contaban los guerrilleros-secuestradores. Quienes como podía verse se encontraban armados hasta los dientes para poder enfrentarse a cualquier ataque violento, si acaso alguno ocurría. Cierto, un empleado de *"La Inois. Company"* había mandado el mensaje a través de una célula activista de la organización guerrillera donde solicitaba sostener un encuentro con algún jefe de los Boinas Rojas.

En forma alguna, una semana antes ese empleado había contactado directamente con mister *Lieng*. El agente especial de los Estados Unidos le había comentado que todavía se mantenía una leve esperanza de hallar a Nick con vida. Cuando la tarde empezaba a replegarse el empleado de la transnacional del vidrio acudió al lugar donde lo citaron los Boinas Rojas. Allí se topó con unos hombres vestidos con camisas y pantalones de uso cotidiano, cuyos rostros nada enseñaban. Ese empleado con los ojos vendados fue conducido a otro lugar fuertemente resguardado por unos hombres con fusiles dispuestos a disparar al menor movimiento sospechoso que hiciera él. Se entró en esa guarida de los guerrilleros, por interés personal. En ese lugar lo esperaba el primer comandante del grupo número dos de la organización. El empleado de "*La Inois. Company*" permaneció quieto de pies, sin poder ver los rostros de aquellos revolucionarios transformados en plagiarios. Para el visitante, todo aquello era una locura sin nombre. Por su lado, los Boinas Rojas cuidaron de que ningún paso dado fuese errado. Los miembros de la organización Boinas Rojas y algunos de sus cómplices de la operación **"camello"** de antemano habían identificado a ese ciudadano a través de contactos en la oficina de identificación y extranjería. Los guerrilleros sabían que ese individuo con un acento raro y no identificado no era otra persona que un empleado de nivel medio de la oficina subalterna de "*La Inois. Company*". Se enteraron, también, de que ese hombre era un soplón de esa compañía. Indagaron la auténtica identidad del "supuesto empleado" para evitarse graves tropiezos. Los Boinas Rojas conocían que ese sujeto se llamaba *Vicent Gonzó de la Herr*. Persona que fungió ser otro de los emisarios enviados para negociar la liberación de Nick. Ese hombre pretendía con astucia convencer a los revolucionarios de que la liberación del estadounidense podría efectuarse realizándose una transferencia en dólares. Con orgullo personal, ese sujeto de igual forma quiso tratar lo pertinente al canje del secuestrado. Solicitó la libertad del industrial. Sin embargo, hubo una barrera para acceder a esa petición, porque los Boinas Rojas habían propuesto al gobierno que cualquier trato se haría basado en la libertad de varios revolucionarios que continuaban pudriéndose en las cárceles del país, sin sentencia definitiva. Ellos estaban dispuestos a dejar libre y con vida al gringo. Para *Gonzó de la Herr* esos tipos eran todos extraños. En esa oportunidad se evidenció que podía haber un interés común entre las partes interesadas para darle solución al caso del plagiado norteamericano.

Con los nervios alterados, *Vicent Gonzó de la Herr* terminó la propuesta. Un guerrillero encapuchado lo tomó por uno de los brazos y de vuelta lo llevó al lugar donde inicialmente lo habían encontrado. El hombre se encontraba con las vendas sobre los ojos. Recobró la tranquilidad. Por la boca botó aire procesado en sus pulmones. Sintió que los pies le pesaban un tonel. Esa vez los revolucionarios no le dijeron nada en absoluto. Una vez con los ojos libres, *Vicent Gonzó de la Herr* se alejó del lugar. Se auto censuró la falta de cordura por adentrarse en esa guarida de guerrilleros. Por supuesto, ese empleado se había metido en el ojo del huracán. Él mismo se brindó una sonrisa irónica. Sus intenciones no eran claras. Aunque, tenía la esperanza de que Dios oiría sus ruegos para protegerlo. Había salido airoso de esa calamitosa situación. *Gonzó de la Herr* no podía dejar de reconocer que esos guerrilleros lo habían tratado afablemente. No le quedó otra alternativa que confiar en ellos. No obstante, en la calle abandonó el pánico ocasionado por ese encuentro. Sonrió levemente cuando pensó en que esos rebeldes en el fondo habían estado de acuerdo con su oferta. Se marchó sin recelo. Llevaba consigo una esperanza alentadora. No todo estaba perdido. Aunque él suponía que el rehén norteamericano tenía la muerte en la pata de la oreja. De regreso a su casa, *Vicent Gonzó de la* Herr se dio cuenta de que ese papel arrugado que llevaba entre las manos era una lista de peticiones escritas con una máquina de escribir antigua; no sabía si la máquina de escribir era de origen inglesa o alemana. Leyó y releyó la lista de exigencias de los secuestradores. Después de tirar un aldabonazo en la puerta de su habitación, entró y se quedó pensativo mientras susurraba que mejor sería complacerlos. Pasados unos días, después de la peripecia vivida con los plagiarios, *Vicent Gonzó de la Herr*, en estricto cumplimiento de lo convenido, informó el resultado del encuentro a mister *Lieng*. Su cara desnudaba una profunda preocupación. Y para no quedarse atascado en un hueco o permanecer en un vacío inútil, informó del asunto a los compañeros de la oficina subalterna de *"La Inois. Company"*. También se reunió con varios funcionarios del departamento de estado y después, con unos comisionados del gobierno nacional para intercambiar opiniones sobre las solicitudes presentadas por el comando superior de los Boinas Rojas. El pliego de peticiones presentado por el comando superior de los Boinas Rojas cuidó de que se registrara el más mínimo detalle en referencia al canje y pago del rescate de Nick. En modo alguno, los Boinas Rojas también tratarían el asunto relacionado con la seguridad de ellos en cuanto se cerrara el trato. Solicitaron que se les permitiera salir sanos y salvos del país, junto con los guerrilleros prisioneros, tras ser puestos en libertad por el gobierno. Ese documento fue analizado letra por letra en aquella reunión. En cuanto a las peticiones, si bien algunas de ellas fueron difíciles de atender (por descabelladas e imposibles de aceptar), en cambio otras repercutían en la sensibilidad social y en la conciencia de los negociadores de la empresa transnacional de vidrio, no así en las decisiones del gobierno nacional. Otras solicitudes llegaron a calar en el ánimo de los agentes contratados por el Departamento de Estado. El más reacio en aceptar el pliego de esas exigencias fue el comisario Cirilo Pertomo, jefe de la policía, cuyo criterio desatinado no lograba convencer el resto del equipo negociador. La mayoría de esa gente opinaba que la llave del éxito para rescatar vivo al rehén se centraba en hacer concesiones y no en rechazar la mayoría de los requerimientos expresados. Se temía que si no se otorgaba parte de lo demandado, probablemente la tierra venezolana volvería a teñirse con la sangre vertida tanto por los rebeldes como por las autoridades del país. Eso podía precipitar que cayeran abatidos tanto los culpables del plagio como los rescatadores del rehén. Con riesgo de poner en peligro la misma vida del estadounidense, como se suponía, esa situación catastrófica no era del interés en la oficina subalterna de la empresa *"La Inois. Company"*. La empresa planteó que habría que salvar vidas sin sembrar muertes inútiles. Por esa razón el acuerdo se pautaría bajo el compromiso de que una vez que se hubiera depositado el dinero del rescate en uno de los bancos del exterior, los plagiarios liberarían al estadounidense en el sitio convenido. En un término no menor de cinco días ni mayor de una semana se realizaría esa operación bancaria.

El lapso para el cobro de los dólares fue fijado con el propósito de corroborar que dicha cantidad había sido pagada. Para que los plagiarios de Nick pudiesen abandonar el país bajo medidas de seguridad y viajar abordo de un avión cubano. Con simpleza los revolucionarios reiteraron que "negocio era negocio". Además, expresaron que el canje de Nick se haría a cambio de la libertad de un número de guerrilleros presos. Enfatizaron que tal compromiso debía cumplirse al pie de la letra, sin traición ni triquiñuela. Los Boinas Rojas pusieron como una condición de carácter *sine qua non* que una vez liberado el rehén, éste no podría declarar a la prensa, a la radio ni a la televisión. Al cabo de un rato exigieron que de inmediato el gringo se marchara del país rumbo a los Estados Unidos o a cualquier otro lugar. Los Boinas Rojas profirieron amenazas terroríficas, especialmente al gobierno nacional, en caso de que tales demandas no fueran aceptadas. La organización estaba dispuesta a hacer trizas varios depósitos de petróleo y sabotear algunas empresas nacionales y extranjeras establecidas en el país. A la vez, amenazaron con explotar bombas molotov y gases lacrimógenos en lugares públicos o de envenenar aguas blancas o potables. Confirmaron que dicha organización continuaría secuestrando gentes, por cuanto lo que fuese, la organización guerrillera necesitaba adquirir dólares para comprar lotes de armas en el exterior y de ese modo hacer triunfar la revolución en América. Todo eso hizo pensar que las negociaciones entre las partes marcharían por buen camino. Pero, en el fondo lo del secuestro andaba turbio. El ambiente no olía precisamente a cereza sino a traición, a plomo, y a muerte.

En medio de una neblina aterciopelada, el comandante Apolinar dio unos pasos largos y ruidosos en la sala donde se encontraba arengando a los camaradas. El férreo activista de los Boinas Rojas no había participado directamente en el secuestro del gringo. Pensó con rapidez e intentó desnudar públicamente el comportamiento de los negociadores guerrilleros pertenecientes al grupo número uno. Como no le gustaba malgastar el tiempo, criticó el posible compromiso contraído por la organización con gentes de la empresa de vidrio y con miembros del departamento de estado. Lo cual no tenía ni pies ni cabeza. Apolinar consideró que tal acuerdo ensuciaría con un hedor pestilente a los comandos guerrilleros. Se puso en actitud de defensa y estuvo a punto de sacar sus garras de león y su cola de serpiente venenosa. Ese comandante guerrillero dirigía una célula que actuaba en los llanos del centro occidental.

Ante la incertidumbre de los hechos sucedidos, el comandante Apolinar con el humor descompuesto retorció sus dedos hasta dolerle los mismos. Y rastrilló el piso con las botas militar. Bajo un picante y ardiente sol se encontró reunido con algunos camaradas, lanzó una gruesa espiral de humo expelida por el tabaco habanero que fumaba con un inusitado deleite. Esa humareda llegó hasta la troposfera, una de las capas de la atmósfera más cercanas a la superficie de la tierra. Nadie más que él opinaba y aducía que lo del plagio del gringo había sido mal conducido en cuanto a alcanzar los objetivos trazados. El comandante Apolinar trató con pasión el tema de la liberación del gringo, por supuesto, lo del canje de los guerrilleros prisioneros. Lanzó una mirada esquiva en el momento de alegar que el brazo armado responsable del secuestro del gringo ameritaba oír algunos que otros consejos y de ese modo evitar caer en un pozo sin fondo. Con una actitud arrogante y endiosada, Apolinar mostró inconformidad. El singular miembro de los Boinas Rojas despectivamente viró la cabeza en su entorno. Se llevó a los labios dos dedos de una de sus manos para prometer en que sí esas negociaciones llegaban a fracasar él mismo sería quien acusaría a los comandantes responsables de esa operación, e incluyó entre los posibles culpables del fracaso al camarada Sotoroyal. El comandante Apolinar era un hombre de cara colorada y en el entorno de sus ojos se marcaban unas ojeras oscuras. Trilló los dientes para no perder el equilibrio emocional y sacó como ejemplo de traición del general Manuel Piar, ofuscado y desconfiado, como todo ambicioso, expresó: "¡Cuánto habría dolido a Bolívar mandar a fusilar a Piar". Y aseveró: "¡La infidelidad es el infortunio de los traidores!".

Los pasos atronadores del comandante resonaron sobre la dura tierra. Sabido era que ese recio guerrillero vadeó los ríos, montó a caballo, y trasmontó la espesura de la selva, y de la extensa llanura. Intemperante. Apolinar mostró sus ansiedades al opinar que la revolución germinaba y crecía a expensa de la sangre del inocente y no del culpable. ¡Una paradoja humana terrible!, farfulló. El resto de los camaradas que lo oyeron decir esas palabras se quedaron *in albis*, sin comprender en el fondo aquellas palabras pronunciadas por él, con una impactante voz. Lo que ese comandante dijo produjo un reventón en los oídos de los demás camaradas. Sin perder aliento el jefe Boinas Rojas esperó un corto tiempo, para luego silbar. De ese modo, intentó apaciguarse su desatada verborrea. Ordenó que todo camarada debe de estar sobre avisado, porque de lo contrario podría ser víctima de un apresamiento o de un asesinato. Por desgracia se seguía bajo el dominio de esos plagiarios.

No obstante, Apolinar, con las venas hinchadas de su cuello, impaciente y orgulloso, con un instinto de detective, agudizó la mirada, y pretendió convertirse en un lictor que sentenciara la traición o la deslealtad de quienes pudieran incurrir en errores fatales. El comandante estaba seguro de que la majadería de algunos de esos camaradas podía llevar al desastre la llamada operación **"camello"**. Convencido de que si eso ocurría sería algo atroz y monstruoso para la organización guerrillera. En el supuesto caso, los Boinas Rojas se destruiría con la rapidez de un fósforo encendido. Por lo demás, en la ciudad capital los acontecimientos siguieron el curso normal. Todavía se respiraba un marcado escepticismo sobre la posible aparición de Nick. No cabía duda de que el caso daba pena ajena. El ánimo del pueblo decaía. Se percibía un hálito de resignación popular, puesto que habían transcurrido más de tres años desde el día del secuestro del norteamericano. A esa altura del tiempo, ese plagio parecía haber sido olvidado. A pesar del desafortunado resultado arrojado hasta ese momento, el gobierno del presidente Herrero continuaba buscándolo. Con un estilo de actuación propia de los cuerpos de seguridad del estado fue que se consiguieron algunas pistas que los podían llevar a los escondrijos donde se ocultaban las distintas facciones o unidades tácticas del grupo guerrillero Boinas Rojas.

Después de tantos fracasos arrojados en las pesquisa, con los nervios crispados, aunque sin nunca perder el tino, el presidente Herrero montó una treta e hizo un último llamado a los guerrilleros para pacificar el país. Eso dio origen a que en los predios políticos, económicos, y sociales se comentara que ese llamado atendía al precio que tendría que pagar el gobierno por la libertad de Nick. Esos rumores minaron los espacios populares y contrariaron a las fuerzas del orden público, también a los cuerpos de inteligencia civil y militar. Los chismorreos mal intencionados rodaron como pelotas por las calles y fomentaron temores en la población, porque seguramente ese asunto acabaría en un sórdido incidente entre dos países.

En las circunstancias imperantes y confusiones, el gobierno del presidente Herrero proseguía prometiendo no dar descanso a las operaciones de rescate del industrial estadounidense. La misión era hallarlo con vida y castigar a los culpables. La liberación del gringo secuestrado se convirtió en cruz y en calvario para el gobierno del presidente "Llanerote", sobrenombre que se le daba al mandatario porque frecuentaba llevar en la cabeza un sombrero de pelo e' guama. En cuanto al plagio de Nick, aún cuando el gobierno no se había comprometido del todo con el pliego de las exigencias que hicieron los guerrilleros, antes de dar cualquier paso, el gobierno expresó que había que establecerse las verdaderas reglas de las negociaciones.

Un día del mes de junio de 1979, las gruesas cuerdas del viento azotaron con fuerzas los frondosos árboles de las principales avenidas de la ciudad capital. Ese lluvioso día en el Palacio de Justicia se dejó escuchar un fuerte martilleo tras la infalible sentencia judicial que dejaba libres de toda culpa a dos políticos izquierdistas, presuntamente implicados en el secuestro de Nick. Sentencia que hundió a la justicia y a la moral nacional. Innoble y corrupta justicia impuesta por numerosas camarillas de jueces ambiciosos que laboraban en el campo judicial; tanto sería que muchos de sus antepasados desde los albores de la vida republicana actuaron dentro del marco judicial por interés del dinero y del renombre.

Ahora bien, cuando las agujas del antiguo reloj español instalado en una de las torres de la catedral de Caracas, marcaron las once y media de la mañana, un campanazo anunció la sentencia judicial. Acto seguido los diputados Davisón y Mesalom fueron liberados de los cargos formulados en su contra. Ambos se dispusieron a caminar hasta la sede del Parlamento, animados y contentos por la decisión tomada por el máximo tribunal. De nuevo iban a ocupar sus curules, aunque la libertad del diputado Mesalom era condicional y con un régimen de presentación mensual.

A la algarabía de muchos de sus seguidores se unía la rechifla de otros ciudadanos descontentos por esa sentencia, apostados en los alrededores de la Corte Suprema de Justicia y en los alrededores del Congreso de la república. Ambas manifestaciones públicas retumbaron estrepitosas. En esa ocasión, en las cercanías del Congreso Nacional se aglutinaron numerosas personas interesadas en conocer la suerte corrida por el industrial estadounidense, gente que al conocer la sentencia "absolutoria" de los dos presuntos inculpados en el secuestro del gringo consideró tal dictamen como una maniobra politiquera. Se percibió con rabia que a partir de esa declaratoria de inocencia se empezó de nuevo a beber el oscuro trago del plagio del estadounidense, desaparecido del mapa, hacía casi tres años y dos meses.

Después de esa sentencia judicial se aseguraba que los planes estratégicos para rescatar sano y salvo el gringo, tomado como un rehén, se trazarían con la providencia que ameritaba el caso. Los negociadores de *"La Inois. Company"*, conjuntamente, con los agentes especiales enviados por el Departamento de Estado se unieron para ponerse a la caza de los interlocutores y negociadores de la organización Boinas Rojas. Todos ellos entendieron que por fin había llegado la tan temida **hora cero** para conseguir un acuerdo entre las partes involucradas. Una de las propuestas de los Boinas Rojas fue aceptada sin objeciones. Se había acordado que los guerrilleros que plagiaron a Nick cobrarían el pago del rescate en un banco en el exterior en un lapso no menor de cinco días ni mayor de ocho días. Después del cobro los revolucionarios bajo juramento se comprometían a liberar al rehén en el lugar convenido. En cuanto al gobierno nacional haciéndose la vista gorda permitiría que un avión cubano aterrizara y despegara del aeropuerto de Maiquetía con los presos guerrilleros, con el compromiso de abandonar el país. Todo eso parecía marchar sobre ruedas. En el entendido de que solamente un hecho fortuito o sorpresivo podría cambiar esas decisiones.

A los cuatro vientos los Boinas Rojas, con un tufo en la boca de triunfadores, dejaron correr la noticia de que la operación **"camello"** marchaba viento en popa. Tras una inquieta intención, a todo gañote, los Boinas Rojas, gritaron: "¡Viva la revolución! ¡Muera el imperialismo yanqui!". Un *slogan* que por costumbre martillaban los revolucionarios socialistas-comunistas, y que usaron como bandera ideológica para captar adeptos en los pueblos, en especial, en las clases trabajadoras y obreras.

Era difícil expresar un asombro, una confusión, o una sorpresa ante los recientes acontecimientos. El murmullo silbante del viento se deslizaba sobre la ciudad cuando una vieja maldición gitana se hizo presente. La mala suerte caía como un torpedo sobre el pacto secreto guardado celosamente con fidelidad entre los Boinas Rojas y el gobierno. Prontamente se escuchó que el hombre propone y Dios dispone. Ese cambio sucedió después de celebrarse una fiesta en la elegante residencia de doña Mercedes de Pérez Guindales. La anfitriona en cuestión era militante del partido verde. Una admiradora a rabiar del presidente Herrero, y asidua acompañante social de su esposa Betsy. Doña Mercedes, dueña de una silueta envidiable, junto a su esposo había invitado a un grupo de íntimos amigos a una gran fiesta que ellos darían en la ocasión de celebrar otro nuevo aniversario de su boda. La susodicha y gentil dama era una persona abierta a la sociedad adinerada. Le gustaba jugar naipes. Además, ella era una incansable turista en el viejo continente. Tenía algo más de cuatro décadas que ella estaba casada. Su prole era de tres hijos. Mujer comprensiva y tolerante con su consorte.

La mansión de los Pérez Guindales se elevaba en las Colinas de Las Mercedes, donde las escarpadas rocas daban una apariencia legendaria a la residencia y el hermoso paisaje urbanístico se vislumbraba cuando la aurora irrumpía cada mañana. Aquella mansión ante los ojos de quienes la contemplaban se transformaba en algo parecido al templo de la Diosa Minerva o de Palas Atenea. Ese magnífico lugar originaba que las aventuras humanas adquirieran un cariz especial. Esa noche se olfateaba que la fiesta prometía ser ostentosa. La francesa champaña correría esa vez como un río impetuoso que muere en las profundas gargantas de los invitados. Con profusión los mozos trasportaban bandejas repletas de caviar ruso, codornices, ancas de ranas, un sinfín de bocaditos que serían del gusto de los más exquisitos paladares. No podían en ese suntuoso convite faltar el buen *whisky* escocés y los vinos franceses, sudafricanos, alemanes, italianos, españoles, portugueses, argentinos, y chilenos. Para el mayor placer de los comensales en bandejas de plata y de oro se servían numerosas exquisiteces tropicales; también, había una artillería de menús europeos y japoneses. Todos los abre bocas se encontraban al alcance de los diversos gustos de los invitados. Un festín digno de los dioses paganos de la antigua Grecia. Esa amorosa y cálida noche, asistió al fastuoso ágape, una joven mujer, ajena al grupo de amistades de los anfitriones. Por supuesto, esa modesta muchacha se presentaba invitada por un amigo íntimo de la familia Pérez Guindales. La alborozada mujer colgada del brazo del amigo entró en la mansión de los Pérez Guindales y con cierto complejo de timidez saludó a los presentes. Poco a poco se ambientó y empezó a divertirse. Sin embargo, Ana Luisa (ella se llamaba así), no estaba acostumbrada a tanto derroche y deslumbramiento festivo. Sin darse cuenta, eso ocasionaba que se sintiera extraña en el medio. Ana Luisa estaba consciente de su posición social. Estaba parada en aquel suelo sin un solo punto de apoyo. Para despojarse de su complejo social, la joven mujer intentó zafarse de esa penosa situación y comenzó un tanto exagerada a libar vino hasta marearse. Su buena salud mental se mermó cuando empezaron a aparecer los síntomas del mareo etílico. En menos de una hora la chica se encontraba en tal estado de ebriedad que soltó a reírse sin poder parar. Hasta se llegó a mojar sus prendas íntimas. En la pista circular de baile instalada en el amplio e iluminado jardín de esa mansión, la muchacha chorreaba alcohol por los poros y empezó a dar brincos como una loca. Se desataba y se ataba la cinta azul que recogía su larga cabellera endrina. Lo más sorprendente de toda esa actuación bochornosa fue cuando ella gritó a todo pulmón que sabía un secreto que dentro de unos días daría lugar a un episodio sensacional en el país. Ese secreto atendía a que su novio, un miembro de los Boinas Rojas, horas antes de que Ana Luisa asistiera a esa fiesta, con confianza le había comunicado el más guardado de los secretos que poseían los Boinas Rojas. Era un secreto que debía tener una protección de hierro. Pero..., fue un ligero desliz de parte del novio y el secreto se lo contó a su amada novia. La fuerza del amor se sobrepuso en él y, de buena fe pensó en que a su novia no podría ocultárselo. En un arranque de confianza, le confesó que al gringo secuestrado iban a dejarlo libre una vez cobrado el rescate. Más o menos dijo el lugar por dónde se tenía oculto el cautivo, y después sucedió que Ana Luisa en aquella fiesta estimulada por el alcohol armó una alharaca al repetir que ella sabía un gran secreto. Casi arrastrada por un remolino de locura metido en su cerebro volvió a insistir en que su novio le había comentado que sabía el lugar exacto donde se encontraba secuestrado el gringo. Con modales desdeñosos ella siguió riéndose y bailando sola como si nadie la observara. Su acompañante, quien se hizo el loco por el espectáculo vergonzoso que su amiga daba en aquellos momentos, quiso hacer caso omiso a lo divulgado por Ana Luisa. Le pareció una osadía descabellada que su amiga divulgara un asunto tan delicado delante de personas desconocidas. De momento, el amigo la rechazó por borracha y hasta sintió un hondo desprecio hacia la linda mujer que lo acompañaba esa noche. Pero..., no todo había sido en balde, puesto que unos ojos maliciosos la miraban con atención. El señor Pérez Guindales, esposo de doña Mercedes, con unos buenos amigos se encontraba charlando cerca del espacio de mosaico donde se encontraba la muchacha danzando con un peculiar estilo de una bailarina solitaria. Ese hombre, movido por el resorte de las palabras dichas por Ana Luisa, de inmediato se puso en alerta al escuchar aquella tremenda y comprometedora revelación.

Bien pronto, el dueño de la casa se interesó en exprimirle la verdad a la joven, desconocida. El hombre trataría de sacarle más detalles sobre el secreto que minutos antes y sin remilgo ella había divulgado. La curiosidad invadió los oídos del dueño de casa, quien se acercó con precaución a la muchacha y la tomó por uno de los delgados brazos para invitarla a bailar.

La joven se sintió halagada. Empezó a balbucir palabras incoherentes. De pronto, el dueño de la casa comprendió que la chica tenía una tremenda rasca. Su estado anímico era eufórico y sobrexcitado. Condición de borrachera que sería aprovechada por Pérez Guindales tras de su aviesa intención de sacarle a la joven el resto del secreto que guardaba dentro de su trastornada cabecita. Aquello que Ana Luisa desembuchó no era un secreto a guardar porque sin querer lo había expulsado de un sopetón por boca de labios carmesí. Labios capaces de tentar al más pintado de los hombres catalogados como auténticos machos. Ana Luisa estaba ahogada en el vino. Inocente, la joven no creyó delatar a su prometido por divulgar ese secreto. Eso lo supuso ella sin saber que la verdad en esa ocasión era del color del espejo con que se miraba. Bajo el estímulo etílico, la muchacha se había transformado en una especie de urraca que soltaba la lengua, sin siquiera imaginarse el daño que producía ese revelado secreto. El zamarro y desalmado dueño de esa mansión de las mil y una noches, en un arrebato incontenible por conocer el secreto, agarró fuertemente por el brazo a la chica y la arrastró hasta un bar privado donde sin escrúpulos la obligó contra su voluntad a tomarse otro trago. La intención del hombre era que ella contara todo lo relacionado con esa peculiar confidencia. Una vez en conocimiento pleno de aquel misterioso enigma, y conocedor de todos los pormenores sobre el lugar donde podría encontrarse al gringo, el hombre pasó uno de sus brazos sobre los hombros de la muchacha para consolarla del malestar de la borrachera. En el acto Pérez Guindales buscó sacar provecho monetario a ese asunto si lo revelaba a las autoridades del gobierno. Ahora, en posesión del secreto él trataría de cambiar esa valiosa información por una buena posición política en el gobierno. En conocimiento de los datos, Pérez Guindales sabía que debajo de la manga tenía una gran baraja a jugar. En adelante las cosas podrían cambiar para él.

En su maliciosa mirada había todo tipo de provocación. Ese hombre, quien a pesar de los ademanes adquiridos por el buen vivir, seguía bajo la tutela monetaria de su esposa. Por supuesto la rica era ella. Interiormente estremecido por la emoción, Pérez Guindales a partir de ese momento se convirtió en un ser todavía más despreciable. Estuvo seguro que si denunciaba el lugar donde tenían oculto al norteamericano las autoridades lo premiarían. Su viejo anhelo era ser diplomático y lograr un buen dinerito.

Ese tipejo se movió en la oscuridad de la casa sin dejar rastro. Quiso tapar su villanía y piropeó a la joven, en tanto sentía una desenfrenada gana de violarla. Lo habría hecho si no hubiera sido porque su amada esposa con el rabillo del ojo lo estaba observando. Él sabía que su mujer era un ogro capaz de arrancarle los pocos cabellos que le quedaban sobre la cabeza o tapiarlo con cemento o matarlo a palo como última venganza. Pérez Guindales estaba en cuenta de que su cónyuge conocía sus veleidades con otras féminas. Esa vez, su mujer con sus ojos verdes leoninos, lo acechaba en cada rincón de la casa.

Sin temer a Dios, y debido a esa circunstancia casual, siendo un irrespetuoso católico, Pérez Guindales no renunció a sus deseos carnales con la chica; mientras, Ana Luisa hacía esfuerzos por permanecer de pie, aunque su sangre estuviera contaminada por el alcohol. Con los ojos borroneados. En un momento particularmente delicado, protegiéndose de la curiosidad de los invitados, el despreciable hombre atrajo lascivamente el cuerpo de la muchacha hacia el suyo. En medio de la oscura sombra de un rincón del salón intentó satisfacer sus deseos sexuales. Allí, imaginó que ninguna persona de la fiesta podría descubrirlo, mucho menos su mujer quien charlaba distraída, animada, con unos invitados cerca de donde él estaba, el señor de la casa apretujó con rudeza el frágil y desmadejado cuerpo de la joven Ana. El hombre, animado por una locura pasional, dio un manotazo y desabrochó la blusa de la muchacha. Con una salvaje actitud, nada púdica, sacó de su blusa los blancos senos y se los chupó. En el desarrollo de aquella morbosa escena, Pérez Guindales empapó de líquido su calzoncillo. Luego del orgasmo, atraído irresistiblemente, convertido en un cretino se marchó, como si nada hubiera sucedido. Ana Luisa, toda desaliñada y pálida continuó vomitando a causa de la borrachera. Exhibía un estado deplorable. Hasta que, al fin su amigo la encontró arrodillada sobre el frío piso, y prudentemente la sacó de aquella fiesta saturnal.

A partir de esa noche, aquel inescrupuloso hombre quedó en posesión oral del secreto. Una semana después de celebrarse la fiesta en aquella mansión caraqueña, Ernesto Pérez Guindales fue a visitar al ministro del interior y justicia. Sus ojos se agrandaron a medida que exponía con detalle lo concerniente al secreto. Una vez escuchada esa versión, los cuerpos de seguridad del estado planificaron el aborto de la entrega del dinero para liberar al industrial, tal como, antes, lo habían acordado las partes comprometidas en el caso.

En conocimiento del posible lugar donde se encontraría Nick, en silenciosa misión fue así como una persona se prestó para servir de sebo y poder dar caza a los plagiarios y atraparlos. A un hombre de cabellos largos, con mechones tirados detrás de las orejas, con un olfato de perro sabueso raza danés, se le impartieron instrucciones para que procediera a denunciar un robo de reses por los lados cercanos del caserío de Borbón. Así fue como a los pocos días se produjo una denuncia por abigeato ante la delegación de la policía estatal en Ciudad Bolívar. Allí se denunció la supuesta desaparición de unas setenta reses propiedad del dueño de un hato ubicado por los lados de Caicara. Por esos días, toda esa estratagema era montada a espaldas del general *Cashur*, director de inteligencia militar, quien, por no claras razones había sido separado del cargo. El general *Kanav*, jefe de la V División de la Selva, con sede en Ciudad Bolívar, había recibido la orden superior de adelantar la operación de rescate. El operativo de rescate comenzó a ponerse en marcha so pretexto de buscar solucionar y penalizar un caso de abigeato. Un pelotón de soldados sería destacado para esa operación rescate y se activarían conjuntamente con la policía estatal. Debían de deslizarse con precaución a través de las zonas vecinas del pueblo de Borbón. Irían detrás de unas setenta reses aparentemente hurtadas o extraviadas o matadas. La orden que llevaban esos uniformados era la de preguntar a cada habitante, fuera éste un agricultor o un ganadero de la región, si ellos habían visto setenta reses perdidas. Por demás, en caso de no encontrarlas vivas se les instruyó cavar la tierra para buscar los esqueletos de aquellas reses. Sin saber la verdad del caso, algunos de ellos temieron que los animales hubieran sido descuartizados para sacarles la carne.

Durante los días en que se empezaba a realizar la búsqueda de esas setenta reses; a don Rafael, legítimo propietario del hato "El Divino", todavía no le había llegado la noticia del abigeato de esas reses. Cosa rara a considerar porque se suponía que él tenía el suficiente olfato para descubrir el robo de las mismas. Eso sucedió mientras su otro fiel compinche don Pomón se hallaba lejos de conocer ese acontecimiento. Naturalmente, esa operación de rescate se realizaría bajo ese pretexto, pero la verdad era que se buscaba descubrir el sitio donde se encontraba secuestrado el estadounidense. Ninguna autoridad advirtió a los dos ancianos sobre el abigeato. Ambos hombres permanecieron en la ignorancia total. Inocentes de conocer que esa búsqueda de las setentas reses desaparecidas era simplemente una treta para localizar el sitio donde permanecía secuestrado Nick.

Probablemente esos dos ancianos no hubieran bajado la guardia ante el presunto abigeato de ganado. Don Rafael y don Pomón siempre estaban atentos a los últimos acontecimientos del pueblo. Don Rafael siguió con su vicio, liando cigarrillos negros. Por supuesto, él era uno de los encubridores de los guerrilleros Boinas Rojas. En aquel momento se encontraba tranquilo y lleno de una paz interior. Aunque, no por eso en su propia casa dejaba de guardar una carabina de cañón largo para defenderse de cualquier asalto o atropello del que pudiera ser objeto. La pérdida de las setenta reses por esos lados sin duda era una excusa premeditada para que las fuerzas del orden fuesen acercándose cada vez más al hato donde presumiblemente tenían cautivo al empresario estadounidense. En la mirilla habían dos hatos. El hato "El Divino" y el hato "Josué". Hatos que se encontraban a distancias cortas uno del otro. "El Divino" estaba ubicado en los linderos del pequeño pueblo de Borbón. Tras un viaje de tres horas y media en Jeep o de cinco horas realizado sobre el lomo de un caballo, podía llegarse hasta ese lugar partiendo del centro de Ciudad Bolívar. Quedaba a unos ciento treinta kilómetros de esa capital. El recorrido a caballo se hacía por caminos de grava o de tierra, circundados por densas dehesas. Las personas que se atrevían a ir a esos hatos montadas a caballo o en mula o en borrico tenían que desechar los miedos que producían las historias o leyendas tenebrosas contadas por esos contornos. De resto no había nada más que temer, puesto que casi nunca sucedían crímenes o asaltos. Esa región era totalmente apacible. De una belleza natural. El andante pelotón de soldados mezclado con agentes encubiertos y uno que otro policía estatal estaban instruidos para cumplir la misión de descubrir y ubicar el sitio exacto donde los guerrilleros tenían secuestrado el norteamericano. En la cercanía de Caicara del Orinoco, esos hombres montaron en caballos para seguir por los caminos terrosos y cubiertos de maleza, sin despertar sospechas. El uso de la brújula terrestre se ajustaría en el andar y desandar de la tropa cívico-militar. Iban dos detectives inexpertos jinetes que hacían más difícil el trote en el camino. Esos detectives clavaban las espuelas sobre los costados de sus caballos. Nunca habían aprendido a cabalgar ni bajo el frío ni bajo el calor. Y mucho menos ellos sabían galopar llevando ropas empapadas por los fuertes chaparrones caídos en esa región. Infringían a los equinos cortantes heridas en los costados. Como de costumbre, los tábanos se alimentaban de las roturas de las patas de esos animales. La sensibilidad mostrada por la gente de esa región por ayudar en ese trabajo de la búsqueda de las reses logró que se uniera al pelotón de soldados y civiles un joven llamado Marcos, hijo de don Rafael, dueño del hato "El Divino". Y también un peón del hato "Josué". Esos dos lugareños nunca habían visto al rehén por esos lugares, aunque ambos jóvenes se habían tropezado con aquellos forasteros en las callecitas del pueblo de Borbón. La mayoría de los aldeanos pensaba que esos forasteros vivían en unas viviendas cerca de la quebrada *Picaraicú*.

Seria cerca de la medianoche cuando el grupo de búsqueda decidió tomarse un merecido descanso. Los hombres procuraron un espacio limpio sobre una explanada a orillas del camino. Un fuerte olor a carne asada y de azafrán despertó el voraz apetito entre ellos. El crepitar de la leña atizaba el hambre. Bebieron agua potable contenida en botellones. Y libaron una que otra cerveza mientras comían carne cocida en leña. Encima de unas ramas secas lograron colocar algunos candiles para alumbrarse. Cuidaron de ser descubiertos. En aquel lugar las matas de violetas exhalaron su característico olor perfumado. Luego, ellos descansaron bajo el ojo lunar. El hijo de don Rafael, dos días antes de incorporarse al plan operativo de la búsqueda de las reses, había dispuesto que su padre don Rafael viajara con su mujer a Caracas para hacerse un chequeo médico. Eso motivó la ausencia en aquel lugar del principal aliado de los guerrilleros Boinas Rojas, y cuando él retornó se quedó en Ciudad Bolívar. El muchacho cual cooperador incondicional del grupo de rescate trataba de indagar sobre el papel que haría en aquella misión. Una vez enterado de los detalles del procedimiento, Marcos, con un silbido agudo llamó a distancia al peón del otro hato, que se encontraba agachado entre unos matorrales en actitud medrosa y curiosa. A ese peón, llamado Domingo, se le dio la orden de ensillar los caballos después de bañarlos con agua fresca sacada de un barrilete que usaban los soldados durante sus exploraciones. Cuando el alba irrumpió y el rocío mojó los árboles, el grupo de rescate continuó avanzando hacia el lugar indicado. El peón Domingo marchaba junto al pelotón de soldados, totalmente ignorante de las triquiñuelas puestas en acción. La buena fe del mocetón le permitía pensar en que lo que él estaba haciendo era un asunto limpio. Ese obediente peón, que contaba apenas con unos veintitrés años, también lo había criado don Rafael, quien siempre lo consideró un hijo de crianza. Aunque Marcos no pensaba de la misma manera que su progenitor, a pesar de acogerlo como un hijo, porque a Domingo lo veía como un fiel peón del hato en la propiedad de uno de los amigos de su padre. Domingo era un intrépido campesino que cuidaba el ganado como si fuera un patrimonio propio. Por eso, a éste le extrañó mucho esa pérdida de reses, según lo informado. En varias oportunidades y durante el recorrido ese muchacho había reiterado a Marcos y a los detectives que él no había sido informado de que alguien denunciara la desaparición de unas setenta reses. Dentro de su inocencia, como un hombre sano del campo, Domingo pensó que tal odisea emprendida era para dar con el paradero de las setentas reses y eso era algo así como buscar un tesoro perdido en la isla de la fantasía. Por supuesto, él no tenía ni la menor idea de que aquella aventura era solo un ardid para localizar el lugar donde estaba secuestrado el gringo. Domingo, como Marcos, se encontraban totalmente ajenos a la verdad y a la realidad. Sin embargo, en un momento de incertidumbre ese peón sospechó que algo anormal acontecía, al observar que esos hombres portaban varias armas de cañones largos y cortos. Con ojos recelosos, Domingo constató que dentro de los morrales puestos sobre los lomos de aquellos caballos había unos cuantos fusiles y varios revólveres. En todo caso, ese mocetón se dio cuenta de que el derecho a portar armas era desigual. Observó que Marcos tenía una escopeta para cazar liebres, conejos, y perdices. En lo que se refería a él, como un buen hombre del monte, solo llevaba entre las manos una chicura y al cinto portaba un filoso machete.

Esas herramientas que Domingo cargaba encima lo llevaron a presumir que servían para excavar la tierra y cortar los herbazales, las malezas y los matorrales. Antes de todo, para empezar el trabajo, ese muchacho quería saber en qué consistía el mismo.

Un jirón del candente sol esmaltaba la zona. Las huellas dejadas por las patas de los cansados caballos, a causa de las desgastadas herraduras puestas en los cascos, indicaban un montón de contrariedades e incógnitas en esa operación. El grupo de soldados, junto a los detectives, temieron una posible emboscada, pues no estaban seguros de que los Boinas Rojas hubieran sido alertados sobre la eliminación del acuerdo final con el gobierno, porque, de saberlo, los BR estarían preparados para atacar. Ahora, los buscadores del rehén estadounidense llevaban consigo un plan contra golpe para cumplirlo en caso de un ataque sorpresivo. Enrollados en ese dilema ante el inminente peligro de ser atacados por los guerrilleros, los soldados se estremecieron como si sus cuerpos fueran máquinas vibratorias. En contraposición con esa actitud cobarde de algunos de ellos, otros en cambio se hallaron más tranquilos y confiados en que todo "aquello" saldría a pedir de boca y sin descartar que de súbito adelante pudieran ellos enfrentarse a una escalada mortal. La sorpresa se la dejaron al supremo Divino. A los designios de Dios.

Pasadas unas cuantas horas, cuando llegaron al lugar señalado por el croquis trazado sobre una amarillenta hoja de papel, que parecía más bien un croquis extraído de la antigüedad romana. Todos ellos pusieron los dedos en el gatillo de cada arma y pronto a disparar. Llevaban los ceños fruncidos y las miradas fijas en los caminos y en los alrededores.

Aunque todavía Marco no comprendía un pito lo que ocurría allí, con un vozarrón que parecía una descarga de palabras graves, ordenó un alto en el camino. Al mismo tiempo de echar por la boca un improperio que dio la impresión de elevarse hasta alcanzar el firmamento. Esa vulgar expresión de Marcos se debía a que de tanto andar montado en el caballo se había quemado las entrepiernas. El peor de sus sufrimientos sería una inflamación de los testículos. Algo similar sucedió a los soldados y a los dos detectives. Menos a Domingo, quien tenía las posaderas curadas de tantas llagas y endurecidas como el acero. Poseía nalgas callosas. Inmune a los rosetones y otros males inflamatorios comunes en la gente de campo. Marcos quiso desfogarse la inquietud sentida en aquel momento. Hizo una seña con los dos pulgares. En aquel momento difícil hizo una indicación para que el peón Domingo se acercara al sitio donde con una vara corta marcó la tierra a excavarse. Ordenó al peón que se hallaba un tanto enfurruñado traer la chicura para comenzar a excavar y buscar los restos de los esqueletos de las reses, supuestamente robadas y enterradas allí. Perplejo el corpulento muchacho comenzó la dura labor con una gallardía campesina, abrió la zanja mientras un pensamiento oculto afloraba en su cerebro. Tenía la intuición de que algo andaba mal y torcido en todo aquello. Tuvo la impresión de que lo estaban usando en forma inapropiada. Efectivamente sucedió que todos los demás integrantes del grupo de rescate estaban enterados de que allí no estaba enterrada ni siquiera una pezuña de vaca y menos las cabezas de setenta reses. Domingo abrió un profundo hueco y no encontró restos de animales. Su compañero observó el rostro demacrado y un rictus de amargura asomó en las comisuras de sus labios gruesos. El cuerpo del mozo Domingo expelía un húmedo olor a sudor terroso. El peón enojado mostró en el rostro su inconformidad, no obstante llevó adelante aquel trabajo. Se sintió disgustado al enterarse de que todo "aquello" había sido una treta, una patraña y una solemne mentira. Lagrimeó.

Era una ley natural y un derecho adquirido ponerse molesto ante el engaño. Todo ese teatro había sido montado para disimular el verdadero objetivo que sería encontrar el lugar donde tenían cautivo al empresario estadounidense. Lo del abigeato quedó descartado. Por momentos, esa operación se llevó adelante aunque se había dado un cambio subrepticio en el plan inicial, concebido entre el gobierno nacional y los Boinas Rojas (cambio de plan que era desconocido por los BR). Cómo negarlo si con la información de Pérez Guindales y las investigaciones de mister *Lieng* era suficiente para echar por tierra y de un solo tajo el trato acordado para liberar a Nick. Lo que antes se pretendía realizar entre el gobierno y los Boinas Rojas era algo de sentido común, pero ahora había una traición abierta de un soplón que había cambiado el rumbo del caso. Aunque, a decir verdad, mister *Lieng* ya había ubicado la región donde posiblemente tenían cautivo al estadounidense.

En posesión del terreno tomado en la cercanía del hato donde se presumía tenían secuestrado a Nick. Para no sufrir una decepción o una derrota el contingente militar y detectivesco creyó prudente avanzar unos quinientos metros hacia el oeste para esconderse dentro de los matorrales, y así poder fisgonear desde allí. Por intuición humana, desde el lugar donde estaban resguardándose esos hombres, estos otearon una choza en un pegujal. La voluntad de querer solucionar lo del secuestro del industrial norteamericano mantenía atentos y en alerta a los dos bandos: policías y soldados. Cuidadosamente, tanto los soldados como los gendarmes pudieron observar algunos guerrilleros Boinas Rojas moverse en los alrededores de donde ellos se escondían. Notaron que esos guerrilleros sobre los hombros tenían colgados fusiles.

El grupo de rescate programó realizar una redada para atraparlos con las manos en las masas. Sin embargo, cavilaron un poco sobre las acciones a emprenderse. En demanda de asegurarse de cualquier ataque les pareció de pronto que aquellos guerrilleros podían tener oídos agudos como los del venado, que al menor ruido producido para las orejas y huye en veloz carrera. Todos los hombres del comando militar y los detectives formaron un triángulo para darse seguridad durante esa noche que se oscurecía cada vez con mayor intensidad. Decidieron no arriesgarse más de lo conveniente y continuar observando por un tiempo más largo los movimientos diarios de esos hombres. Todavía no estaban listos para avanzar y capturarlos. Aún el comando no sabía si verdaderamente el gringo se hallaba dentro de aquella choza.

En tanto los secuestradores se movían con pasos ágiles de un lado a otro, el peligro los acechaba. Despreocupados, y con unas vagas miradas lanzadas en los alrededores, ellos cumplían la rutinaria vigilancia, sin temores de ser emboscados o de sufrir un asalto sorpresivo. Todos muy confiados hasta la médula de poder escuchar la caída de una gota de rocío. O de oír el zumbido de un mosquito. En verdad todo lo tenían calculado. Jubiloso gozo el de la espera para atacar.

Unos pasos más atrás del bando militar se encontraba el joven Marcos, hijo del dueño del hato. Este mozuelo fornido y buen mozo rechinó los dientes y maldijo mil veces lo que vio. Con las piernas separadas como los vaqueros y de una manera insolente se apresuró a manifestar su desagrado por aquel grupo de sujetos ilegalmente asentados en el terreno del hato de su padre.

En un determinado momento y con una actitud de venganza en contra de los invasores del hato "El Divino", el heredero de esas tierras dejó salir de su boca palabras obscenas. Calificó de carajos, de ladrones y de mal nacidos a los invasores del hato "El Divino". No conforme con ese insulto que lanzó al aire, el guapetón hijo de don Rafael, con un manifiesto desaire en la cara, dijo que esos maricos se disfrazaban de revolucionarios para robarse todas las mujeres jóvenes de las comarcas aledañas. "¡Me quitaron una!", y amenazó con no perdonarlo aunque su papá lo moliera a palos cuando se enterara de lo que él había hecho. En cambio, el peón del hato "Josué" miró de reojo lo que acontecía allí y se babeó. Asombrado, Domingo nunca logró entender lo dicho por Marcos, que se había enfadado por todo lo que pasaba allí y se limitó a alzar sus anchos y bronceados hombros, acostándose en la crecida hierba con el propósito de descansar.

Lo que sí le pareció algo extraño al arriero Domingo fue la vigilia que había montado el grupo de hombres que acompañó. Notó que el jefe militar usaba unos binóculos potentes para husmear en dirección al hato "El Divino". Domingo movió los músculos de su tórax e hizo saltar sus fibras. Por último, sintiéndose victima de un engaño, se levantó bruscamente y con enojo pateó la tierra. Luego echó a correr hasta perderse en el camino que conducía al caserío de Papaguire. Ese peón, al escaparse del lugar no pudo presenciar si capturaban o no a los plagiarios. Los dejó a su buena o mala suerte sin importarle nada, porque ya sabía de la existencia de ellos. Por su parte, Marcos, el hijo de don Rafael, sació a gritos su sed de venganza contra uno de esos forasteros buscados por cometer un delito; todo porque una vez había enamorado a una novia que él tenía en unos de los paseos por el pueblo. Agazapado, el joven observó la guarida de esos hombres armados y se estuvo tendido un tiempo largo para contemplar lo que hacían. Después, Marcos rehusó a participar en una posible reyerta mortal. Y, para librarse de culpas intensas, el mozuelo decidió tomar el camino de Villadiegos. Desapareció de aquel escenario que prometía un derroche de sangre y un montón de muertos. Marcos lo pensó bien y no quiso por nada del mundo mancharse las manos de sangre ni traicionar a su propio padre. Él sospechaba que su padre había protegido a esa gente durante largo tiempo, y ahora no sería él quien lo traicionara.

Todos los demás hombres quedaron a la zaga.

IX

¡BURRO! ¡BURRO!

(El rescate)

L o predominante en ese día era que algo estaba por ocurrir. El silencio se filtraba entre las brisadas montañas arboleadas en aquel lugar bucólico. No era un secreto oculto que desde el inicio se confiara a un escuadrón militar, conjuntamente, con unos agentes policiales, la misión de rescatar al industrial estadounidense presuntamente oculto en algún paraje de ese sitio boscoso. Se había dado la orden a los integrantes de esa misión de proceder a rescatar vivo y liberar al rehén. Desenmascarar y capturar a los plagiarios, sin torturarlos ni asesinarlos. Ambos componentes integrantes de esa operación rescate debían de cumplir las superiores instrucciones impartidas por el general *Kanav*, quien mantuvo una comunicación telefónica y directa con mister *Lieng* como un agente encubierto y mediador digno de su confianza. Con una frialdad glacial en sus intenciones esos hombres se desplazaron entre los crecidos herbazales, sorteando los muladares con la intención de ubicarse en una mejor posición para observar y atacar. Un grupo de ellos se colocó en cuclillas del lado izquierdo con la intención de ocultarse en el denso follaje. Esos soldados empuñaban las armas reglamentarias para disparar al mínimo movimiento sospechoso. Se difumó el miedo entre ellos, aunque la situación se ponía más tensa y dramática con el correr de las horas. Alguno que otro de esos soldados tenía los cuerpos sofocados por el inmenso calor de las primeras horas de esa tarde, sudaban copiosamente. Ellos tenían las órdenes de esperar la señal de avanzar y de atacar para dar el zarpazo final a los secuestradores del empresario de *"La Inois. Company"*. A una distancia no tan lejana del sitio donde los militares trataban de atisbar a los presuntos secuestradores del gringo se podía observar uno que otro movimiento de un animal salvaje o casero, también de alguna persona. Desde el lugar donde se escondieron no había movilización de parte de los soldados, porque en cualquier momento podía darse la determinante orden superior de salir y atacar. Unos quinientos metros de distancia separaban a los guerrilleros-secuestradores del batallón de la V Guarnición de la Selva.

Dentro del hato ganadero los dos custodios de Nick no sabían ni siquiera que los estaban espiando. Resguardados entre aquel frondoso boscaje, nada más, nada menos, en el constante fluir de un destino incierto, ajenos al peligro amenazante que ellos llevaban sobre sus espaldas, los plagiarios del gringo en los ratos de ocio contemplaban una que otra mariposa de diversos colores volar y pintar el cielo. De tanta espera inútil, esos hombres se mostraron aburridos y cansados. Sus pasos iban y venían en un permanente caminar sobre la compacta tierra negra en el hato "El Divino". Hato ganadero que daba la impresión de poseer unas cuantas reses descarnadas.

Para matar el tiempo y sacudirse el húmedo calor de ese día, con una buena dosis de imaginación, y para no sentir tedio más allá de lo aguantable. Los Boinas Rojas en plena vigilancia se acostumbraron con los pies a jugar con las piedrecillas tiradas sobre la tierra.

Ellos al patear las piedritas levantaron una estela de polvo que se adhería en las suelas de sus calzadas y estrambóticas botas militares. Por la fuerza de la naturaleza, en tiempo de verano, en pleno apogeo de las severas sequías, se marchitaban las flores y los frutos maduros colgados en las ramas de los árboles y de las matas se desprendían y rodaban sobre la seca tierra. Mientras, los cinturones de los vientos barrían todo lo que estuviera a su paso en los espacios abiertos.

A raíz de aquella montada asechanza que los obligaba a soportar toda clase de incomodidades, la cuadrilla militar tenía la leve sospecha de estar metida en un saco de complicaciones, en un tremendo berenjenal. Inherente al medio de la naturaleza, el suelo áspero y terroso del hato se encontraba tapizado de numerosas y variadas hojas muertas con colores amarillentos y marrones, cubiertas de grumos de barro y de greda. De tal forma que eso provocaba que cualquier huella de zapato o de pies descalzos se marcara en esos terrenos.

En el reflejo fiel de la naturaleza ambiental, esa jauría de hombres uniformados se encontraba sedienta por entrar en una feroz cacería humana. Con los nervios retemplados, esos soldados, conjuntamente con dos policías, despejaron a machetazos el crecido monte, de modo que ellos pudieran acercarse al lugar donde se suponía se encontraba secuestrado el gringo. Bajo un sol fulgurante de llamas doradas reflejadas en las copas de los árboles, se exaltaba la ansiedad que sentía ese grupo de rescatadores. Aquella soldadesca dueña de un estructurado pensamiento castrense y con unos ojos de águila agujereó los alrededores de aquel lugar ubicado en plena selva guayanesa venezolana

El matorral se encontraba minado de animales rastreros y otras alimañas. Desde un anguloso lugar, el jefe del pelotón de soldados, con unos prismáticos observaba un Jeep de tracción que se hallaba estacionado a un costado de una cerca de alambre de púa que rodeaba el hato "El Divino". El sol ardía sobre la cabeza del jefe militar de aquella operación de rescate, en el preciso momento en que éste detectaba a varias personas abordar ese rústico vehículo. El individuo que conducía el Jeep lo puso en marcha en dirección al pueblo de Borbón. El teniente de la V Guarnición de la Selva, jefe de la misión, con sus binóculos atrapó las imágenes de aquellos hombres que en sus cabezas llevaban puestas unas boinas rojas. Por lo pronto, los soldados y sus acompañantes civiles no perseguían a nadie, puesto que había orden de no interceptar ni capturar persona alguna hasta tenerse la certeza de que en aquella derruida vivienda estaba el cautivo norteamericano de la empresa *"La Inois. Company"*.

El pelotón de soldados junto a los dos policías, que mostraban unos rostros colorados a causa del enojo y unos gestos en las caras de malas pulgas, siempre predispuestos a meter de primero las narices en la operación de rescate, observaron marcharse a los sujetos del Jeep. Después, en cuestión de segundos los vieron perderse en la agreste ruta rumbo al caserío de Borbón. En una curva acentuada del camino entre nubes de polvo el Jeep desapareció.

En esa casucha con paredes descoloridas, en un día sin las fragancias de las flores, sin los olores a frutas frescas, como un pájaro adormilado se encontraba el rehén dentro de una hamaca. Una sobrecogedora tranquilidad invadía el ambiente. Los guerrilleros-centinelas del gringo daban la impresión de tragar sin mascar las angustias. Ambos se encontraban sedientos de noticias y esperanzados en que ese plagio llegaría a un final rápido y exitoso. Sin las carabinas sobre los hombros. Sin revólveres en las cinturas. Esos dos guerrilleros, sin la menor reserva estaban ilusionados por retornar a sus hogares. Aquilino, con una piel curtida por el sol, con los ojos brillosos, parecidos a un faro en medio de la noche, lanzó al aire unas palabras frías y cortantes.

El alto volumen y el caprichoso tono de su voz, ensordeció los oídos del otro camarada. Por supuesto, Wilfro no pudo comprender esa lenguarada de su camarada. Solo le quedó emitir por la boca un rugido de protesta como si fuera un ermitaño en medio de la soledad. Entonces, la vara del tiempo empezó a medir a los dos cancerberos de Nick. Era difícil imaginarse que lo único que ellos querían era tener nuevas noticias sobre el canje del norteamericano. Eso significaba la suma razón de ellos estar allí. Se encontraban cansados de vivir de ese modo. En apariencias, ambos guerrilleros no se sentían amenazados de muerte, sin embargo, la sentían cerca. Con unos espíritus simples, ambos confiaban en sí mismos. De cualquier modo, en cada uno de ellos habitaba un corazón revolucionario, peregrino, idealista, que los condujo a suponer tener conocimientos amplios y precisos de los planes trazados entre las partes interesadas en el caso del secuestro del gringo. Los dos plagiarios tuvieron la plena seguridad en que todo "aquello" iba arreglarse de la manera más ventajosa para el grupo Boinas Rojas. En relación a lo esencial, a esas alturas del tiempo, esos dos hombres no podían desentrañar lo que vendría después de ser liberado el estadounidense. Los secuestradores estaban habituados a confiar en el comando superior de su organización, motivo por el cual ambos agudizaron los oídos y abrieron los ojos para cumplir a cabalidad con sus responsabilidades. Rechazaron el temor padecido cuando se da un paso al vacío. Durante meses, ellos esperaron recibir las últimas instrucciones para preparar la entrega definitiva del plagiado. Esa larga espera los convirtió en unos seres pasivos. No obstante, sucedió que por confiados ambos descuidaron muchas veces la vigilancia del rehén, como del lugar donde se encontraba.

Con la misma creencia pensaron haber encontrado una explicación lógica. Los dos Boinas Rojas tuvieron la firme convicción en que todo lo atinente al secuestro del gringo marchaba sobre ruedas, sin problemas ni trabas. Ellos abrigaron las esperanzas de que en un corto tiempo la unidad táctica de los Boinas Rojas los informaría de la fecha fijada para culminar la operación. Crédulos ambos aguantarían vivir cualquier tropezón o peligro, mientras tanto, a pesar de esa manifiesta confianza, los plagiarios empezaron a preocuparse del estado físico y mental del cautivo norteamericano, por cuanto, desde hacía más de un mes, Nick sufría de una especie de lipotimia e impétigo. El gringo se desmayaba con cierta frecuencia. Tenía una apariencia enfermiza. Su salud empeoraba a medida que transcurrían los días. Recelosos de lo que pudiera ocurrirle al cautivo los Boinas Rojas temieron en que si el norteamericano fallecía las puertas se cerrarían para cualquier tipo de negociado. El convenio entre las partes era entregarlo vivo, con un estable estado de salud, corporal y mental. No moribundo. Los plagiarios aborrecían trabajar por nada y para nadie.

Libres de toda sospecha de traición, los vigilantes continuaron distrayéndose. Sin tormenta de ninguna naturaleza anunciada sobre ese lugar, las sombras de los múltiples árboles silvestres empezaron a opacar el jactancioso sol. De momento en penumbra quedó ese lugar. En medio del caluroso clima las esperanzas estaban intactas en Aquilino y Wilfro, quienes permanecieron conversando de sus futuros planes. Salieron al patio delantero de la casucha guarecidos bajo la fresca sombra de un arbusto con flores moradas. A pesar de todo, uno de ellos tuvo un gesto vago dibujado en su rostro por tener la sensación en que "aquello" no empezaba a andar bien. Ocasionalmente, los plagiarios lanzaban furtivas miradas iguales a los zamuros negros al volar entre las dibujadas venas azules del cielo en busca de una próxima víctima muerta. Allí, sentados sobre un tronco seco de un árbol, recibiendo el torbellino de un cálido aire, los guardianes de Nick intimaron en silencio con sus pensamientos. Tanto que hasta se olvidaron de observar si algo extraño pasaba en los alrededores del lugar. Hubiera sido mucho mejor que presintieran que algo no andaba bien. Todo lo contrario, se sintieron obstinados por no ocurrir algo nuevo en que interesarse. Ellos habían vivido demasiados días de tregua soportando los olores a pasto verde, a mastranto, a bosta de caballo y porquerías de otros animales. Por motivos incomprensibles ellos todavía no escucharon el aullido triunfal de la operación plagiaria. Pero, sin dudas, si pensaron en que estaban dispuestos aceptar una digna y honrosa capitulación en caso en que todo "aquello" estuviera comprometido sin contar con otras vías para conseguir varias soluciones. Con un fuerte nudo de angustia en la garganta, uno de ellos miró ansioso los naranjales y los limoneros y su mente se deslizó al viejo anhelo de quererse marchar con su mujer e hijos a Cuba. Aquilino aspiraba asistir al curso de entrenamiento para revolucionario extranjero, que anualmente se realizaba en la isla de Cuba. Él pensaba que la patria de Martí era el lugar ideal para la formación de los hombres y de las mujeres que deseaban convertirse en los mejores guerrilleros y guerrilleras de América. Sin embargo, ambos ignoraban ese mortal asalto que tenían detrás de sus propias orejas en ese momento. Por cuanto Wilfro y Aquilino se encontraban absortos en sus pensamientos. Por esa razón ellos no oyeron las cascabeleadas pisadas de un par de hombres armados que con arrojo y encono se acercaron cada vez más al lugar en donde ellos se encontraban sentados y aquietados sobre el tronco de un árbol tumbado sobre la tierra. Por otra parte, más que todo, ellos se encontraban distraídos. En el límpido cielo ni siquiera el errante y ruidoso vuelo de las aves sirvió para alertarlos del inminente peligro que corrían, allí. Como unos cunaguaros los dos agentes de policía en silencio se desplazaron por detrás de la casita de bahareque, después de haber cortado un pedazo de la alambrada que protegía aquella cochambre vivienda, por donde entraron a ese lugar. Con la firme intención de emboscar de sorpresa a los dos guerrilleros, obviamente sobrepasando los riesgos corridos, esos dos agentes policiales se movieron con rapidez para capturarlos *in fraganti* en la guarida. En aquel momento de sucederse el avance de los policías, los soldados de la V Guarnición de la Selva, se aproximaron un poco más a ese lugar, para situarse en la vanguardia. Posición que impediría que esos guerrilleros se escaparan entre la tupida vegetación selvática o que huyeran por cualquier camino enriscado. Una norma en la conducta militar era esperar la orden de actuar.

Los policías realizaron el asalto en el brevísimo tiempo de un parpadeo de ojo. Y los atraparon. Tan veloz ocurrió el incidente que los secuestradores no pudieron agarrar las armas para defenderse. Sin medir las consecuencias los dos guerrilleros en sus espaldas sentían el frío cañón de un revólver o de un fusil. Con prontitud éstos fueron desarmados y esposados. La decisión era determinante por parte de los policías. Los Boinas Rojas fueron empujados al interior de la casa de barro cuyo desorden y mal olor descompuso los estómagos de los dos agentes del orden. La oscuridad y el enjambre de insectos voladores, junto con el impresionante silencio que había en la casucha, proyectaron una dantesca imagen de miseria. Segundos después los osados agentes fueron testigos de una inesperada revelación que los dejó perplejos, más aún, atónitos, cortos de respiración. Dentro de una sucia hamaca de un tejido multicolor que expelía un hedor igual al sudor de un labrador, los mal encarados policías descubrieron a un hombre con un evidente síntoma de agonía. Un ser humano desaseado con cabellos largos, emplastados, asquerosos. Una rala barba con hebras blancas. Un hombre de figura macilenta, desvaído, desventurado, no menos, taciturno y quien vestía ropas harapientas. Su vestimenta daba la impresión de ser los restos de los uniformes militares que usaron los heroicos soldados en la batalla de los Horcones, celebrada en los alrededores de Barquisimeto en 1813, en Venezuela.

En ese mundo infernal Nick se encontraba convertido en un guiñapo de trapo. Con una expresión dolorosa en su rostro. Una apariencia de mendigo. Calzaba en los pies unas rotas botas marrones sin trenzas. Se notaba idiotizado. Sin ánimo. En medio de esa semi oscura vivienda, Nick había sido visto por esos dos policías que aprovecharon el insólito descubrimiento para convertirse en los únicos héroes de ese rescate. Los dos gendarmes se frotaron las manos en señal de vencedores, puesto que ese hallazgo del norteamericano plagiado significaba algo fabuloso para ellos. No habían transcurrido más que unos minutos cuando Bol y Guancho empezaron a manifestar sus ocultas y torcidas intenciones. Decidieron jugarle camunina al resto del escuadrón militar. En sus cerebros brotaban las intenciones de cada uno de esos individuos de impedir que el pelotón de soldados apostado en la cercanía del hato estorbara sus aviesos planes. Ellos decidieron asumir una conducta reñida con el deber, la responsabilidad, y la moral que deben guardar, respetar y cumplir los funcionarios del estado que representen las leyes.

Prepotentes se manifestaron los policías como si ellos hubieran agarrado a Dios por las chivas. Esos dos individuos asumieron la misma postura de un animal depredador. Con unas garras de león y un pico de buitre se dispusieron a sacar las entrañas a cualquier persona que se interpusiera en su camino. Con una elemental visión de lo que era un buen gendarme se dieron cuenta sobre lo que significaba para ellos haber encontrado al célebre cautivo estadounidense. Prontamente, ellos se pusieron parados al lado de la hamaca donde tendido estaba aquel hombre convertido en un esperpento humano. El descubrimiento los dejó asombrados y mudos, contemplar a esa persona destruida corporalmente, y mentalmente, a causa del largo y cruel encierro. Con una concepción errada del tiempo disponible para actuar, los agentes no daban crédito a lo que sus ojos veían. En medio de un conflicto existencial y una confusión pavorosa los agentes policiales creyeron estar en presencia de un *zamani* (auténtico muerto), por cuanto ese despojo de hombre, aunque estuviera vivo, sufría de una muerte artificial. En esa soledad, Nick estaba con vida. Se encontraba en un estado de trance y con unos signos vitales débiles. Deprisa un estupor los embargó ante el sorpresivo descubrimiento del cautivo. Fue entonces cuando Guancho y Bol no disimularon sus malsanos instintos. De modo que, a pesar de ellos haberlo encontrado en un estado deplorable, Guancho, eufórico, exclamó: "¡El gringo está vivo y vale oro puro! ¡Eureka!".

Al notar la presencia de unos hombres desconocidos cruzados de brazos que lo miraban fijo dentro de la hamaca, el norteamericano se puso tieso y aterrado. A duras penas, Nick podía escuchar sus voces. En aquel amargo instante se deprimió y buscó acomodarse bocabajo en aquel lecho de aire donde dormía para protegerse de las alimañas que rondaban ese sitio pestilente. En ese momento el rehén temía que aquellos dos sujetos le pusieran un dogal en el cuello y lo asesinaran sin escrúpulos. Sollozó. El pánico que sentía le ocasionó un bajón de ánimo. Tanto sería el impacto emocional que en su amarillenta y seca piel brotó un extraño salpullido de color rosáceo. Atemorizado, el desdichado gringo se ovilló dentro del chinchorro en la creencia de que así no lo castigarían ni lo asesinarían. No deseaba otro martirio ni otra tortura física ni psíquica.

Mientras se hundía la tarde en la espesura de la selva, el secuestrado reducido a la condición de un despojo humano se frotó sus azules ojos tristes, legañosos, con la intención de poder mirar de un mejor modo las siluetas de esos intrusos que en forma desafiante se encontraban parados a un lado de la hamaca donde él se mecía con dificultad. El gringo con desespero comprobó que las luces de sus pupilas estaban ligeramente opacadas. Concentró la vista y se dio cuenta de que aquellos individuos lo habían esposado por las muñecas y los pies amarrados con un cordel. También, antes, ellos lo hicieron con los plagiarios a quienes obligaron sin piedad a ponerse de rodillas sobre el contaminado suelo de esa casucha de paredes sucias y descoloridas.

De nuevo con una ingénita valentía puesta a prueba, Nick se prometió así mismo no volver a asumir una actitud fatalista. Con el rostro ensombrecido y un espíritu convulsionado, el rehén hizo un esfuerzo sobrehumano para incorporarse en la hamaca. El jipato estadounidense apenas podía levantar su cabeza para balbucear el nombre suyo, para dejarlo claro. Lo único que Nick logró con tal empeño fue que uno de esos gendarmes desplegara de sus labios una sonrisa cínica, burlona, despectiva. En el fondo, ese oficial de policía era una cara dura que hasta se carcajeó de la figura esquelética del secuestrado. En tanto ese sabueso enseñaba una mueca extraña en las comisuras de sus gruesos labios, a su compañero lo único que le interesaba era haber encontrado con vida al secuestrado, por cuanto ese rescate era dinero contante y sonante para los dos. Uno de los guardianes del orden no pudo reprimir su emoción y gritó: "¡El hombre está vivo!". No obstante, a pesar de emocionarse, también, se preocupó, porque ellos lo habían encontrado de un modo sonso, ni siquiera echaron un tirito al aire. El gendarme se encogió de hombros y asumió un comportamiento que contrastaba con su rol de representante de la ley. Bol se tornó un arpía y empezó a comportarse como un tipejo desalmado. Sin el tesoro de la paciencia (una buena regla social) dejó escuchar su explosiva voz, al decir: "Ese maldito secuestrado ha puesto en ascuas a dos gobiernos, a los cuerpos de investigaciones y de inteligencias tanto nacionales como extranjeros". Inesperadamente, Bol frunció el ceño al creer poseer un poder sobrenatural para tomar cualquier decisión sobre el destino del gringo. Con una actitud despreciable se arrodilló al lado de la hamaca. Con sus manos se apretó la cabeza ovalada, y musitó: "¡El hombre está vivito y coleando! ¡Quién lo hubiera creído! ¡Hemos encontrado al pordiosero mejor pagado del mundo!". El policía prosiguió infestándose la mente al suponer que el rescate y la posterior liberación del rehén, seguramente les arrojarían una gratificación considerable en dinero, por demás, bien merecida. Ese policía estaba consciente de que ellos tendrían que propinar y repartir codazos a diestra y siniestra contra el pelotón de soldados para que éstos no recibieran los honores y los millones de bolívares o miles de dólares que presumiblemente se pagarían por el rescate y, por la ulterior liberación de Nick. Con un cinismo espeluznante, Bol juntó sus dos manos como si fuera a orar. Sin embargo, blasfemó cuando dio a entender que todo lo que acontecía allí era regalo del mismísimo diablo. Pronto, recordó que ¡Dios era la salvación!

Los dos policías se creían dioses de la creación. Reyes de la destrucción. Podían hacer lo que ellos quisieran sin que los descubrieran. No escatimaron en esfuerzos para disimular sus propósitos. Ambicionaban convertirse en los únicos héroes que habían logrado liberar y rescatar al rehén estadounidense, y atrapar a los plagiarios. Ambos sabuesos estaban de acuerdo en urdir un plan más eficaz para alejar y minimizar el papel de los soldados. De ese modo, si el plan del rescate resultaba positivo, ellos podrían impedir que otras personas reclamaran las recompensas y así ganarían una gran notoriedad pública. La entretejida maldad igual que la vil viveza de los dos policías, se pusieron en evidencia, desde el momento en que ellos emprendieron junto al escuadrón militar la misión de encontrar vivo al gringo. Con una habilidad manifiesta, los dos agentes tramaron que el pelotón de soldados continuara en posición de retaguardia hasta esperar las señales que ellos les darían para de inmediato entrar en acción. En dos platos el pelotón estaría en la retaguardia, entre tanto, ellos estarían en la vanguardia. Sin remilgo, traducido en el argot popular: "Primero es el tuerto en el país de los ciegos". Urdido el plan ambos esbozaron una irresistible sonrisa maléfica.

Una turbación extraña sintieron los soldados. Quienes, arrastrados entre los pajonales, sin que nadie les diera instrucciones, no comprendían porqué la señal esperada para entrar al hato y liberar al rehén se demoraba tanto en darse. Por supuesto, esa larga tardanza la motivó el interés que tenían los dos policías nacionales para que los militares no intervinieran directamente en el rescate y liberaran al gringo.

A esos dos policías no les convenía que los soldados metieran las narices directamente en la liberación del norteamericano, porque su valor moral era superior al de ellos. Plenamente convencidos, los agentes pensaron que el escuadrón podría estropear los planes concebidos. Para mayor de los males, ni Bol ni Guancho, estaban dispuestos a dar su brazo a torcer a fin de compartir méritos y dinero con esos soldados del V Regimiento de la Selva. Tal decisión obedecía a que ellos no estaban conformes de usufructuar esa exitosa operación con los demás. Los dos sabuesos se encargaron de que eso se hiciera a la manera como ellos habían preconcebido. Con ensañamiento, esos hombres debieron precisar que cualquier mano que no fuera la de ellos quedaría fuera de la operación de búsqueda y de rescate del estadounidense. Por ese motivo, ellos asumieron todos los riesgos, porque tenían unas ambiciones desenfrenadas y también el diablo metido en el cuerpo. Zumbados en el ataque contra aquellos compañeros de la misión rescate, Bol y Guancho, prosiguieron maquinando sus ambiciosos planes, los que no eran otros, sino, los rezados en un refrán popular que dice: "Primero nosotros en el reino de los cielos".

En cuanto a lo que acontecía en el interior de la destartalada vivienda, se agravaba cada vez más. Con el cuerpo débil y la mirada turbia el rehén esposado por las muñecas fue sacado de la hamaca a empellones y arrojado en el piso sucio. Los policías creyeron conveniente que siguiera maniatado para impedir que el rehén intentara escaparse y pudiera gritar mientras ellos se ocupaban de los guerrilleros capturados. Para no complicarse más el panorama, el agente policial Guancho con una de sus manos libres venteó el pelo desgreñado de Nick y lo tiró sobre sus ojos con el propósito de impedirle que se diera cuenta de lo que iba a suceder allí. El cautivo era el reflejo de un cadáver que se movía por una fuerza sobrenatural. Entonces, los desnaturalizados gendarmes ajustaron al cautivo ese par de esposas ceñidas en sus delgadas muñecas. De inmediato ellos usaron un guaral y lo amarraron por los ulcerados pies con la intención de mantenerlo inmóvil hasta que terminaran ese "otro asunto". A partir de entonces lo que sucedió dentro de la casucha levantada sobre el terreno del hato "El Divino" fue un episodio impreciso de conocer. Negado de antemano para ser juzgado.

Hasta ese momento, los dos policías no habían sopesado las consecuencias de lo que hacían. Lo inconcebible radicaba en ese cambio extraño de actitud y de conducta indeseable que ellos experimentaron. No era fácil desenrollar el rollo que ambos tenían por delante. Se tenía que buscar una salida conveniente a tan provocada y peliaguda situación.

Del interior de la humilde vivienda los policías nacionales sacaron por detrás a empujones a los guerrilleros capturados. Esa tarde, Bol vestía un pantalón de caqui y una camisa de popelina de cuadros blancos y marrones. Empuñaba una Browning, cuyo cañón, en reiteradas oportunidades se lo pegó amenazante en las orejas de los dos plagiarios capturados, en procura de asustarlos y someterlos a las más degradantes vejaciones y humillaciones. Bol, en el fondo de su alma, era un sujeto desagradable que sudaba gotas de maldades. Él no conocía la palabra piedad. Entre sus grandes defectos se notaba su carácter volátil. Para él retemplarse el coraje y ser aún más duro con esos rebeldes Boinas Rojas, sacó del bolsillo de su pantalón una plateada carterita que contenía zupia, una bebida que en un solo trago tomó con fruición y deleite. La ingesta de ese aguardiente quemó su garganta hasta el punto en que por sus ojos salieron lágrimas. Bol tenía el alma ebria de venganza. Y, como dice el refrán: "La culpa no es del ciego sino del que le da el garrote", Bol ofreció un sorbo de esa bebida a su compañero de oficio. Se la ofreció como un remedio estimulante y apaciguador de los nervios, además, útil para envalentonarse, y sentirse un macho puro. Por convicción propia, Guancho rechazó tomarla.

Después de transcurrir unos prolongados minutos desde el momento en que los guerrilleros habían sido capturados. En esa azarosa tarde los secuestradores fueron sacados a empellones de esa vivienda ruinosa. Iban sangrando por varias partes de sus cuerpos. Ese trato violento para con los guerrilleros que los policías dieron lo quisieron esconder de la mirada curiosa del rehén, y también de la perenne vigilancia del escuadrón militar, que en el monte permanecía petrificado en la retaguardia en espera de las señales que los policías tenían que dar para entrar en acción. El tiempo voló vertiginoso. En la escena había un sordo ruido. Un aire cálido emergía de las piedras recalentadas por los rayos del astro sol. De pronto, un revolcón sacudió a Wilfro, que nunca había recibido un puntapié en sus partes pudendas. Patada propinada por el más repulsivo de los dos gendarmes. Cierto, Bol chorreaba ira por cada uno de los poros de su cuerpo. El maltrato infringido por los sabuesos a los capturados guerrilleros-plagiarios en forma alguna motivó a que éstos estuvieran confundidos y desconcentrados en aquellos momentos. Dado que de golpe y porrazo los habían atrapado. En una forma inesperada los custodios de Nick fueron sorprendidos ¡*Vae victis*! Esa desventurada emboscada que les hicieron por las espaldas no les permitió a ninguno de los dos defenderse con las armas que tenían, pero que, en ese momento, ellos no las cargaban encima. Los revolucionario-plagiarios presintieron que ambos se hallaban al borde de un estado hipnótico que apuntalaba un estado cataléptico. Ambos guerrilleros se sintieron aturdidos e idiotizados. En el ambiente soplaba el perfume de las flores marchitas. Wilfro y Aquilino no se acobardaron ni tampoco fueron presas del pánico. La tunda de golpes propinada a esos guerrilleros- plagiarios los hizo en sus memorias descorrer los velos de sus pasados revolucionarios.

En el traspatio de aquella casucha de bahareque donde ellos se alojaron, al camarada Aquilino lo maltrataron mediante un torbellino de puñetazos lanzados sobre su pecho y su estómago. No fue extraño que recibiera unos cachiporrazos en la cabeza y en la espalda. Con un desespero, Aquilino trató de intercambiar unas miradas soslayadas con su camarada Wilfro. No daba crédito a lo que le acontecía en ese instante. Se hallaba desconcertado, abrumado, inconsolable, enfadado, y hasta furioso. Herido en su dignidad de hombre revolucionario, Aquilino pensó en que esa captura olía a traición. Pero, ¿traición de quién? Un fuerte malestar invadió su cuerpo unido a un ligero temblor de piernas que lo sacó de quicio. Sin fuerzas en los pies, el plagiario cayó de nalgas sobre la tierra húmeda. En la profundidad de sus entrañas sintió aquel ultraje; su mente se perdió en la lejanía. Sintió rotos los sueños juveniles en su memoria. Pronto comprendió que nada podía hacer para zafarse de las esposas atornilladas en sus muñecas. No pudo precisar qué era lo que ocurría en aquellos momentos. Cerró los ojos. Le dolía la cabeza. Su nariz sangraba. Las piernas les temblaban. Su corazón descontrolado latía fuertemente. La muerte empezó a envolver su cuerpo. En esa apremiante circunstancia ese sórdido fin de su existencia en la tierra, era lo que no deseaba conocer. Visualizó su final con mucha tristeza y dolor. En ese fluir incognito entre la vida y la muerte se expresó con un cambiado tono de voz, casi podía decirse, y balbuceó sus palabras. Evidentemente se producía una situación difícil y comprometida para los guerrilleros capturados que daba la impresión de ser una pesadilla atrapada entre las altas hogueras de ese infierno descrito por Dante. Aquilino era un revolucionario de fundamentadas convicciones ideológicas, un socialista a carta cabal. De un excelente aspecto físico y de un ánimo brioso igual al de los caballos pura sangre que corrían en los hipódromos de Ascort en Inglaterra y de Palermo en Argentina. Un hombre intrépido, indómito, dominante. Obvio, en ese crucial momento de su existencia, maniatado en los pies y en los brazos golpeado, a diestra y siniestra, en todo el cuerpo, se sintió despojado de su dignidad y de su honor. En esa tarde calurosa y húmeda, toda idea giraba en la cabeza del guerrillero. De nuevo sintió que lo volvían a perseguir los fantasmas del ayer. Sentía el mismo pánico que había sentido en la infancia, pero, ahora, lo sufría intensamente ante el riesgo de morir a causa de los suplicios. Un tanto atemorizado, Aquilino pareció escuchar una lejana voz que le susurraba algo al oído. Desesperado lanzó un gemido. Resultó que finalmente experimentó el temor de ser devorado y descarnado por aquellas bestias convertidas en funestas figuras humanas. Por breves instantes, se imaginó que tanto él como Wilfro eran los hombres predestinados a morir, hurgando en la antigua leyenda serían los escogidos por la bruja del río, la diosa de la muerte, para llevarlos al lado del nunca regresar. Ensimismado, presintió que esa misteriosa lavandera los sentenciaba a morir. Aunque ambos guerrilleros continuaron alimentando las esperanzas de salvarse. De manera, pues, que elevó la mirada al cielo e imploró a Dios la ayuda divina a pesar de ser un radical socialista y echársela de ateo. En esa oportunidad, Aquilino no tuvo remilgo en rogar a Dios el milagro en que aparecieran los otros camaradas que se encontraban en sitios cercanos al hato "El Divino", para poderlos salvar de las garras inclementes de esos trúhanes despiadados y malditos policías, quienes con saña y alevosía, atentaban en contra de sus vidas. Los Boinas Rojas sabían que esos agentes policiales parecían más bien un par de parias que se comportaban como unos torturadores al mismo tiempo de presumir que ellos eran los guardianes de las leyes nacionales y de ufanarse ser unos respetados y justicieros agentes del orden público.

Cada vez que los segundos y minutos corrían en el reloj, se seguía desplazando el tiempo en forma acelerada. Las miradas de los dos guerrilleros vagaban en el vacío. Se tornaban más lejanas e irreales las esperanzas de sobrevivir. Ilusión despedazada como un ánfora de cristal arrasada por el viento y quebrada en mil pedazos. Al más joven de los Boinas Rojas se le calentaron las orejas y se le helaron las manos cuando se dio cuenta de que los minutos o los segundos marcados en las agujas del reloj no se detenían. Desesperadamente, esas agujas continuaron marcando las agónicas horas que los conducirían al templo de los muertos. Desconsolado, Aquilino pensó en que ambos estaban viviendo aquella enigmática y escapada hora veinticinco. La suerte estaba echada para ellos. Se encontraban imposibilitados de defenderse tras haber sido esposados, y arrebatados sus fúsiles y sus revólveres. Los plagiarios dominados por un maremágnum de ideas complicadas tuvieron el funesto presentimiento de que estaban perdidos en un territorio desconocido, sin saber si verían de nuevo el rocío de la mañana siguiente. En ese tenebroso momento de sus vidas, los revolucionarios Boinas Rojas, en un estado anímico deplorable, se recriminaron los pesares y las angustias que manifestaron frente a los pantalones de esos policías granujas.

Los Boinas Rojas estaban dispuestos a no dar el brazo a torcer. A no flaquear ante la adversidad. Hicieron galas de un coraje físico y mental. Confiaron en sus propias fortalezas físicas, también, en las espirituales. Conscientes en que esos policías iban a cometer un crimen enmascarado, además, canallesco, porque ellos estaban ostentosos en que todo lo podían hacer, aunque Dios faltara en sus vidas. Los designios de Dios nadie los podía contradecir. Aunque el mundo se les viniera encima, los Boinas Rojas siguieron siendo unos hombres forjados en acero inoxidable, por lo tanto, nada ni nadie los quebraría, aunque ellos fueran torturados. Juraron no aflojarse de piernas ni lloriquear, a sabiendas de que la muerte giraba en torno de sus cuerpos vivos. Querían tener las alas abiertas para volar. En medio del peligro se consolaron al saberse los mejores expertos en las labores de espionajes y en las técnicas del secuestro. En el fondo de esa fatídica realidad que ellos enfrentaban, los guerrilleros entendieron que la vida era un columpio: iba y venía. Era un gran puerto, porque unos llegan y otros se van. En fin, la vida era una caja de sorpresas.

¡Misión cumplida!, en cierta forma.

Aquilino era considerado uno de los mejores tácticos y estrategas en el espionaje. Experto en actividades de inteligencia. Un confeso revolucionario que sabía salir adelante ante cualquier situación engorrosa presentada. No obstante, esa condición personal suya contrastaba con una tenaz lucha por sobrevivir. Ambos guerrilleros no querían morir como si fueran unos perros apaleados, unos don nadie. Ni por más que ellos estuvieran vejados, humillados o acosados. Ante las angustias producidas por tantas ruindades se dieron cuenta de que por una mala jugada del destino se acercaba el final de sus existencias. Con una profunda indignación y un manifestado coraje, Wilfro y Aquilino reconocieron que sus enemigos, hábilmente, los habían desarmado durante un sorpresivo asalto, sin poder ellos ejercer defensa alguna.

Arrodillados sobre la tierra húmeda del traspatio de esa casucha, los guerrilleros no deseaban morir entre las sombras de las dudas sin conocer la verdad de lo que había ocurrido con el secuestro del norteamericano. Mientras tanto se mantuvieron con los ojos cerrados a causa de la sangre que brotaba en sus frentes y en los bordes de sus ojos. Prácticamente ellos no veían. Les dolía en el alma haber sido capturados *in fraganti*. Se encontraban enardecidos y disgustados consigo mismos por haberse dejado atrapar de un modo estúpido. Los plagiarios del estadounidense sospecharon en que toda aquella celada era producto de una trampa armada con olor a una traición. Traición con un fuerte hedor al pescado pútrido. Seguros estaban ellos de que alguien podía haberlos denunciado o delatado. ¿Pero quién o quiénes?

En efecto, ellos no deseaban morir entre las sombras de las dudas sin conocer la verdad. Sin embargo, los dos sabían que posiblemente les darían muerte, rodeados de la naturaleza fecunda que los observaba y les daba valor para morir.

A sabiendas que ellos tenían un abismo infernal a sus espaldas, prosiguieron demostrando que llevaban bien puestas las hombrías dentro de sus pantalones. No se acobardaron. Agarrotados por estar sentados sobre la tierra del patio trasero de la casucha, como consecuencia de haber sido golpeados en reiteradas ocasiones, ellos sintieron atribulaciones, angustias y desesperación, mientras, con los labios salpicados de sangre suplicaron al "Señor" que apareciera Toribio, el baqueano, fiel servidor de la causa revolucionaria. Crédulos los Boinas Rojas pensaron en que ese muchacho experimentado en atajos y en caminos riesgosos podía ser la tabla de salvación para los dos, en caso de que esos dos verdugos armados hubieran pensado no en arrestarlos ni llevarlos presos sino en asesinarlos a mansalva. Con dolido acento, uno de ellos, inquirió: "¿Dónde diablo estará Toribio?". Con una sospecha de traición no tan infundada del todo, el más aguerrido de los dos Boinas Rojas rompió el aire cuando lanzó un amargo quejido lastimero. Gran parte del tiempo, los guerrilleros visualizaron las bajas pasiones de los dos policías. Concentrados en sus esperanzas, Aquilino y Wilfro volvieron abrigar otra ilusión en cuanto a que en cualquier momento podía aparecerse don Donato en ese lugar. Minutos después sintieron decaer sus ánimos y se apesadumbraron cuando recordaron que el viejo y fiel aliado del grupo Boinas Rojas en Borbón, sufría de fiebre reumática. Precisamente, ese día en Ciudad Bolívar ese consecuente amigo guardaba reposo en la casa de un pariente suyo. Afectados por tantos inconvenientes presentados, aunque ellos bien sabían de dónde les apretaba el zapato, Wilfro sufría en carne propia la más grande de las desesperanzas. Su fe se desgranó en el aire. La ilusión de sobrevivir se fue al pozo. El valiente y enérgico guerrillero no sabía en ese momento de qué palo ahorcarse. Con una mueca de desprecio en los labios murmuró: "Solo un milagro del cielo nos podrá salvar de la muerte". En la búsqueda de una solución del problema se encontraron plenamente conscientes de que aquellos policías poseían un par de corazones graníticos. Nada ni nadie podía conmover a esos gendarmes para lograr que se les perdonaran las vidas. El terror cundió en el traspatio de aquella ruinosa casa. Hasta la misma naturaleza con múltiples ojos fijó la mirada en las

cercanías de aquella covacha levantada en el hato "El Divino".
Había una palpable intención. En las afueras de esa vivienda
se violentaba el derecho a la vida.

En cuanto al rehén atento al minutero del reloj, decidió
aprovechar su extremada flacura corporal y se levantó del suelo
donde estaba esposado por las muñecas y amarrado por los
pies. Nick pesaba menos que un conjunto de plumas multicolores
replegadas por el pavo real cuando adopta la postura de un
macho seductor. Con bastante dificultad y movimientos torpes,
Nick se trepó en la hamaca donde dormía desde el día en que
lo trasladaron a ese lugar. Con una evidente torpeza en sus
movimientos por encontrarse maniatado de pies y de manos, el
plagiado sintió un agudo e insoportable dolor en los brazos y en
las piernas. Con un desgano sospechó que podía tratarse de
una neuralgia producida por el roce de las esposas de metal que
aprisionaban sus frágiles muñecas. Fatigado, tras un esfuerzo
por desatarse de esas ataduras que no logró, entonces Nick
trató de fisgonear lo que estaba ocurriendo en el traspatio de
esa casucha. Aclaró sus ojos y aguzó sus oídos. Se imaginó
lo peor. Estaba espantado. Con una respiración entrecortada
a causa de la fatiga sentida; en un arranque de bondad, el
plagiado tuvo conmiseración por aquellos secuestradores, a
quienes les infringieron durante su cautiverio los más humillantes
y abominables suplicios. La mente de Nick estaba dominada
por una multiplicidad de malos y trágicos presentimientos. Tras
haber escuchado en el traspatio de aquella vivienda en ruina los
desgarradores alaridos humanos que supuso habían salido de
la garganta de algunos de los plagiarios, eran hondos lamentos
causados por tantos martirios. Nick se sumió en un océano de
angustia. Con las manos y los pies inmóviles, el gringo solo
pudo mover la cabeza negativamente mostrando su desacuerdo
con esas torturas. Conocía que él no era libre, en forma alguna,
para poderlos ayudar. ¡Qué desagradable era todo aquello!

En su cara, sin aún despojarse de las huellas marcadas a causa del intenso dolor sentido, por el largo secuestro sufrido, ahora resultaba en que por una de esas ironías que el destino deparaba, a Nick lo invadía un sentimiento de compasión para con sus carceleros y torturadores. Cerró los ojos e imploró a Dios para que esos plagiarios suyos no fueran asesinados, aunque esos secuestradores jamás tuvieron alguna bondad para con él. Suficiente daño a su espíritu y a su cuerpo le había causado ese largo y no piadoso cautiverio transcurrido entre cuatro paredes a pan y agua, ahora, Nick no deseaba verlos a ellos sufrir grandes azotainas.

Es cierto, ese largo encierro desgraciadamente trascendió de una manera perjudicial en su vida, logrando que su existencia tempranamente se eclipsara. Pero, resultaba que Nick era un hombre de una profunda sensibilidad, era un hombre de honor y un luterano, y entendía que el hombre se salvaba únicamente por la gracia de Dios, profesada mediante la fe.

Mortificado y descorazonado el norteamericano continuó bamboleándose dentro de la hamaca. Consternado por aquella situación trágica presentada en los alrededores de la cochambre donde lo tenían cautivo durante un largo tiempo. Henchido de una conmiseración para con sus secuestradores, el rehén fruncía el entrecejo, mientras, en su pecho el corazón le palpitaba acelerado. En medio de esa confusión, el rehén seguía cuestionando la actitud de esos hombres extraños y armados, quienes abruptamente habían irrumpido en esa vivienda.

Lo más conmovedor del sufrido y abnegado estadounidense fue cuando sollozó en silencio al presentir en que pronto capturarían a Clarisa Permar. Fue cuando imaginó que a ella le harían añicos el cuerpo y el cerebro. La torturarían con el propósito de hacerla cantar las verdades relacionadas con el secuestro suyo. Era algo tan terrible que el gringo ni siquiera deseaba imaginárselo. En pleno conocimiento de su propia desventura y desgracia, no por eso él dejó de sentir un especial sentimiento por aquella mujer guerrillera. Obvio, toda esa aflicción sentida por Nick la motivaban esos bellos recuerdos que ahora guardaba en su memoria, del único momento vivido con esa mujer en aquel pozo de aguas cristalinas. Pozo rodeado de una espléndida vegetación tropical donde sus penas, angustias y desdichas, él pudo mitigar, aunque fuera por unas cortas horas bajo los jugosos labios y el cuerpo ardiente de quien fuera su plagiaria.

Esa era su desgracia, ahora, presenciar ese trágico momento. Desalentado por lo que imaginaba, el gringo procuró desahogar esos sentimientos espirituales. Cerró los puños con fuerzas y se lastimó las muñecas esposadas. Apretó los ojos enrojecidos por el llanto e intentó no recordar de una manera sentimental a Clarisa Permar. El rehén, compungido, derramó lágrimas que parecían cristalinas perlas de amor. Curiosamente, no ansió su libertad. El cautivo continuó acurrucado dentro de la hamaca sin poder con la vista penetrar más allá de las agrietadas paredes de esa vivienda. No podía enterarse de lo que estaba sucediendo afuera. En esa soledad, el rehén sospechó que los plagiarios habían sido obligados por sus verdugos a estar de rodillas sobre el caliente y raposo suelo de tierra, que pronto empezaría a teñirse de sangre roja vertida por los dos capturados Boinas Rojas.

Esa umbría tarde, cuando en el cielo tapizado de un color bermellón se apreciaba el declive de la luz solar, en el caserío de Borbón la faena y el sarao por igual contagiaba a los varones y a las mujeres. Mientras en ese atardecer se respiraba la fragancia de la vegetación verde, una singular tragedia humana sin testigos oculares, proseguía en el hato "El Divino".

Las aromáticas vibraciones del aire corrían por dondequiera en esas tierras. Entre tanto, se acentuaron los métodos violentos propinados por aquellos dos bellacos gendarmes. Allí mismo, Wilfro y Aquilino se ahogaron en un mar de sangre. Vivían infaustos momentos.

Las miradas de ellos traslucían la enigmática tristeza de los indígenas americanos. Sus rostros estaban sudorosos, amoratados, salpicados de sangre. Rostros contraídos por el dolor causado por los duros y recios golpes que, ex profeso, les tiraron los neuróticos agentes policiales. Wilfro y Aquilino eran las víctimas de un sin fin de sádicas torturas. Para los plagiarios Boinas Rojas no hubo tregua ni derecho a defenderse. En ese lejano confín por causa de las malditas y crueles palizas que recibieron ambos hombres se desangraron en forma copiosa por los pómulos, las narices, los labios, las piernas, los pechos y las cabezas. Por todos los diablos, los guerrilleros Boinas Rojas se mantuvieron con una prestancia, aun cuando se encontraban desesperados por no poder defenderse de tan viles ataques. Los inescrupulosos agentes policiales, no conformes con agredirlos físicamente, les proferían insultos obscenos. Los agentes del orden público mostraron tener unos bajos instintos. Sus reacciones eran hostiles y vejatorias. Ese ensañamiento brutal era una consecuencia de unas mentes desviadas. Desgañitados por las bocas los dos policías soltaban improperios y maldiciones. Burlonamente, se carcajeaban de los rostros maltratados de los plagiarios. Con unas conductas innobles, los policías intentaban herir la dignidad y la hombría de los rebeldes secuestradores.

Desplegando una ironía a flor de piel, esos sujetos actuaban tal cual como si fueran unos vulgares infractores de la ley. Abusaron de la autoridad conferida. Se visualizaba la pavorosa locura que carcomía sus desatadas lenguas ahora transformadas en hornillas calientes. Esos mentecatos armados no ocultaron la rabia ni el odio sentido para con los atrapados plagiarios, Boinas Rojas. En sus cerebros de chorlito anidaba la pasión por la venganza. Se arraigaba con mayor profundidad en sus psiquis el furor por destruirlos, sin ni siquiera dejarles un hueso sano. Bajo ese influjo maligno se cometía el infausto ataque. Querían arrancarles vivos los corazones. Devorarlos. Ese par de gigantes de la maldad tenían las intenciones de lograr que ellos se desplomaran en el suelo. Eso no ocurrió, porque los cojones de los guerrilleros no se deshicieron cobardemente bajo el calor de las amenazantes armas, ni de los planazos con las peinillas o culatas de fusiles y de revólveres.

Con mucha prisa los ataques de esos dos policías iban dejando un reguero de sangre. En cuanto a los guerrilleros las órbitas de sus ojos pugnaron por salirse ante la desesperación de los atroces golpes recibidos. No era necesario escandalizarse, ni mucho menos sorprenderse por el modo en que los dos agentes del orden público trataban de aniquilar a los plagiarios. El rasgo más acentuado de esa tropelía fue cuando esos policías infractores de las leyes, usaron las cachas de los revólveres para hendirles los cráneos. Tantos fueron los trancazos recibidos por los Boinas Rojas que hasta las masas encefálicas de sus cerebros pugnaron por salirse de los encofrados. A pesar de tanta violencia desatada, lo más extraño fue que ninguno de esos policías preguntó por la operación **"camello"**. Eso demostraba que, tanto de una parte como de la otra, existía un fuerte hermetismo en relación al secuestro del estadounidense. Durante esa desatada orgía de sangre, la muerte se orilló en los cuerpos de los Boinas Rojas. Los guerrilleros comenzaron a perder sangre mostrándose valientes. La resistencia que al principio exhibieron los ayudó a aguantar con estoicismo y valentía aquel racimo de agresiones y de castigos tormentosos. Pronto esa fortaleza empezaría a debilitarse. Aun pese a los azotes dados, con las peinillas sobre sus cuerpos, los guerrilleros-plagiarios capturados no arrojaron las toallas al piso, por tener una sólida vergüenza propia. No eran aguavientos, ni espalderos, eran ¡guerrilleros!

Los ojos de Bol ardían de rabia. Sus modales eran los de un salvaje primitivo. Golpeó sin piedad a los dos Boinas Rojas. Sus amenazas de darles muerte contagiaron el ambiente. A tal punto, que los moretones en los cuellos de los Boinas Rojas mostraban el intento de ahorcamiento sufrido a manos de sus captores. Los plagiarios llevaban puestas esas manillas de hierro en sus muñecas, cuales ponzoñosas culebras clavadas en sus pieles. Las esposas de hierro tocaron sus huesos, y les produjo unas roturas en las arterias y en las venas. Las manos y los pies los tenían helados y azulosos. Sus respiraciones entrecortadas. Sudor y sangre bañaron sus cuerpos. Una resistencia física y psíquica desmoronada. Un olor a olvido. Sobre todo, ellos no pudieron perdonar el abandono de los otros camaradas. Había en ese ambiente un puro olor a muerte. Los dos guerrilleros estaban conscientes de que no podían acobardarse ni mucho menos bajar la guardia ante esa trágica adversidad. Estaban dispuestos hasta el último momento en demostrar que no claudicarían ni implorarían clemencia. En el último momento, antes de ser rematados, los guerrilleros entrelazaron unas miradas fortuitas que bien podían traducirse en el último adiós dado sobre el planeta tierra.

En ese *vía crucis*, Wilfro y Aquilino, no abrigaron ninguna esperanza ni piedad. Lo contrario, sospecharon que alguna persona, hombre o mujer había cometido una felonía en contra de ellos y actuado como un Judas Iscariote. Quizá por un puñado de monedas los traicionó. Ahora sus vidas pendían de un hilo al encontrarse más muertos que vivos en aquellas horas tenebrosas. Ambos revolucionarios se auto preguntaron:

"¿Quién carajo nos habrá traicionado? ¿Por qué razón?". Uno de ellos levantó las manos esposadas en señal de protesta. Después, cabizbajo dio signo de desesperación e increpó a Dios por no haberse compadecido de sus sufrimientos.

En medio de aquellos quejidos lastimeros la tarde empezaba a oscurecerse. La fortaleza y la valentía de los plagiarios-guerrilleros se extinguían con lentitud, en la misma forma como se diluyen las llamas en los fósforos prendidos. Ni siquiera el más zamarro de los corajudos revolucionarios hubiera resistido aquellas torturas y vejaciones propinadas por esos policías verdugos.

Mientras en el hato "El Divino" el dolor crecía, hincaba y punzaba. A una distancia no muy lejana de donde ocurría esa espantosa tragedia, sin más explicación, sucedía que los camaradas Boinas Rojas que en horas tempranas de la mañana habían abandonado el hato para irse al pueblo a hacer diligencias seguían ignorando la tragedia de sus dos compañeros, quienes se habían quedado con la responsabilidad de vigilar al rehén. Ni siquiera sospechaban que Wilfro y Aquilino habían sido capturados tras un asalto sorpresivo. Lo que acontecía en ese momento en el hato "El Divino" no era una acción tomada al azar. Todo aquello era el resultado de una sistemática y planificada búsqueda por el norteamericano. Por ese motivo extrañó la conducta alienada de esos dos policías, quienes, finalmente realizaron el hallazgo del rehén y la captura de dos de los implicados en el secuestro del mismo. Ambiciosos en sus pretensiones monetarias nada tenía límite para esos agentes nacionales.

El más majadero de ellos, con cara de "yo no fui", usó una manopla con la que tiró varios golpes descomunales sobre el rostro ensangrentado de Wilfro, amoratándolo. Tan fuerte fue el trancazo que alcanzó a reventarle el párpado del lado izquierdo, afectándole la visión de ese ojo. Del párpado amoratado salió una cortina de sangre espesa, tanta que las manos del hosco gendarme se salpicaron con esa sangre. Evidencia dejada del criminal delito.

Pese que aún lo guerrilleros conservaban un aliento de vida, pronto éstos se convencieron de que la muerte comenzaba a rondarlos bajo el incipiente espectro lunar. En esa horrenda situación tanto Aquilino como Wilfro intuyeron en que el camino a la "otra vida" se encontraba con la puerta abierta.

El drama de la supervivencia de los dos plagiarios se agravó, puesto que no cesaron los arrebatos torturadores de los gendarmes. Esos individuos estaban reñidos con la conducta decorosa, honorable y responsable exigida por las leyes para quienes están en función de autoridad. La norma jurídica obliga a los policías a entregar con vida a las personas detenidas, cuestión que nunca se cumplió. El policía Bol, "un santo sin limosna", con carnes papandujas, voz atronadora y espíritu sediento de venganza, buscó la inmediata destrucción corporal de los guerrilleros capturados. Claro, después de someterlos a severos suplicios, se le ocurrió la brillante idea de preguntarles dónde se encontraban los demás cómplices. Los Boinas Rojas no contestaron a esa pregunta. La mudez manifiesta por los dos guerrilleros llegó a encolerizarlo. Y como era de suponerse, ese policía, con el ánimo contrariado, sin lenidad, pateó las entre piernas de los revolucionarios Boinas Rojas, para obligarlos a confesar el lugar en donde se escondía el resto de los secuaces. Bol se encontraba tan ofuscado y encolerizado que ni siquiera se dio cuenta de que ya era tarde para obtener respuesta alguna. Puesto que los cinco sentidos de esos guerrilleros estaban insensibles y deteriorados a causa de los tormentos recibidos. Sus musculaturas estaban aflojadas y debilitadas, sin fuerzas suficientes a causa de las tandas de golpes recibidos. Aquilino aún cuando se encontraba aturdido y medio turulato por las heridas sufridas, imitó al ave fénix. De súbito recobró la fuerza en la voz y gritó a todo gañote, para que lo pudieran escuchar hasta los topos en sus madrigueras subterráneas:

"¡BURRO! ¡BURRO! ¡BURRO!"

Ese grito de Aquilino originó una alarmante reacción entre esos dos policías. Tanto sería el estremecimiento y el miedo sentido por ellos que uno de los agentes sufrió un pasmo respiratorio y sintió irse los tiempos de su conciencia. Mientras, con un gesto de nerviosismo, el otro compañero se desabrochó la chaqueta gris que llevaba puesta esa tarde y, poseído por el mismo salvajismo de una bestia sin misericordia, arremetió contra los cuerpos martirizados de los dos Boinas Rojas. Lo peor de todo sería que ese hombre que tenía el cerebro pinchado por una incontrolable soberbia procedió violentamente a quitarles las esposas de los pies y de las manos a los guerrilleros. Eso lo realizó con un propósito preconcebido en su mente. Debido a la circunstancia casual de la palabra "Burro", la que ellos creían sería una alerta para que los otros camaradas Boinas Rojas vinieran en su ayuda. Uno de los policías puso una voz fanfarrona y ordenó a los guerrilleros que echaran a correr a toda máquina hacia los matorrales. A ese guardián del orden público la mandíbula le temblaba por la cólera. Había perdido los estribos. Ofuscado se encontraba fuera de sí. Sucedió entonces que, como una flecha disparada, se abalanzó sobre los dos, para con un descaro amenazarlos de muerte.

A todas esas el otro policía presenció impávido aquella reacción desmesurada e impregnada de locura de su compañero de armas. Ni siquiera se inmutó. Las facciones de su cara parecían pétreas y sus oídos sordos. Con pesada obstinación ese hombre sabía que los dos plagiarios se unirían hasta en el acto de morir. Ellos como autoridades policíacas no eran unos corderos juguetones. Eran unos lobos feroces. Por ese motivo bastante acalorado y enardecido, otra vez, el agente Bol introdujo oxígeno en los pulmones, para gritarles a los guerrilleros-plagiarios, en un tono de amenaza: "¡O corren como bólidos o serán demolidos por las balas disparadas!".

Desacertada forma de comportarse esos dos individuos defensores de las leyes. No contento con lo que acababa de gritar uno de ellos, farfulló: "Las vidas de ustedes nos importa un bledo, pedazos de pendejos". Con esa actitud, Bol abrió un abismo entre las partes. La intolerancia nublaba su conciencia y su razón. La exacerbada arremetida del agente Bol contra los dos Boinas Rojas logró poner a esos hombres entre la espada y la pared. En un callejón sin salida. De nuevo el desasosiego se adueñó de los dos guerrilleros al no encontrar qué hacer ante esa situación de peligro. Pensaron en suplicar, pero no lo hicieron, a pesar de que, tanto Wilfro como Aquilino, estaban profundamente aterrados y consternados por su mala suerte. Ellos hubieran vendido el alma al diablo con tal de salvarse. Sin embargo, no eran hombres de rendirse y mucho menos mostrarse como unos cobardes.

Con las rodillas y piernas sangrando, arrodillados se encontraron los Boinas Rojas sobre la húmeda tierra. Varias partes de sus cuerpos sangraban copiosamente. Lo que no lograron los sabuesos fue doblegarles la dignidad y el coraje. Ellos tuvieron sospechas de que esos dos tipos armados les habían preparado esa celada para aniquilarlos. Dadas las circunstancias presentadas, los Boinas Rojas sospecharon que podía ser una premeditada orden de fuga para luego por las espaldas acribillarlos a sangre fría y después buscar de modo alguno justificar esas balas asesinas. La trampa estaba bien montada porque esos sabuesos tratarían de aparentar que los guerrilleros capturados habían intentado huir. Y justificando ese crimen ellos dirían que por esa causa no les había quedado más remedio que dispararles repetidas veces por detrás, mientras los plagiarios desaforados corrían. Era obvio que ellos pensaban en que ese planificado doble crimen se quedaría impune o sepultado en el olvido. Sin responsables a quienes acusar y juzgar, todo estaba diabólicamente concebido, premeditado y calculado.

A partir de entonces la planificación del crimen arrojaría un final infernal. Puesto que, maquinado de esa forma, en los días siguientes después de ocurrido el hecho, los policías estarían seguros en que saldrían airosos de esa situación difícil. Las artimañas puestas en acción los exculparían. Lo más despreciable de toda esa tramoya era que a los esbirros lo que más les interesaba sin lugar a dudas era la recompensa monetaria que posiblemente obtendrían por rescatar a Nick. Con una suficiente habilidad ellos no querían tener testigos de ninguna naturaleza. Bajo el insólito propósito de eliminarlos, la gran jugada sería no permitir testimonios de terceras personas.

Deseando conservar sus propias vidas, Wilfro y Aquilino no querían explorar el mundo misterioso del más allá, porque ellos muertos no servían de nada. Con los rostros pálidos, ambos esperaron una actitud de bondad por parte de sus captores. La sangre chorreaba de sus cuerpos. En silencio, los dos plagiarios elevaron ruegos a una deidad para que esos hombres, que les quitarían las vidas quedasen maldecidos por toda una eternidad. De modo pues, que a los dos revolucionarios-plagiarios no les quedó más remedio que intentar correr a la velocidad que les permitieran sus piernas. Para salvarse, no podían incurrir en caídas o tropezones.

Sabían que el desafío era grande. Como buenos retadores, Aquilino y Wilfro, iban a buscar la forma de correr rápido para evitar que las balas disparadas por los atacantes pudieran dar en el blanco, provocándoles muertes instantáneas. Nunca ellos sintieron tan cercana a la muerte. Ni imaginaron tan patético final. Los obligaron a ponerse de pie y correr cuando se le diera la voz. Indefensos, heridos, no controlaban sus piernas. Golpeados con saña en los huesos de sus miembros inferiores. Los Boinas Rojas no pudieron seguir engañados al creer en que esos abominables gendarmes recapacitarían y no los asesinarían, conservándolos con vida para juzgarlos ante los tribunales del país. Eso hubiera sido la justa salida a la penosa suerte corrida por ellos. No fue así.

Fugaces minutos transcurrieron desde el momento en que los Boinas Rojas recibieron la orden de echar a correr. No les cupo la menor duda de que esos malvados hombres no reconsiderarían las amenazas de aniquilarlos a balazos. Los infames sabuesos actuarían bajo los mismos cánones de los gánsteres.

Intemperantes, Bol y Guancho, se comportaron sin decoro ni lealtad; quienes debían de guardar respeto a las leyes y a la entidad donde ellos eran unos funcionarios policiales. Sin remordimiento de ningún tipo esos gendarmes se dispusieron a actuar igual a las víboras negras para clavar sus filosos colmillos en los cuerpos heridos de aquellos dos Boinas Rojas, atrapados, desarmados, y abandonados a su suerte. Acontecimientos incomprensibles sucedieron esa tarde. Tras las fechorías cometidas, tan solo ahora a los agentes policiales les extrañó la tranquilidad que rodeaba el hato. Era un silencio sepulcral. Ese silencio resultaba algo irónico por cuanto muy cerca de ese sitio se hallaba acantonado un escuadrón militar. Un sutil viento corrió encajado entre las plantas silvestres de la zona. En ese rincón de la tierra se llevaba a cabo la misión de rescatar al norteamericano y de capturar a los secuestradores.

Lo más importante aconteció cuando las primeras maniobras del rescate de Nick fueron realizadas con antojo, interés y dominio absoluto de esos dos policías. Arquetipos de los hábiles y tramposos gañanes que existen en el mundo. Cuidadosamente, esos dos policías de rostros pimentones y unas conciencias sucias, dueños de unas desmesuradas ambiciones, se escurrieron del lugar donde se encontraban junto al pelotón de soldados y, en forma disimulada, desertaron del grupo rescatista. Actuaron en solitario. Entonces, ocurrió que después de esa operación, ellos pensaron en reclamar a las autoridades nacionales una premiación en dinero por el rescate y la ulterior liberación del gringo, aunada a la posterior captura de los culpables.

En cuanto a los Boinas Rojas, no se sintieron en paz con Dios. Con unas emociones negativas reflejaron en los rostros esa enorme preocupación, sobre todo, porque se preguntaban que ahora iban a morir sin saber porqué morían. Ambos hacia una causa común, martirizados, sin prejuzgar el final de sus destinos.

Al recibir los Boinas Rojas la última orden de correr, Wilfro y Aquilino, con unos espíritus indoblegables, desprendidos de los sentimientos interiorizados, gozando de un supremo poder espiritual, se imaginaron que al deslizarse entre aquellos matorrales corrían el riesgo de que sus cuerpos fuesen acribillados por las certeras y traicioneras balas disparadas. Y era sombría la gravedad, *post mortem*, porque sus dos cuerpos serían ultrajados. Las mentes de ellos no estaban preparadas para volcarse en ese terror terrenal.

Se aproximaba el momento; Satanás se hizo presente en el sitio de los acontecimientos. Durante los primeros quince minutos transcurridos después de haberse producido la captura de los dos Boinas Rojas pudo haber ocurrido que ellos hubiesen podido salvar el pellejo, de no haber sido porque ignoraban tan cercana presencia de un batallón militar que tenía por misión encontrar y rescatar vivo al rehén y capturarlos vivos a ellos. La orden dada era de apresar a los implicados en el secuestro sin asesinarlos. Oportunidad de oro desperdiciada por ellos ante el desconocimiento del hecho. No lo pudieron saber, por cuanto ese pelotón con la misma paciencia de Job esperó largo tiempo el silbato o las volutas de humo que los dos sabuesos sonarían o enviarían para entrar en acción. Lo peor de todo era que esa extraña "pasividad" mostrada por los soldados los convirtió en unos verdaderos papanatas del ejército. No podía entenderse esa increíble y rara actitud asumida por esos soldados en cuanto a seguir dóciles y obedientes las instrucciones de aquellos dos comunes policías. Por supuesto, eso ocasionó a la vez que esos militares junto al teniente en jefe se encontraran después ignorantes de los sucesos acaecidos dentro y en los alrededores de la casa de bahareque en el hato "El Divino". Aquel atardecer fresco del mes de junio, el regimiento de la V División de la Guarnición de la Selva estrictamente cumplió de modo impoluto la "orden" de permanecer en la retaguardia. A pesar del extraño y peculiar silencio reinante en el ambiente, los soldados estuvieron lejos de sospechar y de conocer las bellacas actitudes asumidas por los policías en contra de los guerrilleros maniatados e indefensos. Por otra parte, también en contra del propio rehén. Era menester que eso sucediera, en vista de esa manifiesta docilidad de los soldados para ignorar las patrañas urdidas por esos dos policías para sacarlos de todo lo atinente al jugoso negocio del rescate de Nick y de un posterior recibimiento de honores.

Las patrañas montadas por esos policías en relación al rescate del gringo, tuvieron sus efectos, por cuanto lograron en que esa operación liberadora del empresario estadounidense fuese luz para ellos y oscuridad para otros. Una montaña de hielo separó las maliciosas intenciones de los dos policías con las intenciones claras y correctas del pelotón de soldados.

En ese espacio ambiental se olía a polvo mojado. Sin ningún miramiento los dos plagiarios debían de obedecer la orden de correr. Aferrados a la vida, los guerrilleros Boinas Rojas no se atrevían a dar un paso adelante y emprender una veloz carrera hacia los altos matorrales y buscar evadirse y escapar de las balas. Ambos apoyaron los pies sobre la tierra y disimularon mostrar una fortaleza física que ninguno de ellos tenía en ese momento. Por sobre todas las cosas ambos estaban desfallecidos y tambaleándose. Tan sólo si hubiesen tenido más energías pudieran haberse salvado. Ellos sabían que no eran unos animales en fuga inalcanzables de las balas por contar con unas rápidas patas. Cualquier oportunidad hubiera sido propicia en caso de ellos haber estado sanos, sin tantas heridas en el cuerpo. Por lo pronto, Aquilino y Wilfro, no consiguieron con firmeza ponerse de pie, y a duras penas pudieron sostenerse parados. De modo, pues, que todavía, en un súbito arranque de desesperación, el cerebro les quedó funcionando para descifrar las intenciones de aquellos despiadados y malvados gendarmes. En esa sombría y dificultosa situación, los dos guerrilleros sospecharon que "aquello de correr" era una trampa mortal para aniquilarlos. Temieron que sus captores actuaran como chupacabras. Sin escrúpulos, el dúo de policías no se detendría en su maldad hasta verlos morir, boquiabiertos, y desangrados. En aquel instante uno de ellos recordó al monstruo de Noves que con las garras sujetaba dos cabezas cortadas. Un conocido emblema de pánico. Un verdadero suplicio. En aquel duro momento una especie de fiebre endémica consumió las entrañas de los dos rebeldes. Asustados, ambos presintieron que el final de sus existencias sobre la tierra, era una cuestión de minutos o de segundos. En ese instante de incertidumbre, ambos transitaban el camino de la agonía, todavía, con el corazón y la piel con vida. Ambos convencidos de que aquellos individuos sin el menor arrepentimiento y usando balas plateadas a puro plomazo limpio les volarían las tapas de los sesos y perforarían sus espaldas. El dilema de los sentimientos encontrados les hizo suponer que sus vidas no estaban garantizadas. La dogmática y presuntuosa muerte los apremiaba, cuán absurda y peligrosa dama oscura. Sin inclinar la cerviz los guerrilleros reflejaron pánico, a pesar de disimularlo. Horas antes ellos habían sido unos hombres sanos y valientes. Ahora ambos daban la impresión de haberse transformado en un despojo humano a causa de las torturas a las que los sometieron. Wilfro tenía gran dificultad para mover sus entumecidas piernas lesionadas por las múltiples patadas que le habían dado. Sin pasar por alto el haber permanecido largo tiempo agachado y después arrodillado. A causa de tantos maltratos ellos tenían heridos sus miembros inferiores. Por lo tanto, sería muy poco lo que ellos podrían correr. Sin embargo, con una sostenida serenidad decidieron echarle pichón a la carrera. Uno de los agentes se quitó de encima el pesimismo vergonzante y dio a conocer al otro camarada que emprender la carrera era la única y última opción que les quedaba para intentar salvarse. Aquilino, con el rostro compungido y el espíritu de guerrero en ruinas, con la cabeza sangrante, asintió. Ambos abrigaron las esperanzas de sobrevivir y rechazaron la muerte como algo lenitivo, por lo cual, debían de aceptarla, sin lloro ni lamento. Uno de ellos recordó la lección aquella que decía que un revolucionario estaba hecho para matar, no para morir. Y, menos, para ir al cielo junto a Dios. Aunque una fuerza superior los sostenía con vida. Los plagiarios respiraron profundo. Varias veces sus pulmones se llenaron de un aire puro. No obstante, el rictus de la muerte se dibujaba en sus demacrados, hinchados y ensangrentados rostros. Ambos guerrilleros-plagiarios vestían largos pantalones *blue jeans Pink Banana*, unas camisas con rayas negras y blancas, y rayas blancas y marrones. Llevaban puestas unas botas militares. Tiritaron de frío en medio de aquel intenso calor selvático. Ambos tenían las miradas clavadas hacia el lugar por donde tratarían de huir. Ante la evidencia de lo inevitable, con ímpetu, y colocado uno al lado del otro, estaban dispuestos a emprender aquella posible carrera mortal. Entre plegarias cristianas comenzaron a correr. Pero... la velocidad imprimida por sus piernas no pudo sobrepasar la rapidez de las balas detonadas contra sus cuerpos. Los disparos fueron certeros y mortales. Acabaron con las vidas de ellos. Los guerrilleros cayeron de bruces sobre aquella húmeda tierra negra con trazas de un pasado largo con secretos legendarios.

Esos esparrancados hombres muertos se encontraron envueltos en sudor, sangre y barro. Sus cuerpos rodaron sobre la tierra en el preciso momento en que con fuerza el viento bramó. Sin una posible explicación los infortunados plagiarios se encontraron arrojados en los brazos de la muerte, sin ningún derecho a pataleo. Desplomados sobre la misma tierra que los acogía. Eran dos soñadores socialistas de la organización Boinas Rojas, quienes, a partir de su caída sobre la tierra, se encontraron acompañados por aquella siniestra soledad dada por la muerte. Experimentaron, quizás, un alivio, cuales unos traficantes de ilusiones en el mundo de la nada. En el baúl de sus recuerdos sólo quedaron los deseos de ellos de luchar por la justicia social de su amada patria: Venezuela. Abatidos en una forma canallesca y vil, no fue la muerte precisamente la que los mató. Los asesinó la equivocada ideología política que esos Boinas Rojas profesaron. Por sus cuerpos aún tibios corrió una culebreada sangre roja, que coaguló arterias y venas. En el curso de la muerte, la sangre se transformó en un río gelatinoso, para luego secarse. Allí, en ese sitio circundado por la jungla y cercano al caserío de Borbón, los cuerpos de Aquilino y Wilfro quedaron tendidos sobre la misma tierra; con los sueños rotos, y las esperanzas de alcanzar un mejor mañana. En modo alguno, ellos siempre vivieron con la muerte presente en cada acción revolucionaria, cumplida. En esos instantes, envueltos en una brillante bruma, Aquilino y Wilfro, buscaron a Dios, el cristiano. En el cielo encrespado, una señal divina se manifestó en forma de protesta por esos viles asesinatos. Sorprendentemente en el empíreo se dibujó una figura extraña que nunca se supo lo que era o quién era. Repentinamente, la naturaleza se violentó. Arreció el viento. Rompió a llover. Los árboles trepidaron con una satánica fuerza. En jirones, el sol se desplazó en el cielo. En la profundidad de aquellos cadáveres el eco de la eternidad se dejaba colar. Sus espíritus zigzaguearon en el espacio cósmico, para, luego, en raudo vuelo enrumbarse a un destino desconocido. Sin emoción ni pánico tras el fin atroz de sus vidas, aquellas dos almas guerreras tomadas de las manos emprendieron un viaje sin boleto de regreso. Los dos Boinas Rojas acongojados presintieron antes de morir que se despedían de un mundo donde la injusticia social y la miseria humana, reinaban. Sus espíritus se proyectaron al más allá. Arrastrados por los tentáculos de su inevitable muerte, sus almas remontaron la cima intangible del universo cósmico. Había un cambio en la percepción sobre la muerte, pues, la misma los había liberado del yugo opresor y de los truncos ideales. Hubo un instante de extraña soledad. Mientras en el silencio y en la tranquilidad de las tinieblas, en aquel lugar, un olor nauseabundo se expandía sobre la verde y extensa vegetación.

Los policías asesinos los colocaron sobre el suelo terroso como si ellos estuvieran libres de toda clase de ataduras. También hubo un momento en el escenario del crimen en que sobre la tierra del hato se resbalaron los pies de uno de los policías, consecuencia del charco de sangre formado allí. Bol estuvo a punto de caerse abruptamente en el suelo. Sonrió con sarcasmo, aunque, lo que él deseaba era lanzar una sonora carcajada y superar los nervios. Casi les echó la culpa de su resbalada a los perros callejeros que pululaban en los alrededores. Actuaba de un modo extraño al pensar que los muertos eran iguales, puesto que no había muertos ricos ni muertos pobres. "No hay nada que temer", se consoló en voz baja. Se negaba a despertar a la realidad. Pronto, en los alrededores de esos cuerpos tibios y muertos, tirados sobre la tierra, revolotearon los zamuros negros, anunciando el arribo de la muerte y la huida de la vida. En efecto, después de cometidos esos dos asesinatos, los agentes policiales se apresuraron en acomodar a los cadáveres boca arriba, para, luego, borrar cualquier evidencia que pudiera comprometerlos con las autoridades superiores. Los dos plagiarios habían caído decúbito supino. Los gendarmes tratarían por todos los medios de justificar esas muertes. Para ese propósito se dispusieron a eliminar todas las evidencias posibles en el escenario del crimen. Bol y Guancho estaban dispuestos a asegurar ante las autoridades del país que ellos se habían visto obligados a dispararles a los guerrilleros-plagiarios ante el intento de fuga que habían planeado. Alegarían que les habían disparado porque estaban obligados a velar por la seguridad de todos los presentes, como por el cumplimiento de las leyes del país. Justificarían de ese modo sus actuaciones al amparo de los principios éticos y morales contemplados en las normas del buen funcionario policial, aunque, lo que ellos hicieron se reñía con las leyes penales y civiles. Cada cosa en su lugar. La realidad que dejó esa nube tormentosa durante el atardecer del 29 de junio de 1979, en la cercanía del poblado de Borbón, fue que nacieron dos mártires de la revolución socialista, activada por la organización Boinas Rojas y la LS.

En el mundo de las mentiras todo suele descubrirse tarde o temprano. Claramente, la verdad es adversa a la mentira. Evidente quedó demostrado que esos policías habían asumido unas conductas de matones, por la sencilla razón de que, con ensañamiento y odio, ellos habían asesinado a mansalva a esos dos plagiarios. A puros balazos y con horrendas torturas, esos hombres torcieron la vida y el destino de dos revolucionarios Boinas Rojas. Ni siquiera ellos se hicieron la señal de la santa cruz por haber cometido esos crímenes. Peores condenas Bol y Guancho irían a recibir por haberlos matado, cuando esos guerrilleros se encontraban indefensos y desarmados. Pero... la conciencia propia de cada uno de esos policías, algún día se despertaría y arrojaría el valioso y auténtico testimonio sobre los hechos ocurridos, entre tanto, esos asesinatos se les quedarían impresos en los subconscientes. Tarde o temprano eso los conduciría a entrar en aquel temido mundo paranoico y esquizofrénico.

La puesta del sol declinaba tras el avance de las horas. Las hojas y las flores estremecidas por un fuerte viento se desprendieron de los árboles para rodar sobre la superficie terrosa. El escuadrón de soldados se dejó de arrastrar entre la maleza. Sin todavía tener el menor atisbo de sospecha sobre aquella vorágine sucedida en los alrededores de la casa de bahareque levantada en aquel hato ganadero.

Preparados y listos para de una vez actuar en el rescate y en el apresamiento de los secuestradores. Por desgracia, todo se había consumado cuando la soldadesca atrincherada en el monte, un tiempo después, escuchó unos ruidos extraños que parecían tiros. Más de una hora los soldados estuvieron en la espera de aquella señal de humo para con redoblados pasos poder avanzar hasta el hato "El Divino". Cuando ocurrieron esas raras situaciones, ese pasivo y pacífico batallón de soldados se sobresaltó. No le quedó otra alternativa que ponerse alerta y correr hacía el lugar donde se encontraban los compañeros de la operación rescate. Los militares, al arribar al sitio de los acontecimientos, observaron incrédulos cómo de los revólveres de los policías salía el humo de las armas disparadas. Los soldados a primera vista no entendieron lo que había pasado en ese lugar. Perplejos y cautelosos, esos uniformados se fueron acercando al sitio donde se encontraban los cuerpos tendidos de los dos plagiarios. Cuerpos profanados y sin aliento de vida. Observaron con estupor que el cadáver de Wilfro presentaba una perforación de bala en la parte posterior de la cabeza que le había provocado la pérdida de la masa encefálica. El amoratado cuerpo del guerrillero mostraba dos orificios más, uno en la espalda y el otro en la pantorrilla izquierda. En cuanto al otro secuestrador, o sea, Aquilino, se notaba que había sido ultimado de un balazo certero en la nuca y otro en la columna dorsal. Los cuerpos se hallaron desde la cabeza hasta los pies bañado de sangre, además, presentaban tatuajes de otras perforaciones de balas. Por supuesto, nada sobre un ajusticiamiento estaba claro en ese momento. Necesitarían la autopsia de los dos cadáveres para saber las verdaderas causas de esas muertes. Al principio, los soldados de la V Guarnición de la Selva se sintieron defraudados, desconcertados e irrespetados. Eso produjo una desconfianza en torno a lo ocurrido, lo que dio origen a un cascabeleo en las relaciones entre los soldados y los agentes policiales. Luego de pasar las primeras impresiones, la calma volvía de nuevo. El jefe militar del regimiento de la selva preguntó a los dos policías lo que había sucedido allí. Les inquirió si ellos habían ubicado al norteamericano secuestrado. Con los nervios a punto de explotar, los policías explicaron que tuvieron lamentablemente que dispararles a quemarropa a esos dos Boinas Rojas, secuestradores, puesto que esos individuos pretendieron escaparse por un repecho. En cuanto a la pregunta sobre el destino del gringo, los dos agentes policiales quisieron tomar por incautos a los soldados y les señalaron que el rehén se encontraba esposado dentro de aquella cochambre donde lo tenían recluido. Siempre cuidaron en no dar a conocer que ellos mismos habían puesto las esposas en las muñecas del gringo para que éste no se moviera a otro lugar. El mutismo continuaba rodeando esas muertes.

En ese atardecer, el remusgo de la brisa refrescó el lugar después de la atronada violencia cometida en un suceso extraño ocurrido unos quince minutos antes. Eso ayudaba a despejar las malas caras que tenían los hombres del batallón de rescate. Sin aún ver los cuerpos muertos de los Boinas Rojas, en el ambiente giraba una interrogante: "¿Por qué se asestaron varios disparos contra la humanidad de los revolucionarios Boinas Rojas?". Cansados de esperar una respuesta, los soldados no indagaron más. Notorio era que entre bastidores se quedarían las incógnitas de lo sucedido allí. Era de esperarse que hubiera una confusión en el desenlace de la liberación de Nick.

Una vez localizado el sitio donde quedaron muertos los dos guerrilleros-plagiarios, el escuadrón de soldados se alejó del lugar después de anotar en un papel algunos detalles sobre esos asesinatos. Transcurrió un tiempo corto y otro grupo de soldados seleccionados se dirigió al trote hasta la casita de bahareque. Al mando del pelotón se encontraba un disciplinado joven teniente del ejército, quien supuso que allí encontrarían al norteamericano secuestrado. Antes de penetrar en la vivienda, sucedió que el gringo tuvo la impresión de haber oído un repliegue de fuertes pisadas alrededor de la casa. No supo de qué o de quiénes se trataba. El teniente entró con caridad cristiana suplicando a Dios tener la suerte de hallar con vida al cautivo. Con desenfado, un soldado, fusil en manos, se apostó en el lado izquierdo de la hamaca donde acurrucado, un tanto miedoso, se encontraba el norteamericano. Después del trote, un poco cansado, ese soldado raso apretó el fúsil con sus enérgicas manos en el momento de decirle al cautivo: "Al asno muerto, la cebada al rabo". Traducido en el lenguaje criollo, ese militar quiso dar a entender al gringo que era una necedad aplicar remedio a lo que no tenía remedio. Por supuesto, el gringo no entendió nada de lo que había dicho ese joven uniformado. Nick se limitó a esbozar una sonrisa nerviosa ante la presencia de esos hombres. Una sensación de incertidumbre y de temor, junto a unas gruesas gotas de sudor, recorrieron su flaco cuerpo. Nick transpiró. No atinó siquiera a balbucear una sola palabra. Tampoco el cautivo pudo enterarse en esa ocasión de las muertes de Wilfro y de Aquilino. Aunque el huesudo y maltratado norteamericano, presentía que ambos estarían muertos. Guardó un silencio hermético; sintió desconsuelo, y estuvo al borde del lloro. El soldado raso procedió a soltarle las esposas colocadas en sus muñecas y las ligaduras en los tobillos. Después, otro soldado procuró darle de beber del agua contenida en una cantimplora, con la intención de hidratarlo. Un paramédico militar logró reanimarlo con sales. Posteriormente, tres soldados lo cargaron y lo montaron sobre el lomo ensillado de un caballo que estaba amarrado a una baranda de madera colocada en un costado del jardín de la casita. De seguro, ese animal pertenecía a uno de los guerrilleros-plagiarios, sin descartar que el dueño del equino tal vez sería uno de los encontrados sin vida. Al considerar algo temerario sucedido en ese lugar; el pelotón de soldados acompañados de los policías, emprendió el retorno hacia Ciudad Bolívar. Atrás, dejaron los muertos a la intemperie, sin enterrarlos. Por extensión, los dos gendarmes se aprestaron a marcharse no sin antes lanzar sus miradas maliciosas sobre aquellos dos cadáveres. Con apremio, los componentes del grupo de rescate se marcharon a pie. Caminaron por una ruta polvorienta no transitada en aquellas horas que los conduciría hasta Caicara del Orinoco. Al teniente de la V Guarnición de la Selva que comandaba el pelotón de soldados se le ocurrió la idea de que en el lugar donde el radio transmisor tuviera cobertura, ellos solicitarían un helicóptero-ambulancia para transportar al ex rehén a Ciudad Bolívar, en vista del delicado estado de salud presentado por el rehén, Nick iba sobre el lomo de un caballo color marrón oscuro, hocico blanco y crines brillosas. En medio de la orfandad del camino, esos hombres apretaron el paso y se desplazaron con cautela. A pesar del agobio y del cansancio sentido, cierta serenidad reinaba en el grupo. Nada ofrecía seguridad en el camino y, por ese motivo, uno que otro de los soldados resbaló los pies en el barro que cubría un sector de la ruta. Unas horas antes de darse las escenas en aquel lugar había caído un aguacero. Para bien o para mal, con plomos en las alas, aquellos dos oficiales policiales marcharon silenciosos y cabizbajos.

En el largo camino, bajo un cielo estrellado se perfilaba la espesura de la verde arbolada. La luna iluminaba la ruta. Una luna llena trasmontaba el infinito cielo pleno de estrellas titilantes. Los hombres caminaban con voces mudas. El caballo relinchaba cuando sus patas tropezaban con alguna que otra piedra suelta. Dormido y extenuado Nick, puesto sobre el caballo besaba el aire de la noche.

A distancia en aquella inmensa soledad de la noche, sobre un lecho mortuorio de tierra negra y húmeda, expuestos a la intemperie quedaron tirados los cadáveres de aquellos dos guerrilleros Boinas Rojas. Yacían solos en una dimensión desconocida, con sus ideales, sin un alma piadosa que los llorara. Con los ojos vidriosos y las bocas abiertas. De caras al cielo sostenían un diálogo mudo con Dios. No había en sus rostros ni emoción, ni dolor, ni rencor. Menos aún sus voces reclamaban justicia para con los pueblos desposeídos de la tierra. Aquella esperanza de vivir un mejor mañana al lado de los pueblos más pobres se quedó atrapada en un túnel oscuro, desconocido, sin final. En el debido momento de ambos morir, ni un solo gemido exhaló de sus gargantas. Con las miradas se abrazaron con fuerza y partieron en ese viaje eterno, sin boleto de retorno.

La oscura noche ahondó la soledad de esos dos guerrilleros muertos. Transformados en fantasmas de colores etéreos. Nadie rezaba por ellos con la esperanza en que Dios les concediera eterna paz. Con furia el viento silbó y las paredes invisibles de la espesura temblaron. El clima templado de la noche cubrió sus cuerpos. La luna creció. Relumbró en aquel lugar donde yacían muertos los dos guerrilleros Boinas Rojas.

En el Olimpo, con un silencio sepulcral se encontraban los torturados y ensangrentados cuerpos de Aquilino y Wilfro. Según los conocimientos de la medicina forense era de suponerse que con el paso de las horas, de los días, de los meses, y de los años, esos cuerpos se irían descomponiendo hasta quedar descarnados y convertidos en dos calaveras clavadas en la tierra. Esos secuestradores de Nick no tuvieron el bálsamo del llanto, ni siquiera segundos antes de morir. Habían tenido una muerte abrupta y violenta. ¡Estaban muertos y esculpidos sobre la tierra!

En el abanico de las horas se siguieron tejiendo comentarios en voz baja de esos asesinatos. Se predijo que pasadas unas horas, pronto esas tierras se inundarían con los aguaceros y los gruesos pantanos cubrirían esos dos cuerpos. Si nadie los enterraba esos cadáveres reposarían en tumbas naturales, sin recibir cristiana sepultura u otro tipo de ceremonia religiosa.

La leyenda de los misterios terrenales dice que cuando el sol muere en el ocaso, en las noches los muertos se despiertan y andan en la búsqueda de un descanso para sus almas.

En efecto, Wilfro y Aquilino eran unos cadáveres insepultos. Desenterrados en aquel recóndito lugar en el hato "El Divino". No obstante, esos guerrilleros Boinas Rojas asesinados no serían olvidados por las mentes de los soldados que transportaban al ex rehén a Ciudad Bolívar. Durante esa noche, de camino observaron la luna destilar lágrimas claras. Creció el desespero entre los hombres del comando. Las angustias abrigaban los pechos varoniles de los miembros de ese escuadrón. Por su parte, el temor había renacido en los corazones de aquellos dos policías asesinos. Sus modales eran fríos, aunque por detrás de esa impasibilidad mostrada por ellos aumentaron sus tensiones. La culpabilidad que pesaba sobre ellos por la forma en que habían matado a los dos guerrilleros, era un tormentoso secreto bien guardado. Seguramente, de ahora en adelante, los policías tendrían forzados insomnios.

Mientras caminaban los soldados junto con los dos policías, quienes con sus mentes preparaban una coartada para declararse inocentes de las muertes de los dos guerrilleros, sobre el lomo del caballo iba colocado el ex rehén. La soldadesca iba soltando funestos comentarios sobre la extraña forma de morir de los dos guerrilleros Boinas Rojas.

Todos los rescatadores del gringo aspiraban acortar rápidamente la distancia para buscar un sitio donde resguardarse, pasar la noche y la madrugada. A una distancia no lejana en donde se desplazaban los soldados se avistó a orillas de la vía una zorra anclada a un tractor para cumplir faenas agrícolas en el hato "El Pilillo". Los soldados como los demás hombres permanecieron allí, en vigilia, sobresaltados por las emociones sentidas durante la madrugada hasta el alba irrumpir. Por lo demás, con un aire melancólico y trasojado, Nick durmió un poco o nada. En un santiamén, ellos pudieron acampar allí bajo un cargado platanal, unos árboles de mango, guayaba y mamón.

De allí, a medio kilómetro del hato "El Pilillo", lugar donde el pelotón acampó esa noche, los soldados habían dejado un camión del ejército escondido en un denso follaje, con el propósito de recogerlo después del regreso de la misión de rescate, confiada. Por medio de un radio transmisor portátil que traían consigo se logró la comunicación del jefe del escuadrón con el general *Kanav*. Brevemente, el teniente relató lo ocurrido y anunció tener en su poder al ex rehén norteamericano. Seguidamente solicitó el envío de un helicóptero o de una avioneta para trasladar al norteamericano desde Caicara del Orinoco hasta Ciudad Bolívar. En pocas horas eso se cumplió. Con la misma rapidez de un rayo, la noticia del rescate de Nick cundió por todo el pueblo de Borbón y demás zonas aledañas. Eso causó el asombro general de los pobladores de Borbón y de las aldeas vecinas.

Al despuntar el sol, con un clima fresco y una agradable brisa mañanera, la noticia llegó a Ciudad Bolívar. El día 30 de junio. Horas más tarde, la capital del estado de Bolívar estaba invadida por unos comunicadores sociales llegados desde Caracas y de otras partes del país, con las misiones de conseguir noticias de primera mano e informaciones sorprendentes relacionadas con el rescate y ulterior liberación del industrial estadounidense. El grupo de periodistas reunidos en la sede de la V División de la Guarnición de la Selva, esperó con expectativa a que Nick fuera presentado ante los medios de comunicación social, escrito, visual, y radioescuchas, del país. Con antelación, el general *Kanav*, comandante de la V Guarnición de la Selva, buscó protegerse del asedio de los periodistas hasta que no se conociera con detalles la manera en que se había realizado la liberación del industrial estadounidense. Se encontraba más bien a la defensiva, también, pesaroso, porque, la operación de rescate había costado vidas humanas de un modo no muy ortodoxo, más bien, sospechoso. Obvio era en que durante el rescate se produjeron algunos episodios demasiados elocuentes, no muy claros del todo. El general *Kanav* pensó, en vista de los entretelones del suceso, que lo mejor sería ser cauto, por tratarse de un caso difícil, de carácter enrevesado y peliagudo. Consideró que por ahora lo mejor era callarse, puesto que la lengua es castigo del cuerpo. El arribo del ex rehén a Ciudad Bolívar se hizo sin mucha fanfarria. De inmediato lo hospitalizaron para verificar su estado de salud tanto físico como mental. Los médicos que lo atendieron dieron la orden de prohibir las visitas. En forma alguna esa orden fue compartida por el cuerpo de seguridad y de inteligencia del estado. A partir de ese momento, Nick permanecía como un espectador más de su propia tragedia. Vertiginosamente solicitaron las aclaratorias de los hechos acontecidos. Sin dejar de reconocerse que el rescate y la ulterior liberación del gringo se habían llevado un tiempo largo, diríase, cerca de tres años y unos meses. No hubo una declaración inmediata.

Aunque aumentaron las dificultades para conocerse los auténticos sucesos acaecidos cerca del pueblo de Borbón, había muchos temores de hablar sobre el rescate del estadounidense. Algo se les escurría de las manos a los actores del rescate, porque, a decir verdad, esa operación olía a sangre, a pólvora, a venganza, a traición y a muerte. El rescate dejaba colar algo turbio no claro. Por esa razón, saltó a la palestra el carácter fuerte del general *Kanav*, quien mostró ser un escéptico ante los hechos contados por los policías involucrados directamente en el rescate y en la ulterior captura de los dos implicados que custodiaron al cautivo norteamericano. Por demás, el general *Kanav* continuaba visiblemente encolerizado por el comportamiento inepto y facilitador del pelotón. No comprendía porqué el batallón de la V Guarnición de la Selva se había quedado en la retaguardia cuando la orden era ponerse en la vanguardia. Ese comportamiento irregular no tenía sentido, por tanto, el pelotón de soldados merecía un castigo ejemplar por no cumplir las órdenes e instrucciones dadas por el comando superior de la guarnición militar adscrita en Ciudad Bolívar. Tras una intensa y agotadora jornada celebrada la anterior noche y de regreso a Ciudad Bolívar, los agentes policiales, Guancho y Bol, mostraron unos rostros cansados, aunque también una singular malicia dibujada en los mismos, causada por tanta brega para esconder la verdad. Después del informe oral que esos agentes oficiales rindieron ante el general *Kanav*, los dos hombres visitaron la comisaría de Ciudad Bolívar para dar cuenta a las autoridades locales sobre lo acontecido durante el rescate del norteamericano. No obstante y pese a la inquisidora mirada del comisario jefe no se logró intimidar a los policías, quienes a la vez no podían dejar de reflejar en sus angelicales caras un "yo no fui". Se declararon inocentes de los asesinatos. No hablaron sobre lo que ambos se traían entre manos desde el momento en que habían atrapado y baleado a los dos Boinas Rojas. Después de escucharlos, el comisario hizo un mohín desagradable con la boca. Carraspeó su garganta. Lo cierto era que el comisario estrujándose las manos les dijo a los dos policías uniformados: "Caramba, caramba, qué buen día de San Pedro y de San Pablo nos tocó vivir ayer. ¿No les parece?". Sin conocer los detalles del rescate se llevó una de las manos a la barbilla, con desagrado refunfuñó, y replicó: "Las verdades son verdades". Hay que guardar lealtad con uno mismo y también con el organismo con el que uno trabaja. El comisario era un veterano corrido en los siete patios en la lucha contra el crimen organizado. De modo que siguió actuando de una manera hábil para sacarles de los buches las verdades a los dos gendarmes. Remolón y con unos ojos que parecían los de una persona que no había podido dormir esa anterior noche, el comisario presintió que los dos hombres escondían algo más sobre sus actuaciones cuando atraparon a los dos guerrilleros que ultimaron. El jefe policial notó que esos subalternos se encontraban lejos de arrepentirse de haber provocado la muerte violenta de los hombres indiciados en el plagio del estadounidense. El superior jefe quiso poner las cartas sobre la mesa. Ahora bien, después de un hondo suspiro, los mandó a meter a los dos policías en reclusión carcelaria hasta que se aclararan los hechos ocurridos durante la liberación del gringo. Sorprendidos e impresionados por la actitud asumida por el comisario de Ciudad Bolívar, los dos policías se desplazaron con pasos lentos hasta la puerta principal de esa Comisaria. Más que contrariados, Bol y Guancho sintieron que el techo se les venía encima. Uno de ellos se envalentonó e indignado gritó que todo lo que pudiera decirse en torno a lo sucedido en el hato "El Divino" era una artera calumnia contra ellos, porque durante la captura de los plagiarios no hubo presente otro testigo, sino ellos mismos. En contraposición a lo declarado por los dos policías detenidos, se supo que, por averiguaciones de los rumores callejeros sobre las muertes de los guerrilleros, algo había oculto en esos crímenes. Los dos policías continuaron creciendo en sospechas del mismo modo en que los ríos crecen y se desbordan a causa de los torrenciales aguaceros caídos. Los comentarios populares amenazaron con tirarlos a los dos por un despeñadero para que se dieran unas fuertes caídas. Hubo un gran desconcierto porque nada ni nadie sabía como esos policías habían jodido a los plagiarios capturados. ¿Por qué los mataron? ¿Por qué no los apresaron? Toda la gente aglutinada en derredor de la comisaría era partidaria de cascarles fuertes golpes a esos individuos y propinarles una tremenda azotaina, por ser los presuntos asesinos de esos guerrilleros-secuestradores. De haberse cumplido esa amenaza, la sangre hubiera llegado al río.

Una vez rescatado y liberado Nick, los cuerpos de seguridad e inteligencia del país prosiguieron la búsqueda de los otros plagiarios escondidos en la región. Reiniciaron el rastreo en el caserío de Borbón y en cada poblado circundante. Además, lo harían a lo largo y ancho del territorio del estado Bolívar. Se continuó persiguiendo a los cabecillas de los Boinas Rojas y de la LS. Se cuadró en los planes que un grupo de agentes de inteligencia militar se dirigiría a otro hato ubicado cerca de Borbón. Porque, según un soplón pagado, allí se encontraría la única mujer implicada en el plagio. Con ese dato en las manos, se allanó el hato "Josué". Se arrestó a Clarisa Permar. La plagiaria fue sorprendida por unos hombres con uniformes verdes de camuflajes, quienes llevaban puestos pañuelos rojos sobre las cabezas. La mujer estaba desnuda de la cintura para arriba lavando sus ropas en la casa grande del hato. En esa circunstancia, ella se percató de la presencia de unos sujetos armados con unos fusiles de largo alcance y recogió la blusa; luego, trató de huir a toda carrera, pero era tarde, puesto que aquellos individuos al verla le dieron la voz de "Alto" y la amenazaron con dispararle si no se detenía. La mujer de profesión socióloga no tuvo otra alternativa que entregarse con los brazos alzados. Sus contorneados senos brillaron con la luz solar del mediodía. La rebelde antes de ser esposada rogó a sus perseguidores que la dejaran vestirse; cuestión que ella tuvo que hacer delante de esos, quienes sin pudor y con unos voraces ojos se comieron el cuerpo rellenito de la plagiaria. Una vez esposada, Clarisa fue conducida a Ciudad Bolívar. La guerrillera no preguntó nada en el trayecto. Para ese momento, ella ignoraba que Nick había sido rescatado y liberado. Desconocía que dos de sus camaradas estaban muertos. Clarisa fue trasladada a la sede de la V Guarnición de la Selva. En Ciudad Bolívar se enteró del rescate de Nick, también de los asesinatos de los dos camaradas. Clarisa, como una buena revolucionaria socialista hizo alarde de ser una mujer valiente y de armas tomar, cuando supo la nefasta noticia de las muertes extrañas de sus camaradas. No se inmutó en apariencias. A pesar del esfuerzo hecho para no mostrarse adolorida, el llanto pugnó por salirse de sus grandes ojos marrones. Evitó llorar. Se mordió con rabia los carnosos labios y se los hizo sangrar. La impotencia y el dolor estremecieron su razón y su corazón. Resignada a su mala suerte, Clarisa no pronunció palabra alguna. Se sintió viva y nada más.

Un mediodía caluroso y lluvioso en Borbón. Después de la liberación del alto ejecutivo de *"La Inois. Company"*, el resto de los plagiarios que habían vigilado a Nick en el hato "El Divino", temerosos de caer en las garras del gobierno, abandonaron su trinchera, pero, impresionados por las noticias que leyeron en los periódicos, vieron en la televisión, y escucharon por la radio sobre las muertes violentas de los dos camaradas, decidieron rendirse por las buenas. Les pareció más conveniente hacerlo. Voluntariosos, se entregaron en la V Guarnición de la Selva, para de ese modo evitar que se les aplicara la ley de fuga y los asesinaran por las espaldas tal como había ocurrido con Aquilino y Wilfro. El resto de los Boinas Rojas que había vigilado al rehén en tierras del estado Bolívar, zamarros y sabihondos, lograron salvar sus vidas, de modo alguno.

Los guerrilleros-plagiarios, una vez que se entregaron a las autoridades, en un camión blindado fueron trasladados a Caracas. El viaje fue largo. En el camino a esos prisioneros les dieron de comer pellejos de pollos y de beber una dulzona guarapita hecha con panela de papelón. Bebida poco apetecible para la sed sentida por ellos. Los soldados que los vigilaban en el camino mostraron unos rostros burlones. Hasta se atrevieron a abanicarles las preocupadas caras que ellos pusieron, tanto más para molestarlos y que confesaran dónde habían escondido los fajos de billetes cobrados por liberar al cautivo. Los rebeldes durante el recorrido hacia la capital de la república se sintieron asqueados por el comportamiento insoportable de esa soldadesca. Aguantaron injurias y burlas. No les convenía trenzarse en una lucha peligrosa con esos irrespetuosos hombres, y resistieron una avalancha de improperios. Lo único que ellos sacaron en claro fue que estaban atrapados y perdidos. Mantuvieron una actitud pasiva y sumisa porque de lo contrario serían hombres muertos antes de llegar a la capital del país.

El calcáreo polvo cubrió la carretera, alargó su largo brazo y ensució las ropas de los guerrilleros capturados. Dentro del camión militar los guerrilleros iban apretados como sardinas enlatadas, apenas podían moverse, puesto que tenían las muñecas esposadas y los pies amarrados con un grueso cordel. Los plagiarios ahora eran víctimas de un trato humillante y despreciativo por parte de aquellos hombres uniformados. En varias oportunidades, éstos fueron obligados a ingerir sorbos largos de una bebida avinagrada que les provocaba náuseas. A pesar de la indignación, se mostraron dóciles ante las atrocidades que les hicieron esos morbosos soldados. Se sintieron exasperados y temerosos de pasar a esmaltar con su sangre aquellas rutas que los llevarían a la ciudad de Caracas.

Lo verdaderamente grave era que los ex cancerberos de Nick comprendían la desventaja de su situación. Si ellos daban algún motivo para castigarlos lo más probable sería que sus huesos fueran a parar a un oscuro y tenebroso calabozo. En aquellos momentos arduos, los Boinas Rojas se sintieron vacíos por dentro y por fuera, cual un caracol solitario. Para mayor tormento, el sol orificó sus cabezas, lo que alteró sus nervios. Se hallaron vapuleados y atormentados. Sufriendo un mundo de arbitrariedades. Sin embargo, lo importante para todos ellos era preservar sus vidas y continuar luchando por los ideales socialistas. Una gota de melancolía asomaba en las mentes de los guerrilleros, mientras recordaron los asesinatos a traición de sus dos camaradas, Wilfro y Aquilino. Al punto en que los plagiarios de Nick quedaron impresionados y conmovidos por los crímenes de sus dos camaradas. A raíz de esas muertes, no les importaba si llovía o escampaba; si la luna o el sol aparecían o desaparecían en el firmamento. Pero tampoco ellos desearon convertirse en aquellas hormigas africanas y carnívoras que en pocos instantes se devoraban un humano o un animal. Por supuesto, en ellos no había una sed de venganza contra quienes pudieran ser sus enemigos. Obvio, durante ese trayecto largo todos ellos permanecieron sin pronunciar una palabra. Lección aprendida en el campo *Steven*: la de callar. Cuando el camión militar arribó a Caracas, fuertemente custodiados, los culpables del plagio del gringo fueron bajados a empellones del transporte, para luego ser recluidos en una celda exigua con paredes revestidas de un cemento granulado. En ese inhóspito lugar, durante unos quince días los plagiarios se alimentaron con pan y agua. Al principio, los guerrilleros permanecieron aislados, sin ninguna visita familiar, aunque un enjambre de periodistas y de autoridades de los tribunales pugnaba por verlos para hablar con ellos. La verdad era que todo eso que sucedía era como para volverse locos. Eso acontecía a cada rato hasta que la corte militar se dirigió oficialmente al ministro de la Defensa y le pidió la autorización para sacarlos de allí y llevárselos a unas adecentadas celdas en otro reten penal. Los presuntos plagiarios de Nick debieron ser interrogados antes de comenzar el juicio militar porque la corte marcial tipificaba el secuestro de Nick como un delito militar, no delito común. Esa tipificación, que emanaba de la corte marcial, cayó como un balde de agua fría en el alto gobierno. No era fácil aceptarla porque el poder ejecutivo aspiraba a que esos guerrilleros comparecieran ante los tribunales ordinarios. A partir de ese momento, empezó a enfriarse el buen contacto entre las autoridades civiles y las autoridades militares. Por la razón en que el ministro del Interior y Justicia de la república era partidario de que los secuestradores fueran juzgados por tribunales ordinarios y civiles. Ese alto funcionario sustentaba que el delito de secuestro estaba tipificado en el código penal, y que había suficientes motivos para que fueran juzgados y condenados por los competentes tribunales civiles. En medio de esos dimes y diretes el tiempo-horario se fugaba. Y, tal como un barco sin timón que navega en tormentosas aguas, los detenidos guerrilleros Boinas Rojas empezaban a sentir que las horas conspiraban contra ellos. Lo insólito de todo ese caso era que la sentencia dictada por el tribunal militar nunca se dio a conocer públicamente. Tampoco se escuchó hablar más sobre el paradero de esos secuestradores. En cuanto al destino de Clarisa Permar, nadie lo supo. Desde entonces fue uno de los secretos mejores guardados por el Gobierno Nacional. Por esa razón, tanto mayores serían las dificultades en conocer la verdad de ese secuestro, cuando se había producido un sin fin de murmullos, de chismes, de intrigas, de dislates, y de noticias ciertas o falsas, en torno al hecho. Eso contribuyó a arrojar lodo sobre el secuestro del estadounidense. En ese marasmo de desconciertos y mutismos preconcebidos, las vidas de los guerrilleros apresados por estar implicados en el secuestro del estadounidense se fueron quedando bajo la sombra y el poder del secreto de ese gobierno de turno. Intereses ocultos se movieron en torno a ese plagio. De la suerte que corrieron todos esos implicados capturados en Borbón, nada se supo. Mientras allá en ese caserío caía una tempestad de pronóstico reservado, un torrente de agua inundaba las callecitas del poblado, arrasando con numerosas chozas con techos de pajas y casas de barros. Entre tanto, en Ciudad Bolívar una atmósfera gris invadía el ambiente con jaleos y discusiones entre periodistas y autoridades regionales. En medio de ese ambiente gravitaban las más fuertes protestas. Los reporteros buscaban entrevistar al recién liberado estadounidense. Los comunicadores sociales se encontraron a la caza de los acontecimientos sucedidos en el rescate del gringo. Además, un pequeño grupo de periodistas regionales sintió inseguridad e impotencia por no lograr entrevistar a Nick, quien se encontraba hospitalizado, recuperándose de los maltratos infringidos durante su largo secuestro.

Con la misma paciencia de un budista al meditar y reflexionar en un campo abierto sobre las enseñanzas recibidas, esos hombres y esas mujeres comunicadores sociales aguardaron largas horas a las puertas del hospital donde el gringo estaba hospitalizado. Buscaban la oportunidad de entrevistarlo. La verdad fue que esos periodistas usaron toda argucia y habilidad para llegar a él, pero nunca se les permitió el acceso al cuarto donde el enfermo se recuperaba. El gobierno bajo estrictas medidas de seguridad consiguió aislar al gringo de la multitud que lo acorralaba. Ciertamente, una especie de orden prusiana prohibía las visitas en la habitación donde convaleciente se encontraba el estadounidense.

Pero..., como en la villa del Señor nada es imposible, aún cuando no lo hubiera querido el propio ex rehén, y pese a los altibajos sufridos en su salud, el norteamericano una vez se vio obligado aceptar un interrogatorio privado por parte de un enviado especial de la CIA. La declaración de Nick se efectuó en el hospital dentro de una sala reservada exclusivamente para los médicos residentes, lugar donde los galenos debatían temas científicos y elaboraban los programas de salud pública del estado Bolívar. El agente de la CIA, por espacio de dos horas permaneció hablando con el convaleciente. Hizo esfuerzos para entresacar palabras al ex rehén. Una vez que terminó la entrevista ese agente encubierto tomó su portafolio de cuero y se marchó con pasos aligerados por una de las puertas traseras del hospital, sin ser visto. Al rato se conoció que ese enigmático agente tenía como tarea fundamental y también prioritaria preparar al ex secuestrado para dar declaraciones convenientes a los intereses del Departamento de Estado.

Después de ese largo interrogatorio, el gringo se sintió nuevamente desvaído y atolondrado. Literalmente, se había vuelto a quedar dormido en un intento por evadirse de la angustiante realidad que lo rodeaba.

En ese vaivén de entrada y salida, avanzada la noche, otra persona sorteó las estrictas medidas de seguridad y de aislamiento que protegían del asedio a Nick. Se trataba de un enviado especial del Presidente Herrero. Ese emisario gubernamental cuando intentó interrogar al norteamericano bien pronto comprendió que nada podría sacar en claro, en virtud de que el recién liberado cautivo permanecía desconcertado, fatigado y adormitado. Con un manojo de nervios a flor de piel, el estadounidense, con una mente frágil, en medio de una aguda depresión, pudo recordar algo de lo que vivió mientras estuvo en poder de los plagiarios. Aunque confesó que no podía recordar con exactitud los lugares en donde lo habían tenido escondido sus secuestradores, y mucho menos pudo rememorar el número de horas, de días, de meses y de años, en que él había pasado metido en un oscuro túnel psicológico o encerrado en un lugar inhóspito. En cambio, sí recordó con claridad que lo habían llevado a algunos sitios cercanos al mar y a otros lugares con ríos y montañas. Por un momento, su mirada se perdió en el aire como si estuviera distraído; posteriormente, acotó que estuvo viviendo en lugares donde había mucho calor y en otros sitios donde había un intenso frío. En algunos de esos sitios, él confesó que se había sentido igual a Prometeo encadenado. A fin de vivir por un tiempo prolongado intentó muchas veces romper las cadenas opresoras. Aparte, confesó que con sus captores había llegado a dialogar de lo humano y de lo divino.

Un aluvión de pensamientos lo estremeció. En cuestión de tres minutos, Nick recordó algunas cosas vividas en cautiverio. Nada preciso en el decir, a pesar de todo, volvía a aflorar en su memoria la zozobra, la angustia y la desolación que había sufrido durante su largo cautiverio. Muchas veces se convenció en que verdaderamente él estaba muerto. Ahora, envuelto en aquellas sábanas blancas sobre la cama de un hospital de provincia, Nick, como un luterano creyente de la misericordia divina, buscaba recomponer las fracturadas piezas de su rama generacional. Sollozó a causa de una pena íntima, producto de una intensa emoción.

El comisionado del presidente Herrero durante el interrogatorio se sintió inconforme, defraudado, con lo declarado por Nick, por cuanto el ex cautivo no pudo darle un solo nombre de los secuestradores. "¿A quién quería proteger?". Cuando el comisionado se los preguntó, el norteamericano arguyó que él no entendía bien el español y no podía memorizar nombres, ni remoquetes, ni apodos de los amigos, de la familia, de los conocidos y mucho menos de sus secuestradores. La mostrada desmemoria del empresario estadounidense extrañó al enviado gubernamental, quien, un tanto disgustado frunció el seño a tiempo de que aparecía una mueca de desagrado en las comisuras de sus delgados labios. No insistió más. Al terminar el ciclo de preguntas el comisionado se despidió cortésmente de Nick. Marchándose por un pasadizo largo que daba hacia la parte trasera del hospital. Evitó de esa manera encontrarse con los periodistas, quienes tratarían de rodearlo para sacarle una que otra información sobre el estadounidense. Del hospital ese comisionado salió con las manos vacías sin lograr confesión alguna de la boca del recién liberado rehén.

Con su mandíbula apretada permaneció Nick para no hablar mucho en el hospital. Guardó silencio, lo que había sido su mejor tabla de salvación. Profundamente ojeroso, el gringo sabía que no le convenía ponerse en una encrucijada para jugar cara o sello, por ese motivo prefirió beber las mieles de la prudencia, para no extraviarse en tonterías comprometedoras. Tuvo una leve caída de los párpados cuando el sueño lo venció en las altas horas de la madrugada. Sin dudas y en silencio, el norteamericano, sobre su lecho de convalecencia, deseaba conocer las verdaderas causas de su secuestro. Era para él todavía un auténtico misterio. En el hospital, Nick presentaba un cuadro severo de deshidratación.

En tanto, el alboroto por conocer datos sobre su liberación prosiguió en las calles de Ciudad Bolívar. Frente al hospital, una muchedumbre esperaba con impaciencia la salida del ex secuestrado. Bajo un tórrido calor los medios de comunicación seguían acampando en medio de las vías públicas y de las plazas situadas en las cercanías del hospital. En los cuatro puntos cardinales del país no había otra cosa de qué hablar sino del rescate del norteamericano. Secuestro ocurrido hacía unos tres años con unos meses. Como un eco gigantesco, el pueblo dejaba rodar toda clase de comentario que pudiera fluir desde el mismo hospital donde el estadounidense estaba en proceso de recuperación de la salud.

Pasadas unas veinticuatro horas después de haber sido rescatado. Todavía el norteamericano no sabía la forma cómo había sucedido su liberación. Sufría lagunas mentales. No era posible que lo supiera todo porque él había estado amarrado, muchas veces, con los ojos vendados y la boca tapada. En aquel momento el dolor lo quebrantaba y lo desesperaba.

Entre tanto, en las afueras del hospital seguía por los aires vibrando la noticia de la muerte de los dos guerrilleros-plagiarios. Pese a las altas sintonías de rumores desplegados por dondequiera, Nick se colocó espiritualmente en la dirección del viento para no dejarse atrapar en las detestables redes de los nefastos comentarios. De esa manera, ese hombre golpeado por el destino intentaba evadirse de los terribles escollos que pudieran presentarse. No deseaba salpicarse de lodo y, mucho menos, comprometerse en un medio que no era el propio.

Llegó el esperado día. Después de un chequeo médico exhaustivo y de los médicos en parte reponerle las energías, Nick fue dado de alta en posesión de sus plenas facultades mentales y físicas. Se contentó en salir, porque las horas en el hospital le habían parecido muertas, sin saber de nada ni de nadie, ni siquiera de su amada esposa e hijos. Salió a la puerta principal del hospital para tomar el automóvil blindado que lo trasladaría al aeropuerto de esa ciudad, para desde allí abordar el avión con destino al aeropuerto de Maiquetía. Frente al hospital una multitud agolpada lo esperaba. Cuando apareció la gente lo aplaudió y dio vivas. Toda aquella manifestación popular parecía ser por adelantado la celebración de las fiestas patronales de esa hermosa ciudad histórica.

Una vez que Nick abordó el automóvil, la gente corrió como pudo detrás del vehículo para despedirlo con efusivos aplausos. Acompañado por los agentes de seguridad, el gobernador del estado y el general *Kanav*, Nick fue trasladado al aeropuerto. En los alrededores del aeródromo local se encontraba un buen número de mujeres, hombres, niños y niñas, quienes advertidos de la salida del norteamericano por ese aeropuerto, habían montado tarantines donde vendían comidas típicas de la región. También había de contrabando ventas de piezas de oro y diamantes brutos, extraídos de las minas del estado Bolívar. El pueblo había montado un festín para celebrar la triunfante salida de Nick. Las ventas de cervezas, refrescos, guarapitas, chicha de arroz y de maíz, raspados, helados, golosinas y demás chucherías, aumentaron. La feria de comidas la complementaban las instalaciones de tarantines donde vendían variada y profusa santería del ritual de los negros de El Callao y de Puerto Ayacucho. El noble pueblo de Bolívar, en aquella oportunidad, experimentó un sentimiento de hermandad y de solidaridad para con el gringo. Todo eso era un acontecimiento novedoso en las costumbres del lugar. Tampoco pasaba desapercibido que ese señor extranjero nacido en la patria de George Washington, fuese considerado como "Buen ciudadano", querido, y respetado. Casi se diría que había sido considerado un mártir, igual que San Sebastián. Expresión popular que salió de la voz socarrona de la negra Doro, única reina del Callao. ¡Quién lo hubiera pensado! Para ese pueblo bolivarense de costumbres imaginarias y supercherías, Nick con su desgracia a cuestas, pasó a ser otro Jesús torturado en la cruz. Con la excepción de que Nick había sobrevivido al martirio al que lo sometieron; en cambio, nuestro Señor Jesús había muerto crucificado, asesinado por los impíos romanos, en su era.

Antes de subirse al avión que lo trasladaría a Caracas, un enjambre de periodistas rodeó al empresario estadounidense para que diera declaraciones sobre su secuestro. Entre tanto eso sucedía en Ciudad Bolívar, en la capital del país, Caracas, se trasmitía su imagen por la televisión. Las noticias sobre la liberación de Nick recorrieron el mundo entero desde la media mañana del treinta de junio de 1979.

En el aeropuerto local, el norteamericano sostuvo una conversación telefónica por espacio de unos minutos con Dola. Esa llamada fue lanzada como noticia sensacional por los distintos medios de la comunicación social. El pueblo aglomerado en ese mismo lugar, escuchó la voz dulce y tímida de la esposa de Nick. Ahogada en un incontenible llanto, ella expresó al marido su dicha de saberlo con vida y libre. Nick, conturbado por la emoción, con palabras entrecortadas apenas podía susurrarle a su mujer que hoy más que nunca, la amaba, con desespero, y añoraba estar pronto a su lado para siempre. Luego, colgó el auricular con desgano y abandonó la cabina telefónica para ir al encuentro de las personas reunidas a su alrededor, que intentaban tocarlo, abrazarlo y hasta besarlo. Por supuesto, también quisieron apremiarlo de nuevo para que hiciera unas aclaratorias sobre los hechos ocurridos el día del rescate, pero Nick supo callar de nuevo. El ex rehén no dejó de sufrir el asedio de los reporteros, que se movían en busca de las mejores y verdaderas noticias. Hasta lo zarandearon, cual un porfiado muñeco de trapo. A cada pregunta de los corresponsales, Nick respondía con monosílabos, expresándose en un inglés mezclado con español. El gringo sin molestarse para nada enfatizaba a los periodistas que los secuestradores lo habían tratado bien. Al mismo tiempo, expresó que él no había podido conocer los rostros de los plagiarios por éstos cubrírselos con capuchas.

Nick estaba tenso del cuerpo. Con los ojos bien abiertos, porque una pregunta lo había hecho perder la paciencia. Eso sucedió cuando una periodista mordaz, impertinente y grotesca, inquirió: "¿Sí era verdad que él había tenido relaciones sexuales durante su cautiverio con una mujer guerrillera?" Nick, al oír tamaña desconsideración, creyó recibir un tubazo sobre la cabeza. Apresuró los pasos, se mordió con rabia los labios delgados, con un gesto despreciativo, manifestado con sus manos, abordó el avión sin dar respuesta a tan imprudente pregunta. Al llegar a Caracas, protegido por un cuarteto de funcionarios de inteligencia estadounidense y por tres agentes de seguridad de Venezuela, de inmediato el ex rehén fue conducido a una oficina del ministerio del interior y justicia. Esa tarde sobre la ciudad capital caía una venteada lluvia. El norteamericano creyó que naufragaría en un mar de espinas tras el acecho montado por los hombres y las mujeres de la prensa, de la radio y de la televisión. Percibía en el ambiente una extraña atmósfera que lo obligaba a resguardarse en el mutismo; por lo pronto, y hasta que dieran a conocerse con claridad cuáles eran las intenciones, tanto del gobierno nacional, del pentágono como del Departamento de Estado, él permanecería con la boca cerrada, como si tuviera puesto un candado.

En el Ministerio del Interior y Justicia, en medio del alboroto propio que originaba una rueda de prensa de esa naturaleza, una joven reportera apostada en un rincón de aquella oficina gubernamental intervino con voz alta y trató en que ninguna persona presente se quedara sin escuchar lo que ella iba a preguntarle al liberado: "¡Mister Nick! ¡Mister Nick!, ¡Mister Nick! ¿Dónde carajo están los cuarenta y seis millones de bolívares pagados por su rescate?". Unos segundos después, esa joven comunicadora de un certero puñetazo recibido en el rostro, sangró copiosamente por la boca y la nariz. Cayó de bruces en el piso. Nunca se supo quién se lo propinó. La muchacha con valentía se repuso del susto y se paró de nuevo insistiendo en la pregunta. Nadie quiso escucharla. Después de aquel desagradable incidente, Nick se marchó con unos pasos aligerados. El enjambre de periodistas se quedó con los crespos hechos, pues no hubo declaración alguna por parte del ex cautivo. Un megáfono instalado en el aeropuerto local hizo el último llamado para abordar el avión. De espaldas a Nick, quedaba algo pendiente. Sin duda, la paz del país se había ensombrecido por el asesinato de los dos Boinas Rojas. El gobierno y el congreso estuvieron de acuerdo en llevar a cabo una buena y eficaz investigación sobre las muertes de Wilfro y de Aquilino. Para eso, se requeriría una alta dosis de sagacidad. Porque algo flotaba lóbrego en el ambiente. Algo raro. Hasta se llegó a especular que las almas de los guerrilleros asesinados perturbaban la tranquilidad de los asesinos. No había exageración en afirmar que los ánimos estaban caldeados entre los policías, militares y políticos. Ninguno de los esfuerzos hechos por los familiares de las víctimas o por la propia iglesia católica en torno a que se aclararan esas muertes llegaba a alcanzar una respuesta concreta. Durante todo ese tiempo, se escuchaba el reclamo de los políticos camaradas de los muertos, quienes pedían las cabezas de los criminales. Ante tales presiones, el gobierno emitió la orden de practicar las autopsias a los cadáveres de los guerrilleros. En la morgue, un equipo de médicos forenses practicó el examen patológico a cada uno de los cuerpos. El resultado del peritaje *post mortem* arrojó que Aquilino había recibido un tiro de gracia a la altura de la nuca con pérdida de la masa encefálica, y además, presentó destrozos en el hueso maxilar superior por efecto de una bala que había penetrado uno de sus pómulos, con orificio de salida detrás del pabellón de la oreja derecha. En el acribillado cuerpo de Aquilino, la experticia forense registró otros orificios de balas en las piernas. Por su parte, el cadáver de Wilfro estaba masacrado por los impactos de varios proyectiles. Él presentaba un tatuaje en la espalda, y un segundo balazo que le había desgarrado la pantorrilla y triturado un ojo. Los médicos que practicaron las necropsias, a pesar de los años en el ejercicio de la medicina forense, palidecieron ante tanto ensañamiento. Se mostraron aturdidos, desorientados, sin comprender por qué razón los policías habían actuado de una manera tan brutal contra esos guerrilleros. Pasadas unas dos semanas, se dieron a conocer los resultados de las autopsias. El ministro del Interior, Alvar de la Paz, ordenó traer a su despacho a los detectives indiciados de las muertes de los guerrilleros. Fue entonces cuando Bol y Guancho, empequeñecidos, nerviosos, y temerosos, ante la adversidad que el destino les deparaba, comparecieron de nuevo ante las autoridades del despacho.

Posteriormente, ambos fueron trasladados a un tribunal penal y sometidos a una investigación. Ese par de policías declararon bajo juramento que ellos no habían disparado por maldad ni por capricho contra los dos guerrilleros cuando trataron de escaparse, que lo habían hecho en cumplimiento del deber. Según las declaraciones de ambos policías, lo que provocó esos disparos fue que los guerrilleros en su fuga gritaron: "¡Burro! ¡Burro!". Ellos, como unos sagaces investigadores habían creído que la palabra "Burro" encerraba una especie de clave para alertar otros compinches, explicaron que ellos habían sentido temor de que esa expresión fuera un pitazo para que el grupo armado de los Boinas Rojas los rodeara y sesgara sus vidas. Un abogado un tanto hábil oyó ese relato y les inquirió: "¿Acaso la palabra "burro" los hizo apretar los gatillos? ¿Ustedes piensan en que dar muerte simplemente por venganza es un gozo de legítima defensa?". Los detectives, al oír a ese abogado, se chorrearon entre las piernas. Guancho y Bol se sintieron atacados y deshonrados. Otra vez, ellos interpretaron cómo las esperanzas de salir en libertad se desvanecían después de ese interrogatorio. En un arranque de desprecio, el juez de la causa los espetó cuando les dijo: "Señores, se ha comprobado que los cadáveres tenían múltiples perforaciones de balas. También los dos hombres presentaron inflamaciones en los testículos, causadas por las patadas que ustedes propinaron con ensañamiento". "¿Eso es valentía o cobardía?".

El juez de la causa conminó a los policías a declararse culpables de esos horrendos e innecesarios crímenes. A fin de airear un poco el ambiente tenso que invadía la sala del tribunal penal, instó a los dos policías a asumir con valor y honestidad sus responsabilidades, puesto que eso los ayudaría a tener una sentencia menor. En caso contrario, ellos tendrían que atenerse a las consecuencias de las condenas a recibir. Lo extraño de esas condenas era que nunca se supo cuántos años alcanzaron las mismas. Un periodista católico que cubría la fuente, en el día en que se celebró el juicio, quiso invocar la justicia divina, y citó un capítulo bíblico:

Dijo Jesús a sus discípulos: "No hay nada oculto que no haya de descubrirse, ni secreto que no haya de saberse. Pues de lo que dijisteis en las tinieblas se dirá a plena luz. Y lo que hablasteis al oído en los aposentos se pregonará desde los terrados. Sólo sé que la vida es vida y la muerte es muerte".

X

UN AVION ESPERA

(Regreso a Ohio. Secreto guardado)

Enclavada en un valle de exuberante vegetación coronada por el largo lomo de la montaña El Ávila, la ciudad de Caracas ese día exhibía un cielo esmaltado de un azul plomizo. Urbe atravesada por el contaminado río Guaire, navegable en otros tiempos, ahora con setenta y dos kilómetros de largo. Ciudad de la eterna primavera, plasmada en los lienzos de numerosos pintores criollos y extranjeros, en aquella mañana, acariciada por el frescor emanado de los movimientos de los árboles. Ciudad tibiamente penetrada por el desnudo y relumbroso sol. En la oficina que ocupaba el buen oficiante extranjero, mister *Lieng,* a causa de una sentida emoción, con sus cuidados dientes blancos y filosos se mordió el labio inferior de la boca. Ese agente encubierto de los Estados Unidos manifestó una angustia en medio del pecho que acentuaba su desesperación. Entre las dos manos agitaba sus anteojos de una fina montura italiana. Deseaba continuar de buen ánimo, aunque parecía dominado por una impaciencia inusual en él, algo incompatible con su serena forma de actuar. Después de unos minutos, una y otra vez, el agente respiró el aire límpido del lugar, mientras esperaba con vehemencia aquella llamada telefónica.

Esa mañana no se esperaba fuese jalonada por algún hecho violento. Mister *Lieng* se encontraba en una oficina moderna con un mobiliario de Capuy. El agudo agente especial proseguía en su afán de lograr algunas noticias tempraneras en referencia al plagio del industrial norteamericano. Nunca desmayó en su intención. Su rostro de piel amarillenta traslucía una profunda preocupación. Se esforzó en tranquilizarse. Tenía los nervios redoblados. Era un hombre voluntarioso con un espíritu batallador, por ese motivo, no se le enfriaba el guarapo. Hubo un momento en que envuelto en el denso humo del cigarrillo que con fruición inhalaba y después expelía, mister *Lieng* se sintió descompuesto de ánimo, como si le hubiesen aplicado un shock eléctrico, dejándolo sin fuerza motriz, también disminuidas las ondas electromagnéticas del cerebro.

En la noche anterior, el buen oficiante soñó que su cuerpo flotaba en el inmenso espacio ambiental. Sobre su delgado cuerpo sentía impreso el cósmico calor solar, conmovido por una visión infernal que había tenido en pleno dormitar; presa de una angustia vital, mister *Lieng* vio arrojar al secuestrado norteamericano en un largo camino sin fin. Posteriormente despertó entre los orquestados himnos de las peregrinas aves volando en el cielo azul. Esa vez, el mediador y negociador extranjero se preparaba con la mente para estar atento a cuanta acción realizara el grupo de rescate enviado a Borbón, un antiguo asentamiento de los indios Kariñas. En trasfondo, como había de por medio un móvil delictivo, mister *Lieng* se comunicaba con frecuencia con el general *Kanav,* quien era la otra punta de lanza en los intríngulis de la operación del rescate del cautivo gringo.

En aquella templada mañana, la belleza del paisaje se destacaba. El agente especial tuvo la impresión de que todo lo planificado saldría bien. Siguió confiado en que se estarían cumpliendo los puntos acordados para liberar al rehén. Con una mirada que encerraba una gran intensidad expresiva lanzada sobre el antiguo valle de los indios caribes, mister *Lieng* abrigó la esperanza de que todo marcharía viento en popa en relación a la operación de rescate y de liberación del rehén norteamericano. Hasta entonces, mister *Lieng* ignoraba la gravedad del giro dado en esa operación. Al llegar la tarde, que se tornó húmeda y umbría. Un tanto enfadado consigo mismo, mister *Lieng* acoplaba en su cabeza unas sospechas atormentadoras. Aunque la duda lo sobrecogía y perturbaba, mister *Lieng* supo controlar su agitada mente. Alcanzaba de nuevo a sembrar la fe en su corazón. El agente secreto descartó todo tipo de sospecha en que pudiera haber aparecido algo turbio durante la operación de rescate de Nick. En la espera de noticias positivas se pasó toda la tarde metido en esa oficina. Estaba molesto y azorado. En su lozano rostro ya no había la arcana alegría de las primeras horas matutinas. En cierto modo en su cara se notaban los marcados surcos por motivo de la manifiesta preocupación. Con una plena esperanza y sentido común el agente aguardaba a que el rehén apareciese con vida. A pesar de la fe que tenía en que todo aquello estaría marchando bien, hubo un momento en que sus nervios se alteraron. Notoriamente preocupado por el temor de que "algo extraño" hubiera sucedido en el momento del rescatarlo. Por momento, mister *Lieng* trataría de no abrigar más sospechas sobre lo que pudiera acontecer en aquella operación de salvación y rescate. El agente especial hizo esfuerzo por sosegarse; sin embargo, se halló envuelto en las sombras de las dudas. Con aprehensión se fumó otro cigarrillo. Finalmente, mister *Lieng* trató de recuperarse tornándose optimista. Para él era un reto ayudar al cautivo a reconquistar su derecho a la vida y su libertad. Eso lo llevó a pensar en que la operación de rescate en ese momento se estaría desarrollando de un modo limpio, claro, y honesto. Al menos eso había sido lo convenido entre las partes interesadas para darle efectiva solución al caso del plagio del norteamericano. El tiempo prosiguió su interminable andar en el globo terráqueo. Las horas, los minutos, los segundos, avanzaron sin detenerse. En los sensibles tímpanos del agente encubierto, el tic tac del reloj sonó como la trompeta de un músico trasnochado. Todo continuó y nada se detuvo. Pero aún él no recibía aquella comunicación telefónica tan ansiada. Por supuesto, mediante esa llamada iba a enterarse de las nuevas buenas o de las nuevas malas. Por supuesto, como siempre, por motivo de esa prolongada tardanza en llegar esa llamada, el buen oficiante, agente encubierto de la CIA, consideraba todo aquel silencio sin sentido.

Esa tarde hubo una iluminación cambiante en el sol. El astro rey se opacó a destiempo. Una sutil corriente de aire tocó el rostro destemplado del agente especial. En su cara se reflejaba el mal dormir de la anterior noche. Mister *Lieng* había tenido una cadena de largos insomnios desde el día en que había arribado a la ciudad de Caracas. El dormir era para él un mecanismo humano de descanso. Caían las nieblas delgadas de la tarde cuando mister *Lieng* comenzaba a sentirse exasperado por la tardanza en llegar aquella noticia. Ese malgastado y largo tiempo de espera lo obligó a permanecer encerrado en la oficina casi todo ese día. Resultó que esa demora lo impulsaba a perder la paciencia, una que otra vez. El donaire que siempre mostraba en su conducta social parecía caerse en un pozo hondo. Hasta sus labios de finas líneas temblaron. La impaciencia se alambró en su mente. De tanto pensar, él sentía el cerebro seco, igual a un río abandonado por las aguas.

Él tuvo una percepción negativa. Consciente, mister *Lieng*, de que únicamente podía enfurecerse en caso de sospechar que la operación para liberar y rescatar a Nick no se hubiera efectuado con disciplina y efectividad, de acuerdo a los procedimientos establecidos. De antemano, él había advertido a las contrapartes que el Departamento de Estado lo había calificado como un eficiente y honesto agente especial. En razón de esa calificación oficial nunca estaría dispuesto a permitir chanchullos en los procedimientos operativos contra la delincuencia en que él participara. Se mostró categórico en mantener esa actitud desde el instante en que empezó a mediar y a negociar la libertad del secuestrado. Cualquier equivocación no era posible para con él. Se sentía tan orgulloso, hasta el punto en que, a mitad del siglo XX, se creyó ser uno de los más exitosos agentes especiales del servicio de inteligencia de los Estados Unidos. Era notorio que mister *Lieng* estaba apegado a lo legal en el mundo delictivo. El origen de esa conducta recta que mister *Lieng* enseñaba hasta entonces radicaba en que en toda su experiencia profesional había sido un dechado de pulcritud y de honestidad. Por ese motivo manifestó siempre un profundo rechazo por cualquier trácala, trampa, mentira, o negocio turbio. No era un hombre que lavara los trapos sucios de otros. Aunque no dejaba de reconocer que en los ambientes y escenarios donde él se desenvolvía las manipulaciones torvas se daban con suma frecuencia. Por supuesto, nunca ignoró que la corrupción campeaba por dondequiera, fuese en el campo político o en el campo financiero o en el campo económico. En esencia, era un investigador, negociador y mediador, quien al dedillo sabía que la corruptela se ahondaba más en el submundo de los tramposos hampones de las clases sociales más pudientes e igualmente en ese submundo de los hampones personeros de los gobiernos del mundo. Mister *Lieng* sacaba en conclusión que los pueblos seguían pobres porque los gobernantes robaban las reservas monetarias de los estados, es decir, los tesoros, las reservas mineras y petroleras. De ese modo despilfarraban los ingresos de las riquezas naturales de los países en detrimento de los pueblos empobrecidos y más necesitados.

Con una envidiable lucidez mental y un rutinario comportamiento moralista. El experto agente encubierto, descendiente de un chino mandarín, sin creerse un santo de madera, trataba de no someter a ignominiosos maltratos a los delincuentes de cuello blanco, ni siquiera a los delincuentes de cuellos mugrosos. Con sus entreabiertos y achinados ojos, el hábil y sagaz investigador encubierto se encontraba atento en cuanto a recibir nuevas noticias transcritas en el lenguaje cifrado usado en las operaciones escabrosas de la CIA. El agente encubierto revisó una y mil veces la clave "W.N.-OI-7 BK". Esa clave señalaba los pasos a darse para liberar al cautivo en el escondrijo donde supuestamente lo tenían secuestrado y, en forma patética, capturar vivos a los autores del delito. El agente secreto mantenía intacto el caudal de sus conocimientos criminalísticos. Casos que manejaba con extrema habilidad y destreza.

Ese día, las horas transcurrieron sin lograr alguna información en cuanto a como se había efectuado el rescate y el apresamiento de los culpables. Fue un día complicado para mister *Lieng*. La llamada telefónica no llegaba. Por lo tanto, el agente extranjero se veía en la necesidad de seguir matando el tiempo en soledad. No había señal de alguna novedad. Sin prejuicio de sentir temor a Dios, y con un aire íntimo, maldijo una y otra vez lo ocurrido con esa llamada. Ese día, sin arrojar resultado alguno, él lo transcurrió en solitario. Con una inquietud siempre latente en su corazón se fustigaba a sí mismo de por qué, siendo él un reconocido narigudo, poseedor de un buen olfato de detective, no se le respetaba como debía de ser. Ese día nada olía mal, pero sí ocurrió. Mantuvo intacto el caudal de la curiosidad y no pudo acoplar aquellos latidos de su corazón que pugnaban por salirse de su pecho. A pesar de mostrarse molesto por ese agravio de no informarle los principales gestores de la organización para liberar al rehén. Mister *Lieng* continuaba meditabundo y desconcertado por aquel tenebroso silencio. Con una actitud de preocupación, rogó para que nada extraño hubiese pasado en el desarrollo de la operación rescate.

En medio de tan austera soledad, las horas marcadas en el reloj de pared parecían atentar contra el ánimo y el buen proceder de mister *Lieng*. Pensativo, el agente especial tuvo la leve sensación de que algo extraño e inoportuno ocurría en la operación de rescate y de liberación del alto empresario de la transnacional de vidrio. Obvio, él no sabía de lo que se trataba. Ese mal presentimiento lo dominó. No lograba que le aportaran valiosas novedades sobre el rescate. Hasta entonces, con una pesadez en el cuerpo, él volvió a sentarse detrás del escritorio para continuar leyendo con atención aquellos documentos elaborados en claves, en tanto el teléfono seguía sin repicar.

El encierro sufrido por largas horas dentro de esa oficina ocasionó a mister *Lieng* un agotador cansancio y mal humor. En ese aspecto, las arterias anchas de su cuello estaban a punto de estallar. Su cuerpo se inundaba de un copioso sudor. Ronchas brotaron en su cetrina piel. A pesar de sentir un malestar y un dolor de cabeza, el agente especial procuraba no perder la compostura y menos la mente, manteniendo siempre una conducta de *"gentleman of business"*.

Las horas continuaron un ritual movimiento marcado por las manecillas del reloj de pared. Mister *Lieng* volvió a mirar por enésima vez el reloj de oro que llevaba puesto en una de sus muñecas. Se encontraba alterado por el absurdo silencio habido en ese medioambiente. Inmerso en la angustia, quiso transmutarse en ave y en raudo vuelo aterrizar en el sitio de los acontecimientos. De hecho, se imaginó ser un pájaro de múltiples colores y posarse sobre una piedra negra clavada en medio de la selva, para desde allí, observar a plenitud el panorama. Desgraciadamente, ese deseo fue una quimera porque él se encontraba con unos ojos imposibilitados de observar a tanta distancia lo que ocurría en los alrededores de Borbón. El agente extranjero volvió armarse de suma paciencia, y salió al encuentro de su pasado estudiantil, para distraerse. Se entretuvo al recordar parte de su vida anterior. Con un gran entusiasmo, trajo a colación en la memoria cuando él era un estudiante de leyes políticas y administrativas en la Universidad de California. En ese recinto universitario había aprendido cuáles eran los ideales que incentivaron las distintas revoluciones americanas. Añoró ese pasado estudiantil. Independientemente del conocimiento adquirido, retornó a su ambiente familiar, al sentirse un hombre fuerte y preparado para la vida, un ciudadano estadounidense de raíz asiática. Refrescó en su memoria haber cursado estudios sobre la revolución soviética, la revolución cultural China, las distintas doctrinas políticas y sociales de las dos guerras mundiales. Había estudiado con interés la doctrina socialista, la doctrina comunista y las aportaciones ideológicas del anarquismo. El fascismo y el totalitarismo fueron aportes ideológicos en sus agendas de estudios. No alcanzó a borrar de su memoria esos momentos interesantes e inolvidables. En verdad se sentía preparado. Con conciencia inmediata sobre lo recordado, mister *Lieng* pasó las manos húmedas sobre el lacio cabello oscuro y se arregló un mechón tirado sobre su frente. Al hurgar aquella prodigiosa memoria, encontró lejanos sueños juveniles. No tardó en salirse de esa abstracción que por fracciones de segundos lo había sacado de la realidad, consciente de que todavía esperaba aquella llamada telefónica.

Poco aficionado a las imaginaciones fantásticas, ese agente extranjero encubierto agrandó sus oblicuos ojos de color marrón acaramelado. Con una vaga inquietud y un corazón latiendo acelerado siguió mirando fijamente el teléfono. Disgustado, pensó en el pobre papel que estaba haciendo motivado a esa larga tardanza. El teléfono no repicaba. Sus orejas hervían de rabia, puesto que no podía resignarse a la insolencia de ser irrespetado e ignorado. Sería difícil actuar sin haber recibido dicha información. Volvió a ponerse pesimista, como si Dios lo hubiera abandonado. El teléfono no sonaba. El agente especial con desgano se paró de la silla donde se encontraba sentado y arrastró los pies por el piso hasta ponerse frente al televisor. Ansioso, buscó el canal con el informativo del día. No encontró noticia alguna de interés. En un juguetón simulacro se imaginó verse ordeñando un par de vacas, exprimirles las ubres hasta sacarles las últimas gotas de leche. Experimentó una extraña sensación cuando comparó ese ordeño de las vacas con la operación de rescate, simplemente, porque el reloj que él llevaba puesto ordeñaba los segundos, los minutos y las horas del tiempo transcurridos, sin que nada supiera sobre el rescate de Nick, la inquietud prendió en su interior. Aunque él jamás se rendiría ante cualquier eventual trastorno que pudiese ocurrir en un último momento. El agente especial siguió firme con sus preconcebidas intenciones. Por supuesto, no pudo resignarse del tiempo perdido en la oficina, menos aún, admitir que todo aquello había pasado con la rapidez de un cometa al surcar el espacio. A pesar de encontrarse consciente de que aún poseía un buen equilibrio emocional no se sentía confortable de ánimo. Obstinado en esperar que lo llamaran por el hilo telefónico para comunicarle el resultado final del rescate, el buen oficiante aparentaba estar siempre por encima de las pasiones bajas. Se mostró un tanto remolón por la impotencia de no poder hacer nada. No podía dominar su intranquilidad, aunque en silencio decidió seguir en la espera de tan añorada llamada. Tal vez resignado a esperarla con la misma paciencia de un varón a punto de ser elevado como un santo en los altares cristianos.

Las horas avanzaron. Brotó la noche tras desaparecer el sol. Mister *Lieng*, un buen lidiador en los casos delictivos no quiso seguir manteniendo los pies en el aire. Con un rostro amarillento y macilento, con la pena de no tener entre las manos algo que ofrecer a esa altura de la noche, él entendió que no podía continuar abrigando la esperanza de lograr noticias frescas sobre la liberación del industrial norteamericano. Cansado, extenuado, malhumorado, con el aliento entrecortado, el negociador extranjero tuvo inmensas ganas de abandonar aquella oficina asignada a los agentes de la CIA, con el fin de cumplir misiones especiales en Caracas, y eso fue lo que hizo después de las diez de la noche.

En vano ese día esperó aquella información. Aunque esa vez estaba él poseído de un mal presentimiento. Su atroz espera lo desquiciaba. Recorrió en solitario ese tiempo. Con la mente agobiada de tanto pensar, el agente encubierto norteamericano comenzó a recelar que algo no contemplado en el plan acordado posiblemente había perturbado el desarrollo de la operación liberadora del cautivo. De ese modo, sospechó que el plan trazado podía haber sido cambiado o trastornado. Pensó en una asolapada acción en que podía haber saltado la talanquera alguien para convertir esa operación en una misión más peligrosa y temible. Con una piel húmeda, y una ligera corriente sanguínea que le corría por la cabeza, mister *Lieng* temió en que cualquier cambio en los planes concebidos pudo haberse efectuado a última hora y arrojar un desenlace fatídico en esa operación. Entonces fue cuando el buen oficiante, quejado de un pasajero malestar respiratorio originado por esa caótica situación, se atrevió a tildar de embustero y de engañador al gobierno del presidente Herrero. Aunque, él tenía claro que esa apreciación personal no era sino una protesta silenciosa, nada más que eso. Esa vez él juró con los dedos puestos en cruz sobre la boca no comentar ese asunto ni siquiera con los otros agentes secretos connacionales; único modo de evitar que se tomaran represalias o retaliaciones en contra de él o en contra de los demás agentes de la CIA, involucrados en el caso. La responsabilidad pesaba sobre él. No quería reafirmar su desencanto, muchos menos, pensar en la traición que le habían hecho. En su rol de agente secreto guardó prudencia. Luego se limitó a apretar los labios. Por el momento, mister *Lieng*, a través de la ventana miró el cielo cuajado de cristalizados cirros. Al salir de la oficina, caminó largo rato por las alumbradas calles del este de la ciudad. Mostraba una expresión grave en el rostro. Indignado y desconfiado anduvo a pies por diversas avenidas de la ciudad capital.

Con una cara de pocos amigos, se propuso a cortar el hilo de la desinformación de los planes trazados en la operación rescate. Recriminó la estúpida incomunicación de los hombres integrantes de la operación rescate. Era totalmente incomprensible que no lo hubieran informado del resultado final de esa misión. Sus desvelos y estrategias no iban a echarlos en el pote de la basura. Hastiado, presintió que sus anhelos de triunfar en la liberación del rehén y en la captura de los secuestradores se habían truncado sin conocer las causas. Después de caminar unas cuantas cuadras, mister *Lieng*, entró en un bar con butacas forradas en cuero rojo. Era uno de esos *pubs* ubicados en la elegante zona del este de la ciudad capitalina.

Con una abierta franqueza, mister *Lieng* se sentó a un costado del largo mesón de mármol, con bordes de un dorado metal que servía de barra en el bar. Se arregló el pelo y pudo darse cuenta de que durante todo el día no había probado un solo bocado de alimento. Su estomago se estragó. Apostado en la barra del bar se reunió con otros amigos estadounidenses con quienes departió un buen rato. Se portó cauto al no soltar prenda alguna sobre el caso manejado por él. Después de cenar ensalada de lechuga con palmito y un lomito a la naranja, en su desencajado rostro pudo notarse un cambio favorable. De ese lugar se marchó en horas de la madrugada. Con los pies puestos en las calles del este de la ciudad, mister *Lieng* respiró la fresca brisa que se desplazaba desde la cúspide del cerro El Ávila. El alma le había vuelto al cuerpo. En plena caminata lo sorprendió una garúa que mojó su lacia cabellera negra. Su mente se despejó. Recobró la calma. Con las manos en los bolsillos del pantalón, caminó cabizbajo con la esperanza en cuanto a que nada extraño pudiera haber sucedido durante la operación de rescate y de liberación del norteamericano. Después de andar varias cuadras, disfrutó el clima fresco de esa madrugada y se dispuso a abordar el automóvil que había estacionado en un garaje privado con el propósito de dirigirse a su residencia temporal con la intención de descansar hasta el día siguiente. Mientras conducía, procuró tomar nuevos bríos y seguir dando la pelea en lo relacionado al caso de la liberación del gringo. Evidentemente, el plagio de Nick se había transformado en una tremenda obsesión personal, para él.

Frente al volante del automóvil, último modelo de la Ford, un escalofrío recorrió su cuerpo. Se espeluznó. Unos minutos antes de llegar al destino final en su mente volvió a irrumpir aquella detestable imagen de los camaradas secuestradores. También, la del despreciable delator del lugar donde se presumía se mantenía cautivo a Nick. A pesar del repudio que sintió por tan infectado sujeto, mister *Lieng*, aceptó que lo desembuchado por ese descarado tipo había sido de una gran ayuda para esclarecer el lugar donde los camaradas tenían secuestrado y desamparado al empresario de *"La Inois. Company"*. Aunque eso tampoco valía para disimular su profundo desprecio para aquel inescrupuloso individuo. Le daba un temblor espasmódico cuando pensaba en que ese tipo había vendido su conciencia, su moral, y su honestidad solamente por interés de dinero. En la intimidad calificó a Pérez Guindales como un hombre taimado, sin conciencia y despreciable, quien se había atrevido a vender aquella información extraída de un modo deshonesto a una joven mujer, entresacó dinero con la venta de ese secreto y consiguió para sí un jugoso negocio, asegurándose un envidiable bienestar político y monetario. Mister *Lieng* transpiró fuerte emanando ese olor característico de su raza originaria. La transpiración humedecía el impoluto cuello de la blanca camisa que llevaba puesta ese día. Copiosas gotitas saladas embadurnaron su cara, pecho, axilas y hasta la cabeza cubierta por unos cabellos negros y lisos. Al fin y al cabo su fisonomía asiática atendía a que era un descendiente directo de un chino mandarín, aunque él había nacido en los Estados Unidos.

Habitualmente, mister *Lieng* acostumbraba a conservar en la memoria los sucesos criminalísticos más interesantes tratados por él en su carrera de investigador criminal. Esos recuerdos congelados en su cerebro le llegaron a pesar más que un fardo lleno de piedras graníticas. Frente al volante del automóvil, el agente especial chupó con ansiedad aquel cigarrillo mojado entre sus labios. Luego lo escupió. Desde el automóvil echó una vaga mirada al cielo habitado por luceros titilantes. Cuando llegó al lugar de residencia subió a zancadillas la escalera que lo conduciría a la habitación. Con una rapidez manual abrió la puerta. Y como si él fuera un rayo lanzado del cielo en plena tempestad, se arrojó vestido sobre la cama donde acostumbraba dormir desde el día en que llegó a Caracas. Entonces, sin poder pegar los ojos debido al cansancio que lo dominaba, al chino-estadounidense empezó a parecerle esa madrugada una caja mortuoria cubierta en el fondo de espinas, no precisamente de rosas. De pronto, presa de una curiosidad tremenda, se paró del lecho y abrió la ventana de su habitación. Asomó la cabeza hacia afuera y escuchó los sonidos de numerosas chicharras posadas sobre la grama en aquel jardín. Aún él no dejaba de percibir que todo aquello parecía extraño en rededor. Algo sucedía. Después se fue acostar y concilió el sueño, no sin antes agitarse en el lecho. La decepción y mortificación que lo dominaron durante varias horas del día habían desaparecido por arte de magia en la espiral oculta del sueño.

Dormido se quedó hasta olvidarse de su propia existencia, despojado de aquella tropilla de recuerdos. En la siguiente mañana, una vez instalado de nuevo en la oficina, en circunstancias vacilantes permaneció allí. El calendario señalaba el primer día del mes de julio de 1979. El mediador y negociador, con gran paciencia continúo en la espera de aquella "llamada". En medio de esa insufrible tardanza sonó el intercomunicador interno de la oficina, escuchándose la voz de la secretaria, recordándole no olvidarse de la reunión pautada con unos funcionarios de los órganos de seguridad y de inteligencia. Mister *Lieng* agradeció a Elionor el recordatorio de ese encuentro porque en su cerebro bullía un sin fin de preocupaciones y podía olvidarse de tal compromiso. Unas dos horas después de terminada la reunión, mister *Lieng*, ensimismado, con la mente ocupada por múltiples ideas confusas no oyó el primer repiqueteo del teléfono. Lo escuchó cuando de nuevo repicó. De inmediato tomó el auricular. El interlocutor que había del otro lado de la línea estaba en Washington. Esa persona en correcto inglés y con un lenguaje en clave le informó con claridad en que ya el rehén norteamericano desde el 29 de junio había sido encontrado y liberado con vida por un pelotón de soldados junto a un par de policías. El informante habló con un pausado inglés. Prosiguió refiriéndose al éxito de la operación de rescate. Después se produjo un corto silencio en la conversación cuando mister *Lieng* experimentó un ataque de rabia que no consiguió disimular al saber la noticia por una fuente del exterior. Segundos después, aquella voz le ordenó hacer los preparativos para el traslado de Nick. Le puntualizó que se actuaría de acuerdo con el previo protocolo acordado y con la autorización del gobierno del presidente Herrero. Desde Washington, el director general de la CIA, le reiteró en que no permitiera al ex rehén dar declaraciones a la prensa o a cualquier otro medio audiovisual. Aún más, ordenó que se solicitara al gobierno de ese país la salida inmediata del ex cautivo sin rendir declaraciones ante los tribunales nacionales. Lo instruyó para que con una habilidad y destreza a toda prueba se evitara que el recién liberado fuese llevado ante el congreso nacional, para ser interpelado. Al cabo de una corta pausa, el agente especial escuchó otra orden en cuanto a instruir al recién liberado norteamericano para que negara haber visto rostro alguno o conocer sitio alguno donde lo recluyeron. Había que evitar que el empresario estadounidense fuese hormigueado de preguntas por la multitud de curiosos, dado que Nick padecía de una severa neurosis y de impétigo que había que tratar. En vista de eso, Nick tenía que estar bajo el cuidado de un neurólogo y un dermatólogo en los Estados Unidos. Además de esas recomendaciones y de esas órdenes estrictas, mister *Lieng* recibió otras instrucciones sobre los pasos a darse para que de inmediato el liberado fuese sacado del territorio venezolano.

Se proyectó que en pocos días desde Venezuela a los Estados Unidos se transportaría en un avión privado al ex rehén, avión que despegaría desde Ohio para buscarlo en el aeropuerto en la cercanía de Caracas. Después de esa retahíla de recomendaciones a cumplirse, el Director General de la CIA, puso en conocimiento del agente secreto que los presidentes de los Estados Unidos y de Venezuela, ante la opinión pública nacional y mundial, habían acordado la forma de conducir el caso del secuestro de Nick. Por ese lado, no había preocupación. Por lo tanto, debía de buscarse un mejor desenlace del caso; por supuesto, debía evitarse cualquier actitud impertinente del ex secuestrado.

Esas fueron las últimas palabras del Director General de la CIA, escuchadas por mister *Lieng*. Esa tempestad de palabras caídas en los oídos casi reventó sus tímpanos. Mister *Lieng* se encogió de hombros y esbozó una sonrisa irónica. Nunca se imaginó que desde Washington recibiría la primera información de la consumada liberación de Nick. De tal modo que, pasado el primer momento de esa desagradable impresión, *ipso facto,* él se auto preguntó: "¿Dónde diablo estaría el general *Kanav* que no resucitó para darme de primera mano esa información?". Varias veces ladeó la cabeza en señal de desacuerdo, y sus oídos zumbaron, como nunca. El calor lo sofocaba. Después de recibir aquel cúmulo de mandatos, hubo un momento de extraña soledad. Mister *Lieng* trató de calmarse y descansar. Se sentó en un sofá de cuero purpurino colocado en esa oficina, con el propósito de analizar y meditar punto por punto lo que el jefe superior de la CIA había ordenado realizar. No quiso perder tiempo en naderías. El drama del secuestro aún no había concluido para él. Una sensación de ahogo apretó su pecho. Lo insólito era que Nick estaba en esos momentos en un hospital en Ciudad Bolívar, recuperándose. Mister *Lieng,* lo desconocía. Accidentalmente lo supo. Lo sucedido a sus espaldas no lo satisfizo de manera alguna. Mister *Lieng* quiso llamar a un confidente para consultarle la forma en que debía de proceder, pero... se contuvo. No podía comunicarle ni a su mejor amigo las instrucciones que acababa de recibir desde Washington. Ese impedimento lo inquietó más de lo necesario. Para calmarse la ansiedad y el enfado, mister *Lieng* dio largas zancadas para salirse de la oficina. Apresurado el agente bajó las escaleras del edificio donde estaba instalado ese estudio de investigaciones criminalísticas. Llevaba ambas manos metidas en los bolsillos del pantalón. Pronto alcanzó la calle con intención de respirar el vespertino aire fresco. En el fondo de su corazón se regocijaba porque a Nick lo habían conseguido con vida. Diversos olores ambientales se dispersaron en las calles de la ciudad. El buen oficiante caminó con la chaqueta de cuero puesta sobre los hombros. En un soliloquio, el agente secreto empezó a recriminar la irresponsabilidad de los hombres que habían actuado en el rescate del empresario. No haberlo informado de los pormenores del suceso le ocasionaba un desbordante reproche. En ese momento estuvo a punto de perder los estribos, aunque se contuvo. En su tránsito peatonal por las avenidas de la ciudad capital. Con un gesto de inconformidad, el estadounidense (principal mediador y negociador de la liberación de Nick) se sintió descontento cuando por boca del jefe de la CIA se enteró del saldo de dos muertos durante la operación de rescate. La información sobre esos muertos lo enfadó. Un agudo grito de protesta se atoró en su garganta. Anduvo dos horas por las calles sin rumbo fijo. En el trayecto caminado por la ciudad, mister *Lieng* pasó frente al portal de un edificio con paredes revestidas de lajas grises. De reojo pudo mirar a un niño de pocos años que lo saludaba con sus manitas inocentes. El estadounidense agitó una de sus manos y devolvió el saludo al infante. Con el rostro rojo como un pimentón se alejó del lugar. El jefe negociador de la liberación de Nick, defraudado, engañado, irrespetado, espiritualmente deshecho, a causa del inesperado desenlace que arrojó la operación no pudo fácilmente aceptar la abrupta exclusión que le habían hecho cuando no lo informaron directamente del resultado de esa operación. Sentido y dolido consideró que eso había sido una mala jugada de los actuantes. De ninguna manera dejó de pensar en quienes, como moscas alrededor de una taza llena de miel, habían de seguro corrido como unos locos tras la repartición del botín. Apresuró los pasos. Intentó huir de lo pensado. De repente y en medio de la calle, mister Lieng hizo un gesto de asombro. Posteriormente, giró los pies para retornar a la oficina, con el fin de cumplir con las instrucciones recibidas. Lo primero que trataría de hacer sería reunirse con varios de los que participaron en la operación rescate llevada a cabo en la cercanía del pueblo de Borbón. Quería saber toda la verdad de lo acontecido. De regreso a la oficina, el mediador extranjero oyó el bullicio de unos niños que salían de una escuela. Parpadeó y avanzó entre ellos. En el camino sintió un amargo sabor a hiel en la boca. Con las dos manos se rascó la cabeza. Pronto se dio cuenta que lo aquejaba un cansancio físico. Halló resquebrajada su moral. Inútil. Ignorado. De alguna manera él había sufrido un revés que lo había afectado en su rol de investigador y mediador profesional en el caso del plagio de Nick.

Conociendo el mal manejo de la operación de rescate, frunció el ceño y torció la boca. Enojado por lo ocurrido, con astucia logró engarzar uno por uno los detalles de aquella operación de rescate y liberación. Consternado, creyó estar en presencia de un plan ejecutado con notorio maquiavelismo. Se sintió abrumado por las muertes de los dos guerrilleros celadores del rehén. Tuvo la seguridad de que ellos habían sido inútilmente asesinados. No vaciló en atribuir esos crímenes a un clima ruin y traicionero. Esas razones les fueron suficientes para encontrarse alterado y confundido. Puesto que, con perseverancia, había aspirado y pretendido conducir la operación de rescate por la vía segura de las negociaciones pacíficas, con el fin de evitar acciones execrables y condenables como las de esos dos asesinatos a los que calificó de innecesarios. El negociador estadounidense era partidario de que no se cometiera crimen alguno durante la operación. Ahora, el destino le había jugado una mala pasada cuando su propuesta no fue escuchada. Se sobrecogió de hombros cuando su recomendación de no matar fue ignorada por quienes habían efectuado la misión. Burlado e irrespetado, mister *Lieng* en vano esperó que alguien viniera aclararle esa situación.

Para el agente especial no tenía el menor sentido la situación incierta ocurrida en el hato "El Divino". Sumamente molesto porque no dejaban testimonio alguno de su rol ejercido en la búsqueda del empresario estadounidense, su cuerpo se empapó de sudor como si lo hubiera mojado un chubasco llanero. La confabulación contra sus planes nunca se supo de quién partió, eso le creó un sin fin de dudas. Una atmósfera de mala fe lo envolvió en esa oportunidad. Con las manos entrelazadas a la altura del pecho, mister *Lieng* se sumergió en reflexiones. De un modo o de otro modo, él decidió hacerle frente a la situación presentada. De la operación de rescate lo habían excluido por intereses no muy claros. Alguien no confiable había metido las dos manos y las narices en el caso del plagio. Ahora, le restaba solo esperar los últimos acontecimientos. El agente secreto había nacido en Milwaukee, Estados Unidos. Pronto se permitió tener un carácter endemoniado por ser descendiente de un poderoso e influyente chino. Por nada en el mundo mister *Lieng* quería fracasar en esa audaz operación. Sus deseos los torcían manos oscuras. El desconocimiento de los hechos hacía más enigmática la insólita situación de lo ocurrido en la acción del rescate y de la ulterior liberación del gringo. Decidió no tener una actitud conciliadora con los gañanes que lo habían excluido del rescate del gringo.

Mientras, en la oficina esperaba a las personas convocadas para reunirse con él. En la prensa había leído la noticia del rescate de Nick. Rogó por que no se desencadenara una terrible tempestad verbal en torno a lo sucedido. Indiscutiblemente, con algo de paciencia, esperó la presencia de los participantes en esa reunión. Por arte de magia, mister *Lieng*, logró que asistieran los dos agentes policiales, a quienes les habían dado un permiso especial porque estaban detenidos preventivamente. También, los jefes militares que habían formado parte del operativo de rescate del estadounidense. Mostró fastidio por la tardanza en aparecer esos hombres. Inquieto, movía la cabeza de un lado a otro. Se abrió el cuello de la camisa azul. No obstante, como era una costumbre suya, decidió tirarse la corbata a la virulé. Se puso un poco más cómodo. Cuando los invitados empezaron a llegar se anunciaron ruidosamente. La principal oficina de la CIA se ubicaba en Chacao. No era precisamente un local de misericordia para los desposeídos o un correccional para las ovejas descarriadas, por lo contrario, esa oficina era para ventilar casos puntuales y de extrema urgencia de carácter político-militar-comercial-social. Allí se investigaban los asuntos vinculados con la delincuencia financiera. Era un centro bien equipado de investigación y espionaje que poseía los Estados Unidos en la ciudad de Caracas. Obvio, aceptado y protegido por el Gobierno Nacional, en conjunto con el Departamento de Estado, la CIA y el FBI. Tras el arribo a la oficina de los participantes de la operación rescate el panorama presentado no fue del todo alentador. En el ambiente de esa oficina se percibía un no se qué de bochorno. Los hombres entraron riéndose en abierta francachela. Cantando una victoria que realmente nunca lograron. A mister *Lieng* le pareció que todos esos sujetos actuaban como las macaureles; por el humor macabro que ellos mostraban parecían pertenecer a un nido de culebras peligrosas. El asesinato de los dos plagiarios-guerrilleros Boinas Rojas dio prueba del total repudio de parte del agente encubierto. En esa reunión se entabló entre ellos una diatriba que produjo grandes malestares. Los policías y los jefes militares, sin mostrar pudor ni honor, buscaron medir sus argucias, sus habilidades, sus destrezas, y sus inteligencias. Se cruzó un momento difícil porque todos ellos deseaban enseñarle quiénes habían sido los mejores hombres que intervinieron en la operación para liberar a Nick. Esos individuos sin excepción tuvieron una alegría de tísico cuando el negociador norteamericano reprendió sus gozos y sus fútiles competencias. Por lo demás, mister *Lieng* (con una sabiduría ancestral), justificó la amonestación y el reproche que tuvo que dar a esos maleducados individuos. El buen oficiante comprendió a duras penas que al fin y al cabo si bien esos hombres habían participado en el rescate y en la liberación del secuestrado, ellos con sus actuaciones dejaron mucho en que pensar. Mister *Lieng* detestó la petulancia y la jactancia mostradas por algunos de ellos. Con sobrado orgullo, cada uno de esos tipos se atrevía a otorgarse el triunfo en las acciones desplegadas para rescatar con vida a Nick. El negociador estadounidense pensó en decirles, tal como si él hubiese nacido en esta tierra caribeña: "Señores, amanecerá y veremos". De pronto, hubo un extraño silencio en la oficina. Los rostros fatuos y embusteros de los dos policías se pegaron como papel mosca en los ojos de mister *Lieng*, quien tenía una terrible y mala impresión de ellos. Los catalogó de pobres diablos. Peligrosos sujetos. Quienes rebuscaban para llevarse la gloria y el dinero como una recompensa por participar en la liberación del empresario de *"La Inois. Company"*. El buen oficiante y mediador consideró necesario cortarles las ambiciones. Contrario a lo que muchos podían imaginarse, mister *Lieng* pensó en que más de uno de esos individuos reunidos en su oficina lo que merecía era estar en la cárcel o ser despedido por la organización en la cual laboraba. Ese sarcástico deseo se lo guardó para sí mismo. No deseaba alimentar líos torpes. Armado de un gran coraje y de un sentimiento de justicia, el agente especial creía que ninguno de ellos se había convertido en héroe por haber ayudado o colaborado en el rescate de Nick. Luego sin perder la serenidad y la autoridad, a todos ellos los calificó de ser unos héroes de pacotilla. ¡Nada, más!

Lo cierto fue que el agente encubierto se sintió traicionado feamente por aquel grupo de individuos. Se propuso fumar el último cigarrillo del día. Un tanto acalorado, miró de reojo el areómetro que estaba instalado en la oficina, instrumento para medir la densidad del aire. Lo hizo porque había tenido la ligera sensación en que el oxigeno empezaba a escasear donde se reunían. De su persona fluyó una intensa hostilidad hacia esos individuos. Quiso terminar la reunión. En resumen, dijo: "Señores, eso es todo". Acto seguido, el circunspecto negociador procedió a invitar a esa camada de revolucionarios a desalojar la oficina. En medio de aquella atmósfera excitada, el buen oficiante los miró con desprecio y se permitió aconsejarlos de cuidarse mucho de lo que en el futuro hicieran, puesto que la justicia era una dama hermosa acostumbrada a tocar las puertas en el instante menos esperado. Les metió la idea en las cabezas de que tuvieran los ojos abiertos porque podría haber sorpresas para algunos de ellos en un futuro inmediato. Con el pretexto de sentirse cansado, despidió a los hombres sin obtener información clara sobre los hechos ocurridos en el hato "El Divino", cercano al caserío de Borbón.

Cuando todas esas personas se marcharon de la oficina, por unos minutos el agente guardó silencio. De inmediato, se apoyó sobre el escritorio y recordó a Shi Hoang Ti, el emperador que mandó a construir la muralla china para defenderse de las invasiones tártaras. Una sonrisa suave inundó su cara de un color amarillenta. Quiso superar la decepción sufrida en carne propia. Pestañeó. Sobresaltado pensó en que las verdades suelen esfumarse de las mentes y de los enlodados corazones de hombres y de mujeres. Después de haber sido liberado el empresario estadounidense, nadie podía desconocer que el agente encubierto estaba dotado de una gran experiencia en la lucha contra la delincuencia común y de las acciones terroristas, que era un funcionario que poseía la paciencia del sabio en cuanto a cumplir con los deberes inherentes del servicio secreto. Él conocía al dedillo el arte de la persuasión. Era amante de la paz y de la justicia, un hombre calificado para cumplir misiones como esa. Había sido escogido por sus superiores con el propósito de convertirlo en el eje principal de las negociaciones entre los guerrilleros-plagiarios y las autoridades de la empresa de vidrio, también las autoridades nacionales. En un primer orden estaba capacitado para cumplir con las instrucciones emanadas de la CIA, bajo un estricto cumplimiento. El buen oficiante a sabiendas de que la operación de rescate era un proceso de alto riesgo consideró que la inexplicable e inesperada exclusión suya como mediador de la misma, ulteriormente había afectado el pleno éxito de esa operación. Quizá esa exclusión se había fundamentado en que él era visto como un hombre de paz pues siempre rechazó la violencia en todas sus modalidades. Aunque, a esas alturas del partido, un poco más que resignado, a medias había aceptado la forma como el rescate del industrial norteamericano se llevó a término final. Sin embargo, su corazón siguió herido por haber sido bruscamente apartado de su rol fundamental, trabajo delicado y peligroso que tenía que cumplir y al que puso todo tipo de interés y de responsabilidad. En un mundo duro y traicionero, mister *Lieng* supo desenvolverse con cautela y privacidad como un agente encubierto de los Estados Unidos.

Amaneció otro día. El penetrante y natural brillo amarillo del sol se reflejó sobre las colinas bordeando el valle de la ciudad de Caracas. Pasadas unas setenta y dos horas del rescate de Nick, todo parecía un milagro de Dios. Un suceso comentado por todo tipo de público. El plagio del gringo seguía guardando numerosas incógnitas por desentrañar. El ex rehén había salido del hospital en Ciudad Bolívar y estaba por viajar a Caracas.

En el escenario político de la ciudad capital y después de unos días de rescatarse con vida al gringo, en medio de los acontecimientos de ese caso, apareció el general *Cashur*, que solicitó una entrevista confidencial con mister *Lieng*, con la intención de desembuchar toda la información que él poseía sobre el secuestro del norteamericano. El negociador estadounidense, interesado en esa comunicación personal, con rapidez lo citó en un antiguo hotelito playero en el litoral central para poder conversar con tranquilidad. El general *Cashur*, con el rostro tostado por el sol, marchó a la cita en el pintoresco pueblo de Caraballeda. El general *Cashur* llevaba en su memoria impresa la huella imborrable de un episodio tormentoso. En esa oportunidad, el negociador mister *Lieng* se hizo acompañar de un prestigioso entrevistador de la televisión de nombre Marcelo Grapier, para que ese joven le sirviera de traductor y de testigo en ese encuentro. Sin tener la menor idea de lo que allí se hablaría ese día, mister *Lieng* salió al encuentro del general *Cashur*, un militar de dos soles retirado de las fuerzas armadas. Por su alto rango militar él gozaba del máximo respeto en el ejército. Respeto ganado cuando trabajó bajo el mando del general *Kanav*. No obstante, debido a una mala pasada del destino, ese soldado de la patria transitaba por los derroteros que a veces depara la vida.

En el litoral desde la altura de la villa de Caraballeda, se observaba la avenida la costanera. Desde allí podía contemplarse el azulado mar Caribe y las matas de almendrones sembradas a las orillas del mar. Desde el mismo momento en que llegó a ese lugar el agente encubierto había mostrado un entusiasmo por el paisaje marino. En el trayecto del viaje, el viento soplaba sobre el mar y traía el olor característico de los peces brincando después de ser atrapados en las redes de los pescadores. Mister *Lieng* abrió más los ojos para disfrutar del paisaje y pensó en que *Cashur* no resultaría tan fiero como un león pintado por sus enemigos. Por supuesto, él imprimía a ese encuentro cierto carácter interesante y no veía peligro alguno de reunirse con ese general. Con antelación a esa reunión, el agente especial pudo enterarse de unas cuantas coartadas tramposas que lograron arruinar la carrera de ese militar; a quien todavía no conocía. Si bien, una vez reunidos en ese hotelito, se dio cuenta de que en el corazón de ese soldado estaba tallado un profundo rencor y una insaciable sed de venganza, a pesar de ser un militar institucional. Durante la larga conversación que sostuvo mister *Lieng* con el general *Cashur*, y en compañía del periodista Grapier, conocieron con detalles lo ocurrido en torno al secuestro del gringo. El general *Cashur* tenía un porte recio. Era un hombre de armas. Durante ese encuentro con toda vivacidad desgranó por su boca los pormenores de la operación **"camello"**. El militar desahogaba sus tristezas y sus pesares, mediante, un severo juicio en contra de la supuesta política de pacificación del gobierno del presidente Herrero. Un rugido de rabia resonó dentro de su caja torácica. Sobre todo, cuando, el militar se atrevió a denunciar aquella mal llamada política de pacificación. El general aseveró que esa política de pacificación concebida por el gobierno del presidente Herrero se aprobó como un plan político para liberar a numerosos guerrilleros culpables de las matanzas de personas inocentes y de soldados impúberes.

Con los puños cerrados y el rostro alterado; visiblemente molesto, como si estuviera inmerso en un universo de grandes y penosas discordias, ese soldado de la patria de Bolívar, sin lucir la petulante y tradicional guerrera militar, repleta de numerosas medallas, producto de una mala costumbre de premiar a cualquier soldado sin ni siquiera haber lanzado un solo tiro para defender la república. Esa tarde, el general subrayó con una objetividad absoluta y sin el más mínimo estupor, que un número significativo de guerrilleros iban a ser liberados por el gobierno actual. Muchos de esos hombres se encontraban presos en el cuartel San Carlos. Sin una apariencia falsa y con un especial cuido e interés *Cashur* citó a un tal guerrillero "Beta", que meses atrás había ocasionado una masacre, tras dirigir un asalto guerrillero que impactó el oriente del país. Crimen que produjo un derroche de muertes de hombres y de mujeres de campo. Valiosas vidas perdidas bajo un arsenal de balas disparadas. Después de escuchar la narración cruda de ese hecho, el buen oficiante norteamericano, junto al joven periodista Grapier, quien lo acompañaba, tuvo la impresión de que el militar de los dos soles hablaba con conocimiento, precisión, y cordura. Esas palabras encerraban un mundo de verdades. Con pelos y señas, lo comentado por el general retirado sirvió para aclarar algunos episodios desconocidos sobre el plagio de Nick. El eco tormentoso de sus propias palabras golpeó con fuerza su testuz. Empecinado y terco como una mula, *Cashur* quiso desnudar esa verdad oculta. Para entonces nada se sabía de cierto lo que había motivado el secuestro del ejecutivo estadounidense. Había una profunda inquietud por conocerse esa realidad. Eso aconteció en una tarde en donde el resplandeciente sol cubría ese pueblito costero con olor a mar. Espacio marítimo bello y atrayente.

Al caer la tarde, el general *Cashur* no se sintió traicionero ni degradado por lo que había informado. Su optimismo por decir la verdad y buscar una solución al caso del secuestro del estadounidense, lo hizo soltar la lengua sin temor a nada y a nadie. Al menos ese militar mostró una actitud bizarra buscando ahuyentar de su mente el atribuido deshonor. Por lo pronto, esa confesión lo liberó de la carga moral que lo oprimía. Entre todas esas personas presentes transcurrió una larga conversación que alcanzó altas horas de la madrugada. El general *Cashur* opinó con plena libertad y con argumentos valederos para demostrar que esos guerrilleros Boinas Rojas y los de la LS buscaban la forma de acabar con el sistema democrático en el país para implantar un gobierno de ultra izquierda. Plenamente convencido de que las guerrillas aspiraban a imponer en el país una revolución de un estilo cubano, o sea, un gobierno socialista. Desde entonces, los militares institucionalistas no traidores a los postulados democráticos y dignos de la patria de Bolívar habían puesto todo el esfuerzo para que el orden republicano no se alterara, al menos, durante los próximos años. El general *Cashur*, sumamente cansado y con un rostro transparente por la fatiga y el ajetreo del día, se irguió de la silla donde sentado permaneció con las piernas encogidas, por largas horas. Se paró para estirar sus largas piernas y evitarse cualquier calambre. Aunque, minutos antes, él se había frotado las manos para darse de nuevo mucho ánimo. Aquel lugar cercano al mar le pareció algo fuera de lo común, agradable, tranquilo. Al mismo tiempo, siendo un hombre vertical, no se resignó a callarse. Parado en medio de la sala y con un verbo a lo prusiano señaló a los demás acompañantes que la tal operación **"camello"** había sido una acción desbordada, sin cabeza ni pies. Simplemente era una calenturienta operación guerrillera planeada por mentes enfermizas y seguidoras del comandante cubano Fid. Mientras con un gesto gallardo *Cashur* manifestaba en que el ministro de la defensa del gobierno actual había sido desleal con el cuerpo de inteligencia militar al no explicarle con sinceridad los planes concebidos por el ejecutivo para combatir a los guerrilleros. Después de semejante acusación y sin temor al qué dirán por haber disentido del alto mando militar, no dejó de sentir algo como si lo hubiera picado una avispa ponzoñosa. De súbito, el general *Cashur* sintió en el pecho un fuerte dolor. Habida la vergüenza sentida cuando se refirió a esos traidores guerrilleros presos, quienes mediante un canje ilegal pronto podrían alcanzar la libertad, consigo mismo leal y de un modo patético se notaba una expresión compungida en su rostro. El general *Cashur* apretó los dedos de sus manos y dio un fuerte puñetazo sobre una mesa de madera de cedro que tenía colocado un florero veneciano que se tambaleó sin romperse, sin enseñar arrebato de violencia sino de protesta. El general *Cashur* era un hombre de armas, uno de los más valientes, sin afeites. Esa tarde daba la impresión de conocer muy a fondo la causa del secreto del secuestro de Nick. No fue nada extraño cuando señaló que varios de los guerrilleros mezclados en el plagio del gringo disfrutaban de un modo impune de los privilegios e inmunidades otorgados por el congreso nacional. Inquirió: "¿Qué les parece a ustedes la ceguera del gobierno y de los poderes públicos del estado? ¿No es algo execrable, odioso?".

El joven periodista Marcelo Grapier lo escuchó sin mover siquiera un solo músculo de su cara. Aunque abrió desmesurado los ojos miopes. Resuelto a sacar la verdad sobre el plagio del gringo, el periodista Grapier hurgó la lengua del militar intentando encontrar más luz sobre la verdad del caso. Pensó en esa "mano peluda" para aprovechar de apretarle la garganta al militar con el fin de que desembuchara todo lo que sabía sobre el plagio del gringo. Sin ocultar una vieja manía que tenía el joven periodista y presentador de la televisión, con los dedos largos de sus manos se afiló los bigotes negros y gruesos. Ese mozuelo con desenfado y sin timidez se reacomodaba el mostacho oscuro. Por supuesto, había ventilado algo novedoso sobre el secuestro. En cuanto al general de los dos soles éste desplegó una sonrisa velada en las comisuras de los labios al escuchar las preguntas y las repreguntas formuladas por Grapier. Aunque *Cashur* no quiso citar la retahíla de nombres y de apodos de los guerrilleros involucrados en el caso del plagio de norteamericano, tomó un nuevo impulso y no se olvidó de mencionar a un guerrillero de nombre Radlarra, alguien que no podía escaparse de ningún señalamiento acusatorio. Para el general *Cashur*, ese guerrillero era una sombra negra extendida en todo el país. Un revoltoso que oscurecía las mentes de los pobres ofreciéndoles villas y castillos. *Cashur* puso todo su empeño en colocar cada cosa en su lugar. Con el rostro chispeante de emoción comentó que todo estaba tan claro como el agua que cae de una cascada en la montaña. Ese verbo acusatorio que usó, emanó desde el fondo de sus cuerdas vocales.

Entradas las altas horas de esa madrugada litoralense. Los tres caballeros reunidos en aquel hotelito de Caraballeda mostraron unos rostros extenuados. Disimularon sus preocupaciones íntimas. En cuanto a mister *Lieng*, aunque tenía algunas dudas sobre lo expresado por el general *Cashur*, prestó toda la atención posible a la información brindada por él. Ahora, visiblemente agotado debido al trasnocho que lo afectaba, pero, sin perder la inmensidad de su visión sobre lo confesado por *Cashur*, hacía un último esfuerzo para comprenderlo. Amodorrado, eso indicaba que estaba exhausto, palmeó uno de los hombros del general y lo felicitó por el coraje mostrado de informar sobre otros detalles desconocidos del secuestro de Nick.

Se asomó el lucero del alba. El agente especial secreto solicitó a sus dos contertulios permitirle descansar por un rato. Exhaló un suspiro quedándose profundamente dormido, en el sofá. Igual actitud fue asumida por los otros dos confidentes que sentados en las sillas se dejaron abrazar por el sueño.

Esa reunión salió mucho mejor de lo que los tres pensaron. Transcurridas las primeras horas de esa cálida y salobre mañana del siguiente día entre los ruidos de las olas del mar Caribe. Se sintieron mejor al ver el sol. El periodista Marcelo Grapier y el general *Cashur*, después de beber una taza de café negro y de comer un frugal desayuno, se marcharon a Caracas. Tiempo que aprovechó mister *Lieng*, cuando se quedó solo, para arrojarse sobre la cama y cubrirse el rostro con una sábana blanca de percal. Unos minutos antes de dormirse había comido una pupusa que encontró en la nevera. Después de dos horas se despertó con las bocinas estridentes de los carros que transitaban por la avenida la costanera. Había en mister *Lieng* un rasgo de vitalidad. Aunque no pudo sacudirse la sensación de un malestar sentido al escuchar lo expresado por el general *Cashur*, particularmente, mister *Lieng* agradecía lo contado por el general *Cashur*, pues, esa información podría traer una gran roncha si se divulgaba públicamente. De lo que sí estaba seguro era que él no iba a convertirse en la boca acusadora del general *Cashur*, o sea, delatarlo. Toda esa actitud garantizaba que la reunión había sido positiva.

Vencido de nuevo por el cansancio, mister *Lieng* decidió seguir reposando una media hora más; dio media vuelta sobre el lecho y se volvió a quedar dormido hasta cerca de las doce del mediodía, cuando se despertó. Pronto decidió partir hacia la capital de la república para arreglar lo concerniente al regreso de Nick a Caracas. También, lo de su próximo viaje a los Estados Unidos.

En la noche de ese mismo día, un hecho curioso se produjo cuando Marcelo Grapier entrevistó en la televisión al mismísimo general *Cashur*. Eso sucedió horas después de celebrarse la reunión en Caraballeda, entrevista televisiva que tuvo una alta sintonía y causó revuelo entre los televidentes. Lo único que el general *Cashur* no dijo en esa entrevista fueron los motivos de por qué habían secuestrado al ejecutivo de la empresa *"La Inois. Company"*. La protesta del pueblo volvió a inundar las calles de Caracas y del interior del país, por no decirse la verdad sobre el plagio del gringo. La gente lo tomó como de ser una evasiva para no contar la verdad del secuestro. Se dejó entrever que eso era un peligro constante para la seguridad ciudadana. Con unas innegables actitudes negociadoras y mediadoras, mister *Lieng* solicitó una entrevista con el ministro de interior y justicia, a quien los amigos de su partido político llamaban "Pepín". El propósito de esa entrevista era ultimar los detalles de la salida de Nick del país.

El agente encubierto se había dispuesto ir al Ministerio de Interior y Justicia acompañado del general *Kanav,* también, de un representante de la embajada de los Estados Unidos. La cita se realizó puntualmente dentro del despacho del ministro. Allí se trató cuidadosamente el espinoso y delicado asunto de los asesinatos de los dos guerrilleros Boinas Rojas. Se tocó el tema del pago al delator y de la recompensa de los rescatadores del rehén. Se habló sobre las repercusiones que tendría en el mundo político lo concerniente a la liberación de Nick. Se planteó lo relacionado con la salida inmediata del gringo del país. En fin, se expusieron esos aspectos sin dejar de un lado lo atinente a las redes de los movimientos guerrilleros en América, controlados por la coordinadora de los movimientos subversivos con sede en Brasil. Se presumía que pronto algo sorpresivo podía pasar. Lo más curioso que sucedió en dicha reunión fue que varias personas presentes estuvieron de acuerdo en comparar al norteamericano secuestrado con Teseo por haber sobrevivido años en unos laberintos oscuros, privado de luz, de libertad y de afecto. Ahora liberado de ese cautiverio, el estadounidense necesitaría un ovillo de hilo para guiarse y no extraviar sus pasos. En busca de cerrar en mejor forma el caso de ese secuestro, todos los interesados en resolver el plagio del norteamericano convinieron en intentar no falsear la verdad, de ser posible, de anteponer el birrete y la toga a la espada y al fusil. Fue cuando el representante diplomático de la embajada de los Estados Unidos con mucho donaire se presentó a la reunión que sostenía con el ministro del Interior y Justicia. Con una agudeza psicológica, circunspecta, serena, y una habitual conducta gentil, el diplomático inquirió al ministro de interior y Justicia: "¿El gobierno estaría conforme en cuanto a que Nick abandonara de inmediato el país?". También, preguntó si se había pensado en que la salida de Nick era un asunto imprescindible y conveniente a los intereses de ambos países. El diplomático usó las formas más convenientes de entablar un diálogo; luego, se secó la frente húmeda para proponer al ministro Pepín que, si ellos contaban con la anuencia del gobierno del presidente Herrero, entonces se procedería con la urgencia del caso a ordenar al gobierno de los Estados Unidos el envío de un avión privado *King 40* Sigla N, aeronave que vendría a buscar al ex rehén para retornarlo a su tierra de origen.

Mientras el habilidoso diplomático hablaba sobre el asunto del traslado del ex rehén, también aprovechaba de esbozar una sonrisa fría, claramente enigmática, para intimidar y persuadir al ministro de Interior y de Justicia para que aceptara lo propuesto. Afortunadamente, el ministro no hizo reparos a esa petición. De inmediato la autorizó. Siendo un sagaz político, "Pepín" pensó que esa sería la mejor salida para que el gobierno pudiera quitarse de encima ese tremendo dolor de cabeza. Ese grave problema político y monetario. "Pepín" no deseaba la discordia, bajo la presunción de que el caso del secuestro de Nick podía acarrear un odio exacerbado en contra del gobierno del presidente Herrero, el ministro acordó que lo mejor sería llevarse a la víctima fuera del país, en un tiempo breve. Cuando al general *Kanav* le tocó el turno de hablar, sus claros ojos se agrandaron. Se acentuó el colorado en su blanca piel. Se dirigió a los demás para agregar algo a lo expresado por el diplomático norteamericano. Con la cabeza despejada, respeto, y seriedad, dijo que si a Nick lo sacaban del país en poco tiempo se evitaría el acoso permanente de los periodistas, y de los demás medios de la comunicación audiovisual. El ministro de Interior y Justicia con la cabeza asintió y pronto acogió lo sugerido por el hábil diplomático. De inmediato ordenó hacer los preparativos que permitieran sacar al empresario de *"La Inois. Company"* del territorio nacional en pocas horas. Luego, el ministro "Pepín" extendió el visto bueno para efectuar los arreglos legales y autorizar el traslado en avión privado a su país, del industrial estadounidense recién liberado.

La reunión prosiguió en el despacho ministerial. Aunque mister *Lieng* estuvo presente no abrió su boca para opinar. Por la sencilla razón de que él no estaba de acuerdo ante la evidencia de lo ocurrido, puesto que todavía no se había aclarado de un todo lo del secuestro de Nick. Le pareció una temeraria locura no seguir indagando sobre el motivo por el que habían secuestrado al norteamericano. Sin entrar en una crisis existencial, atendió a una conveniencia de su instinto y decidió con un leve gesto de cabeza aprobar lo acordado en esa reunión. Antes de marcharse, saludó al ministro, que le dirigió una intensa mirada como la de un gato montés. El agente chino estadounidense se retiró callado, con el ánimo por el suelo y desanimado. Antes de abandonar esa oficina, alguien lo sujetó por los hombros para sacudirlo, pero ese incidente no pasó de allí. Desencantado, mister *Lieng* se mostró de bajo perfil por no haberse aclarado lo del secuestro del gringo. Protestó en silencio sobre por qué el plagio de Nick se había tratado en ese despacho a tiro de bala sin entrar a fondo sobre el análisis del delito cometido. Entre tanto, en las afueras del edificio donde funcionaba el Ministerio de Interior y Justicia, bajo el latigazo de una lluvia pertinaz, un montón de hombres del departamento de seguridad cuidaron de que no se acercara a ese sitio cualquier persona sospechosa o cualquier periodista que deseara adquirir información sobre lo que acababa de tratarse en la misma reunión que había sido convocada de emergencia por ese despacho. A pesar de la medida tomada en cuanto a seguridad, no se hizo esperar el estallido de una fuerte protesta que se coló en las calles. La gente enardecida pugnó por saber lo que había sucedido con Nick. Querían conocer lo que había pasado con los plagiarios. Como respuesta del gobierno, esa gente recibió indiferencia y mudez. Así quedaron los incógnitos pesares de un pueblo desinformado. Nadie pudo enterarse de lo tratado y de lo acordado en esa reunión.

Todo quedó en el más absoluto de los secretos. El ejecutivo se reservó lo conversado en esa reunión con la creencia de que de no haber sido así las cosas, se hubieran complicado en demasía. El ministro de Interior y Justicia entendió que el único peligro a enfrentar de ahora en adelante eran los próximos ataques de los revoltosos izquierdistas. Los políticos que pululaban en los pasillos del Congreso nacional pusieron el grito en el cielo. Acusaron al gobierno de ser irresponsable en la aclaratoria del secuestro de Nick. El gobierno, por esa razón, se encontraba dispuesto a correr con esa mancha negra sin dar mayores explicaciones sobre el plagio. Sin perder tiempo, permitió la abrupta salida del país del ex rehén norteamericano. Quería quitarse ese peso de encima y nada más. Eliminar de la agenda gubernamental esa carga política que no permitía ir más lejos ni volver atrás. Eso inducía a que el gobierno buscara desprenderse totalmente del caudal de señalamientos que pudiera indagársele en el futuro inmediato. En efecto, de ese modo se evitaría que el panorama político se enredara igual que el guaral de un papagayo batido por el viento.

Había un gran redondel de personas en las calles y en otros lugares cercanos cuando, por demás, el locuaz presidente Herrero se dirigió al país por televisión y radio. Habló sobre el aventajado resultado de la operación rescate del norteamericano de *"La Inois. Company"*. En una salida forzada tuvo la obligación de hablar sobre la liberación de Nick. Saturado de tantas emociones, el presidente Herrero pidió al pueblo "calma y cordura hasta la sepultura". Con ese refrán, el primer mandatario de la república aconsejó a los acólitos y a todo el pueblo a no perder la cabeza en los momentos más dificultosos para el gobierno y, también, para el país.

El corolario de toda esa reunión confidencial celebrada en el despacho del ministro de Interior y Justicia era que se había logrado en una forma detallada elaborar un plan aéreo para poner en marcha el traslado del ex cautivo a Ohio. En cumplimiento de ese objetivo, se programó un estudio conciso y preciso en torno del funcionamiento del aeropuerto internacional Simón Bolívar, en Maiquetía. En el plan concebido se dispuso que varios agentes nacionales y estadounidenses pertenecientes a los cuerpos de Inteligencia Militar y de Seguridad Civil, con habilidad y destreza, debían ganarse las confianzas de algunos trabajadores del aeropuerto con el objetivo de no levantar la más mínima sospecha sobre el programado vuelo privado. Eso, con la finalidad de poder tenerlos de aliados en caso en que algún tipo de inconveniente se presentara en ese aeródromo.

En la planimetría elaborada por las autoridades competentes se encontraban marcados los ángulos estratégicos donde se estacionaría la aeronave proveniente de los Estados Unidos. Por otra parte se señalaban los lugares en donde se apostarían los comandos de asaltos con fusiles y encargados de accionarlos con rapidez, en caso de presentarse un atentado o un alzamiento que pusiera en peligro la vida de Nick y de otras personas. Se dispuso que ese día, a la hora convenida, se vigilaría la torre de control, con el propósito de asegurarse que la orden de despegue del avión se cumpliera a cabalidad. También se le haría el control y seguimiento del vuelo del avión desde que saliera del espacio aéreo hasta llegar al destino final. Se instruyó que las puertas automáticas de entradas y salidas del aeropuerto de Maiquetía estuvieran vigiladas por agentes secretos distribuidos en esas áreas. Con tales precauciones se estaba asegurando que la operación de la salida del ex rehén estuviera totalmente protegida por parte del Gobierno nacional, como también, por los agentes de Seguridad e Inteligencia de los Estados Unidos contratados por la empresa *"La Inois. Company"*; todo se realizaría en pro de la embajada de los Estados Unidos. El gobierno esperaba concluir ese asunto en forma satisfactoria. Unas horas faltaban para que Nick pusiera los pies en la escalerilla del avión privado, mientras en Caracas los ánimos se caldearon y dondequiera rodaron las habladurías de un pueblo descontento. Claro, una piedrita en el zapato empezaba a molestar al Gobierno nacional. El presidente Herrero, sabedor en que eso era el mejor modo de sacarse de encima ese espinoso asunto, con cautela permitió la salida del ex cautivo norteamericano, sin comparecencia ante los tribunales de la república.

Al mismo tiempo sucedió que mientras se hacían los preparativos en el aeropuerto de Maiquetía para el próximo aterrizaje del avión particular procedente de Miami, y después para su despegue llevándose al ex rehén, las distintas células de los Boinas Rojas y de LS, aseguraron las trincheras, los escondites, las guaridas, los escondrijos ubicados en las montañas, ciudades, caseríos, poblados, y zonas costeras. No obstante de esas medidas de resguardos, las autoridades del gobierno no desconocían que los revolucionarios-subversivos de diversas organizaciones del país junto con los camaradas que vivían en el extranjero habían concebido un plan armado para derrocar al gobierno. Los guerrilleros Boinas Rojas, desconfiados, temieron que la política de pacificación, puesta en marcha en las mesas de negociaciones con el gobierno del presidente Herrero, rodaba por la pendiente sin interesar. Toda esa política de pacificación y de desarme, en opinión de los Boinas Rojas había sido solo una falacia para hacerlos caer en la vil trampa. Se dieron cuenta los guerrilleros de que el gobierno manipulaba a su antojo y conveniencia lo del secuestro de Nick.

Los Boinas Rojas estaban seguros de que el propio gobierno se hallaba consciente de que las bases del sistema político vigente estaban en peligro, tras el impacto que había causado el más famoso de los plagios cometidos en Venezuela.

Casi todos los trapos sucios sobre el secuestro del gringo no se ventilaron a plena luz del día. Todos ellos se sacaron a medianoche, algunos ni siquiera se ventilaron jamás. Los motivos por los cuales secuestraron a Nick no los entendió ni siquiera la propia víctima. Mas aún, el mismo pueblo no pudo interpretar en aquel momento el dilema presentado en relación sobre si el secuestro se había llevado a cabo por interés de dinero o por una razón política de peso o por cualquier otra causa desconocida. Como resultado de todas esas marañas urdidas entre los políticos, los empresarios, y los guerrilleros, los pobladores del país empezaron a cubrirse de grandes temores, sin poder encontrar el faro que los guiara y poder conocer las causas auténticas por las cuales habían secuestrado al empresario norteamericano de *"La Inois. Company"*. La confusión reinó porque nadie podía haber imaginado un acto delictivo tan despiadado y ambicioso. Desgraciadamente, en el país se vivía un clima de desestabilización. Un ambiente asfixiante. Desconcertante. Violento. Eso afectaba la supervivencia de la democracia. Se suponía que ese secuestro iba a fomentar un estropicio de marca mayor en el futuro. De todas maneras, el enigmático secuestro de Nick se siguió tejiendo con los hilos plateados del tiempo a modo de capricho o de conveniencia. Sin una explicación posible, hasta convertirse con los años en telaraña del pasado. Sin embargo, día a día aumentaba la atracción por descubrirse la causa y el efecto de ese insólito y descarnado secuestro, que por un tris no acabó con la vida de un ciudadano estadounidense en tierra de libertad. Se buscó una interpretación razonable a lo del plagio del estadounidense.

Nadie dio certera respuesta. El secuestro estaba escrito sobre unas delgadas líneas negras.

Un sol de corazón bravío, acompañado por las espigas del viento, tocó la enhiesta montaña del valle de Caracas. En aquella hermosa ciudad reinaba una frescura climática cuando todavía faltaba por aclararse cuál sería el destino final de los culpables del plagio de Nick.

En la soledad del tiempo aún resonaban los ecos lastimeros de los dos Boinas Rojas asesinados a sangre fría. Esos crímenes alcanzaron a transformarse en un auténtico infierno donde las mentiras y los engaños hervían. En las horas de tormento, en el averno chispearon las componendas políticas, religiosas, y económicas.

En un tiempo breve, lo más increíble que sucedió tras haberse liberado a Nick, pronto a retornar a su país, se descubrió entre las gruesas paredes del Palacio Blanco una convención de gobernadores para reconocer méritos al primer mandatario del país, a causa de haber dado solución al secuestro más largo en Venezuela. Obvio, esos políticos eran unos excelentes profesionales de la adulación. Por supuesto, ellos conocían con pelos y señas que el mandatario premiado no había intervenido directamente para nada en el rescate del norteamericano secuestrado. Habían montado esa pantomima oficial para que el fatuo gobernante se sintiera halagado. Después del acto, los jaladores de mecate, bastante apenados y avergonzados, tomaron la de Villadiego y desaparecieron del mapa.

El tiempo transcurría y nada en el mundo lo haría volver. Más allá, en los Estados Unidos, un joven piloto de nombre Richard Naismith, conjuntamente con un copiloto llamado John E. Wilson, recibían la orden de volar un avión contratado por la empresa donde laboraba Nick, vuelo que tendría como destino de llegada un aeropuerto cercano a Caracas. La única misión encomendada a esos dos aviadores era traer a Nick de vuelta a Toledo, su pueblo natal. Después de haber expresado un breve "Okey", ambos iniciaron ese vuelo especial. Un vuelo aventurero y audaz. Primero, ellos irían rumbo a Miami en donde tendrían que permanecer el tiempo reglamentario de una hora para reabastecerse de combustible. Después, proseguirían volando hasta el aeropuerto internacional de Maiquetía. Ambos jóvenes conocían bien las reglas a cumplirse. Se encontraban plenamente conscientes de que si algo fallaba sobre el espacio aéreo de Venezuela tendrían que actuar conforme a las instrucciones de las autoridades del gobierno nacional. La primera regla: obedecer sin chistar ni protestar.

Cerca de cuatro horas y media sobrevolaron el mar. Aquellos intrépidos mozalbetes mantuvieron contacto permanente con las torres de los aeropuertos de salida y de entrada. El copiloto John. E Wilson, graduado unos cinco años atrás, en la escuela de pilotos civiles de Houston, había aprendido el valor y a vencer la temeridad de conducir una aeronave. En esa ocasión, él aprovechó para entablar una conversación profesional con Richard Naismith. El joven copiloto norteamericano contaba con un exquisito olfato, quizás, el mismo olfato agudo de los perros de la guerra. Se imaginaba cosas que resultaban ciertas o falsas. Wilson era dueño de una inagotable capacidad intelectual para inventar fábulas o narrar historias fantásticas. El atlético y rubio copiloto durante el vuelo llegó a presumir que el secuestro de Nick en lo posible podía haber sido producto de uno de esos sueños quiméricos de los revolucionarios izquierdistas, puesto que no se podía explicar el largo tiempo que lo habían mantenido secuestrado sin matarlo o sin que muriera por cualquier enfermedad o hambre. El muchacho de pelo rubio revuelto sobre la frente, en la cabina del avión, comentó una estupidez en cuanto a que si a Nick lo hubiera secuestrado un escuadrón de la muerte o un auténtico grupo terrorista ni por casualidad estaría vivo como sucedía ahora. Richard Naismith, que poseía unas piernas larguiruchas que tropezaban con los mandos del avión, puso uno de sus brazos sobre los hombros de Wilson, y le pidió que ambos rogaran al Señor para que esos temibles bandidos secuestradores no atentaran con mísiles contra el avión en pleno vuelo o en tierra. Sobre todo, en el momento en que el avión tomara la pista de aterrizaje en el aeropuerto internacional Simón Bolívar. Richard Naismith carraspeó la garganta y acentuó más su voz varonil para expresar a su colega que esos bellacos terroristas izquierdosos eran capaces de caerles a balazos con sus fusiles y ametralladoras. Después de ese funesto comentario, entre los dos se interpuso un corto silencio. De una manera abierta, el piloto enfatizó que sería peor que le lanzaran alguna *bazooka* al avión con el objetivo de demolerlo en el aire o durante el aterrizaje. Escuchar tamaña absurdez provocó que ambos estallaran en risas. El joven copiloto, quien se mostraba un tanto escéptico, le expresó que vivieran la vida cada segundo, cada minuto, cada hora. Hoy.

Aunque no dejaron de temer un posible atentado terrorista contra la aeronave. Por supuesto ambos no descartaron cualquier sorpresa del destino. El piloto Naismith, un tanto preocupado, dijo: *"That's truth"*.

El avión se elevó sobre las nubes cargadas de bermejas, doradas, blancas y azules estrías, que daban un colorido especial al cielo. Procuró disimular un estremecimiento de cuerpo y un calambre en las dos piernas. Ambos guardaron su voz. Se produjo un compás de espera hasta que uno de ellos derrumbó el muro de silencio que los separaba. Después, ambos rieron con una alegría juvenil. El copiloto John E.

Wilson alzó la vista hacia el infinito espacio. Luego miró la cara pálida de Richard Naismith, a quien invitó a observar los hielos enquistados en las cimas de aquellas lejanas montañas. El hábil y experimentado piloto disfrutaba de los débiles rayos del moribundo sol. Richard Naismith era considerado un excelente profesional del aire, con una vasta experiencia en el sector aeronáutico.

Podía volar en las constelaciones de un cielo lleno de luz o de sombra. El piloto Naismith estaba capacitado para volar modernos jets tipos DC9 y DC10. Ahora, volaba un *King 40,* combinado con turbina y hélice. Ese intrépido aviador deseaba no solo estar entrenado para pilotear los JETS DC; aunque, su máxima aspiración, era volar el Concorde. Sabía que para lograr ese hermoso sueño él tenía que ser contratado por la compañía francesa que fabricaba ese tipo de avión o por la empresa que lo comprara. Él era uno de esos pilotos enamorados de lo imposible. Era uno de los jóvenes a los que les gustaban los desafíos de las aventuras en los espacios aéreos libres. El tiempo no contaba para él cuando volaba. Con la misma actitud de un majadero, Naismith, vio más de una vez truncar sus sueños en el aire. En esa oportunidad y en pleno vuelo ambos se daban cuenta cómo el cielo fecundaba la tierra. El sueño y la realidad estuvieron presentes en ese vuelo. El copiloto John Wilson continuó observando las nubes apretadas formando un colchón de aire donde los eternos sueños mortales nunca morían El copiloto se frotó los dedos en la cabina, y confiado se dirigió al piloto para conversarle sobre la actuación de los Boinas Rojas. Insistió en que esos guerrilleros actuaban igual a los zaporoyets. Hombres sanguinarios que emulaban a los tártaros asaltando lugares que quemaban junto con sus gentes. Eran bestias hechas hombres impulsadas por el sentimiento diabólico de la maldad, que buscaban erradicar de la faz de la tierra a todo ser humano considerado el enemigo a vencer.

El piloto se conmocionó y de momento tuvo un horrible estremecimiento corporal. Se llenó de espanto por lo que dijo John Wilson. Ese apuesto hombre era descendiente por línea consanguínea del presidente Wilson. En ese inmenso desierto de oxígeno el piloto volvió a requerir del copiloto una explicación más detallada de quiénes eran esos malvados come gentes, llamados zaporoyets. El avión giró de un lado en el momento en que John Wilson reclinó la cabeza sobre el espaldar del asiento para luego estirar las piernas. Su memoria se descorrió. Con una cálida voz se dispuso contar la historia terrorífica de esos hombres bárbaros que según narraciones históricas habían actuado con ensañamiento en el pasado contra numerosas poblaciones de Asia y Europa, y sembrado de pánico y de muerte esos lugares. Por segunda vez, el avión se bamboleó sobre las verdes aguas del mar. Fue entonces cuando el joven copiloto observó el altímetro, el radar, el velocímetro, de la aeronave. El sol los alumbró en plena capa atmosférica. Una vez estabilizada la aeronave, Wilson prosiguió con aquella macabra historia de los zaporoyets, hombres rudos que atacaban sin piedad ni misericordia a los niños, cortándolos en pedazos con sus dagas, y cercenaban los senos a las mujeres para beberles la sangre que salía a barbotadas. No tenía máxima complacencia en contar esa historia, sin embargo, él prosiguió comentando que esos malditos bárbaros degollaban a los hombres y amarraban sus cabezas a unos veloces caballos con cuerdas de cuero largas. Esas cabezas las arrastraban sobre empantanadas y áridas tierras. Gritando: "¡ Ea, ea!". Ese brutal alarido era algo similar a la palabra «Victoria». Y, lo peor de todo era que, a quienes los zaporoyets no asesinaban de un lanzazo, los desollaban, quitando las pieles de sus cuerpos, para que las víctimas murieran con crueldad. Ese acto reflejaba la mayor de las torturas humanas. Una barbarie repudiada por las civilizaciones actuales. Eso lo contó el copiloto quien no era un hombre frío sino un joven práctico y educado.

Miami.

En medio de los entretelones de esa historia horripilante, la aeronave se aproximó al aeropuerto de Miami. Ambos aviadores, horrorizados por las atrocidades oídas y contadas, experimentaron un sentimiento profundo de angustia. La conversación llegó a su final cuando el piloto solicitó pista para aterrizar. Esa sería la primera escala en el vuelo realizado con un buen tiempo. Una vez en el aeropuerto de Miami, los dos aviadores norteamericanos se sintieron embargados por unas emociones contradictorias. Asumieron una actitud de reserva en ese aeropuerto, aunque estaban sobresaltados debido a la misión delicada y encomendada. Ellos no conocían con claridad y objetividad cuál sería el desenlace final de esa misión.

Con una disciplina ortodoxa, los dos jóvenes aviadores, desde el aeropuerto de Ohio cumplían la misión de llevar ese avión privado al destino final, que no era otro, sino el aeropuerto internacional Simón Bolívar, en Maiquetía, ubicado a unos diecisiete kilómetros de la ciudad de Caracas.

En el aeropuerto de Miami, descendieron por la escalerilla del avión. Ambos pilotos se encaminaron con pasos firmes hacia una de las salas reservadas para la tripulación en tránsito. Allí pudieron saborear bebidas refrescantes y comer hamburguesas dobles; luego, se acicalaron en el baño y se fueron a sentar en el salón de espera. Allí estiraron los músculos inferiores y los superiores. En el cielo de Miami se dibujaron todos los colores del arco iris. Había buen clima en ese lugar.

Pasado un tiempo relativamente corto, el piloto miró con detenimiento su reloj. Con parsimonia pensó que era la hora de partir. En la sala de radiocomunicaciones del aeropuerto, Richard Naismith solicitó permiso para hacer contacto directo con Caracas. Habló con mister *Lieng*. Una vez que el buen oficiante impartió las restantes instrucciones sobre la operación a efectuarse, los dos jóvenes pilotos norteamericanos con pasos rápidos se encaminaron hacia donde estaba el avión y lo abordaron. La aeronave había recibido el servicio de combustible, también el de limpieza de rigor, según lo establecido en las leyes de la aeronáutica civil.

Allí, en Miami, ellos dos abordaron la aeronave junto a un trío de azafatas, un sobrecargo, y un mecánico de avión. Aparte de esas personas que abordaron el avión por la puerta delantera, había otra operación encubierta por cuanto, a través de una compuerta secreta que se encontraba en la barriga del aparato, en forma subrepticia se introdujeron cuatro agentes de Seguridad y de Inteligencia de la policía del aire, organización fundada por el presidente de los Estados Unidos, Richard Nixon. Esos corpulentos hombres, vestidos con pantalones y camisas de un color negro, iban armados con varias ametralladoras y unas potentes granadas. Ellos habían recibido entrenamiento de los comandos antiterroristas alemanes.

Mientras el avión se preparaba para despegar, los dos jóvenes pilotos levantaron sus ojos hacia el cielo en ruego por alcanzar entre las nubes la imagen de Dios. Con plena fe le solicitaron la protección de sus vidas.

En la ciudad capital, llamada en la época colonial "Catuchaquao", diseñada por Diego Henares, el radiante sol despejó las brumas del cielo y brindó un espectáculo maravilloso de luz, como toda una obra de la naturaleza. Un olor a cáscara de naranja se esparció por las áreas verdes de los parques aledaños en las urbanizaciones residenciales. Alejado de esa urbe se hallaba Nick, en el aeropuerto internacional Simón Bolívar, fuertemente custodiado por las autoridades nacionales, civiles, y militares.

Maiquetía.

El aeropuerto de Maiquetía se visualizaba sobrevolando a baja altura el mar Caribe. El aparato aterrizó a la hora señalada. El avión, tripulado por Richard y Wilson, permaneció sobre la pista de aterrizaje en espera de la orden de desembarco por parte de las autoridades aeroportuarias. Ese aeropuerto se encontraba atestado por numerosos agentes de seguridad y de Inteligencia del Estado; quienes, actuaban con mesura y discreción, para no levantar sospechas o inquietudes entre los viajeros. Nunca se supo si había sido una simple casualidad, pero el día en que Nick se marchó del país, en Caracas se celebró un seminario sobre los derechos humanos auspiciado por la embajada de los Estados Unidos. ¿Una estratagema para distraer la atención de la gente? En fin, no se dio a conocer la verdadera razón de celebrar esa conferencia, precisamente, en la fecha en que Nick abandonaba el país. Bajo un especial clima de tranquilidad, el cautivo de Borbón en la travesía del viaje a la añorada ciudad de Toledo, expresó querer estar solo, consigo mismo, y sin testigo. Imitar a San Agustín, santo de la iglesia católica.

Durante las horas largas de vuelo, el pensamiento de Nick dimanó episodios del trágico y amargo secuestro que padeció más de tres años. Con una melancolía en el alma, manifiesta en las tristezas de sus ojos, el ex cautivo de Borbón entendió que toda la suerte que tuvo radicó en su gran valor para sobrevivir. Siempre tuvo la suficiente fortaleza para resistir aquella inhumana prisión corporal y espiritual. Se propuso dentro de sí mismo buscar el flujo de la armonía espiritual para limpiar su lastimado y vejado corazón. Procuró excluir de su alma y de su espíritu todo aquel sentimiento de rencor y de odio que propendiera a padecer una derrota moral y espiritual. Con un carácter montaraz a causa del largo encierro sufrido, anacoreta por aislamiento, Nick desplegó los delgados labios y musitó algo sin que nadie lo oyera: "Dola, amor mío, cuánto deseo tenerte entre mis brazos para hundirme en las profundidades de tu cuerpo". Meditabundo, con los ojos semiabiertos, el norteamericano balbuceó: "Hijos, vuelve el padre que en una triste noche los abandonó involuntariamente". El estadounidense apretó los párpados en el momento de escapársele una furtiva lágrima deslizándose por una pálida y huesuda mejilla.

En cierto modo, Nick regresaba de la muerte. Había tenido una experiencia nada feliz. Abrigó la leve sensación de que la muerte era una mentira más. Por lo menos, a él se le había olvidado morir dentro del oscuro laberinto donde permaneció cautivo por largos años. En ese prolongado encierro pudo comprender que en el grado en que amas serás amado. En esa prisión donde no había luz solar ni artificial, el cautivo estadounidense empezó a rechazar el odioso decir: "Quien a hierro mata a hierro muere".

Por esa razón nunca pudo albergar en su corazón el resentimiento y el odio para con sus captores. Los compadeció por ser hombres y mujeres extraviados en sus ideales políticos. En su cárcel, Nick creyó haber limpiado el alma y el espíritu de todo sentimiento impuro. No era un santo varón, pero, tampoco un vulgar pecador.

En un asiento ubicado en la parte posterior del avión, cerca del baño, iba Mister *Lieng*, sin dejar de mirar al ex rehén, se dispuso a respetar su soledad espiritual.

El empresario norteamericano recién liberado se encontraba inmerso en un mundo de cavilaciones. Eso duró hasta que sintió una mano fuerte y cálida posarse sobre uno de sus hombros. En esa ocasión, era el piloto Richard Naismith, quien lo saludó gentilmente.

El delgado y maltratado cuerpo de Nick llevaba puesta una guayabera de color blanca, regalada en Ciudad Bolívar. Prenda criolla también usada en otros países de clima tropical. Esa guayabera le gustó una enormidad al joven piloto. A pesar del cansancio mental que tenía Nick, muy sonriente prometió regalársela en el futuro. Después de ese breve intercambio de palabras, el piloto se retiró a la cabina de mando. En tiempo de acercársele a Nick uno de los agentes de seguridad, para proporcionarle un periódico en inglés, el estadounidense no quiso leer nada durante el viaje. Una azafata le obsequió un jugo de naranja con zanahoria. Lo cual agradeció.

Unos minutos después de tomar el jugo, el industrial solicitó amablemente a los demás acompañantes que lo dejaran descansar porque deseaba meditar sobre lo que le había sucedido en más de tres años de cautiverio. Con un corazón rebosante de nobleza, Nick sintió honda pena por la suerte de los custodios Boinas Rojas. Otra íntima emoción lo conmovió, pues, no podía olvidar del todo a aquella mujer secuestradora llamada Clarisa Permar. A pesar de todo, esa mujer constantemente lo había estimulado para que continuara luchando por su vida y abrigara las esperanzas de salir algún día en libertad. Esa actitud benévola de la guerrillera le reveló que si en el futuro él salía ileso, jamás viviría con rencores, ruindades, maldades y pesadumbres. Menos con las ideas de vengarse o de revanchas.

Durante el vuelo, Nick exteriorizó una dolencia de carácter espiritual por el destino final que podía haber corrido Clarisa Permar, mujer que supo, aunque fuese brevemente, amarlo como todo un hombre. Se preguntó: "¿Estará acabada? ¿La habrán matado?". Por último, el estadounidense solicitó a Dios que perdonara los errores cometidos por esa guerrillera y secuestradora suya. En aquel momento de soledad, un tanto nostálgico y sentimental, Nick decidió cerrar las páginas de los recuerdos vividos con Clarisa. Juró no volver a mencionar su nombre por el resto de su vida. Tampoco mencionaría a sus otros captores. Ese sería el secreto celosamente guardado que se llevaría a la tumba. Secreto impenetrable para quienes deseaban y desearían conocer porqué lo habían secuestrado a él.

Toledo. Ohio.

Las luces azules, rojas, amarillas, del aeropuerto de Toledo, se reflejaron en el manto de oscuro asfalto que cubría la pista. Eran las dos de la madrugada cuando el avión se disponía a aterrizar. Ante el panorama desconocido que le esperaba a su arribo, Nick tiritó de frío. Uno de los agentes de seguridad se percató del hecho y ordenó que se le diera un té caliente, con el propósito de serenarlo y dar calor a su cuerpo antes de que descendiera del avión. Todavía no se sabía cual sería la reacción de Nick al ver a su querida esposa, a sus tres hijos, y a su viuda madre. Mientras el avión se deslizaba velozmente por la pista del aeropuerto, Nick se desprendió de todo pensamiento y miró por la ventanilla pretendiendo con los ojos alcanzar las figuras de sus seres queridos. Pocas personas se encontraban a esa hora de la madrugada en esa terminal. Los policías de seguridad estaban ausentes del aeropuerto por las razones de una huelga originada por los reclamos de bonificaciones, apenas se observaba el movimiento de los trabajadores del turno de la noche y responsables del mantenimiento del aeropuerto. Uno que otro hombre vigilaba las instalaciones internas del aeropuerto.

Claro estaba que la torre de control permanecía en función las veinticuatro horas del día. Al descender del avión, escoltado por aquellos hombres de seguridad que lo acompañaban, Nick fue al encuentro de su familia y se unió en un efusivo abrazo con su mujer y con sus tres hijos. Parada sobre un andamio, la madre lo esperaba con ansiedad. Lloró de emoción y de tristeza al verlo. Esa vez, su madre asistió sola por haber perdido a su esposo durante el largo cautiverio del hijo. Ella dio un abrazo y un beso tierno a su hijo, lo que ocasionaba un llanto de dolor en Nick. A unos pocos pasos de donde se encontraba la anciana madre que llevaba un vestido de muselina azul, se encontraba esperando con discreción el presidente de la oficina central de la empresa de vidrio *"La Inois. Company"*. El director de la empresa se acercó para saludarlo, después, efusivo lo abrazó y le expresó: *"Welcome home*, Nick".

Antes de que se retirara el presidente de *"La Inois. Company".*, Nick le manifestó que estaba contento de volverlo a ver. Le recordó que por la confianza que le tuvo como director de la empresa él siempre guardó las esperanzas de ser rescatado en cualquier momento. Con parpadeos de ojos, el ex rehén agradeció todo lo que se había hecho para devolverlo sano y salvo a su hogar. Después, Nick abordó el automóvil junto a su familia. Una espesa neblina descendió sobre el aeropuerto de Toledo, Ohio. El coche se desplazó por varias avenidas rumbo al antiguo hogar donde él vivió en tiempos felices. Visiblemente cansado, Nick rogó a su esposa, hijos y a su madre, que, por favor ahora no hablaran del largo y cruel calvario sufrido por él. No deseaba lastimarse más ni desesperarlos a ellos. Una vez instalado en su amada y anhelada casa, todos los otros habitantes de la misma se fueron a dormir; excepto, su esposa y él, quienes pasaron más de una hora contemplándose, besándose y llorando de emoción por tan feliz reencuentro. Ambos continuarían buscando en sus mentes la verdad de todo aquello, pero una dulce paz por fin se respiró en el ambiente. Tomados de las manos se fueron a la confortable habitación matrimonial.

Acostados sobre el lecho nupcial, su mujer con una ternura infinita lo besó una y mil veces, en la boca, en el rostro, en las manos, en el pecho, en las piernas, hasta en los pies. Nick se recostó sobre el regazo de su amada esposa, cuyo cuerpo delgado expelía un suave olor a felicidad. Entre los brazos de Dola se quedó dormido, hasta el día siguiente.

En Toledo, Ohio, el ambiente financiero tenía un fondo sobornable, tal vez sorpresivo. Si se hubiera introducido un aparato de medición dentro de una de las compañías más grandes de vidrio de los Estados Unidos, con los años, lo del secuestro de Nick se hubiera aclarado. En caso de pagarse un millonario soborno, eso se hubiera conocido con el correr de los años. No era fácil descubrir este tipo de operación ilegal y criminal.

Después de instalarse en Toledo, a más de dos años de su liberación, Nick continuaba asediado por numerosos periodistas venezolanos y estadounidenses, también a través de las líneas telefónicas, quienes con una constancia y una perseverancia solicitaban realizarle una entrevista exclusiva. Para mayor pena de ellos, nunca pudieron obtener tan ansiada interviú. Por unos cuantos años, los corresponsales y los reporteros siguieron hurgando todo lo relacionado con el enigmático y misterioso secreto de ese secuestro; al final, todos ellos y ellas se encontrarían decepcionados, porque sencillamente Nick nunca soltó la lengua. Una y mil veces los periodistas le preguntaron al empresario por los rostros y los nombres de sus plagiarios. Nick respondía que él nada tenía que declarar, que estaba feliz en su hogar, y deseaba vivir un clima de paz y armonía junto a su amada familia.

La siempre y eterna respuesta evasiva del ex rehén flotó permanente en los espacios de la casa. En su hogar de Toledo, las paredes cobraron movimientos moleculares, transformándose en tabiques de vidrio, impenetrables tanto al ojo como al oído humano.

El cautivo de Borbón había sobrevivido a más de tres mil quinientas horas negras.

FIN

ÍNDICE

I
OPERACIÓN "CAMELLO"
(El secuestro)   9
II
LOS BOINAS ROJAS
(Adiestramiento-plan)   93
III
LA VOZ Y EL LLAVERO
(Primeras señales)   133
IV
CUATRO POLÍTICOS Y UN CONDE
(Sospechosos)   173
V
CAUTIVERIO EN CUBA
(Primer traslado al exterior)   221
VI
OPERACIÓN "ORQUÍDEA"
(Segundo traslado al exterior)   285
VII
BORBÓN
(Último escondrijo)   345
VIII
POR UNAS SETENTA RESES
(Tras el paradero)   437
IX
¡BURRO! ¡BURRO!
(El rescate)   479
X
UN AVION ESPERA
(Regreso a Ohio. Secreto guardado)   547

Made in the USA
Monee, IL
21 February 2021

60379904R00350